目次

【五】

【六】

【附錄】

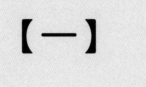

【一】

從公民社會、市民社會與「現代的民間社會」看中國大陸和台灣的發展

一、公民社會、市民社會與「現代的民間社會」的意義

　　「公民社會」、「市民社會」、「民間社會」這三個名詞近年來在中文世界裡時常出現。由於它們皆是從 civil society 翻譯而來，所以許多作者時常在討論究竟哪一個譯名最為恰當，許多讀者也常想知道究竟哪一個譯名最能表達原文的本義？然而，自古希臘城邦時代以來，civil society 在西方有三種不同的指謂（denotations），所以在中文之中不可能由一個譯名來完全涵蓋。上述三個譯名中的每一個譯名，正確地指謂著 civil society 在某一個時代的主要意義，從這個觀點來看，它們都是正確的。但，如果一個作者硬要把其中的一個譯名當作唯一正確的譯名，這樣的辦法，則反映了他的無知；那是錯誤的。不過，從當前大家所關

懷的問題來看，civil society 在西方的三個不同指謂，卻又構成了
大家所關注的中國政治、經濟與社會現代化發展的三個方面。因
此，我想先把在西方歷史與思想中 civil society 所指謂的三個不同
意義稍作釐清，藉以建立分析的參考架構。

（一）公民社會

　　古希臘的城邦（polis）與公民社會的範圍相同。從政治的觀
點來看，雅典是城邦；從社會的觀點來看，雅典是公民社會。這
個社會裡的政治問題是這個社會裡公民所面對的**公共問題**。政治
問題是經由公民們參與（討論、表決、執行）的政治過程中處理
與解決的。亞里斯多德說：「人天生是政治的動物。」這句話不
是望文生義所能了解的。亞里斯多德認為只有以平等自由的公民
身分參與政治過程的人，才能算是一個像「人」樣的人，才能呈
現人的高貴性。因為只有這樣的人──這樣參與政治決定的
人──才不被別人指使，有其自主性；才不是在事情還沒發生之
前就已經有答案了，故同時有面對未來挑戰的開創性。

　　既然自由平等的公民能以自主性與開創性參與政治過程；那
麼，在政治過程中所作決定的後果當然要由公民們共同承擔、共
同負責。這樣影響雅典未來命運的政治決定，如要做得適當，端
賴公民們參與公共生活的智慧與道德──即「公民德行」（civic
virtue）──的養成與落實。

　　亞里斯多德沒有普世人權的觀念。許多雅典居民（女人、奴
隸與外地人）並不參與政治過程；亞里斯多德認為他們沒有自主
性與開創性，故他們都不是像「人」樣的人。

　　從以上的說明我們可以知道，亞里斯多德是以參與政治過程
中政治決定來界定人的特性。

　　根據亞里斯多德的分類，以「家」為基礎的政治結構與政治文化，由於家長主持一切，其他成員沒有機會參與政治過程，故只有統治，沒有政治。因為政治是公共事務，應由參與的人共同決定。從這個觀點來看，中國家族式政治結構與文化，很難稱得上是政治。假若那樣的政治也可叫作政治的話，那是極為低級的政治。（到今天，國家元首還以「大家長」自居，侃侃而談，毫無愧色。殊不知在民主的社會裡，元首不是「大家長」，那樣的說法，只表現了缺乏民主政治的基本常識。）中國傳統的結構與中國近現代的結構，當然有很大的不同，而且也不可完全套用亞里斯多德的範疇來加以評論；因為在觀念上，中國有公私之分，而在制度上傳統中有宰相、諫官等的設置，在現代的台灣，有立法院以及各項選舉之類。然而，政治生活中的公共性格不強，則是不可諱言的事實。在台灣，各式各樣的地方勢力介入選舉，對民主政治所依賴的公民德行與政治過程中公共性格的發展，甚有阻礙。地方勢力與利益團體不可等同，因為地方勢力多是以家長式的結構發展出來的，而許多利益團體則是根據追求其成員的共同利益而組成的。民主成形以後，難以避免利益團體的興起，有時會產生許多弊病。因為許多利益團體成員的共同利益有時可能很褊狹，那當然也可能對其團體以外的公共利益之追求與公共性格之建立產生阻礙。不過利益團體多遵循政治大環境的「遊戲規則」（外規）而運作（當然也有例外），地方勢力則多避免遵循這樣的「遊戲規則」，而是以其「內規」運作的。

（二）市民社會

　　西方自十六、十七世紀以來出現了人權的觀念。事實上，其歷史背景遠可追溯至羅馬法關於 ius 與 dominium 的理解、十一世

紀末十二世紀初義大利北部波隆雅（Bologna）法學院創始人
Irnerius所謂「dominium是一種ius」、十三世紀托馬斯・阿奎那
對ius naturale的解釋、十四世紀神學家們對財產權的理解、以及
十五世紀初巴黎大學校長Jean Gerson整合dominium，libertas，
ius的貢獻。後來霍布士（Thomas Hobbes, 1588-1679）與洛克
（John Locke, 1632-1704），雖然彼此政治立場不同，卻都以契約
論來說明邦國（the state）之所由來，因此產生了社會與邦國相
對立的理論可能。到了十八世紀，蘇格蘭啟蒙運動重要人物之一
佛格森（Adam Ferguson）則觀察到在法律漸趨完備、細緻的條
件下，個人自由是社會秩序的有效構成原則。在法治的範圍之內
追求個人自由（市民追求個人的私利），社會不但能夠維持良好
秩序而且增加了財富。

　　不過，財富的增加同時增加了市民的物慾，物慾浸蝕了維繫
傳統政治的公民德行，使市民們趨向局限於一隅的（particularistic）
生活方式，影響了市民社會的品質。

　　佛格森的弔詭（paradox）直接影響到黑格爾「市民社會」
（bürgerliche Gesellschaft）觀念的建立。對黑格爾而言，市民社會
（自發性團體組合、中產階級的興起與持續等）一方面在法治之
下使得個人自由獲得保障，社會（相對「邦國」而言）有其自主
性；但另一方面，社會出現了兩極分化與貧窮問題，消費成為一
種新的範式。面對「市民社會」的兩面性，佛格森主張應努力恢
復古典的「公民德行」，黑格爾則提出了代表更高層次理性與道
德的，他所謂的「邦國」觀念。

（三）「現代的民間社會」

　　「民間社會」這個現象本是中國傳統所固有。但傳統中的民

間社會，用英文來翻譯，大概應作private society（私性社會）。那是以家長式結構所組成的，「私」的性格很強的民間組織，如行會、幫會、寺廟等，不能與現代的civil society相提並論。civil society之所以在這裡譯作「民間社會」，因為只有這樣的譯法，才能彰顯它獨立於邦國，同時在相當程度之內影響到邦國政策與邦國發展的特性。在技術上，可加上「現代的」三個字，以便與傳統中國的「民間社會」相區別。

（1）民主運作所需要的「現代的民間社會」

　　托克維爾（Alexis de Tocqueville）敏銳地觀察到兩項民主的弔詭：（a）要求平等的大潮流無可擋拒，但它不可避免地擴大了官僚系統，威脅到了個人自由。（例如，民主要求教育普及。教育普及擴大了教育行政的官僚系統。龐大的教育行政官僚系統難免要要求標準化、形式化，這自然會壓縮「教」與「學」的個人自由；（b）民主產生了自由的文化危機：社會同一性的壓力因民主普及化而增強，因此威脅到了個人自由。「社會同一性的壓力」是指社會上的人覺得大多數別人說什麼、做什麼，自己就不得不說什麼、做什麼——後來演變成大多數人喜歡什麼，自己就喜歡什麼。換句話說，社會流行說什麼、做什麼，大家就說什麼、做什麼。民主與社會同一性的因果是這樣的：民主社會肯定與歌頌平等。既然大家都是平等的，事情當然應由自己來決定。傳統的各式權威在這樣的社會中自然漸次消失。不根據傳統的權威來作決定，而根據自己的意思與喜惡來作決定；然而，自己的意思與喜惡是根據什麼呢？那往往是社會上流行的風氣。所以，民主社會，雖然允許獨立精神的發展，但卻不促進獨立精神的發展。個人如沒有獨立精神，當然談不上什麼個人自由。

也許有人會說，民主社會既然允許獨立精神的發展，一些人未嘗不可根據「理性」來構成自己的意思與喜惡。這當然有其可能。不過博蘭尼（Michael Polanyi）的知識論清楚地告訴我們，「理性」需要有生機的傳統涵化才能運作——僵化的傳統則限制了「理性」的運作。對大多數人而言，當大家都自認自己是自己的權威的時候，即使有有生機的傳統，也只能對少數人有意義、有關連；何況，在民主生活方式占據每一角落——亦即民主的價值與運作方式變成社會生活唯一的主流——以後，傳統漸次剝落，談不上對「理性」產生涵化的作用。

如果要同時使民主與自由運作良好，托克維爾認為應該增強與發展民間具有公共性格的societies（「社會」這個字，在這裡是多數，指的是：民間的組合、民間的社團等）。這樣可以涵育健全的民主運作所不可或缺的公民精神。

（2）促使全權政體與威權政體退隱並促進民主政治發展的「現代的民間社會」

獨立於邦國之外的民營企業、私立學校、獨立媒體、自治工會、教會、社團等所構成的公共領域的建立與擴展。在這裡，有一點需要特別強調的——一般討論「現代的民間社會」的文獻多未注意及此，但卻非常重要的——是：如希望「現代的民間社會」的發展能夠促使全權政體或威權政體退出舞台，並促進民主政治的發展，它不但需要獨立於邦國之外，而且還要能夠進入（access to）政治過程〔這一觀察，最初是由艾森斯達（S. N. Eisenstadt）教授提出的〕。如要做到這一步，「現代的民間社會」的活動必須呈現與發展公共性格。例如，波蘭的教會與「團結工聯」的活動不但獨立於邦國之外，而且進入了政治過程，遂與其

他因素配合使得全權政體退出舞台。又例如，台灣民主的發展，醫師公會、教師公會等「現代的民間社會」可以發揮很大的作用。就以醫師公會為例，它的目的是維護醫師的職業水準、職業道德與職業性的福利。如果醫師公會不是被少數人所把持，其成員所應關懷的事在公會裡依民主程序公開討論，取得共識；那麼其內部決議直接介入到邦國的衛生政策與行政，與醫藥管理的政策與行政。如果這些政策與行政並不合理，醫師公會——只要其成員能夠團結一致，參與要求邦國改進他們關心的政策與行政的行動（包括請願、遊行、靜坐等等）——自然能夠促使邦國在這方面訂定合理的法律，並有效執行之。同理，教師公會可介入並影響到邦國的教育政策與行政，工商業公會可介入並影響到邦國的經濟政策與行政。過去，這些公會多被少數人所把持，形成地方勢力的一種；它們缺乏公共性格。如果現在因各個公會會員參與空間的擴大和實際的參與，其內部民主化（只有如此才能呈現公共性格）將會間接促進邦國法治的建立及其成員公民文化、公民德行的養成。

　　上海等大城市在五四時期，由於新式工商業漸次發展與國民救亡意識的高漲，曾有一些「新型民間社會」的萌芽。〔下述關於上海商界情況，主要是根據李達嘉，〈五四前後的上海商界〉，《中央研究院近代史研究所集刊》第21期（1992、6），頁217-235。〕例如，1919年6月5日開始，上海商界罷市七天，具體地響應了北京學生愛國運動——這種商界全面的行動是過去所沒有過的。上海商界罷市的決定並非由具有強烈地方勢力色彩，有時竟替邦國執行其功能（如為政府籌款）的總商會所推動，而是由南市小東門外大街各商號聯合組織的「商業聯合義會」首先發起

的。然而,這樣獨立於邦國之外並介入政治活動的「新型民間社會」與「現代的民間社會」的相似之處,多是表面的。它主要是由於,在愛國運動的風潮中受到原已存於人心的「天下興亡,匹夫有責」——在中國文化與道德之內的「公」——的觀念的鼓舞,而臨時組成的;而不是在原有經常性社會結構中,其成員根據公平的「遊戲規則」於參與爭取共同利益的過程裡所養成的公共性格,所導致的。

中國商界的組織一般多被具有家長式性格的地方勢力所把持,原已存於一般商民心中的「國家興亡,匹夫有責」的觀念,只能存於人心,不易具體展現。然而,在愛國運動的風潮影響下,地方勢力也只好隨聲附和。在這樣的情況之下,文化與道德觀念是可以相當程度地促使建立,目的是要實現這樣的觀念的社會組織。不過,這樣的社會組織往往後續力不夠;一旦風潮過去,它的「公」的性格也就變質或衰竭了。另外,受到政治事件影響的,以道德與文化訴求產生的「運動」所形成的社會組織,往往在一鼓作氣以後,變得派系叢生,成員勤於內鬥與內耗。因為道德與文化訴求本身的意義與如何落實的問題,在風潮之下凝聚以後,總是要依賴參與的人的解釋,主觀性很強,不同於「現代的民間社會」成員由遵循公平的、具有法治意義的「遊戲規則」而參與公共事務所導致的**公共性格**,那是具有具體客觀性的。近現代中國各種由「運動」所形成的社會組織,前例已經顯示,能夠介入政治活動的時間,都很短暫,不同於「現代的民間社會」,因其公共性格使然,因此能夠持續地進入政治過程。中國共產黨從一開始,就是由「運動」所形成的政治組織,而不是社會組織,詳下文。

二、公民社會、市民社會與「現代的民間社會」的成長在中國之所以如此艱難的基本原因及其未來發展的前景

（一）中國大陸

（1）中共統治在政治、經濟、社會方面的影響

　　中國共產黨的性格是，結合中國化馬列主義的「意締牢結」（ideology，意識形態）與組織，中國農民暴動的幫會性與破壞性，以及殘存的中國傳統統治模式，而形成的。

　　馬克思主義是加上黑格爾色彩，深受法國啟蒙運動影響的產物。許多法國啟蒙運動者受到了自然科學輝煌成就的震懾，主張把社會現象當作自然現象來了解、來研究、來控制或征服。之所以對社會科學的能力產生如此堅強的信念，事實上，是由於對理性的「理解」肥腫化的結果。後來，聖西蒙與孔德更認為社會工程師可以像機械工程師使用應用科學建造新的機械那樣，根據「理性」所得到的社會科學的知識與定律來重新建造新的社會。這樣的思想反映在馬克思所謂「科學的社會主義」身上，則變成了下述的「意締牢結」：工業革命後慘遭資產階級壓迫與剝削的無產階級（城市中的工人）產生了極大的「異化」，這一「異化」——根據馬克思所信服而實際上是無稽的黑格爾辯證法——辯證地提供給無產階級「自我意識」（self-consciousness）或「真正意識」（true consciousness）。「自我意識」是現階段歷史進程中理性與道德的化身。它不但能了解歷史的規律與進程，並且能夠提供共產革命的指南與動力。馬克思認為無產階級革命將帶給人類徹底的救贖與解放，而其最終勝利是歷史發展的必然。所

以，相信那一套「意締牢結」的人認為，任何阻擋無產階級革命的人是「階級敵人」，那是人類獲得自我救贖與解放的障礙，其罪惡比個人的私怨或在社會上的侵害要大得太多，真乃罪無可逭！所以在實際革命過程中對「階級敵人」的鬥爭，必須無所不用其極！

　　既然馬克思的那一套自我封閉的「意締牢結」是建立在對理性的誤解與迷信之上——因為理性本身並沒有他所相信的那樣的本領，尤其沒有他使用黑格爾辯證法以後所謂無產階級「自我意識」中的「理性」的本領；那麼，列寧對「無產階級先鋒隊」——共產黨——的界定，當然是錯上加錯了。因為，無產階級中的領導，必須先是工業革命後城市中的工人，才能有無產階級的意識及其特性。這樣才符合馬克思主義的前提，才能講得通。但，列寧根據他建立革命組織的需要，卻在政治宣傳上運用詭辯的伎倆，把這個關鍵性的環節取消了。結果是：被列寧稱作「無產階級先鋒隊」的共產黨，不需要是無產階級，卻必須是其領導；接著列寧便說，既然「無產階級先鋒隊」是無產階級的領導，當然代表無產階級的利益，具有馬克思所指謂的「無產階級意識」及其歷史任務。（如前所述，馬克思已經在思想上犯了嚴重謬誤；列寧的詭辯，自然是錯上加錯。然而，謬誤深重的馬列主義，由於種種原因，卻在世界各地迷惑了許多人，並使人類為其謬誤付出了慘重的代價！）

　　列寧的詭辯伎倆，其實際運作是這樣的：（a）首先否定無產階級的構成與它底性格的相關性。他認為城市中的工人，是無法任憑自己的資源來產生社會主義意識的。他們自動自發的工會運動（要求政府為勞工立法、為了增加工資與福利而罷工，等等）乃是在資產階級籠罩之下，根據資產階級的「遊戲規則」所

進行的活動，不但不能威脅到資產階級的存在，而且延續了資產階級的存在。所以，馬克思說的「無產階級」所具有的革命性格，不是實際的無產階級本身因是無產階級便能展現出來；（b）然後，列寧使用二分法〔即：不是黑的，便必然是白的，沒有其他顏色（紅的、黃的、藍的）的可能〕，武斷地說，工人階級自動自發的工會運動，既然不可能發展出來真正的社會主義意識，便只能反映資產階級意識，因為沒有第三種意識存在的可能。這一主張——實際的無產階級本身的意識，只能是布爾喬亞意識——正如當代傑出的馬克思主義思想史家寇拉考思基（Leszek Kolakowski）所指出的，是列寧主義的嶄新特色，它無法從馬克思主義的各項前提中推出，也不能從列寧所徵引的考茨基（Karl Kautsky, 1854-1938）的論證中導出。〔Leszek Kolakowski, *Main Currents of Marxism*（Oxford: Oxford University Press,1978），vol. II, p. 389.〕

為了要建立紀律森嚴的，顛覆性與專制性的祕密革命組織——共產黨，列寧在1901-1902年撰寫的《將要做什麼？》（*What Is To Be Done?*）中說：

既然工人群眾本身在他們的（自動自發工會）運動中，無法提出獨立的意識形態；那麼，在資產階級意識形態與社會主義意識形態之間，只能選擇其一，並沒有中間路線可走——因為人類尚未創造出來第三種意識形態；另外，在被階級對立所扯裂的社會，永遠不可能產生非階級或超階級的意識形態。因此，任何對於社會主義意識形態的貶損或輕視——即使最低程度地背離它一步，便等於加強了資產階級的意識形態。許多人在談論自動自發性。然而，工人階級的

運動的自動自發的進展，導使它臣服於資產階級的意識形
態……因為自動自發的工人階級的運動是工會運動……而工
會運動就是工人們在意識形態上奴役於資產階級的運動。所
以，我們的任務——建立社會民主的任務——乃是：對自動
自發性進行攻擊，使工人階級的運動從努力要使自己翼庇於
資產階級的自動自發的工會運動，轉移為翼庇於革命的社會
民主。〔V. I. Lenin, *What Is To Be done?* Tr. Joe Fineberg &
George Hanna; ed., Robert Service（London: Penguin Books,
1988), pp. 106-107.〕

　　既然實際的無產階級本身，根據自己的資源只能反映資產階
級意識；那麼，要使無產階級變得具有「無產階級意識」，從而
具有「無產階級性格」，就需從外引進由受過教育的資產階級知
識階層的優良代表——馬克思與恩格斯——所建構的社會主義，
並由堅信馬克思主義並獻身革命的職業革命者所組成的革命政
黨——共產黨——成為其領導。根據列寧的意見，實際的無產階
級本身的運動，如不服從共產黨的領導，便是與「無產階級利益
與使命」衝突的，帶有布爾喬亞性格的運動。只有當共產黨變成
無產階級的領導的時候，無產階級才能因受其教導而懂得馬克思
主義的真諦，並由其領導而完成馬克思主義所賦予的無產階級歷
史任務。換句話說，什麼是無產階級？這個問題的答案不是無產
階級本身所能提供與所可決定的。相信了馬克思主義，使無產階
級有資格變成無產階級；然而，最終決定它是不是「真正的無產
階級」，則決定於它相信的馬克思主義是否是由共產黨所解釋、
所教導的。質言之，誰是無產階級，那是要由共產黨來決定。
　　分析到這裡，馬列主義（套進列寧主義以後的馬克思主義）

的主觀性、任意性與專制性已是相當明顯了。「無產階級先鋒隊」
的性格，無需根據馬克思主義的前提來界定。但，「無產階級先
鋒隊」卻自認只有它才有資格解釋什麼是「真正的馬克思主
義」。一個與工人階級沒有淵源的少數職業革命者所組成的政治
革命團體，自我聲稱是馬克思主義的信徒，便自我任命是無產階
級的領導，並自認具有馬克思所賦予的，無產階級體現的真理性
與無產階級肩負的解救人類的任務。（用馬克思的術語來說明這
一主觀性與任意性的謬誤：那是脫離「經濟基礎」的「上層建
築」。）〔當然，列寧常說共產黨需要工人階級出身的黨員，這是
因為：從宣傳的觀點來考慮，共產黨需要，在表面上，顯得與馬
克思界定的無產階級具有一定關係。然而任何一個工人階級出身
的黨員之所以被接納，或被整肅，是與他（她）是否符合黨的主
義、紀律、與政策有關，與他（她）的出身無關。〕世界各地的
列寧式共產黨，一致是以這樣的宣傳伎倆來建立它的虛妄的「正
當性」（legitimacy）的。任何了解事情真相的人，當然知道這樣
的「正當性」是虛妄的；但受其迷惑的人，卻以為那是正當的，
並以正義化身的姿態迫害一切異議人士，強迫所有的人服從它的
領導。

　　換句話說，列寧式的共產黨，為了建立它的「正當性」，當
它需要馬克思由經濟性格界定的無產階級所帶來的「真理性」與
「歷史任務」的時候，雖然它沒有馬克思所界定的無產階級性
格，卻硬說它具有最優秀的無產階級性格──所以須是無產階級
的領導。但，當它發現馬克思所界定的無產階級對它所要從事的
革命，不能提供幫助時，它便斷然離開了馬克思主義的前提，痛
斥馬克思所界定的無產階級（產業革命後城市裡的工人）是資產
階級的奴僕了。列寧的詭辯伎倆，之所以能夠游刃於主觀性、任

意性與專制性之間，除了上述以武斷的「二分法」指斥馬克思所界定的無產階級是資產階級的奴僕以外，另外一個關鍵是：它以意識形態（主義）作為界定階級性格的標準。因為意識形態的純正性永遠有爭議的餘地，在客觀上無法達到絕對的一致，共產黨便可乘虛而入，以政治權威與組織來堅持它底「理解」與「推論」的絕對「真理性」與「客觀性」。質而言之，共產黨自認所體現的主義的「真理性」與「客觀性」，如果脫離了歷史中政治革命的需要（根據這樣的需要而抱持的「主義」，一旦相信以後，更無轉圜的餘地；因為愈認為「信仰」它有益於革命，便愈需堅持對它的「信仰」），免除了組織的操縱與控制，喪失了專制的政治權威對其統治範圍之內的人們所施加的威脅與宰制，那便只是一團氣泡而已。

　　這樣的「列寧式邏輯」，到了一位研究毛澤東的學者稱作「天生的列寧主義者」的毛澤東身上，其主觀性、任意性與專制性，更是變本加厲，登峰造極。誰是無產階級？在「文革」期間，那已不能由共產黨來決定了。毛認為只有他自己一人體現了「真正的無產階級意識」，自然應由他一人決定。毛澤東完全可以他自己的喜惡，來界定誰是無產階級──而他是「唯一的大自在者」，其喜惡是可以隨時改變的。所以，國家領導人，他的「親密戰友與同志」劉少奇，在一夕之間便成了資產階級的走狗，無產階級的敵人。而這一變化，根據毛所持有的「馬列主義」，則完全是符合「真正的歷史客觀規律」的。因為只有「馬列主義」才是真正了解了，並體現著，「歷史客觀規律」的「科學」。

　　主觀顛倒成為客觀以後，主觀的為所欲為，可以解釋成為客觀進步的鐵律。自認是歷史進程中「理性與道德」化身的中國共產黨，以軍事奪取政權以後，與殘存的中國傳統統治模式與政治

文化相結合，所產生的全權主義或極權主義的統治（totalitarian rule），乃是世界史上的一個新的現象（史達林統治下的蘇俄，對傳統的破壞也不能與毛澤東統治下的中國相比）：根據前面的分析，我們知道它事實上自認是一個新的全知、全能、全管的「上帝」，對信服它的群眾來說，它也確是如此。〔雖然從客觀的角度來看，正如史華慈（Benjamin I. Schwartz）先生所指出的，從馬克思到列寧到毛澤東是一個馬克思主義邏輯的解體過程。〕另外，由於中國共產黨的性格也深受中國農民暴動的幫會性與破壞性的影響，所以它同時又是一個無知、反知、無能、亂管的「上帝」。在這樣的情況下，社會的每個空間幾乎都被它破壞或堵死，當然談不到公民社會、市民社會，與「現代的民間社會」的發展或成長。

毛死以後，中共已公開承認毛的晚年犯了錯誤。但，中國共產黨在任何現階段至高無上的「上帝」資格，則仍要不惜任何代價，絕對堅持。「六四」悲劇，正肇因於此。不過，實行經濟對外開放、個體戶、農民包產到戶的政策以來，實質的私有財產制已半公開卻不徹底地出現，以致導致「擬似或半吊子的市民社會」的出現。但，這樣的社會與市民社會不同，因為市民社會是建立在法治的基礎之上的。

大陸的「擬似或半吊子的市民社會」主要傾向於物慾的增殖以及褊狹或局限於一隅的生活方式的發展。（溫州市市民低俗、縱慾、「私」的生活方式，只是這種社會主流現象極端的例子而已。）此種現象乃是對過去全權主義之統治與現在共產主義理想之幻滅的反動。這樣的反動不易培養社會的公共性格，也不易發展公民文化與公民道德。逃避政治權威的個人的「私的領域」（private sphere），現在當然比過去擴大了；但「公共領域」卻並

不因個人在「私的領域」的活動空間的擴大而能建立起來。(「六四」之前,在大城市中有知識分子討論公共問題的沙龍的萌芽,但這些「現代的民間社會」的雛型已被政權的高壓所粉碎。將來再生的可能性當然有,但其茁壯的可能則相當有限。)所以,現在大陸上「擬似或半吊子的市民社會」很難演變成為公民社會,也很難導致法治的建立或促進具有「公共領域」的「現代的民間社會」的發展。當然更談不上經由「公共領域」的發展使「現代的民間社會」進入政治過程。「擬似或半吊子的市民社會」是貪汙、腐化、走後門,幾乎一切事務皆需依靠私人或擬似的私人關係,以及幫會、地方勢力等「私」的社會組織的發展溫床。

總之,鄧小平主導之下在經濟上改革開放而在政治上不惜任何代價維持共產黨專政的兩條腿背馳的政策的直接結果是:各式各樣的混淆與混亂的興起與持續。(一位諾貝爾經濟學獎獲獎者在訪問大陸以後說:「即使上帝出面要故意把中國各方面弄得越混亂越好,恐怕也達不到現在這樣的程度。」這雖是諷刺的話,卻真實地反映了各方面混淆與混亂的嚴重性。)這樣的政策會使全權主義的統治漸失效率。「六四」以後,中共為了補救它在城市居民之中流失的政治合法性或正當性,遂極力發展經濟,希望能夠利用人民生活的改善來鞏固它的統治權。然而,在這樣的情況之下,民主是否較有前途了呢?我覺得至少在最近的將來,其前途仍然相當黯淡。政治上的民主發展需要許多條件相互配合才成。人民經濟生活必須達到相當水準是政治民主的必要條件之一。然而,中國全權主義統治的效率的減低及其對社會控制的相對鬆散與經濟生活的改善,直接導致了上述「擬似或半吊子的市民社會」的那些現象;但,那些現象並未能促進發展民主所需的公民社會與「現代的民間社會」的建立與發展。海外的民運最可

能的貢獻是深化對民主的理解及維繫民主的聲音於不墜。

　　到頭來，我們只能回到政治改革是一切關鍵的命題上。大陸的政治改革，因缺乏「現代的民間社會」的督促，只能依靠經濟發展產生的壓力與握有政治實權的人的自我啟蒙。這種可能不是沒有。現在沿海地區的經濟發展，的確使當地人民生活改善不少。如果具有公民意識的中產階級真能興起，它很可能對政治改革產生促進的作用。何況誰敢預言將來中國握有實權的人一定不會變成像戈巴契夫那樣的改革家呢？不過，我們知道，專制政體與中產階級的興起在世界有些地方不但並行不悖，而且相互為用。所以，中產階級的興起並不必然能夠促進民主憲政的改革，關鍵在於中產階級在哪些條件下興起；換句話說，配合與促進中產階級興起的，有哪些利於建立法治與民主的條件？當前中國政治、社會與經濟結構，由於上述那些不健全、不合理因素的影響，正使「惹人注目的消費」（conspicuous consumption）的風氣變得很猖獗。這樣的情況，很難發展具有公共精神的公民意識與公民道德。所以，未來的政治改革大概主要會限制在行政方面。結構性的革新，至少在最近的將來，是相當渺茫的。

　　現在的世界潮流對中共統治方式當然是不利的。但，沿海地區先讓人民富起來的政策，將使人民更耽迷於增殖的物慾與褊狹的生活之中──前已論及，公共精神、公民文化，與「現代的民間社會」都很難在這種環境中發展出來。因此，統治者與被統治者大概都將各自繼續沉湎於私性政治與私性社會的淵藪之中。對海外要求民主的壓力，統治者儘可要些「統戰」與「公關」的伎倆來加以圍堵。有些人喜歡說世界民主潮流是大勢所趨，非個人意志所可轉移。自十九世紀末第一代中國知識分子興起以來，每一階段總有些人把中國之外的潮流當作中國歷史進程的必

然軌跡。然而,這樣的看法卻總是落空,落空以後卻又無法改進自己的思想模式。現在抱持這種看法的人,更是深受馬克思主義的絕對歷史主義歷史觀所形成的思想模式的影響而不自知。事實上,中國的歷史主要是被其內部政治、經濟、社會與文化結構所影響。目前中國在其內部結構牽制之下,只能順應世界市場經濟的潮流,尚不足以順應世界政治的潮流。至於內地省分,那裡的人民,仍然是處於貧窮與到處都依賴黨國的「保護」並受其宰制的情況之中,當然更談不上公民社會與「現代的民間社會」的發展。我看最近大陸社會的情況,將繼續是「混亂的平衡」(equilibrium of chaos)。

至於邦國方面,將近十年經濟上的開放改革逐漸形成了強大的地方實力(尤以廣東與福建為最),中央的實力因此相對地減弱。但中央仍握有軍權、地方高層人事任命權等。中央與地方的實力現在是相互制衡,彼此都無法過強,呈現著「弱勢的平衡」(equilibrium of weakness)。不過,如中央允許地方的經濟更行獨立地發展,這樣的「平衡」或將打破。未來廣東和福建與香港和台灣如在經濟上形成實質的共同互惠利益區,在意識形態失去控制的條件下,要求某種形式的地方自主趨勢或將興起。那麼,我不敢說中華聯邦或中華國協的形成絕無可能。然而,各個地區內部,如無公民社會、公民文化、法治以及「現代的民間社會」的發展,真正的民主政治終難落實。

(2)在中共統治下,法治無法建立

法治的前提是:憲法必須位於中國共產黨之上。憲法指的不僅是法典,而且是能夠落實憲法的法律與政治結構。換句話說,如果法院無法裁定任何政黨都必須位於憲法之下,並對違法者處

罰之，即使有憲法的條文，也談不上法治。法治（rule of law）與法制（rule by law）根本不同。法治是指「法律主治」。然而，專制國家有時也想講一點效率，所以有時也會注意到法律的好處；不過，它所謂的法制是指「以法統治」而言。以法統治的法制不是法治。因為法制是為政治服務的，而法治是治理政治的。在沒有法治的情況下，要求不受或能夠逃避政治干涉，並間接進入政治過程的「現代的民間社會」的發展，自然極為不易。在沒有法治的情況下，公民無從自由地、平等地參與政治過程，公民社會的發展自然也極為不易。在沒有法治的情況下，市民社會也無法正常地發展；只能產生「擬似或半吊子的市民社會」。

（3）文化方面

　　中國文化當然具有「公」的觀念，而人民對執政者需負政治責任的要求是很強的。（與文化上相當強的「公」的觀念，構成鮮明對比的是，在政治與社會層面使執政者無法不負政治責任的機制，則幾乎完全不存在。）這也是為什麼在「六四」之前，學生們「打倒官倒」等口號能夠引起北京廣大市民的共鳴的主要原因之一。但因參與政治過程的機會極少，所以「公民道德」（相對於「個人道德」而言）與公民文化均不易培養出來。（「個人道德」是在社會人際關係中培養出來的，而「公民道德」是在政治過程中培養出來的。）中國人當然有很強的民族主義；但，這一意識形態因為一直沒有被「公民道德」與公民文化所涵化，所以經常有被政客利用的危險，以致做出違反民族利益的事情來。至於知識分子的使命感，在沒有參與政治過程的環境裡，以及在沒有「公民道德」與公民文化的涵化的條件之下，則經常呈現不穩定性；所以，雖然共喊流行口號的人一向很多，卻較難達成自發

性具體共識，以及形成具體的方向與工作步驟。

　　這樣的文化背景當然也不易促進公民社會與「現代的民間社會」的發展，或導「擬似或半吊子的市民社會」於正途。

（二）台灣

　　台灣社會近四十幾年的發展與大陸甚為不同。然而，統治台灣的國民黨，在蔣介石與早期和中期的蔣經國主持之下，雖然其意識形態是右派的威權主義，但它的組織性格卻是列寧式的革命政黨──從這一角度來看，中國國民黨與中國共產黨是一對孿生兄弟，有許多共同特質，它們長期統治所產生的後遺症也有許多類似之處。不過，四十幾年來台灣的發展，卻使人覺得在這塊土地上似乎真有發展民主的可能（至於此一「可能」究竟是否能夠落實，那還要看能否克服下述諸多阻礙）。台灣之所以使人覺得有發展民主的可能，與其歷史性變遷有關：

（1）國民黨自我約束其威權統治的基本原因

　　台灣在割讓給日本受其統治五十一年以後，由國民黨主持的政府收復後不久便發生了二二八悲慘事件。當時的主政者使用「平亂」手段之殘酷，使當地居民普遍認為那是一個外來政權。但這個外來政權的中央政府卻在大陸上節節敗退，最後不得不逃到台灣來。它在四○年代後期與五○年代行使「白色恐怖」，暫時穩定了它的統治以後，為了保持自己的實力以及為了在國際上保持良好的形象，不得不謀求與當地居民較長久的和平相處之道。這是它在大陸失敗退到台灣以後，自我約束其右派威權統治的基本理由之一──雖然它偶爾仍會露出猙獰的面目來。

（2）台灣市民社會的曖昧性格及其走向「現代的民間社會」與公民社會的可能

因為國民黨主持的政體是右派威權政體而不是左派全權政體，所以它沒有真正烏托邦的衝動（雖然在它的宣傳中有時夾有類似的語彙）。它主要的興趣是保持自己的政權。由於其列寧式組織性格一向糅雜著通商口岸祕密結社的會黨性，它退居台灣以後很自然地與當地具有祕密結社性格的地方勢力合作，形成了互利的統治網絡。在這樣的情況下，它一方面仍然以「私性政治」來維持自己的政權，其後遺症固然是盡量阻止政治上公共性格的發展（如法治與公民文化的建立）；但，另一方面，它卻不像中共那樣受其烏托邦主義的衝動所驅使，發動腥風血雨的鬥爭，以及龐大的破壞中國文化與社會的運動。所以，在台灣的社會與文化都較有自我發展的空間與資源——至於當地人民是否善於利用這些空間與資源，則是另一問題；至少這些空間與資源未被高壓而任性的政治實力所窒息。加以在經濟發展上，政府與社會的興趣與目標相當一致，而且又有能幹的技術官吏努力工作，這樣——在適於出口貿易的國際環境中——導致了長期的經濟繁榮。長期的經濟繁榮使社會產生了中產階級。有了中產階級並不一定能夠產生民主政治與文化；但，在現代社會，沒有中產階級則必然無法產生民主政治與文化。台灣的社會在中產階級興起以後，主要是以一些向度（dimensions）的市民社會的面貌呈現的。雖然法治在台灣並不健全，但市民們已具有言論自由，對公民的諸權利也多有相當的掌握。在這樣的背景下，社會中工商業發達以後，已使邦國控制社會的能力相對地減弱，社會呈現了相當程度的獨立性。不過，由於台灣缺乏穩定與有力的社會與文化基礎（之所以如此，與政府短視的、工具性社會與文化政策頗有

關連），以致無法制衡快速經濟發展所帶來的對社會與文化的惡劣影響。台灣快速經濟發展遂促進了暴發戶式低俗社會與文化行為的興起。市民社會財富的增加所帶來的市民物慾的增殖，是所有市民社會的普遍現象。這一普遍現象在台灣低俗文化與社會行為的刺激之下，則變得特別猖獗。另外，台灣市民社會與西方市民社會有兩項基本差異：它並無類似西方公民社會的歷史背景，也無法治的基礎。在西方，市民社會帶來的物慾的增殖既已侵蝕公民社會發展出來的「公民道德」與公民文化，並使市民們趨向於褊狹（或局限於一隅）的生活方式；那麼，連類似西方公民社會的歷史背景都付闕如的台灣市民社會，在格外猖獗的物慾增殖與趨向低俗而褊狹的生活方式的影響下，要想發展民主政治所必需的「公民道德」與公民文化就難上加難了！

　　不過，台灣的市民社會卻有發展至「現代的民間社會」的可能。台灣市民社會自身已經具有相當程度獨立於邦國控制的性格。只是獨立於邦國控制的民間團體，其內部自身的活動多尚未導使它們進入邦國的政治過程，所以未能影響到邦國政策與邦國發展的特性。（政黨及其外圍組織，在本文的分析架構中，不屬於「現代的民間社會」，那是公民社會的一部分，我在下節將略述己見。）筆者在上文論及「促使全權政體與威權政體退隱並促進民主政治發展的『現代的民間社會』」時，曾以台灣醫師公會為例，指出：如它（及其他職業團體）能在內部民主化的過程中發展公共性格，將間接促進邦國法治的建立及公民們「公民道德」、公民文化的養成。

　　台灣社會固然呈現著猖獗的物慾與低俗而褊狹的生活方式（這些都阻礙了公民社會的建立），但例外的現象卻也不少。例如，慈濟功德會是大家知道的顯例。不過，慈濟功德會的活動所

呈現的性格，屬於傳統民間社會的多，而可稱作是「現代的民間社會」的則極少。它表現的是慈悲心腸，但它卻沒有發展多少本文所謂的「公共性格」。它在內部財務管理等方面呈現了令人敬佩的「公」的性格（這也是它能聚合社會中的善意與關懷的原因之一），但它並未因推展它的公益活動而介入邦國的公共政策的討論，以及進而要求阻礙或干擾它的公益活動的法令的修訂與公共政策的改進。所以，從本文所採用的分析範疇來看，它沒有呈現多大「公共性格」，當然也就談不上進入邦國的政治過程。然而，慈濟功德會的會員們如要他們的善心更有效地落實，他們就必須設法使阻礙或干擾他們公益活動的法令與公共政策，獲得修訂與改進——而這一切需自討論邦國的法令與公共政策是否合理、是否有效開始。換句話說，慈濟功德會會員們的善心可以是轉化為具有「公共性格」的責任感的精神資源。如果能夠如此的話，這樣「現代的民間社會」的活動將可促成「公民道德」、公民文化的養成，也可促成公民社會的出現與成長。

當前的國民黨正在以修憲的方式把臨時條款所支持的威權體制憲政化（從憲法原則來看，這是自相矛盾的，是違憲的）；另外，證諸最近立法院正副院長與監察院副院長的選舉，國會運作走向金權分贓模式已經顯露無遺。在這樣民主政治前途未卜的情況下，台灣各類民間團體應該邁向「現代的民間社會」，變得尤為重要。如此使社會力量進入政治過程，才有促使並監督邦國走向民主的可能。這是從「現代的民間社會」落實公民社會的道路。

（3）公民社會與政黨政治

社會裡的公共事務，應該由公民們參與決定。所以民主須

是，公民社會裡的政治制度。民主政治是政黨政治。如要實行民
主政治，當然不可一黨專政。然而國民黨的「權力邏輯」，在本
質上是一元化、整體性的。它認為如要掌握權力的話，就要掌握
權力的整體，權力是無法分割或分享的。作為一個結合右派威權
主義的意識形態與左派列寧式革命政黨的組織，並糅雜著通商口
岸祕密結社的會黨性格與家天下性格的統治集團，國民黨的本質
是反民主的。但，它遁逃到台灣以後，為了反共不能不肯定民
主，為了肯定民主，也就不能不實行一點地方選舉（否則它的統
治便沒有正當性可言）。另外，為了爭取美國的支持，它也不能
不在對外宣傳上肯定民主，為了使宣傳不被看作完全是空話，它
也只好多少實行一點地方選舉，並擺出一點贊成民主政治的姿
態。（這是為什麼它在五〇年代雖覺《自由中國》如芒刺在背，
卻仍容許其持續發行；但，一旦雷震與傅正兩先生要組織反對
黨，稍稍可能威脅到它整體性的政治權力的時候，它就不顧一
切，非把雷、傅兩位抓起來，把《自由中國》停掉的基本理由。）

　　台灣許多居民因受上述(1)節所談到的歷史環境的影響，一
直把國民黨當作一個外來政權看待，所以存有相當強烈的反抗意
識，這樣的反抗意識過去在戒嚴令的壓迫下，之所以還可繼續發
展，主要靠地方選舉所賦予的空間。因此，黨外力量，雖屢受挫
折，但愈挫愈勇，最後於1986年在違反當時政令下，強行組黨，
終告成功。這是中國民主運動史上的大事。（蔣經國總統當時決
定不用暴力鎮壓，讓歷史順利進入另一階段，也是應予肯定的。）

　　然而，台灣終於有了合法的反對黨以後，這五年多以來的政
治史，卻是令人失望的。首先，國民黨雖讓反對它的民主政黨合
法化，表面上不再堅持權力一元化的觀念，但它自身卻無法從列
寧式革命政黨組織，蛻變成為民主政黨（例如，黨主席的權力非

由黨員代表經由民主程序選舉而得，即是顯例）。說現在的國民黨仍然和過去一樣，當然有欠公允。嚴格地說，它現在是半調子的列寧式革命政黨。但，正因為它的列寧性格仍然很強；所以，它領導的政府，缺乏建立公平的「民主政治遊戲規則」，以及幫助建設民主所需要的公民文化與「現代的民間社會」的意志。就以它修憲所顯示的態度來看，它所要做的是：不顧一切地把憲法修改得可以保證它能夠繼續掌握政權，即使違反憲政基本原則，「與人類的共同智慧為敵」也在所不惜！然而，國民黨這種繼續把一切法律（包括憲法在內）當做它的統治工具的作風，本是它底殘餘列寧性格的反映，雖然令人相當失望，但並不使人覺得奇怪。如果這五年多以來，民進黨能夠快速成長，發揮政治影響力，那麼情勢可能演變到即使國民黨不願落實民主政治，但在民進黨的壓力下，卻不能不如此；假若兩黨互動能夠產生這樣的結果，當然也是好的。可惜，由於民進黨自己不知道自己是誰——不知道自己真正的政治資源在哪裡、不知道自己究竟應該扮演何種角色，才能推動民主在台灣的進展——的緣故，以致它的成績也是令人失望的。

　　民進黨最大的政治資源是台灣中間選民對它的善意與可能的支持。可惜這些善意與對它的可能支持均被民進黨自身的政策與作風所斲喪殆盡。民進黨的政策與作風主要表現在道德的忿怒與奪權（或曰執政）的意圖之上。當然，民進黨黨員之中也有一部分人士誠懇地認為：以國民主權為號召所建立起來的新的邦國，這一舉措本身就是民主的實踐，而且在新的邦國建立的過程中可以同時創建法治的制度與民主政治的「遊戲規則」。殊不知以國民主權為號召所建立起來的新的邦國——如果事前尚無相當成熟的法治、公民文化、「現代的民間社會」為其基礎的話——可能

的結果則是：自認擁有國民「總意志」（general will）的邦國凌駕社會之上，並宰制社會。那將又是一個以民主為名，落實威權主義的政治故事。另外，我們必須牢記：法治、公民文化、「現代的民間社會」不是只開制憲會議，由邦國頒布憲法與其他法令，便可創建的。因為法治（包括民主政治的「遊戲規則」）、公民文化、「現代的民間社會」只能經由演化而得，不可能在一個新的開始之後就可立即製造出來，尤其對一個根本沒有民主法治傳統的社會而言，更是如此。

可惜，民進黨黨內的潮流淹沒了上述的考慮，遽然把「獨立建國」列為黨綱。去年的選舉，國民黨之所以能夠獲勝，並不是由於中間選民贊同國民黨的緣故，而是由於民進黨「台獨」的訴求使得他們感到恐懼，故不得不支持國民黨罷了。民進黨所可使用的資源本來就比國民黨要少，在這樣的情況下，如果民進黨具有理性的政治智慧的話，在它與國民黨競爭中，應該設法利用中間選民對國民黨的不滿，爭取他們的支持。然而，民進黨的作風，不但未能削弱國民黨，反而促使中間選民支持了國民黨。這真是何苦來呢？而國民黨最怕得意，證諸過去的歷史，它每次得意以後，總是要做出對國家不利的事情來。它最近在修憲上所表現的態勢，似乎又要造成無窮的後患，又要為了它的政權利益而犧牲國家長治久安的利益。國民黨這種肆無忌憚的作風，與它最近在政治上頗為得意，很有關連。從這個觀點來看，民進黨在上次選舉中缺乏理性化政策的結果，是間接導致國民黨不顧國家利益的原因之一。台灣的政黨政治，如果繼續在這樣兩黨互動惡性循環中翻騰的話，民主的前途當然將不堪聞問了。

不過，現在的形勢的確允許兩黨競爭了。民進黨因此可以做出重大的貢獻。這一切端賴民進黨的政策是否能夠**理性化**。民進

黨必須了解：第一，對國民黨的統治義憤填膺，產生道德的憤怒，過去在黨外時代有其意義，但在可以與國民黨競爭的今天，乃是消極的行為。繼續被憤怒所籠罩，不但不容易接受理性的指引，而且也不能積極為民主從事建設。第二，台灣在沒有法治、公民文化、「現代的民間社會」等民主政治的基礎的情況下，即使民進黨奪得政權，獨立建國，在那個新的邦國裡，也仍然無法落實民主；相反地，正如錢永祥先生所說，「在台灣這樣一個除了選舉投票之外再無其他民主經驗的國家裡，一個取得強大民意正當性的（新的）國家機器，若沒有充分的限權、法治及自主社會為抗衡，對民主的威脅反而更大。」因此，民進黨的理性的道路是：以韋伯（Max Weber）所闡釋的「責任倫理」（the ethics of responsibility），作為從事政治決定與處理政治事務的基本原則。

　　我在別處曾兩度為文說明「責任倫理」的內涵（其中一文，已收入本書），而錢永祥先生已把他過去迻譯的韋伯原文再作精審的增訂，此書已於去年十月發行〔韋伯著，錢永祥編譯，《學術與政治：韋伯選集（I）》增訂再版（台北：遠流，1991）〕。所以筆者在此不擬多所贅述。不過，我要特別強調的是：「責任倫理」最主要的意義是在事情尚未發生之前，衡量不同政策與不同途徑在不同階段所可能產生的不同後果，然後以負責的態度選擇在當前階段對民主發展最可能產生良好後果的政策與途徑，並盡量使這樣的選擇落實。然而，我們文化中支持建立「責任倫理」的資源是很薄弱的。我們文化的主流，本是把俗世生活（包括政治生活）看成蘊涵精神意義的一元式文化。所以，它有許多資源——包括強調「正心」、「誠意」終能產生美好的實際結果的看法——是支持與鼓勵「意圖倫理」（the ethics of intention，錢譯「心志倫理」）的建立與發展的。這也是為什麼偉大的理想，無論

在中國的傳統或現代，幾乎從未獲得實現；而為了它們的實現，人們卻又不惜不斷犧牲的原因之一。

　　許多人誤把「責任倫理」所指謂的為政治決策的後果負責，當作是為事情發生以後的結果負責，以致以為如果產生了惡劣的結果，當初選擇了這樣決定與政策的人，要承擔後果（包括辭職、接受懲罰，或為其付出代價付出犧牲之類）。事實上，從韋伯「責任倫理」的觀點來看，那卻是不負責任或已經無法負責的行為。不過，這種中國人所謂「負責任」的行為，有時反倒符合「意圖倫理」所蘊涵言行一致的意義——亦即，「意圖倫理」所蘊涵的責任的觀念。

　　根據「責任倫理」的原則，民進黨及其他反對黨，應該盡量以自己現有的力量，直接地與間接地號召與動員公民們參與建設民主基礎的工作。這樣一定可以得到中間選民的支持，擴大自己的政治實力。對於國民黨而言，從事建設民主政治基礎的工作，對民主的發展有利，但對自己作為多數的執政黨而言，卻不一定有利。例如，建設公平的民主政治遊戲規則、促進法治、推展公民文化、「公民道德」、幫助「現代的民間社會」的成長——這一切施政的結果，將使政治競爭變得較為公平、開放，但正因為政治競爭有了較為公平、開放的環境，其結果也將是開放的。沒有任何一個多數的執政黨在這種情況下，可以完全掌握社會中的一切政治資源，保證永遠繼續執政。如果一旦在其他政策上有些嚴重的失誤（有時甚至可能是本身無法控制的原因所導致的），或由於選民們具有要求執政黨前一代的債務需由後一代償還的強烈情緒；那麼，執政黨在大選中可能失敗，必須讓出政權。

　　但從台灣最大反對黨的利益來看，它因尚未執政，無需承擔執政黨政策落實後的風險；所以，如能以實際行動促進民主政治

的基礎建設，它一方面對民主政治的發展做出了實質貢獻，另一方面也會贏得中間選民的支持，增加了自己的政治實力，甚至使自己從反對黨變成執政黨。這是作為少數黨的「特權」。

　　我希望民進黨今後不再把自己的精力花在內部派系鬥爭上去，漸能對此一「特權」取得理性的共識，進而使自己的政治行為理性化。如果它能以上述的辦法，提供公民參與政治過程的管道，進而促進了民主政治的基礎建設，那麼台灣庶幾可由台灣式的市民社會發展至公民社會與「現代的民間社會」。這樣的發展程序與軌跡，與西方民主社會發展的程序與軌跡，是相當不同的；然而，這樣發展的結果，終將帶來許多真正的民主果實。但是，假若台灣的政黨政治無論如何拋棄不了歷史的包袱，怎麼走總是無法走上政治理性化的道路的話；那麼，民主的前途，仍將是黯淡的。

1992 年 3 月 11 日於麥迪遜完成初稿

1997 年 8 月 10 日於麥迪遜完成增訂

「創造性轉化」的再思與再認[1]

弁言

拙文以前數稿曾在海內外刊物上登載過；但每次刊出後，總覺意有未逮。這裡發表的，是經過數次修訂後的定本，包括重讀原典後，在注釋中對亞里斯多德所言「人天生是政治的動物」的詳細說明。

引言

這篇文字的初稿，原是提交新加坡東亞哲學研究所（現為東亞政治經濟研究所）於1990年1月8至12日舉辦的 "Confucian

---

1 本文已由杜邁可（Michael Duke）教授和他的夫人丘慧芬女士譯成英文，由筆者於1997年4月9-12日參加在德國Trier University舉辦的 "China and the West in Dialogue" 研討會中宣讀。增訂定稿預定將於1998年在Karl-Heinz Pohl教授主編的研討會論文集中發表。筆者對於杜邁可教授和丘慧芬女士惠予迻譯拙文的工作，以及Karl-Heinz Pohl教授的邀請，謹此敬致謝忱。

Humanism and Modernization：the Institutional Imperative" 學術會議的英文論文。中文初稿則是為了參加1992年9月2至5日，在哈佛大學舉辦的「文化中國：詮釋與傳播」研討會而寫的。1993年11月，筆者應台北聯合報文化基金會之邀，偕內子返台參加系列學術活動，11月22日在該基金會座談會上主講本文的論題；遂藉機將中文拙稿加以修訂與擴充，最近並重新把文字與標點潤飾和整理了一遍。

筆者站在自由主義的立場，對作為中國未來導向的「創造性轉化」的多元觀念的思考過程——從1969年最初提出其雛型，到今天自覺在提綱挈領的層次上，已經系統地予以建立——斷斷續續經過了二十多年的歲月！然而，這一「比慢」的結果，只是一個觀念的建立而已；成績是很有限的。在此謹向上述各項會議的主辦機構及會中與會外歷年來許多朋友和讀者的評論與關懷，敬致謝忱。

自從「創造性轉化」（creative transformation）提出以後，這些年就筆者看到與聽到的評論而言，除了了解與贊同的以外，也有不少誤解，甚至曲解。有人說，我雖然反對五四人物一元式、帶有化約主義或決定論傾向的「藉思想—文化以解決問題的方法或途徑」，「創造性轉化」的觀念本身，卻也反映了一元式、整體性思想決定論的傾向。另有人說，「創造性轉化」是偽裝的「全盤西化論」，不過是以修辭的技巧把「全盤西化論」要做的，夾帶到中國來而已。還有人說，「創造性轉化」蘊涵了對海耶克（F. A. Hayek）先生的自由主義的誤解。因為海氏主張試、誤（trial and error）的社會、文化演化論，而「創造性轉化」則含有整體主義理性設計的傾向。

另外，我雖然只說當我們要把傳統中的質素予以「定性」

時，需應用韋伯所論述的「理念或理想型分析」（ideal-typical analysis），並沒有說把已經「定性」的質素在現代生活中予以「定位」時，也要用韋伯的「理念或理想型分析」；但有人卻認為我誤用了韋伯價值中立的「理念或理想型分析」。更有人說，我雖然對中國知識分子經常犯「道德與思想意圖的謬誤」嚴加批評，認為那樣特別注重道德與思想意圖的一元式傾向，常使中國知識分子喜歡宣講自己的態度——明顯地強調或不自覺地以為，這樣做便易獲得好的結果，或至少能夠接近一點好的結果——因此，經常陷入說教與喊口號的活動；「創造性轉化」本身卻也不過是一個口號而已，頂多較為好聽罷了。還有一些別的批評意見，此處無需備述。

雖然本文不是為答覆上述及其他批評意見而作；但當筆者完成拙稿，重閱一遍時，覺得許多批評意見所顯露的誤解，拙稿已間接予以澄清。我覺得「創造性轉化」在論式（argument）上，已經成立。至於是否能夠真正落實，那要靠政治、經濟、社會與文化（包括教育）諸因素在未來的互動中，是否能夠給予它落實的空間，以及了解並同意這一觀念的人的意志了。

最後，關於推行「創造性轉化」的作法，拙文只舉出三個實例——它們展開的程度，並不相同；以第三個實例展開的較為完整，第一個實例次之，第二個實例則尚待繼續展開。這三個實例展開程度之所以不同，除了與筆者有限的能力有關以外，也與它們客觀的資源的多寡有關。當然，還可有其他的實例。如果拙文之作，能夠產生拋磚引玉的效果，引發關懷未來中國自由與民主制度和文化建設的朋友們，往這個方向思考如何解決中西文化（與社會）接榫的問題，余願足矣。

一、緣起：對於五四全盤化反傳統主義的分析所引發的中國 思想現代化的關懷

我對推行中國傳統「創造性轉化」的看法，起初的根苗是來自對五四全盤化或整體主義的反傳統主義的成因、內容，與後果的反思。（Totalistic 與 total 不同。Totalistic 直譯應作「整體主義的」，意譯可作「全盤化」；指在意識形態層次上，要求把傳統全部打倒。這種全盤化或整體主義的意識形態並不蘊涵，抱持這種意識形態的人一定能夠把傳統全部打倒，或他們本身的思想與行為完全不受傳統質素的影響。在本文之中，筆者交替使用「全盤化」、「整體主義的」；兩語指的是一件事，都是 Totalistic 中譯[2]。）在研究的過程中，我發現五四全盤化反傳統主義，乃是中國激進知識分子在政治、社會與文化秩序（或結構）三重解體的難局中，面對那樣的三重危機所作出的強勢意識形態（ideology，或譯「意締牢結」）的反應。人類學家基爾茲（Clifford Geertz）正確地指出：當一個社會發生社會與政治危機，加上文化因迷失方向而產生文化危機的時候，那是最需要意識形態的時候[3]。五四全盤化反傳統主義，既然是一意識形態，它有其「系統性」；強勢的意識形態，則更有強勢的「系統性」（此處「系統性」並不蘊

---

2 關於五四全盤化或整體主義的反傳統主義的種種，詳見拙著，*The Crisis of Chinese Consciousness: Radical Antitraditionalism in the May Fourth Era*（Madison: University of Wisconsin Press, 1979）；或中譯：《中國意識的危機》，穆善培等譯校，增訂再版（貴陽：貴州人民出版社，1988）；日譯：《中國の思想の危機：陳獨秀・胡適・魯迅》，丸山松幸、陳正醍譯（東京：研文出版，1989）；韓譯：《中國意識의危機》，李炳柱譯（漢城：大光文化社，1990）。

3 Clifford Geertz, "Ideology as a Cultural System," The Interpretation of Cultures (New York: Basic Books, 1973), pp. 193-233, esp. pp. 215-220.

涵正確性；強勢意識形態，則具有堅強的封閉性與僵化的系統性）。這一意識形態的成因，當然極為繁複；其最重要的因素則是：（1）高度整合的傳統政治、社會與文化秩序的崩潰所造成的危機或「真空」；（2）需「解決」或「填補」；（3）激進知識分子價值的變遷（接受了他們所了解的科學與民主的觀念與價值等）；（4）在不完全自覺的情況下，他們繼續預設著、使用著，在中國傳統中占主流地位的一元有機式思想模式——在傳統文化秩序解體後，持續著的「藉思想—文化以解決問題的方法或途徑」（the cultrual-intellectualistic approach）。事實上，五四反傳統主義的整體主義的系統論式（systematic argument）乃是「藉思想—文化以解決問題的方法或途徑」所提供的。換句話說，五四全盤化反傳統主義的意識形態的強勢系統性「動力」，乃是在傳統中國占主流地位的思想模式所提供的。（中國傳統中的思想模式當然不止一種，此處是指占主流地位的那一種。）從這樣的研究心得中，我獲得了以下的結論：

（一）任何人的內心生活不可能完全被意識形態所占據，縱使在他處於「三重危機」之中，堅持著強勢意識形態的時候。五四時代的知識分子與中國的傳統有千絲萬縷的關係。投入五四全盤化反傳統主義的人們，在同一時期之內，其他非意識形態的心思與行為方面，自然有與這一強勢意識形態衝突或矛盾的地方——易言之，自然有肯定中國傳統質素的地方。他們在不同時期對他們底強勢意識形態的投入，也自然有程度的不同。但，這些限定（qualifications），都不影響我們認定二十世紀中國思想史上的主流思潮之一，乃是全盤化反傳統主義。

（二）五四激進知識分子是那樣地受到傳統的影響，以至於變成了全盤化反傳統主義者——五四的激烈反傳統主義之整體主

義的特色，乃是由於當時的激進分子未能從傳統一元有機式思想模式的桎梏中解放出來的緣故。

（三）因此，思想現代化的首要課題是：思想模式的現代化。這種工作，首先要從傳統一元式模式轉變到多元式模式。而這一現代化的進程，則可從對五四主流思潮多元化的了解開始：五四思想（其中包括思想內容與思想模式兩部分，而思想內容又可分：意識形態的思想內容與非意識形態的思想內容）、五四精神與五四目標，均可經由分析，使之分離。職是之故，我們可以說，我們應該繼續堅持具有入世使命感的五四精神，並繼承五四目標（民主與科學）而使其豐富化、合理化〔五四人物對自由、理性、法治的精義及其與民主和科學的關係，了解的不夠（有時也有誤解）；我們現在則應為建設以自由、理性、法治為基礎的民主和科學奮鬥〕。但，如欲完成這樣的任務，首先要從五四全盤化反傳統主義──那樣熱烈的，但卻是僵化的、封閉的意識形態──的傳統中解放出來。

二、多元式「創造性轉化」的意義

「創造性轉化」是在上述背景下提出來的。從推行「創造性轉化」的觀點來看，五四全盤化性反傳統主義及後來順勢而起的全盤西化論，因深受其形式主義的束縛，實際上阻礙了對於──它們所急於接受的──西方文明的實質的與繁複的了解，同時也限制了促使一些中國傳統的資源與我們需要的西方文明的果實有生機地結合的努力（文學與藝術方面稍好一些）。

從「創造性轉化」的觀點來看，中國傳統是一個「數量」（quantity）而非一個「素質」（quatity）；中國傳統絕非鐵板一塊，不可分割；或像生物性的有機體那樣不能分解；即使儒家傳

統本身，也有內在的緊張或衝突。因此，我們首先需從分析不同的傳統質素在歷史上演變而成的關係來理解，許多傳統中的觀念是彼此牴觸的。例如：認為實踐「三綱」之律令，乃是天道之所蘊涵，亦是人道之所必行的觀念，實是在漢代大帝國政治秩序的籠罩下（董仲舒《春秋繁露・基義》：「王道之三綱，可求於天」；《前漢書・董仲舒傳》：「道之大原出於天，天不變道亦不變」），儒學糅雜陰陽五行之說以後的歷史發展，並非孔孟思想之理論的必然，而且是與之牴觸的。因此，在理論上構成選擇性繼承的可能。

　　然後，再試圖把在傳統政治、社會與文化秩序解體後尚得保存的質素或成分，加以重組與／或改造（當然，許多惡毒與無效的成分需予揚棄）。換句話說，「創造性轉化」是指：使用多元的思考模式，將一些中國傳統中的符號、思想、價值與行為模式選擇出來，加以重組與／或改造（有的重組以後需加改造、有的只需重組、有的不必重組而需徹底改造），使經過重組與／或改造過的符號、思想、價值與行為模式，變成有利於革新的資源；同時，使得這些（經過重組與／或改造後的）質素（或成分），在革新的過程中，因為能夠進一步落實而獲得新的認同。（在此處使用的術語中，「行為模式」當然包括政治、社會、經濟的行為模式。）

　　這裡所謂「重組與／或改造」可以受外面的制度與／或文化的影響，但卻不是硬把外面的東西搬過來。「創造性轉化」自覺力求避免落入自鴉片戰爭以來，前人所論各項變革理論的形式主義的窠臼。它是一個多元的開放性過程──對中國傳統與西方，兩面均予開放的過程。在這個過程中，對一些選擇出來的，中國傳統所產生，至今仍有生命力的符號、思想、價值與行為模式，

加以重組與／或改造的動力，可以是西方制度與文化衝激下帶來的刺激，也可來自對中國傳統中純正質素的重認，或是西方的刺激與中國的重認互相影響的結果。在這個過程中，一些傳統質素因獲得新的意義而復甦；我們面臨的一些問題也因的確有了新的、有效的答案而可得以解決。

在下面所舉三個作法之中，第一個作法主要是：從選擇出來有意義的中西質素的互動（interaction）中所進行的，在思想、文化與社會層面上的「創造性轉化」。第二個作法主要是：在「仁」先於「禮」的儒家思想結構的前提之下，由源自西方的一項資源——對人權觀念與價值及其歷史背景的確切了解——所帶動的一些中西質素互動所開展出來的，在思想層面上的「創造性轉化」。第三個作法所舉出的具體實例則是：一些中國傳統中的資源——大乘佛教的慈悲心腸與入世精神——在新的環境中的肯定與發展所可帶動的，在直接的社會與間接的政治層面上，這些資源與源自西方的建設現代民間社會與公民社會的資源互動後，所可進行的「創造性轉化」。

這樣務實的、多元的「創造性轉化」的途徑，一方面可使我們從「全盤西化」與「新傳統主義」之間緊繃著的、僵化的意識形態論爭（或形式主義謬誤）中緩和下來（或解放出來），以免重蹈上幾代知識分子的覆轍；另一方面，則可使我們站在切實了解繁複的中西傳統的基礎上與關懷中國未來的前提下，實質地解決中西思想、文化、政治與社會的選擇性匯通與接榫的問題。

我在這裡要特別強調的是，「創造性轉化」並不以改造思想為優先，但也不認為思想與文化完全是政治、經濟、社會的副產品。另外需要特別強調的有兩點：(1)「創造性轉化」是一個導向（orientation），並不是一個藍圖（blueprint）。它提供中國文化、

思想、政治與社會如何進展的方向。但它本身，並不指導每一項進展的細節步驟。（2）這裡所謂傳統質素的重組與／或改造，不可含有任意性──不是任何傳統質素的重組與／或改造都是「創造性轉化」。因為它必須符合下列兩個條件：（a）有利於自由與民主制度的建設，以及有利於符合自由與民主原則的文化與思想的發展；（b）傳統的質素在「創造性轉化」中，不但不可喪失它們的純正性，而且能夠更進一步──創造地──落實。

三、「創造性轉化」的回顧與前瞻

筆者最初有關「創造性轉化」的看法，是在1969年5月4日，於哈佛大學舉行的一個小型紀念五四運動五十週年學術研討會上提出來的。那篇英文論文於1972年發表在史華慈先生編輯的論文集 *Reflections on the May Fourth Movement* 中。該文的中譯發表在1975年。後來，筆者在一些中文文字中，繼續有所補充與論述。這些年來，時常看到它被人引用，可以說「創造性轉化」已成為一部分中國知識分子的語彙。然而，除了少數的例外（如陳平原：〈新文學：傳統文學的創造性轉化〉，《二十一世紀》第十期，1992年4月）以外，不少人使用它的時候，只停留在對它望文生義的階段；那樣缺乏嚴肅的態度，已使它遭受被庸俗化的危險。事實上，「創造性轉化」，作為一個導向來看，是一個極為嚴峻的課題──因為，它不是想要做就可以做得到的。基本上，它在某一方面成功的可能率，與在那一方面是否具有傳統資源的支持，以及新的環境是否可能對這樣的資源產生「創造性轉化」的刺激，成正比。易言之，在某一方面愈有傳統資源的支持，而這樣的傳統資源在新的環境中愈可能獲得導致它產生「創造性轉化」的刺激，在那一方面對傳統推行「創造性轉化」，便愈可能

成功;反之亦反是。從這個觀點來看,二十世紀中國文學與藝術,雖然成就不算很大,但較有成績。因為,在這方面支持其進行「創造性轉化」的傳統資源較多,而新的環境也對這些傳統資源產生了一些導使其產生「創造性轉化」的刺激(當然,有些廉價的刺激則發生了不少誤導作用)。一些在文學與藝術方面革新較為成功的例子(如林懷民編導「雲門舞集」中的《渡海》)——雖然未必清楚地意識到,是在進行「創造性轉化」的工作,至少無需知道這個詞彙,或從事筆者在這裡從事的理論分析——乃是由「做」來實踐的「創造性轉化」。

所以,「創造性轉化」可分未必(或未曾)明言與明言兩類。理論工作不能取代實踐。理論工作的用處是,使人們更能警覺它所主張的工作的重要性,從而更能確認工作的導向,並避免或減少無謂的消耗與浪費。尤其當這樣工作的某一項目(如在中國落實自由與民主的制度與文化),需要許多人投入大量精力的時候,自覺性的理論工作,有其一定的意義。

與二十世紀中國文學與藝術的革新的成績正好相反,在政治方面的革新(建立自由民主的政治制度、政治社會與政治文化),成績最差。然而,中國人在這方面所做的努力與犧牲卻最大。這是因為中國在這方面所走的,是與「創造性轉化」背道而馳的道路。不過,面對未來,由於中國傳統所能提供經由「創造性轉化」而落實法治之下的民主憲政與建立公民社會與公民道德的資源,相當有限,所以經由「創造性轉化」而獲得真正自由與民主的果實的前景,不能說是特別光明。

我雖然並不樂觀,但也並不悲觀。吾人確可在傳統中看到不少質素可以經由「創造性轉化」而成為落實自由民主的資源。尤有進者,我們需要認清「應該如何」、「如何作法」與「是否可完

成」是三個不同的命題。應該推行的計畫並不必然蘊涵它一定可以完全實現；雖然，必然無法實現的計畫是不應該推行的。未來有許多變數，與其消耗時間與精力在無法確知的預測上，不如盡心盡力以負責的態度來探討「如何作法」——只要此一計畫確實應該推行——況且，吾人又不是確知它必然無從實現。

四、推行「創造性轉化」的作法之一：以家庭為例

為什麼吾人確實應該推行「創造性轉化」呢？因為從鴉片戰爭以來，近一百五十多年歷史中的其他有關現代化的理論——「中學為體，西學為用」、汲取「古今中外」之長的拼盤式折衷主義、全盤化反傳統主義、全盤西化論、「拿來主義」、港台新儒家所謂民主與科學可從中國傳統「開出」說、令人擔心頗具阿Q精神，預告或預售式的「儒學第三期發展論」，以及近年來大陸上幾位知名人士所提出的一些有關中國現代化的理論，如「西體中用」論——事實上，都在理論與實踐層次上呈現著難以紓解的困境。「創造性轉化」雖然極為艱巨，但它卻比較可能把傳統與變革之間的複雜關係理順。

「創造性轉化」是一個多元的開放性過程——對中國傳統與西方兩方面，均予多元地開放的過程。在實際運作層面，它所使用的多元思考模式，蘊涵著下列兩個步驟：（1）應用韋伯所論述的「理念或理想型分析」（ideal-typical analysis），先把傳統中的質素予以「定性」；（2）再把已經「定性」的質素，在現代生活中予以「定位」。如果我們發現，某些傳統質素在現代生活中找不到位置——換句話說，這些質素在現代生活中不應該或不可能有任何位置，我們當然應該揚棄之。然而，如果我們發現，某些傳統質素與制度的中心意義，在現代生活中仍有意義，不過，這些

質素在傳統中國發展得很壞，或因與其他惡毒成分發生糾纏不清的關係以後，產生了許多惡劣的影響，以致在現代中國知識分子的心目中形象很糟；那麼，我們須問：這些質素是否應該不分青紅皂白地加以揚棄？

　　例如，在五四前後，傳統中國家庭觀念與制度遭到猛烈的攻擊，中國家庭被認為是「萬惡之源」，它的基本功能是「戕害人性」。證諸許多過去家庭中的實際情況，這種極為激烈的譴責，並不是毫無道理；雖然不可當作通論來應用。另外，儒家，嚴格地說，並沒有把政治當作獨立範疇來思考的政治哲學。《中庸》所謂「故為政在人，取人以身，修身以道，修道以仁。仁者人也，親親為大」——在這裡儒家講為政，講著講著就講到了「親親」，在沒有家庭倫理與政治倫理的分際的心態下，當然不易把「公」、「私」分得清楚。雖然儒家有愛民的民本思想，也有很強的「公」的觀念，所以「親親」與「愛民」在形式上可以講成並無矛盾，所以統治階級講「親親」並不一定會把家族的利益放在老百姓的利益之上。但，為政在於修身，修身在於親親——這一邏輯——的確容易滑落到中國官場上公私不分，家族特權盛行的行為。這樣的現象，當然不是完全由儒家思想所決定的；不過，我們可以確切地說，儒家傳統在政治思想方面，警惕性不足，範疇不夠，資源較貧瘠。

　　現代政治思想，不應是以家庭為中心的修身的投射。但，以長幼有序的絜矩之道為中心的家庭倫理，就作為家庭倫理而言，卻有現代的正面意義。在這樣的家庭中，長幼要有次序，要講禮俗的涵化。於如此的涵化中，要講絜矩之道，那是指：家庭成員要站在其他成員的立場為別人著想。家庭是人生中情感發展的自然場所；純正的親情呈現了人生最高貴的境界之一。家庭不能用

契約論的方式構成權利義務，因為家庭不是政治社會（political society）。如果，作為一個不可取代的社會制度的家庭，變成了政治社會的一部分，親情的發展，自然要受到限制與誤導。然而，雖然家庭不是政治社會的一部分，但家庭中父母的權威卻須在天賦人權（natural rights）涵蓋之下；因為天賦人權是「天」或「上帝」賦予每一個人的，自然包括家庭中的子女。（天賦人權的觀念，雖然對構成民主的政治社會，涵義很大，但它是一個普遍性的觀念，所以並不自限於政治社會的範疇之內。）如此，父母的權威才不至於氾濫。這樣在觀念上的豐富化與轉變，可從深受儒家思想影響的傳統中國家庭觀念的改造（而不僅是重組）獲得。

「豐富化」是指：中國古典儒家思想本有尊重人的觀念，例如，「己所不欲，勿施於人」蘊涵了對別人的尊重。西方人權觀念，不但不與這個古典觀念衝突，在中國古典家庭觀念融入了人權觀念而加以改造後，中國古典儒家尊重人的觀念，反而變得更豐富、更落實。「轉變」是指：漢代以來與陰陽五行之說糅雜後所產生的「三綱」中的「二綱」（「父為子綱」、「夫為妻綱」）因天賦人權的觀念引進家庭關係之中而轉變了。另外，「君為臣綱」的絕對律令及其無條件的實踐，因「君」的消失，而應（或已）消失。

天賦人權的觀念進入中國家庭以後，受到了儒家長幼有序的絜矩之道的涵化，則可避免把家庭弄成──像不少西方家庭那樣──壁壘森嚴的契約關係。換句話說，融入了人權觀念而加以改造的中國家庭，可以避免對於父母權威的不合理的理解與父母權威的氾濫，以及因此而形成的子女的依賴情結（dependency complex）；另一方面，融入中國家庭之內的人權觀念，在長幼有序的絜矩之道的涵化下，可使得父母權威理性化，因此父母權威

在父母與子女之間都不動搖——於是，構成了子女心身正常成長的環境，同時使得儒家所楬櫫以人生最可珍惜的親情為基礎的家庭觀念，因為能夠進一步合理地落實而獲得新的認同。這是中國家庭觀念的「創造性轉化」。（上面所說，不僅是我的一些想法而已。事實上，海內外的中國家庭之中，呈現著這樣子「創造性轉化」的實例，也不是沒有。我在這裡，只是把一些呈現在中國家庭成員中的實踐未必被完全意識到的涵義，明說出來而已。當然，另外也有不少中國家庭的實際生活，呈現著傳統文化的斷裂與西方文明庸俗質素浸蝕的痕跡。）

　　綜上所述，儒家在極盛的古典時代所界定的，建立在長幼有序的絜矩之道的家庭倫理，用韋伯「理念或理想型」分析來加以「定性」後，我們知道它的特性的中心意義，在現代生活中是極可肯定的。但，這樣的家庭倫理與親情所應「定」的「位置」是在家庭，而不是在家庭以外的政治層面的活動，如果把家庭倫理與家庭中的親情擴張或氾濫到政治關係與政治活動中去，那就犯了懷海德（A. N. Whitehead）所說的「錯置具體感的謬誤」（fallacy of misplaced concreteness）。（一個東西本身有其特殊性。一個東西與另外一個東西可能有相似之處，但不可能與另外一個東西完全相同。它就是它。它有自身的特性，也有由其特性所導致的意義與功能。但，如果把它放錯了地方，那麼，它的特性易被誤解，其適當的意義與功能也容易被扭曲。它給予人們的具體感，就不是與它純正的特性及其適當的發展有關了。易言之，它本來沒有這個特性，但因為它被放錯了地方，人們卻覺得它有這個特性，這是「錯置具體感的謬誤」。）

　　家庭就是——也只是——家庭。在家庭倫理架構中發展出來的親情，是人生中最可珍惜的情感之一；但，它適當的範圍是家

庭，不可擴張或氾濫到家庭以外。因為社會是社會，邦國是邦國
（the state，通作「國家」，此處根據張佛泉先生的意見改為「邦
國」。這樣，至少在語意層面上，可避免家國不分的謬誤）。家庭
不是整個社會，更不是邦國，在政治上搞家族統治或家族特權，
是把邦國當作自己的家庭；但邦國是邦國，不是任何人的家庭。
政治有其獨立範疇，治理邦國是政治範疇之內的事；家庭也有其
獨立範疇，親情是家庭倫理範疇之內的事。如果把邦國當作自己
的家庭，或把家庭事務當作政治事務來處理，那是範疇的混淆。

在政治範疇內，以自由、民主、法治原則來治理邦國的政治
人物，應使用韋伯所界定的「責任倫理」。邦國事務是屬於凡俗
世界中的事物，所以不可應用精神世界中的「意圖倫理」來處
理；雖然「意圖倫理」（或譯「心志倫理」）應作為政治家獻身政
治的根據[4]。在目前的政治制度下，家族特權的氾濫，則完全違反
了這裡所論述的，儒家家庭倫理與親情在經過「創造性轉化」以

4　關於「責任倫理」與「意圖倫理」的意義，及其分際，以及二者之間的關係，
　　請參閱拙文〈如何做個政治家？〉，收在拙著《思想與人物》（台北：聯經出
　　版公司，1983），頁397-410，或《中國傳統的創造性轉化》（北京：生活・讀
　　書・新知三聯，1988），頁373-382。筆者近年來關於這一對韋伯理念的進一
　　步分析，見王元化主編《學術集林》卷三（上海：上海遠東出版社，1995），
　　頁124-136，或拙文〈自由、民主、與人的尊嚴——兼論責任倫理〉，《文化中
　　國》二卷三期（1995.9），頁65-72。韋伯原文英譯見 W. G. Runciman, ed., *Max
　　Weber: Selections in Translation*（Cambridge: Cambridge University Press, 1978），
　　pp. 212-225；或 H. H. Gerth and C. Wright Mills, tr. and ed., *From Max Weber:
　　Essays in Sociology*（New York: Oxford University Press, 1946), pp. 77-128；翔實
　　的中譯，見錢永祥編譯，《學術與政治：韋伯選集（I）》增訂再版（台北：遠
　　流，1991），頁169-239。另請參閱錢永祥，〈在縱慾與虛無之上：回顧韋伯的
　　《學術與政治》〉，《聯合報・副刊》，民國84年（1995）6月20日，或瘂弦、
　　陳義芝編《站在巨人肩上》（台北：聯經出版公司，1996），頁33-42。

後所具有的現代意義。經過這樣「創造性轉化」以後的中國家庭倫理，一方面，因確知它現在發展的方向與範疇，而重獲生機；另一方面，它也讓出了空間，以便現代民主的政治社會（或公民社會）所需的公民意識與公民道德，獲得獨立的發展。

五、推行「創造性轉化」的作法之二：儒家思想「創造性轉化」的道路

中國家庭倫理的「創造性轉化」，從中國政治思想現代化的觀點來看，只有消極的意義──它給公民意識與公民道德，讓出了發展的空間。從積極的觀點來看，如何發展公民意識與公民道德，則是另一問題。

首先，我們需探討現代民主社會的公民意識與公民道德的基礎之一──天賦人權的觀念──與儒家思想所可能有的關係。我們知道，希臘與羅馬的公民社會並無「普遍」人權的觀念（普遍人權指的是：人類每一個成員均平等地具有與生俱來、無法出讓的諸權利，如生命權、財產權、政治參與權、言論自由權等）。嚴格地說，儒家思想傳統也沒有發展出來人權的觀念；雖然，它之所以如此的歷史原因，與西方希臘羅馬時代沒有發展出來人權觀念的歷史原因不同。西方人權觀念的歷史淵源是相當獨特的──它萌芽於中世紀後期（13-14世紀）一些神學家對財產權的解釋，成熟於十七世紀國際法之父格諦額斯（Hugo Grotius, 1583-1645，舊譯格老秀斯），從法理學的觀點解釋人的自由為「無法出讓的財產」（inalienable property），故必須獲得法律的保障[5]。後來，西

5　Richard Tuck, *Natural Rights Theories: Their Origin and Development* (Cambridge: Cambridge University Press, 1979).

方哲學家對人權，與人的外在、具體、消極的自由的哲學闡釋，多是在這一思想背景之下進行的。西方在基督教文化影響下，自中世紀以來，環繞著對「財產權」的討論而開展出來，認為需經由法律的具體保障的人權觀念的「語境」，與儒家傳統環繞著人際間倫常觀念所發展出來的道德意識的「語境」，是截然不同的。然而，以孔孟所代表的古典儒家思想，卻與人權的觀念有許多相容之處，尤其當我們了解了孔孟思想中「仁」先於「禮」的真諦[6]。「仁」這個觀念，蘊涵人性本善，因此就每個人都有善端而言，人是生而平等的。但，由於儒家思想注重道德感情，由愛可以生恨，所以一直發展不出來，具有普遍化（或形式化）法律性格的人權觀念——根據人權的觀念，犯人或惡人也有人權。但，從現在的觀點來看，儒家「仁」先於「禮」的結構性了解則提供了吾人接受人權觀念的空間與必要，因為只有當一個社會具有浸潤著人權觀念的文化，與具有保障人權的法治的時候，「仁」所蘊涵的在具體人際間人底普遍性道德尊嚴，才能更普遍地、具體地落實。在這樣的社會之中，人們也較易對作為社會與宗教規範和標準的禮，進行有效的革新。當我們接受了人權觀念以後，不但無礙於繼續對「仁」的堅持，而且能夠更進一步使「仁」落實。職是之故，融入了天賦人權觀念以後的儒家思想，反而變得豐富了。這樣的儒家思想當然會放棄舊禮教中「三綱」的教條，而舊禮教中長幼有序之類的一些觀念，則可由豐富化了的「仁」的觀念，注入新的生命力。如此的改造，是儒家思想「創造性轉

6　Lin Yü-sheng（林毓生）, "The Evolution of the Pre-Confucian Meaning of *Jen*（仁）and the Confucian Concept of Moral Autonomy," *Monumenta Serica*, 31（1974-75）, pp. 172-204.

化」的道路。

　　事實上，現在有一些中國人（雖然數目不多），在行為舉止上，呈現了不少優美的儒家文化成分，而在行為與思想上，早已融入了西方人權的觀念與價值。儒家思想並不是鐵板一塊，非整體承受或整體拒斥不可。它有許多衝突與矛盾；因此，我們可以接受我們要接受的幾點，拒斥我們要拒斥的另外幾點。從這樣多元的觀點來看，儒家思想「創造性轉化」確有可能。但，如果認定儒家思想的基本結構是「禮」先於「仁」──如一些別的學者所主張的那樣──那麼，筆者前面所說的，根本沒有立足點，儒家思想「創造性轉化」則是不可能的[7]。

7　1997年4月筆者在Trier參加文前述及的研討會的時候，有幸結識德國研究中國思想的後起之秀Heiner Roetz先生。他在會中所提論文 "Confucianism and Human rights--A Case for the 'Clash of Civilizations'?" 與此節所論，有許多不謀而合之處，雖然在細節上也有一些不同的地方。Roetz文中特別強調孟子思想對人的尊嚴的肯定（例如，《孟子·告子上》：「人人有貴於己者，弗思耳」），而這種思想在孔孟之前的傳統中，已見其蹤跡，如《左傳·襄公二十六年》所引「《夏書》曰：『與其殺不辜，寧失不經』。」（楊伯峻注：「杜注：『逸書』。《漢玉·路溫舒傳》載其〈尚德緩刑書〉及《說苑·貴德篇》俱引此二句，或皆轉引自《左傳》。作偽古文尚書者屬入〈大禹謨〉。不經即不守正法之人。」）這種思想與西方人權思想頗有會通之處，正可作為引進西方法治所保障的人權觀念的基礎。

會後返美，即找來Heiner Roetz, *Confucian Ethics of the Axial Age*（Albany: State University of New York Press, 1993）詳閱。在這部思辨敏銳的專著中，作者認為中國先秦曾經經過一個早期的啟蒙時代，產生了批判意識，由此而出現的「後約定俗成的」（"postconventional"）反思，導出了具有普遍性意義的，對於人的尊嚴、平等與自主的理解。因此，現代中國人文研究的任務之一，應是「以非回歸的方式取用傳統」（"nonregressive appropriation of tradition"），亦即：使傳統經由改造，而超越中國生活方式中所出現的狹隘與不公，並重新拾取更能展示中國古典文化（特別是古典儒家思想）純正意圖與精神的普

六、推行「創造性轉化」的作法之三：從發展現代的民間社會走向現代的公民社會——以台灣社會為例

前已述及，「創造性轉化」並不自限於思想、文化層面。這一導向，也需應用到政治與社會層面。當務之急則是使中國的社會，創造地轉化成為支持自由與民主發展的現代的民間社會與現代的公民社會。

這就需從civil society談起。civil society在西方有三種不同的指謂：公民社會、市民社會與民間社會。因為civil society有三種指謂，而不是一個東西的三個涵義，所以在中文中不可能由上述任何一個譯名來完全涵蓋。上述每一個譯名，正確地指謂著civil society，從縱的角度來看，西方歷史某一個時代的主要意義；從橫的角度來看，當代西歐與北美各個社會中一個重要的面相（而各個面相的有些部分則是相互交涉的）。不過，因為這裡所謂的民間社會，與中國傳統中的民間社會不同，在技術上可加「現代的」三個字，以示區分。

西方的公民社會，最初與古希臘城邦範圍相同。從政治的觀點來看，雅典是城邦；從社會的觀點來看，雅典是公民社會。這個社會裡的政治問題，是這個社會裡公民們所面對的公共問題。政治問題是經由公民們參與（討論、表決、執行）的政治過程中處理與解決的。亞里斯多德說：「人天生是政治的動物」（《政治

___

遍性關懷與潛能。這樣便很自然地可以與西方文化發展出來的普遍性關懷（民生與人權）產生跨越文化的銜接與整合。

Roetz先生在其專著中所持的立場以及討論問題的取徑，與筆者多年來致力於中國傳統「創造性轉化」的思考，雖然並不完全相同，但卻多有不謀而合的會通之處，令人甚感喜悅。

學》1253a3）。這句話，不是望文生義所能了解的。亞里斯多德認為，只有以平等自由的公民身分，參與政治過程的人，才能算是一個像「人」樣的人，才能呈現人的高貴性。因為只有這樣的人——這樣參與政治決定的人——才不被別人指使，有其自主性；才不是在事情還沒發生之前，就已經有答案了，故同時有面對未來挑戰的開創性。

　　既然自由平等的公民能以自主性與開創性參與政治過程；那麼，在政治過程中所作決定的後果，當然要由公民們共同承擔、共同負責。這樣影響雅典未來命運的政治決定，如要做得適當，端賴公民參與公共生活的智慧與道德——即「公民德行」——的養成與落實。「公民德行」包括：「勇敢，在橫逆中的堅強，為完成公共事務的責任感、公共範疇之內的秩序，以及個人在群體中應有的自我肯定（獨立性）與完成這些肯定所需的知識與力量。」[8]亞里斯多德認為，公民社會是最能發展人的能力的社會。在這個意義下，參與公民社會的政治過程，乃是人性中的基本要求；所以他說：「人生來是要做公民的」（《尼可瑪欽倫理學》1097b 11-12）。

　　亞里斯多德沒有人權的觀念。許多雅典居民（女人、奴隸，與外地人）並不參與政治過程；亞里斯多德認為，他們沒有自主性、開創性，也沒有辦法真正發展他們的能力，故他們都不是像「人」樣的人。從以上的說明，我們可以知道，亞里斯多德是以參與政治過程中公共政策的決定，來界定人的特性[9]。

8　參見Isaiah Berlin, *Against the Current: Essays in the History of Ideas*（New York: Penguin Books, 1982）, p. 45.

9　這裡引述的亞里斯多德對人的特性的界定，乃是亞氏對「人天生是政治的動

物」的狹義解說或嚴格定義。亞氏另有廣義解說或寬泛定義:「群居動物中具
有共同活動者,如人類、蜜蜂、黃蜂、螞蟻與鶴都是政治的動物。」(亞里斯
多德《動物史》,487b33-488a10)然而,「群居動物中具有共同活動」的徵象
是人類與其他具有這樣徵象的動物所共有,自然不是人之所以為人的特性。
在群居、具有共同活動的動物中,唯有人類獨有理性言說(logos)的能力。
根據亞氏的看法,這種人所獨有的能力使人對利、害、善、惡、公正與不公
正有所認識,而城邦之內公民們參與的政治過程(立法與司法的討論、表決
及執行)則是人根據「理性言說」所領會到的德行的實踐與發展的最適當領
域(或空間)。因此,亞氏在其《政治學》第一章第一節便開宗明義地說:

> 我們觀察到每個城邦都是某種社群結合,而每個社群的建立都是為了
> 獲得某種善(因為人們總是為了某種他們認為是善的結果而有所作為)。
> 因此,所有社群都在追求某種善,而其中地位最高、包含最廣的社群自
> 然會追求最高、最廣的善。這個社群即是城邦,也可稱之為政治社群。
> (《政治學》,1252a 1-6)

亞里斯多德認為城邦的政治生活最可使參與其中的人相互砥礪「理性言說」
所認識到的種種美德。所以城邦的政治過程,乃是落實與發展人性最適當的
領域。作為落實與發展人性最適當的領域而言,它是自足的。既然城邦是落
實與發展人性自足的、最適當的領域,從落實與發展人性的觀點來看,它是
「追求最高、最廣的善」的社群。
著名希臘政治思想史學家巴克爾在注釋亞氏《政治學》1252b 26ff論及「城邦
是自然的」時說:「城邦於是完成了整個的人性,尤其是人性的較高成分。這
是為什麼它達到了完整而自足的高度。(這裡所謂「自足的」,指謂城邦無需
仰給於任何城邦以外或以上的組合。)城邦自身包括了人之充分與完整發展所
需要的一切資源。由於城邦能夠完成整個人性,它可以說是特別「自然的」,
指的是:「城邦是人性終極發展的,十全十美的、最終的條件。」〔*The Politics
of Aristotle*, trans. with an Introduction, Notes, and Appendixes by Ernest Barker
(Oxford: the Clarendon Press, 1946), Note B, pp. 7-8.〕既然作為公民社會的城
邦是最適合發展人的能力的社會,人性自然流露著參與城邦政治過程的傾
向。亞氏的自然論證與目的論證時常交叉,根據這樣的論式:城邦之所以出
現,乃是自然的人性內在傾向所導致的。「自然不做徒勞無功之事」(《政治
學》,1253a 9),所以這樣的傾向最適合人生追求幸福(eudaimonia)的目

　　根據亞里斯多德的分類，以「家」為基礎的政治結構與政治文化，由於家長主持一切，其他成員沒有機會參與政治過程，故只有統治，沒有政治。因為政治是公共事務，應由參與的人共同決定。從這個觀點來看，中國家族式政治結構與文化，很難稱得上是政治。假若那樣的政治也可叫作政治的話，那是極為低級（低層次）的政治。

　　古雅典所孕育出來的公民道德的觀念及其實踐，以及亞里斯多德以在政治過程中參與公共政策的決定，來對人的特性及其能力之發展的界定，乃是西方文明的最主要淵源之一。事實上，「文明」（civilization）這個字，最初在西方是從拉丁文中的「公民」（civis）這個字演變而來。而羅馬共和時代的公民觀念，則直接受到希臘公民觀念的影響。從這個西方的角度來看，沒有公民文化、公民道德的社會，談不上是有「文明」的。到了十八世紀啟蒙時代，因有中古基督教、文藝復興、宗教改革，以及十七

的。亞里斯多德說：「城邦是自然的創造，而人天生（自然本性上）是政治的動物。一個天生（由於其自然本性使然而非偶然因素造成的）沒有城邦的人，乃是一個貧困的個體，或比人更高的個體。」（政治學》，1253a 2-5。亞氏在這一段話稍後，又說：「一個與眾隔絕，不能分享政治交往的好處的人，或因完全自足，而與城邦無涉的人，一定不是野獸，便是神。」（《政治學》，1253a 27-30）只有參與城邦政治過程的人，才不是野獸或神，而是像「人」樣的人。所以，「人天生是政治的動物」。另請參閱 Hannah Arendt, *The Human Condition* (Chicago: University of Chicago Press, 1958), pp. 22-58。Wolfgang Kullmann 在 "Man as a Political Animal in Aristotle"〔in David Keyt and Fred D. Miller Jr., eds., *A Companion to Aristotle's Politics* (Cambridge, Mass.: Basil Blackwell, 1991), pp. 94-117〕表現整理原典文獻的功力很深，但於亞里斯多德思想的涵義則有所隔。筆者在翻譯引文時，曾參考江宜樺，〈政治社群與生命共同體──亞里斯多德城邦理論的若干啟示〉，陳秀容、江宜樺主編《政治社群》（台北：中央研究院中山人文社會科學研究所，1995），頁39-75。

世紀的契約論與天賦人權觀念等精神遺產的支持，普遍化的人權觀念遂發展開來。公民文化與公民道德納入了普遍化人權觀念以後，成為十八世紀以來自由與民主的政治與社會的基石。

台灣已自威權時代進入了民主時代。由於我們沒有自由與民主的傳統，這條路走得相當辛苦。但，現在已經沒有走回頭路的可能，擺在眼前的，只有兩條路：（1）發展成為類似義大利那樣──在民主假象之後的黑金政治。這樣愈講民主，人民的利益與尊嚴便愈受到傷害；（2）人民利用已經出現的政治參與的機會與空間，發展成為以現代的公民社會與民間社會為基礎的，具有實質意義的民主。

過去，強人決定公共政策，所以一般人只得服從，對公共政策的制定不必負責任；但，如果制定公共政策的民主政治過程的後果，的確需由公民們（包括國會與地方議會中的代表們）來承擔，公民們是否因此可習得政治責任感以及與人合作相處之道呢？

不過，公民們共同參與的政治過程，必須依靠相互尊重的公民道德及公平的「遊戲規則」來支持，這樣才能產生良性的結果。目前，這兩個條件都相當缺乏，而且金錢與地方勢力都早已捲入了政治過程，使一般公民真正參與政治過程的機會相對地減少。因此，預期的政治參與所可能產生的良性循環──公民們愈參與政治過程，愈感到相互尊重及建立公平「遊戲規則」的必要；愈能彼此互相尊重並使更公平的「遊戲規則」得以建立，愈便於參與政治過程，也愈易對自己的決定負起責任──並不是那麼容易展開。另外，可能產生的良性政治過程，也被下列兩種現象所干擾：（1）不少新式政客，利用民主口號來煽動民主政治所可能發生的暴民政治的情緒，以遂個人的私慾；（2）政治過程被帶有宗教情緒的強勢意識形態所影響，以致使許多參與政治的

人，以為這一強勢意識形態所揭櫫的目標的實現，乃是當前最主要的政治參與。

任何意識形態都有封閉性與排他性；它的封閉性與排他性的程度，與它是強勢或弱勢有關。帶有宗教情緒的強勢意識形態，其封閉性與排他性特別強。抱持這種意識形態至極高程度，或被它完全支配的人，只能感到自己的投入，不但是正確的，而且是神聖的；不但是一切美好未來的先決條件，而且是必須立刻付諸實現的；不但是只有好處沒有壞處，而且是一定可以成功的。他同時覺得與他的看法持不同意見的人，不但居心叵測，而且簡直是惡毒的。所以，他的政治參與，就是推展他帶有宗教情緒的強勢意識形態。職是之故，這樣參與政治的人，反而忽略了督促政府，並自行加入推動更為基本的政治秩序（法治、公民文化、公民道德）的建設；以及督促政府，從事與國民生活更直接有關的公共建設。如果近年來的反對運動，能夠集中力量向政府施壓，督促它從事國民可以直接獲益的公共建設，台灣政府的公共建設的計畫與素質，也不至於連比管轄香港的英國殖民地政府都不如了，也不至於落得審計長公開承認，台北市的公共建設百分之八十以上遭到偷工減料，也不至於落得捷運車站的一個垃圾桶的造價，高達台幣28,000元了（折算美金約1,048元左右）。

帶有宗教情緒的強勢意識形態，變成政治參與的主流以後，當然也有形或無形地阻礙了持不同政見者公平參與政治過程的機會。

根據以上的分析，在目前的情況下，從公民社會政治參與的角度，來談公民文化與公民道德的建設，是很難奏效的；那樣做，難免要犯形式主義的謬誤。因此，我們必須探討civil society另一指謂——現代的民間社會——發展的可能；以及，如果有此

可能，是否現代的公民社會可從現代的民間社會發展出來？

　　「民間社會」在中國傳統中是以家長式結構所組成，「私」的性格很強的民間組織，如行會、幫會、寺廟等等；所以大概應該稱作「私性社會」（private society）。〔中國的家族或擬似的家族組織，不可完全套用亞里斯多德對household的解釋來解釋。中國傳統中的「民間社會」，在它的範圍之內，也有「公」的一方面：一個大家族對內也有族規、公共事務，對外也與其他家族與政府機構有交涉。但它的組織是由血緣的親疏來決定的，所以不易產生政治過程所賴以運作的，真正具有抽象性（不為任何具體目的服務）與普遍性的遊戲規則[10]。〕Civil society這一指謂，之所以在這裡仍譯作「民間社會」（而在技術上，加上「現代的」三個字，以與中國傳統中的「民間社會」相區別），因為只有這樣的譯法，才能彰顯它獨立於邦國，同時在相當程度之內，因能進入政治過程，而影響到邦國政策與邦國發展的特性[11]。

---

10 關於自由的民主社會所依據的遊戲規則，必須具有抽象性與普遍性，參閱 Mary J. Gregor, Laws of Freedom：*A Study of Kant's Method of Applying the Categorial Imperative in the Metaphysik der Sitten*（Oxford: Basil Blackwell, 1963），Chap. 3, "The Universal Principle of Law," pp. 34-49; F. A. Hayek, *Law, Legislation and Liberty*（Chicago: University of Chicago Press, 1973-1979），vol. I, esp. pp. 35-54; vol. II, esp. pp. 133-152; *Studies in Philosophy, Politics and Economics*（Chicago: University of Chicago Press, 1967），Chap. 3 and Chap. 4, pp. 43-81; *New Studies in Philosophy, Politics, Economics and the History of Ideas*（Chicago: University of Chicago Press, 1978），Chap. 6, pp. 71-79.

11 這樣對這一指謂下的civil society的界定，最初是艾森斯達（S. N. Eisenstadt）教授提出來的。有關civil society的文獻，至為繁富；此處無需備引。不過，另請參閱Charles Taylor, "Modes of Civil Society," *Public Culture*, vol. 3. No. 1（Fall, 1990），pp. 95-118.

　　現代的民間社會則是指：獨立於邦國之外的民營企業、私立學校、獨立媒體、自治工會、教會、民間社團等所構成的公共領域。在這裡，有一點需要特別強調的（一般討論現代的民間社會的文獻多未注意及此，但卻非常重要的）是：現代的民間社會不但需要**獨立**於邦國之外，而且還要**進入政治過程**。如要做到這一步，現代的民間社會的活動必須呈現與發展**公共性格**。如果在台灣的現代民間社會，真正能夠發展出來公共性格，它是可以**間接**促進邦國之中法治的建立，與公民社會（包括公民文化與公民道德）的發展。

　　例如，醫師公會等現代的民間社會，可以發揮很大的作用。醫師公會的目的，是維護醫師的職業水準、職業道德與職業性的福利。如果台灣的醫師公會不是被少數人所把持，或被強勢意識形態所支配，而其成員所關懷與他們職業有關的事，可在公會裡依民主程序公開討論，並取得共識——假若公會裡沒有這樣的條件，但其成員為了維護他們共同的職業性權益，如能逐漸發展出來公開討論，取得共識所需要的制度與文化的基礎（公平的「遊戲規則」和公民文化、公民道德）——那麼，醫師公會內部的**政治過程**，一方面，可以培養其成員的公民文化與公民道德；另一方面，其決議可以直接介入邦國的衛生政策與行政，以及醫藥管理的政策與行政。如果這方面的政策、法律與行政有許多不合理的地方，醫師公會——只要其成員能夠經由其內部政治過程，取得共識，團結一致——自然能夠利用民主政治所賦予的現代的民間社會的行動空間（向國會請願、在大眾傳播媒體上爭取公眾支持、與別的現代的民間社會成員相互支持共同關懷的行動方案、靜坐、遊行等等），促使邦國在這方面的政治、法律與行政獲得改進。

　　同理，教師公會可經由其內部的政治過程，發展其成員的公民文化、公民道德，並介入和影響邦國的教育政策、法律和行政的改進。工商業公會可經由其內部的政治過程，發展其成員的公民文化、公民道德，並介入和影響邦國的工商業政策、法律和行政的改進。

　　過去，這些公會多被少數人所把持，形成地方勢力的一種；它們缺乏公共性格。如果現在因各個公會會員參與空間的擴大與實際的參與，其內部民主化（只有如此才能呈現公共性格）將會**間接**促進邦國政治與法律的改進，與社會成員公民文化、公民道德的養成。

　　從邦國與社會之間的關係來談，邦國的勢力過去凌駕於社會之上；社會只能依附在邦國之下。社會中的成員，因此養成了用金錢、關係、人情來求取持有邦國權力的人，對他們打開方便之門。這樣邦國與社會的關係，一方面使得社會促長了邦國的腐化與無能；另一方面，也使得社會繼續處在邦國勢力的凌駕之下。然而，現在社會發揮自主力量的空間與機會，的確出現了；而台灣社會不能說沒有活力。如果把社會的活力，導入本文所談的，發展現代民間社會的道路上去；那麼，我們社會中的政治與文化困境，庶幾可以得到紓解。

　　下面我想用一個具體實例來說明，傳統式的中國民間社會，如何經由進入政治過程而可能創造地轉化成為現代的民間社會，並進而促進現代的公民社會（包括公民文化與公民道德）的成長。

　　台灣在沒有多少公民文化、公民道德的配合下，經濟的快速發展，帶領許多市民增殖著他們的物慾，並使許多市民的生活方式趨向於低俗與褊狹。但，也有不少人對這種「半吊子的市民社

會」現象，深感不安，並用自己的內在資源（多半是傳統文化所
提供的）作出反應。在許多令人欽敬的反應之中，慈濟功德會的
善行是一個顯例。不過，慈濟功德會的活動所呈現的性格，屬於
傳統中國民間社會的多，可稱作是現代民間社會的，則甚少（雖
然它在「硬體」方面，很是現代化）。它表現的是慈悲心腸，但
它卻未發展多少本文所謂的公共性格。它在內部財務管理等方
面，呈現了令人信任的「公」的性格（這也是它能聚合社會中的
善意與關懷的原因之一）；但，它並未因推展它的公益活動，而
介入邦國公共政策的討論，以及進而要求修訂阻礙或干擾它公益
與教育活動的法令，與政策的改進。所以，從本文所採用的分析
範疇來看，它沒有呈現多大公共性格，當然也就談不上進入邦國
的政治過程。然而，慈濟功德會的會員們，如要他們的善心能夠
更有效地落實──這裡不是要求他們做本來不要做的事（不是要
求他們與任何政黨或政治勢力掛鉤），或要求他們學本來不想學
的東西；而是站在他們的立場，促使他們的善行達到合乎自身邏
輯的「創造性轉化」──那麼，他們就必須設法使阻礙或干擾他
們公益與教育活動的法令、政策與行政，獲得修訂與改進。換句
話說，慈濟功德會的善心，可能是創造地轉化成為具有公共性格
的責任感的精神資源。他們為了使他們的善心更有效地獲得實
現，可以很自然地，進一步展現公共性格，並進入政治過程。前
已述及，我在這裡所謂「進入政治過程」，並不蘊涵需與任何政
黨掛鉤，或介入權力政治的鬥爭，而是從發展現代的民間社會的
公共性格著眼的。這樣，現代民間社會的活動，將變成現代公民
社會的活動。

　　概括言之，慈濟功德會的會員們，為了使他們的善心更有
效、更廣被地落實，便不能不對他們傳統中國民間社會的行為模

式進行自發性的改造：最初在其內部對於阻礙或干擾他們公益與教育活動的法令、政策與行政展開討論，並研究如何解決之道；後來可能與關心共同問題的其他社團共同討論；再後來演變成為，在法令範圍之內，進入邦國政治過程的參與（包括以寫信、遊說、請願、靜坐、遊行等方式促使邦國改進有關法令、政策與行政，以及與關心共同問題的其他社團共同參與）。這樣子的傳統行為模式的改造，將變成有利於邦國革新的資源；同時，因為如此能夠有效地、廣被地使得會員們的慈悲關懷進一步獲得實現，遂使他們對於慈濟功德會的宗旨與意義產生新的認同（包括對其原初宗旨的再肯定及其豐富化的認定）。

　　現在的情況是：社會的力量，一方面是分散的；另一方面，常被現實政治消解不少。不過，社會人士一旦看到發展現代民間社會的曙光，並決心參與現代民間社會的發展，這樣草根式的投入，將促進公民社會（包括公民文化與公民道德）的發展，並間接紓解當前政治與文化發展的困境。

　　也許有人會批評我在這裡所提出的看法（慈濟功德會的活動，可能發展成為現代民間社會活動的一部分，因此得以進入政治過程，並從而促進現代公民社會的成長），也是一廂情願的，所以也犯了形式主義的謬誤。因為，佛教基本上是出世的，而現代民間社會的活動，是入世的。然而，大乘佛教並不是完全出世的；它也有很強的入世的一面。我所談的，不是說慈濟功德會會員們「應該怎樣」，而是根據其內在的邏輯，推論出一個選項（option）：假若他們要使他們的善心**更進一步落實**，他們在順乎他們的信仰——在不喪失他們的信仰的純正性（authenticity）——的條件下，所可能產生的「創造性轉化」的行為。這不是從外面強加給他們的說教，所以我自覺並未犯形式主義的謬誤。

　　假若中國傳統民間社會的資源，經由「創造性轉化」的過程而發展成為現代的民間社會，並進而經由現代的民間社會的內在動力，促使現代公民社會得以成長，這樣的歷史演化軌跡是與西方不同的。西方先出現古希臘羅馬的公民社會，然後經過一千多年歷史演化過程而產生市民社會，再進而發展成為現代的民間社會。（前已述及，在當代西歐北美的各個社會中，這三種社會的部分面相，則是相互交涉的。）每個社會的歷史，雖然可能受到外來文明的衝擊與影響，但主要是根據自己的條件發展的。中國走向自由與民主制度和文化的道路（如果真能走出來的話），當然不可能與西方的道路相同，儘管中國自十九世紀中葉以來，承受了西方文明種種的衝擊與影響。不過，雖然中西歷史軌跡不同，如果中國真正能夠從上述可能的軌跡中走出來，則將來中國的自由與民主制度和文化，可與西方的自由與民主制度和文化交叉地擁有著許多共同的特性。

　　歷史的演化，是眾人有意與無意的活動與客觀的條件互動的結果。這樣的結果，當然不是任何一些從事思想工作的人的理念所能完全左右。然而，當他們看出某一個方向確有其可能，並以可以成立的論式，指出此一可能的理由時，這一工作──如果獲得其他有利條件適當而有力的配合──則確有可能發生促進歷史往這個方向演化的效用。韋伯說「並非理念，而是物質的與理想的利益直接支配著人類的行為。然而，理念所創造出來的『世界圖景』卻經常像轉轍夫（the switchman，或譯扳道夫）那樣，決定各種利益的互動所推動的人類行動在哪條軌道上前進。」[12]

12　Max Weber, *From Max Weber: Essays in Sociology*, tr. & ed., H. H. Gerth and C. Wright Mills（New York: Oxford University Press, 1946）, p. 280.

　　「創造性轉化」的理念，是一個導向。中國各地政治、經濟、社會的情況如果發展到可能採用它的時候，它可能，由於其論式所賦予的說服力，發揮——正如韋伯所說——鐵路上轉轍夫（扳道夫）的功能。易言之，當歷史中多項條件互動的結果，有接受「創造性轉化」的建議，往這個方向前進的可能，但因某種程度的迷惘，卻不一定會往這個方向前進的時候；因為已經有人（當然不是僅指筆者個人，有關種種，需要所有認同它的人，集思廣益）思考過此一導向的理由與所可產生的美好結果——當這個「圖景」變得能夠吸引人而又使人覺得有現實意義的時候——歷史順著這一軌道前進，大有可能。「創造性轉化」所提供的，是給歷史的開展一個可能的選項，希望不要在歷史有可能朝著這個方向前進的時候，因為前途方向不明確，而走到岔路上去。這是筆者再思其理念之後，重新予以肯定的基本理由。

後記

　　目前大陸知識界一些圈子之內，正流行反抗，甚至厭惡五四精神的潮流——認為五四式關懷中國的舉措或五四式的理想主義，到頭來只能使人變成「智慧的暴君」，並帶來禍國殃民的災難。知識分子當前的要務是為學問而學問，無論什麼學問，只要好好研究就好，千萬不要再談國家與民族的關懷。因為一談關懷，便很快就要變得政治化，也很快就要與各種政治勢力糾纏不清，最後將落得不可收拾。（我從一些大陸知識分子的近作中，感覺到此一潮流正在一些圈子中流行。感謝薛湧先生最近與我的談話，他確切地證實了我的這一感覺。「智慧的暴君」是薛先生使用的名詞。）在「六四」之後，一些中國知識分子產生這樣對

五四式關懷的反動，在中國的歷史脈絡中毋寧是可以理解的。然而，這樣的反動，正像五四式的關懷那樣，失之於簡單化了。根據五四式「藉思想—文化以解決問題的方法或途徑」（the cultural-intellectualistic approach）來關懷國家民族的前途，的確呈現了一元式化約主義的謬誤；在其他條件配合下，導致全盤化反傳統主義——那樣強勢的意識形態——的興起。然而，近來一些人對五四式關懷的反動，又何嘗不是類似五四一元式化約主義的反映呢？事實上，不是黑的，卻不一定就要是白的（或黑色的反面）；因為不是黑的，可能是藍的、紅的、黃的，或這些顏色的混合。揚棄五四式強勢意識形態的關懷並不一定蘊涵要放棄對民族國家的關懷，也不一定需要放棄五四的精神遺產（包括五四早期為個人自由、人權、理性、民主憲政的倡導）。我們不應，也無需，以原教旨的方式繼承五四的精神遺產；所以我們的精神可以有所歸屬，但卻不必然要受五四精神遺產的限制。

　　其實，各式各樣專門性，為學問而學問的研究是需要的；而基於對國家、民族的關懷所進行的綜合性與系統性的思考，也是需要的。後者必須以貫通於熱烈與冷靜之間的內在精神力量從事之，這樣才能有所把持。另外，這樣的思考也必須具有清楚的「問題意識」——清楚地界定它的問題究竟是什麼？它可以使用的資源究竟有多少？它所提出解決問題的方式，是否建立在切實考慮過的客觀條件之上，以及它本身是否言之成理？易言之，問題不在於需要揚棄對國家民族的關懷，而在於如何得法地關懷。五四式強勢意識形態的關懷，以及近來在一些圈子中流行的對那樣的關懷的反動，所呈現的一元式化約主義的謬誤與心結，均可使用多元思考，予以紓解。

　　另外，我站在反對五四「藉思想—文化以解決問題的方法或

途徑」的立場與接受社會與歷史演化論的前提之下，於文中所作關於思想工作所能扮演的角色的多元、限定的反思，應可釐清引言中所列舉的兩項誤解[13]。

　　的確，思想沒有決定一切、指導一切的本領，也不是一切歷史進展的先決條件。我不贊成一元式的思想決定論；但，我卻不認為思想工作毫無意義，不可能產生任何貢獻。在歷史的試、誤演化過程中，思想與非思想因素都是互動因子，而且這些不同因子在歷史的不同時期，扮演著不同分量的角色。「創造性轉化」是一個導向，並不是一個藍圖。它並不蘊涵對未來的理性設計，或指導每一項進展的細節步驟。根據非思想決定論的前提，從對思想所能產生的功效的多元分析觀點，我們知道，「創造性轉化」的功效，只有在其他因子與它互動，產生了有利於它的客觀條件下，才能發揮出來。

1990年1月7日英文初稿寫成於新加坡

1992年9月2日中文初稿寫成於劍橋

1997年9月5日定稿於麥迪遜

---

13 即：（1）我雖然反對五四人物一元式、帶有化約主義或決定論傾向的「藉思想—文化以解決問題的方法或途徑」，「創造性轉化」的觀念本身，卻也反映了一元式、整體性思想決定論的傾向；（2）「創造性轉化」含有整體主義理性設計的傾向，所以它蘊涵了對海耶克先生的自由主義的誤解，因為海氏主張試、誤的社會—文化演化論。

討論[14]

對於金觀濤、劉青峰所謂「中國共產主義儒家化」的評論

　　剛才勞先生對於「文革」後大陸的反傳統的分析，我完全同意，我想另提一點，就是金觀濤、劉青峰他們所謂「中國共產主義儒家化」。我覺得他們在用字方面有問題。不過，他們的分析不是沒有所見，我和他們當面以及在信上曾討論過這個問題。「化」這個字有「似乎要變成」的意思，如「洋化」、「西化」等。「共產主義儒家化」就有「中國共產主義似乎要變成儒家的樣子了」那個意思。但，這不是他們的本意。為什麼要使自己的著作辭不達意呢？他們的意思可能是：中共仍受某些儒家思想模式的影響——如仍注重黨員的「修養」；但，在思想的內容方面（如「階級鬥爭」）當然與儒家思想的內容（如注重人際間的和諧）不但不同，而且有許多衝突的地方。他們對我的建議，反應的態度很客氣；但，卻並不修改他們的表達方式，後來仍然使用原來的辭語，不作任何修訂，這使我覺得很納悶。

---

14 這篇文字最後定稿之前的一份稿件是應國立歷史博物館之邀，為了參加該館「建館四十週年文化藝術學術演講會」（1995年12月11-13日，台北）而增訂完成的。論文宣讀以後，許多聽眾熱烈提出問題；但由於時間的限制，當時只能作簡要的答覆。這裡發表的，則是根據巴東先生寄來的錄音紀錄的增訂。不過，筆者的首次發言，並不是答覆聽眾的問題，而是在勞思光先生演講後引發的對於金觀濤、劉青峰所謂「中國共產主義儒家化」的評論。另外，在答覆巴東先生的發言以後，筆者的主動發言，則是對王邦雄先生的論文的評論。筆者對於巴東先生和他的同仁於整理錄音紀錄時所表現的盡責精神，謹此敬致謝忱。

　　胡其德問：「創造性轉化」涉及「選擇」，請問這樣的「選擇」如何確定？即：何者要轉化，何者不要轉化？是否要避免價值判斷？又「創造性轉化」是一「量」變，抑或「質」變？或是兩者兼具？此外「創造性轉化」是一個導向，是否也是一個過程？易言之，經過「創造性轉化」以後的傳統，在經過一段時間以後，是否還要經過一次或多次「創造性轉化」？

　　答：價值中立是一個複雜的問題。我提出的「創造性轉化」的出發點，當然是以肯定自由與民主的價值為前提的。換句話說，不是價值中立，而是價值選擇。但在有關「創造性轉化」的分析中，某些技術性的了解，還是需要以價值中立的觀點進行。所以，既可以價值中立，又可以價值選擇；在不同層次上，兩者並不衝突。

　　關於「創造性轉化」是「量」變或是「質」變？我認為整個中國傳統是一個「數量」，傳統中每個組成成分當然有「質」的部分；然而，將這些質素、成分加在一起以後，仍然是一個「量」，而非「質」。在這個數量之中，有許多成分是彼此衝突的。以為整個中國傳統是「質」的人，實際上犯了「本質論者的謬誤」（essentialist fallacy）。科學上的許多解釋，認為「量」變會促成「質」變；但在人文現象中，並非必然如此。

　　至於「創造性轉化」除了是一個導向以外，是否也是一個過程？當然也是一個過程，是採用這個導向的過程。至於將來是否還需要一次或多次的「創造性轉化」？當然也可能。不過，這是相當形式的問題（因為我們沒有完全預測未來的能力）；所以我無法作實質的答覆。

　　吳英儒問：討論文化意識的時候，是不是也應考慮到工程與人文相結合的問題？如何運用「創造性轉化」讓工程界更能對社

會作些有益的貢獻（如使城市規畫更合理）？

答：與工程有關的民間社會必須發展成為現代的民間社會。換句話說，工程師學會本身若能發展公共性格，並關懷與其專業有關的公共問題、參與公共政策的討論，自然可以發揮現代的民間社會成員的作用。〔在發展的過程中，自然可與其他具有共同興趣的團體（如環保團體）合作。〕這樣可以進入政治過程，使政府的政策、行政與法令有所改進。

楊景堯問：「創造性轉化」的主要動力來源在哪裡？

答：「創造性轉化」是一個理論性的建設工作。但，如果這一理論工作與社會動力無法產生關連（無法獲得社會的動力的支持）；那麼，理論上做得再好，再精密，也仍然不能落實。然而，理論工作是否需要努力去做呢？

如果百分之百確實知道某一理論工作，是永遠絕對不可能實踐的，從實踐的觀點來看，這樣的理論工作是不應該去做的。（但，人類的預測能力很有限；實際上，對於任何理論工作未來實踐的可能，大家都沒有百分之百的預測能力。）從事理論工作的人，如果認為立刻可以實踐，就好好工作，不易實踐的，就馬馬虎虎，這樣現實的、勢利的觀點是理論工作的自我取消。因為一旦有實踐的機會，但因理論工作者在工作的時候，由於覺得實踐的機會很渺茫，所以就沒好好工作；那麼，現在所獲得實踐的，也仍然是偷工減料的東西，等於沒有實踐多少。

我在這篇文字結束之前，曾引述韋伯關於思想在歷史與社會中可能扮演類似鐵路上轉轍夫（扳道夫）的角色的話。那是非常深刻的識見。

從理論有效性的觀點來看，我自覺「創造性轉化」的確對於不可迴避的中西政治與文化（包括思想）如何接榫的問題，提出

了合乎邏輯而切實可行的論證。至於是否能夠落實，那要靠社會中的動力了。例如，從第三個「如何作法」的實例來看，如果證嚴法師看到或聽到了我的論證以後動了念，想用「創造性轉化」的方式推動慈濟功德會的工作，她可以發揮「奇理斯瑪」的功能。如此，她可帶動慈濟功德會從傳統的民間社會走向現代的民間社會，並對公民社會的實現做出貢獻。當然，慈濟的會員們也可能自發地進行功德會的「創造性轉化」。

台灣社會不是沒有活力。「創造性轉化」是導使這樣的活力走向建設自由與民主的政治秩序、社會秩序、文化秩序與道德秩序的方向。

林義正問：（1）林教授為中華文化如何傳承，提出「創造性轉化」，我非常欽佩。但，在您的論文中，似乎是以排山倒海之勢把別人的看法──從張之洞以來的各種看法，包括杜維明的「儒學第三期發展論」和李澤厚的「西體中用論」──統統一手推開，認為那些都是失敗的紀錄。請問您如何達到這樣的判斷？（2）近現代中國許多關於轉變的看法，是站在機械論的觀點；另外，有的是以機體論的觀點來看問題，所以才有種種關於體用的說法。林教授擺脫這些觀點，講「創造性轉化」。但，「創造性轉化」是否仍然是生機論的觀點？

答：關於以前許多看法的不足或失敗之處，我可舉李澤厚先生的「西體中用論」、杜維明先生的「儒學第三期發展論」，與牟宗三先生的「內聖可以開出新外王（民主）」，來做一些說明。不過，李、杜兩位最好都在場。這樣，他們可以答覆我的評論。今天他們不在場，有些遺憾。牟先生已是歷史人物。我的論評是對歷史的檢討。

李先生在美學方面，相當有成就；但，每次他談起他的「西

體中用論」的時候，語言與思路都變得鬆散與通俗，所以從來就沒有說清楚過，究竟他所謂的「西體中用」到底是什麼意思？我想關鍵的原因可能是：一方面，他要堅持唯物史觀；另一方面，卻又要使中國適應源自西方的法治、自由與民主的思想與制度所帶來的刺激，以便建立適合中國的個人自由、社會正義與民主生活。然而，這兩個方面，確實有許多地方難以相容，但他卻硬要把他肯定的自由、民主、法治的成分擠在唯物史觀的前提之下。那就怎麼說也說不清楚了。

他所謂的「西體」指的是西方科技、生產力。（他認為製造與使用工具為人類基本特徵和社會存在的本體所在。）「中用」指的是：以新形式創造出來適合中國的個人自由、社會正義與民主政治。然而，「西體」與「中用」之間究竟有什麼關係呢？是否接受了「西體」就必然是「中用」的前提呢？我們順著李先生的「思路」來講，接受並發展「西體」（西式的科技、生產力）並把「西體」當作是以新形式創造適合中國的個人自由、社會正義與民主政治的前提以後，又怎麼樣呢？究竟**如何**做呢？李先生所提出的，仍然是許多中國知識分子所優為的老套：面對未來，宣講自己喜歡什麼——希望中國得到什麼。這只是對某些目標的態度，談不上**概念**的建立。

如要形成概念，就必須在一定程度之內將其內蘊的涵義，**系統地**思考清楚。例如：西方的科技、生產力是否是發展民主的前提？這樣的看法就無法說明印度的歷史。印度在很大程度上已經落實民主憲政的時候，科技、生產力還很落後。而且，我們還可舉出例子來說明，有些國家科技、生產力已經很發達，但卻實現了威權（甚至極權）式的政治。我們甚至可以說它們的威權（甚至極權）式政治，是以科技、生產力為前提的。

　　另外，就西方歷史而言，資本主義的生活與民主憲政之間的關係，是非常多元、複雜的。如在科技、生產力發達之前，已有法治的基礎（如英國），在法治配合之下的科技、生產力的發展，有時可以促進民主的發展。否則，則未必。在希特勒上台之前，德國科技、生產力的發達，則是極權主義興起的前提（或條件）之一。事實上，早已植根在英國政治、經濟、社會與文化的法治（英國的法治，源自中世紀，不以近代科技、生產力為前提），乃是十八世紀英國資本主義的經濟組織與生產力發展的條件（或前提）之一，也是導使英國資本主義變成促進民主發展的條件。

　　李先生所謂「西體」，乃是發展適於中國的自由與民主的前提的說法，過於簡單化了。因為這樣的前提必須配合其他條件，才有意義。然而，李先生一直堅持他的唯物史觀，以致無法檢查他一元式、過分強調唯物的一面。李先生曾公開說：「西體中用論沒有什麼細緻分析，這些都是很膚淺、很表面的意見而已。」我不知道李先生的這些話，究竟是誠懇的自白抑或虛假的謙虛？假若他真實地覺得自己的意見「很膚淺」，為什麼仍然要繼續不斷地說下去呢？

　　至於杜維明先生多年來說來說去的「儒學第三期發展」，也是態度的表達──表達了希望儒學能有第三期發展的態度，而不是概念的表達。其實，「儒學第三期發展」這個口號最初是牟宗三先生提出來的。杜先生並沒有什麼新意。不過，杜先生多年來為其促銷與預售的活動，給予許多人那是杜先生提出來的意見的印象。

　　新儒家們認為，先秦儒家是第一期。宋明儒學，面對佛學的挑戰，消化了佛學而保持儒學的認同，並獲得了進一步的發展，

是為第二期。現在我們正面臨著西方文化的挑戰，這個挑戰的衝擊性更大，大家應該承擔消化西學並繼續使儒學獲得認同與發展的責任。然而，這是要求、企求，並不是真的發展。

要發展，就需設法真的發展出來！（所以，應該特別注意，如何才能發展的問題。）要求大家承擔責任，並不蘊涵一定能夠承擔責任。正如家長要求子女一定要考取大專聯考第一志願，並不蘊涵子女一定能夠考取一樣——如果家長太囉嗦，反而可能引起子女的反彈；這樣，家長講得愈頻繁，子女反而愈不容易考取。

到目前為止，新儒家的建樹，主要是在歷史方面。以牟先生為例，他對儒學自先秦至宋明的歷史發展的解釋，自成一家之言。在這方面，我也是受惠的讀者，雖然並不能完全同意他的看法。如論及思想或哲學（內容），因為牟先生等人在思考問題的時候，一元式本質論與目的論的傾向非常強，與其說那是展現儒學第三期的發展，不如更恰當地說，那是摻雜大乘起信論—黑格爾式思維模式的儒學第二期的餘緒，並呈現著二十世紀中國思想危機的一個面相。

牟先生提出的「無限心（良知）之自我坎陷」，從內聖之學曲通地「開出」科學與民主等等論說，都呈現著嚴重的、基本的問題。余英時先生（〈錢穆與新儒家〉，氏著《猶記風吹水上鱗》，頁31-98）、楊儒賓先生〔〈人性、歷史契機與社會實踐——從有限人性論看牟宗三的社會哲學〉，《台灣社會研究季刊》，一卷四期（1988年冬季號），頁139-179〕，與陳忠信先生（〈新儒家「民主開出論」的檢討——認識論層次的批判〉，前揭期刊，頁101-138）均對之做過鞭辟入裡的評析。我過去也發表過一、兩篇對之論評的文字。牟先生論說的根本癥結是：他使用

具有普遍意義的形上學觀點來面對中國歷史境況中的特殊問題，以致他的看法變得不甚相干。

「良知」乃是一切價值的本源，具有無限的致善能力；那麼，謀求任何善的目的與手段，均可說成是「良知」發用的結果。這樣的普遍觀點，除了說凡是人（中國人、日本人、歐洲人、非洲人……）都會從人性中肯定與要求好的東西（包括民主）以外，反而對中國人在自己的泥土上**如何**建立民主制度與規範、**如何**建立民主的社會與文化等等重大的實際問題，變得不甚相干。新儒家們會說，聖人之教不止於告訴我們凡是人都有「良知」，而是用特殊方式來啟發我們對於「良知」的自覺。這樣特殊方式的自覺，必然能使我們曲通地「開出」民主（與科學）。然而，十七世紀的歐洲人（除了少數例外）未曾得聞我們的聖人之教，為什麼反而在制度上、思想上產生了對民主（與科學）的突破，建立了近現代民主（與科學）發展的根基？

另外，任何特殊的行為，都可把普遍的價值與觀點，當作訴求的對象。在二十世紀，中國以反儒的方式謀求民主的人，當然也可把他們的目的與手段說成是「良知」發用的結果。新儒家們也許會說，以反儒的方式謀求民主的人，不是真正的「良知」發用，只有他們的「開出」說，才是真正的「良知」發用。然而，新儒家們若不假定自己是類似初民社會的「最高祭司」，他們根據什麼做此「良知」專利的聲稱呢？為了避免「最高祭司」之譏，新儒家們可以說，反儒人士心中興起的民主目的，與他們的目的相同，都是「良知」發用的結果。但為了達成目的，不可不仔細考慮適當而有效的手段。為了達成民主，反儒的手段是錯誤的。那麼，新儒家們必須提出，在複雜的現實之中，真正能夠具體可行的，如何落實民主的辦法（手段），並從客觀的實績中證

明他們的辦法確有實效。只有這樣真正實際地實現了一定程度的
民主（例如，真正從儒學傳統中「開出」了壓根兒不知法治為何
物的法治，以作為民主的基石），他們才能把「開出」說，說得
通──才有資格說別人的辦法不行，自己的「開出」說，有實質
的意義，而不是把結論預設在前提之內的循環定義，也不是自我
安慰的空話！〔法治（the rule of law）不是法制（the rule by
law，或「以法統治」、「以法治理」）。另外，黃宗羲所謂「有治
法而後有治人」是指：德治需要制度化，並強調這樣的制度化的
優先性。他認為德治制度化是使德治真正能夠發揮作用的前提。
這裡的「法」，是指遠古聖王為教民、養民所建立的制度，包括
防天下百姓之淫的婚姻之禮，以及教民的教育制度等等。黃氏所
謂「法」，與西方法治中的法，**並不類似**。〕

　　然而，牟先生的「開出」說，對於在複雜的現實之中，如何
落實民主的問題，反而沒有多大興趣。這倒並不奇怪，毋寧是合
乎他的內在理路的。牟先生的興趣是形上學的境界，指出在開創
價值的本體界蘊涵著一切價值及其實踐的內在要求，當然也就蘊
涵著自五四以來中國知識界的兩大價值（民主與科學）及其「實
踐的必然性」。他對儒學本質論式的解釋必然蘊涵了目的論。不
過，正如陳忠信先生引述柏林（Sir Isaiah Berlin）爵士評論目的
論的話，並進一步加以發揮時說：

　　　在一目的論之體系中，不管怎樣巧妙地去重新解釋（個人
　責任）這一備受折磨的措辭，都無法使其正常意義復歸於自
　由選擇之觀念下。木偶或許會意識到，並且快樂地將自己認
　同於他們在其中扮演角色之必然過程，但這過程仍然是必然
　的，而且他們仍然是木偶。〔Isaiah Berlin, *Four Essays on*

Liberty（Oxford University Press, 1969), pp. 54-55.〕換言之，人在這必然的過程中是無足輕重的……沒有自由選擇可言。因而也就沒有所謂責任的問題。（前揭文，頁135）

　　牟先生在形上學境界之中所肯定的普遍觀點，分析到最後，只是一種信仰而已——相信「內聖」一定會「開出」或「客觀的實現」（牟宗三，《政道與治道》，頁57）「新外王」（民主）。因為他堅信「內聖」一定會「客觀的實現」民主，所以他覺得重複強調這樣的「客觀的實現」的必然性，便有助於實際的民主的實現。（由於過去的儒學思想只有民本思想，並無民主思想，所以牟先生只好借助大乘起信論—黑格爾式思維模式來談他的「良知的自我坎陷」、「曲通地開出民主」、「辯證發展的必然性」——這一切都是為了滿足他的信仰。）牟先生當然有堅持他自己信仰的自由。然而，所有真正的儒者都是注重實踐的（只喊口號，不注重實踐的「儒者」，不是真正的儒者）。牟先生主觀上當然自認不是為信仰而信仰，或為保持形上學境界而保持形上學境界。但是，客觀上，他的民主「實踐」，僅止於重複宣講自己的「內聖」一定有「客觀的實現」民主的必然性的信仰而已！

　　一切宗教信仰都自認是建立在客觀的事實之上，而其邏輯結構則是循環定義。牟先生一生謹守他循環定義式的信仰；因此他反而沒有警覺到，他的學說內在無法紓解的癥結。

　　如前所述，用普遍的觀點為保存中國的道德傳統作論辯，並不能為那個傳統所肯定的道德價值與理想，樹立在已經發生鉅變的政治上社會上新的、具體的展現方式。因此，牟先生的理論與他對他的理論的實際態度，對在複雜的現實之中**如何落實**民主的具體問題，反而變得不甚相干。易言之，牟先生說的「必然會如

此」並不能導出「如何落實」。〔牟先生曾批評傳統儒者「只知嚮
往『天下之權，寄之天下之人』之為公，而不知其如何實現之」
（《政道與治道》，頁196）。可見他並不自滿於形上學的境界或自
我肯定的信仰。他主觀上自認是關懷「如何實現」的。然而，他
的老內聖「開出」新外王的學說，面對具體情況，卻也「不知其
如何實現之」──他批評傳統儒者的話，正好同樣地坐實於他自
己。〕

　　另外，還有以下三點意見：（一）新儒家所謂「良知」的
「自由無限心」，因為只能扮演apologist的角色，所以將永遠落在
時代的後面。任何時代，主流思潮形成了什麼是好的共識──如
傳統中國對於聖君賢相的肯定，或五四以來對於民主與科學的肯
定──以後，新儒家便會說這是「良知」發用的結果。然而，這
樣的說法並不能解決兩個（或兩個以上）好的東西彼此衝突的問
題〔如自由與民主之間的關係（當然，兩者也有相成的部分）〕。
假若兩個（或兩個以上）好的東西之間的衝突，最後得以在某種
程度上或徹底解決，新儒家們會說，這是「無限心」所帶領出來
的「矛盾的統一」。但是，如果兩個（或兩個以上）好的東西之
間的衝突無法解決，以致產生嚴重的危機，強調「良知」的「自
由無限心」的人們，便沒有什麼資源支持他們作建設性的發言。
因此，我們可以說，新儒家所扮演（或承擔）的apologist角色，
相當形式化，沒有什麼原創力可言。

　　（二）新儒家們對民主的評價，相當天真，幾乎完全是正面
的。牟先生說：民主政治表現「正義公道」。從這個觀點出發，
不易正視民主的問題並提出在一定程度之內解決的辦法。其實，
民主政治有許多缺點與壞處，只是在各種政體之中最不壞的一種
而已；所以它的缺點只能得到程度的，而非根本的解決。它本身

在落實的過程中會產生許多壞處，相當程度地落實以後，也仍然會出現許多壞處。換句話說，對民主的辯解與維護只能是低調的。因此，從**理論上講**，過去儒者所談的聖君賢相之治所達成的「天下為公」，更符合儒家的高調理論。那樣的政治與教化遠比民主要公道，要更具有正義性。當然，有人會說「聖君賢相」只是一個理想，從未落實過，而且提倡這樣的理想在現實的情況當中會產生許多弊病。然而，儒者們的出發點是：聖君賢相之治並不是一個不可能實現的理想，因為他們相信堯舜之治是特定時空中的歷史事實。既然過去的人間，從人性出發，實現過；那麼，將來的人間，也可以發自人性使其實現。所以，新儒家們與其提出內聖「開出」民主說而陷入許多難解的問題，不如重新強調聖君賢相之治，這樣才能保證他們理論的完整性。

（三）儒學的性善說確可為內在的「積極自由」與平等觀念提供理論性的支持。所以這個儒家傳統中的基本觀念可作為「創造性轉化」的資源之一。需要強調的是：性善說需要經過「創造性轉化」以後才能變成自由與民主的一部分基礎。我的觀念與牟先生的「內聖開出民主」說有許多基本的不同。例如：我認為性善說本身無法「開出」法治架構下——經由法律具體保障的——人權。而人權是現代自由與民主的前提之一。另外，必須再一次強調的是：發展自由與民主的次序是：必須先建立外在的「消極自由」——必須先建立法治架構下對個人自由的制度性尊重與保障，才能談內在的「積極自由」與民主。建立外在的「消極自由」必須成為大家的**優先性關懷**。如果次序顛倒了，一切將變成空談。

牟先生的「開出」說，使許多信服他的人以為反正一定可以成功，所以反而忽略了「如何落實」法治與民主的問題。楊儒賓

先生說：「儒家在處理根本結構的相關問題方面，卻顯得蒼白無力，這已是不爭的事實。」（前引文，頁177）另外，作為與西方自由與民主理論接榫的架構，「開出」說也是不成功的，因它仍然沒有跳出中國本位的窠臼。

其實，內聖「開出」民主說，在文化與心理層次上，是對於五四全盤化（或整體主義的）反傳統主義的直接反響，因此也無法避免五四的限制。五四式全盤化反傳統主義者，在意識形態層次上，堅持中國傳統之中什麼好東西都沒有，所有好東西都必須從西方引進。牟先生及其追隨者則堅持一切好的東西，至少在內聖的形上境界之中，我們都有。〔大陸青年學者朱學勤稱之謂「護本情結」（見氏著《風聲、雨聲、讀書聲》，頁272。）〕這是對四五全盤化反傳統主義的反模仿（請參閱前引余先生的論文）。職是之故，我們有確切的理由說，內聖「開出」民主（與科學）的論說，不但不是什麼「儒學第三期發展」，而是二十世紀中國思想危機的一個面相。

至於剛才林義正先生問我「創造性轉化」是否有生機論觀點的成分？我不太清楚中文中「生機論」指的是什麼？是不是organicism？organicism認為社會類似生物的有機體。這不是我的觀點。我的思想主要受到海耶克先生、韋伯，與博蘭尼的影響比較大。主張運用理性，與有生機的傳統資源配合，多元地向未來演進。在這一演進的過程中，自覺的理性論說，當然也是演進中的一個因子。我的自由主義對未來的開放不是沒有條件的——不對沒有人的尊嚴的未來開放，我主張的自由不包括使別人沒有自由的「自由」。我注重理性的意義與功能，但用理性的分析也了解到理性在歷史與社會中的功能的有限性。所以，我反對理性建構主義。「創造性轉化」是以理性分析的方式來誘導，指出有利

於未來的演進方向。

巴東問：我想對「儒學第三期發展論」作一點解釋、回應。新儒家認為儒學第一期發展是指先秦儒家，尤其先秦孔孟所提出的看法。第二期是指宋明儒學的發展：針對佛學大盛中國的現象，消化整個佛家思想而保持了儒學的認同，並獲得了進一步的發展。第三期是指自十九世紀西學傳入中國以後，我們面對更大的挑戰所應承擔的責任。我們面臨西方文明的衝擊，現在的時代危機比當年佛學傳入中國以後所造成的危機，更為重大與迫切。我們需要把西方文化消化掉，保持儒學的認同，並謀求儒學進一步的發展。站在中國文化的立場，新儒家想盡一份心、盡一份力。這是他們要承擔的一個責任。至於他們是否做得到？或目前做到了多少？那是另外一回事。但以「第三期發展論」的立場來說，他們希望承擔這個責任，同時開出未來希望的前景。我不是新儒家的代表人物；我不知道剛才的解釋是否正確。

答：巴東先生講的，正好證明我剛才說的是正確的。「儒學第三期發展論」，基本上，是一個態度——一個自我期許的、訴求的態度。這樣的態度本身，無可厚非。但從我剛才分析牟先生的「開出」說來看，反而可以知道牟先生的看法，與「如何落實」不甚相干，甚至阻礙了對於「如何落實」——這一極為複雜與艱難的問題——應有的注意。要承擔責任，就要真的承擔下來！總是說「應該承擔」、「一定能夠承擔」，而不正視如要承擔下來，即刻需要面臨的種種難題——這樣給自己當啦啦隊的活動，沒有什麼意思。要做，就盡量做出來！要發展，就發展出來！老是說你們西方的好東西，我們都有，或我們將來一定會有，跟阿Q有什麼兩樣？

對於王邦雄先生的論文的評論

我覺得王先生這樣的反省是很沉痛的，用字當然很客氣，對老師也非常恭敬；但王先生對「良知自我坎陷」的反省，在知識上的意義是：那是不可能的。我很欣賞王先生的論點。換句話說，我是同意的。王先生在「新儒家」的傳承中，達到這樣的結論是不容易的。

「新儒家」第三代中的一些人正在開拓新的視野，已經漸漸不受他們老師輩的一些不能成立的前提與結論的羈絆，這是令人高興的事。（當然，也有另外一些人，仍然謹守師說。）

不過，王先生的論文與我的論文的取徑（或方法）有一點基本的不同。王先生仍然採用儒學傳統中一元式的「藉思想─文化以解決問題的方法（或途徑）」。例如，王先生一再努力解釋道家與荀韓的一些可能意義，來補充、修正牟先生論說中的一些基本問題。

我看到的途徑則是多元的。其實，西方的民主也不是「心」開出來的。例如，西方民主所展現的寬容（toleration）與多元化的現象，是歷史演變的結果。從思想史上看，對於這一結果，馬基維利（Niccolò Machiavelli，1469-1527），則有重要的貢獻。他的言論的結果，而不是他的言論的內容，為多元的價值觀念建立了一個思想的基礎。馬氏主張重振古羅馬共和時代的公民精神。這些非基督教的價值與基督教的價值是不能相容的。在價值範疇之內，馬基維利自己雖然仍是一元論者（他認為他肯定的價值才是真正的價值）；但，在西方思想史上，他對歐洲中古以來所奉行的基督教所肯定的價值的挑戰，卻帶給西方連他自己也未能預料到的後果：由兩種價值之不能相容的認識，到兩種價值因彼此

不能戰勝或涵蓋對方而不得不並存的境況，到價值多元的肯定。

　　過去大家都認為真正美好的價值一定是可以彼此相容的。那麼，尋求一個適合每一個人的理想的、統一的價值系統，是被假定可以經由理性的運作而獲致的。然而在馬基維利重新肯定古羅馬共和時代的人文價值以後，大家知道這一套非基督教的價值與基督教的價值都有客觀的意義，但我們卻無法用理性來衡量孰優孰劣。在這種情況下，對於個人而言，如果他同時肯定了這兩類價值，他就無可避免地處在兩難情況之中，有時需做痛苦的抉擇；對於社會生活而言，在同一社會中，持有不同價值的人就必須學習彼此容忍、共處之道。而持有不同理想的人，在實際層面處理政治事務的時候，則必須學習相互調適與妥協，因為這是對於社會上價值衝突的現象有所了解以後，唯一以理性的態度來解決政治事務的辦法。連帶地，我們也因此認清了政治事務的有限性（政治事務無論做得多好，不可能為每一個人完成他的一切理想）。（關於這方面的詳細論說，參見拙著《政治秩序與多元社會》中所載第一篇與第二篇論文。）

　　另外，有一點需要解釋一下：王先生在論文中提到我的觀點，認為是「將『內在超越』的宇宙觀，轉化為『外在超越』的宇宙觀；將政教合一的價值觀，轉化為政教分離的價值觀。因為，西方的法治精神就建立在這兩個觀念的基礎上。」這與我的原意，很有出入。宇宙觀不是能夠輕易轉化的。在中國建立法治，是最難之事，因為在這方面，我們的資源與西方能夠接榫的地方最少。

　　「將『內在超越』的宇宙觀，轉化為『外在超越』的宇宙觀」，實際上等於將「內在超越」的宇宙觀西化為「外在超越」的宇宙觀。這不是我的意思。「內在超越」與「外在超越」各有

利弊，其意義與涵義，甚為複雜；不是今天在這個場合，短時間之內能夠討論的。

我只想提出兩點：（一）博蘭尼知識論的結論實際上是支持「內在超越」的，與中國的「天人合一」，非常近似。但，他的思想與中國哲學毫無淵源與關係。他是以二十世紀大科學家的身分，根據他對現代科學（包括數學、物理、化學、生命科學，與gestalt psychology）的理解，深造自得地建立起來嚴謹的知識論。然後，從他的知識論推論出含有「內在超越」意義的本體論。正因為他的本體論具有「內在超越」的涵義，所以西方持主流意見的神學家們，並不同意他的看法。儒學對「內在超越」所提出的論證，從現代哲學的脈絡發展出來的觀點來看，是不夠嚴密的，因此也就沒有什麼力量。將來「內在超越」的本體論如果能夠被更多人接受，在哲學上很可能是由於博蘭尼及其同道的論證，更被人理解與接受的緣故。屆時儒家哲學是否會被架空？除了在文化上有其意義外，是否在哲學上變得不相干？

（二）在沒有「外在超越」的基礎的情況下，我們是否絕對沒有希望建立法治？其實，資本主義的經濟組織及其精神，當初在歐洲的興起，也與「外在超越」有密切的關係。但，到了二十世紀，受中國傳統文化影響的人，卻也頗能引進與運用。我覺得，在中國人的環境之中，建立法治比引進資本主義的組織與行為模式要難得多；但，並不是非把我們的「內在超越」的本體論西化成為西方主流思潮的「外在超越」以後，才有希望。我認為應該採用下列兩個步驟：（1）在知識上，設法確實理解法治到底是什麼意思？這當然是很難的事，因為理解是需要依據的，而我們的文化傳統所提供的依據，往往導使我們誤解法治（包括不少法學教授在內）。但，不是不可能。我們傳統文化可提供中國人

理解現代科學的依據也很少；但，並不太影響我們變成真正理解科學的科學家。（不過，這個比喻，不可推演過當。人文世界跨文化的理解，比科學世界跨文化的理解，要難得多。）雖然對於中國人來講，對法治進行深切的理解，的確很難；但不是不可能。舉例而言，中國文化傳統並沒有多少幫助理解什麼是憲法的依據，但胡佛先生對憲法的理解是很深入的；（2）從發展現代的民間社會出發，在它進入政治過程的具體生活世界中演化出來法治。這種從「政治過程」演化出來法治的經驗與理解，當然需要（1）來配合。這是非「藉思想─文化以解決問題的途徑」，我在論文中第六節已做了相當詳細的說明，此處不贅。

　　最後，王先生的論文談到道家的虛靜，他認為可以幫助建立客體知識。但道家與宇宙的關係，是超然的；而科學家與宇宙的關係，則是貫通於冷靜的觀察與熱烈的追索之間。一個真正有原創力的科學家，對他理解的宇宙非常執著，是非常「主觀」的。舉例而言，比如王先生和我都是科學家，都在知識的邊疆做最尖端的研究。我用道家的虛靜作我的工作準則。而王先生雖然還無法論證他的想法一定是對的，雖然他現在是在一個艱苦，對他要理解的東西尚未理解的追索之中；但，他就是覺得自己的方向正確，他執著、投入、幾到「頑固」的地步。結果是：王先生很可能獲得重大的發現，而我則變成三流的科學工作者。王先生說，道家的虛靜可以「自我轉化」成為科學精神。我覺得王先生的看法，相當形式化。

簡論中國的禮教與西方的禮節與法治

　　事實上，中國的禮教是使人十分懂得守規矩的。在舊禮教的涵化之下，人際關係是有秩序的。當然，舊禮教也有不少缺點。

在台灣社會的一些圈子中，尚有舊禮教的遺存。不過，在政治化與商業化的社會層面，禮節變成謀取利益的手段，那是很惡劣、很低俗的。

西方人的禮節來自中古騎士精神，後來演變成紳士（gentleman）與淑女（lady）的禮節。在政治層面的秩序（包括言談舉止的風度與自律）則是公民文化與紳士精神綜合式的展現。（我在論文中曾提到西文中「文明」這個字，最初是從拉丁文「公民」演變而來。）不過，西方也有許多惡劣的成分，例如帝國主義式的行為與舉止等等。

至於法治所誘導出來的精神與舉止，那當然是西方文明面臨種種危機的今天，尚能維繫其不墜的主要支柱。法治不止於體現公平的普遍性；更重要的是：它有不為任何具體目的服務的抽象性。

答林淑心小姐（關於家庭倫理的「創造性轉化」等）

關於家庭倫理的「創造性轉化」，我來舉一個例子說明，我們在這方面的確有不少資源。統計數字清楚地顯示：美國華人家庭的子女，成長的比較成功（讀書比較成功，較能找到好的職業，做事以後也較有傑出的表現）。這是為什麼呢？這些離開了中國的政治與經濟結構和影響的中國家庭，之所以能夠比較成功地養育與教育他們的子女，主要是因為在他們的家庭中，仍然發散著中國文化許多成分的關係。這個例子具體說明了中國文化在家庭方面，是有有力的資源的。

至於林小姐問精神道德與世俗道德孰優孰劣的問題。您問問題的方式就反映了您受中國文化的影響很深——受到在中國文化占主流地位的一元式思想模式的影響很深。為什麼一定要談孰優

孰劣呢？為什麼想要知道到底哪個好呢？難道不可能，精神道德適合人生之中的某些活動，而世俗道德卻又適合人生之中的另外一些活動？剛才已經談過，文藝復興時代的義大利思想家馬基維利，是要重振古羅馬共和時代的公民道德。〔馬氏主張在義大利城邦政治的危急時刻，主政者可以為了生存，不擇手段。但平時的政治秩序是要建立在公民道德之上。他的思想格局要比韓非大得多，韓非的思想則是完全要為國君服務的。韓非的思想，沒有政治正當性或合法性的討論；而馬基維利的思想的重點之一，則是政治正當性或合法性的討論。〕

　　這樣的公民道德，適合人生之中政治層面的活動。用韋伯的分析範疇來講，政治生活應以「責任倫理」作為指導原則，而在追尋人生意義等活動中，則需使用「心志倫理」（或譯「意圖倫理」）。當然，「責任倫理」不是不顧及意圖（心志）。事實上，政治家與政客的分野就是：政治家從事政治的出發點是關懷公眾福祉的「心志（意圖）倫理」，而政客則是純為自己的私利而參與政治活動。不過，政治家一旦進入政治，他必須應用「責任倫理」，而不是「心志倫理」。

　　「責任倫理」指的是：在事情尚未發生之前衡量不同政策、不同途徑在不同階段可能產生的不同後果，然後以負責的態度選擇一個可能對人民產生最大效益的政策與途徑，並盡量使這樣的選擇落實。許多人誤把「責任倫理」所指謂的為後果負責，當作是為事情發生以後的結果負責（包括辭職，付出代價之類）。事實上，那是不負責或已經無法負責的行為。

生產能力的資源與政治秩序的資源不同

　　剛才這位先生提到台灣資訊產業很成功，占世界第三位。然

而，如照人口比例來講，不是第三位，應是第一位。這樣的地位，當然蘊涵我們在經濟與生產組織方面，能力很強。但這個能力與構成政治秩序的能力是很不同的，而且距離相當遠。因為構成政治秩序的資源與生產力的資源，十分不同。

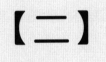

二十世紀中國的反傳統思潮、中式馬列主義與毛澤東的烏托邦主義

弁言

本文分為兩節。第二節「五四全盤化反傳統主義與中式馬列主義及毛澤東烏托邦主義的興起」原是應東京岩波書店社會科學與人文學科主編Michiru Oguchi女士之邀，為1994年出版的《岩波講座 現代思想》第十五卷《脫西歐の思想》，第七章〈近現代中國と反傳統思想〉所撰日譯所據中文稿的第一、二節。本文的第一節「五四之前的反傳統思潮」，原擬寫就後也請譯者譯出，收入上述的第七章。但由於時限之內，未克殺青，所以尚未收入，希望再版時能夠收入。日譯第三節的主要部分，已用中文發表，就不再在這裡刊出。如無Michiru Oguchi女士最初的邀約，拙文恐將無緣寫成，筆者謹此向她致謝。

一、五四之前的反傳統思潮

　　在拙著 *The Crisis of Chinese Consciousness: Radical Antitraditionalism in the May Fourth Era* 第一章首頁，筆者曾說：受到五四全盤化（或整體主義的）反傳統運動深切影響的現代中國文化曖昧性「的直接歷史根源，可以追溯到十九世紀與二十世紀之交的中國近現代知識分子的興起的特殊性質。」（從「五四」一直到八〇年代，中國文化的主流是激烈的反傳統思潮，有時激烈到要求把文化傳統全部鏟除──完全投入整體主義的反傳統主義──的地步。然而，每個人與自己的文化傳統，事實上，都有千絲萬縷的關係。這樣自然出現無法紓解的矛盾，也自然出現文化曖昧性[1]。）可是，為了集中討論辛亥後政治現實的結構性劇變所帶動的歷史後果[2]，袁世凱稱帝與張勳復辟所引發的五四激進分

1　對於文化傳統中惡毒或無效的成分，當然應予揚棄；不過，全面而徹底祛除自己文化傳統的影響，無此可能，也無此必要。硬要那樣做，如蔚為風氣的話，則會造成各種後遺症。例如，「新儒家」的興起，乃是對五四激烈反傳統思潮的直接反響，因此也無法避免五四的限制。參閱余英時，〈錢穆與新儒家〉，氏著，《猶記風吹水上鱗》（台北：三民書局，1991），頁31-98；楊儒賓，〈人性、歷史契機與社會實踐──從有限的人性論看牟宗三的社會哲學〉，《台灣社會研究季刊》1：4（1988年冬季號），頁139-179；陳忠信，〈新儒家「民主開出論」的檢討──認識論層次的批判〉，前揭期刊，頁101-138；朱學勤，〈老內聖開不出新外王──評新儒家之政治哲學〉，《二十一世紀》9（Feb. 1992），頁116-124；及拙文，〈新儒家在中國推行民主的理論面臨的困境〉，拙著，《政治秩序與多元社會》（台北：聯經出版公司，1989），頁337-349。

2　辛亥革命後「普遍王權」的覆滅不止顯示了政治秩序的崩潰，而且也導致了社會秩序與文化秩序的解體〔由於它們高度地（雖然不是完全地）整合於政治秩序之內的緣故〕。（作為把這三種秩序聯結在一起的制度與文化成分之一

子對於傳統符號的強烈疏離感，以及儒家傳統一元化思想模式對五四激進知識分子決定性影響，以致書中並未對甲午戰敗後興起的近現代中國第一代知識分子的思潮與五四激進知識分子的關係，詳加說明。上引拙著中的話，在首頁出現後，未能繼續展開。多年來，筆者頗感遺憾，覺得應該設法彌補。

事實上，近現代中國知識分子反傳統的激化過程，在第一代知識分子中間已經開始。從鴉片戰爭到甲午之戰半個多世紀以來，清朝政府持續不斷的挫敗，顯示傳統中國政治秩序之內，缺乏有生機的資源來有效地反抗列強的侵逼。甲午的慘敗，使關懷中國前途的知識分子更明確地認識到，中國的制度與文化存有基本的缺陷。日本過去是向中國學習的東鄰小國，其「明治維新」的起步，還比中國的「自強運動」稍遲。然而，不到三十年的光景，它已變成了現代化的強國；而中國仍然老朽不前。如此強烈的對比所帶來的震撼，是空前的。因此，梁啟超說，甲午一役「喚起我國四千年之大夢」[3]。

甲午慘敗逼使中國知識分子更急切地探求救國之道。嚴復在1895年3月於天津《直報》發表〈原強〉，開始引進達爾文的演化論與史賓塞的社會達爾文主義[4]。他在1895-96年譯成《天演

的科舉，在1905年已遭到廢除，那是這三種秩序解體的前兆之一。）職是之故，五四全盤化（或整體主義的）反傳統主義，在結構上成為可能。

3　丁文江編，《梁任公先生年譜長編初稿》（台北：世界書局，1958），上冊，頁24。

4　〈原強〉最初發表的文本與後來《侯官嚴氏叢刻》所刊的修訂稿，在文字上頗有不同。例如，初本：「達爾文者……垂數十年而著一書，名曰《物類宗衍》。……書所稱述，獨二篇為尤著……其一篇曰〈爭自存〉，其一篇曰〈遺宜種〉。所謂爭自存者，謂民物之于世也，樊然并生，同享天地自然之利。」

論》。此書在1898年正式出版之前，已於1896年在《國聞匯編》（旬刊）連載，並對康梁集團發生重大影響[5]；出版以後，立刻風行全國。

　　作為對於民族與民族之間競爭的自然法則來看，社會達爾文主義本身並無鼓勵或阻止變革的涵義。自然法則所描述的是自然界嚴格的、不可更改的規律性。它所指謂的是自然中的事實；決定與事實有關，但通常不能從事實必然地推出。在十九世紀末與二十世紀初的美國，描述社會中人與人競爭關係的社會達爾文主義，由於受到了彼處政治、社會與經濟情況的影響而成為保守的意識形態[6]。即使在中國，一個冷靜、憂鬱，沒有受民族主義多大影響的人，正可把社會達爾文主義變成支持他悲觀的資源：歐美文明的進展，一日千里，吾人已處於望塵莫及的地步，愈往前走，中國將愈落後；中國在「物競天擇」的過程中，既然已明確呈現被淘汰的徵象，求變也將徒勞，「適者生存」，不適者，不能生存，所以我們只能坐以待斃。

　　然而，甲午慘敗，對於絕大多數熱血沸騰的中國讀書人而言，不但未使他們變得消極，反而使他們覺得「這個世界」更

修訂稿作：「達爾文者……垂數十年，而著一書，曰《物種探原》……其書之二篇為尤著……其一篇曰〈物競〉，又其一曰〈天擇〉。物競者，物爭自存也；天擇者，存其宜種也。意謂民物于世，樊然并生，同食天地自然之利矣。」見王栻編《嚴復集》（北京：中華書局，1986），冊一，頁5、15-16。

5　參見James Reeve Pusey, *China and Charles Darwin* (Cambridge, MA: Harvard University Press, 1983), pp. 15, 88-91, 464 note 26, 470 note 11. 並見丁文江編，《梁任公先生年譜長編初稿》（台北：世界書局，1958），上冊，頁33。

6　參見Richard Hofstadter, *Social Darwinism in American Thought*, 2nd ed. Rev. (Boston: Beacon Press, 1955).

「令人『著迷』（enchanting）」。他們深感亡國滅種，已迫在眉睫。在這個時候，中國知識分子的入世使命感是以民族主義的形式而增強。民族主義使得他們的社會達爾文主義變成了要求基本變革的意識形態；而他們的社會達爾文主義，則使他們的民族主義變得特別注重尋找反抗列強侵凌有效手段的當下功效性。只有如此，才能使中國在緊迫的弱肉強食國際競爭中得到適於生存的資源。

　　易言之，民族主義與社會達爾文主義在中國歷史脈絡中互動的結果是：尋找盡速而確能帶來效益的富強之路。這種迫不及待的找尋，經常是使用與國富兵強的西方對比的方式進行的。在甲午之前主張「設議院」的改良派中，也曾用中西對比的方式來提出他們的主張；但，現在的中西對比、黑白二分的涵蓋範圍，因民族主義與社會達爾文主義的互動而擴大。

　　中國現代知識分子的興起，是隨著民族主義的興起而興起的。從鴉片戰敗到甲午戰敗五十多年之間，許多關懷中國前途的士大夫當然也在努力設法反抗帝國主義的侵凌；然而，自強運動所謂「師夷之長技以制夷」的辦法，並未能有效地阻擋列強的入侵；十九世紀六十年代初期，以馮桂芬為代表，後來漸次增加的少數主張變法的人，已經意識到在制度上不取法西方，只接受以「船堅砲利」為代表的「西藝」的政策是行不通的。這五十年可說是自認中國為世界中心的「文化主義」的逐漸——開始時盡量阻擋，後來擋也擋不住的——解體過程。（稱謂「文化主義」的基本理由是：傳統中國人之所以自認中國是天下之中心、具有至高與永恆的政教規模，乃是由於秉承聖人之教，而聖人之教，發自自覺的人性，人性上通天道，所謂「天命之謂性，率性之謂道，修道之謂教」；所以，中國文化是上承天道而來——分析到

最後，乃是由於思想、文化絕對優越性——的緣故。）在這個過程中，文化主義雖在解體，卻未崩潰，康梁之前主張變法的人的言論多仍帶有文化主義的成分，只是這些成分呈現強弩之末徵象了。另一方面，相對於「文化主義」的漸趨式微，這個時期也可說是（取代「文化主義」的）民族主義的醞釀期。

隨著甲午慘敗而興起的民族主義，則是中國現代知識分子意識之中最大的支配力量之一（當然，也有少數未受太大影響的例外）。在強大的民族主義籠罩之下，任何可欲的政治、社會、文化與思想的變革，都必須配合民族主義的目的，都必須符合民族主義的要求。民族主義的優先性使得可欲的（包括價值觀念的）變革都變成了民族主義的手段。（另外，有些人認為為了保存與發展中華民族，必須保存與發展固有價值，這種關於保存與發展固有價值乃是民族主義的手段的看法，與過去中國人在民族主義未曾興起之前，認為固有價值本身具有內在的價值，所以需要保存與發展的看法，在性質上是完全不同的。）即使嚴復的「自由主義」，正如史華慈先生在其名著 *In Search of Wealth and Power: Yen Fu and the West* 所顯示，基本上也是功效性的——也是嚴復社會達爾文主義化的民族主義的手段[7]。

不過，這種情況並未阻擋在**較低層次**上，一些知識分子對西方文化成分的欣賞與接受是出於價值本身的考慮。（通常是以他們欣賞與接受的西方價值並不妨礙民族主義的大前提，或以為與民族主義並非不能相容為藉口的——這樣做，當然也反映了民族

7　以上關於中國民族主義的界定，主要是根據 Benjamin I. Schwartz, *In Search of Wealth and Power: Yen Fu and the West*（Cambridge, MA: Harvard University Press, 1964）, pp. 16-19.

主義興起以後，它所擁有的強大勢力。）所以，這裡談到的，西方與中國優劣的對比所蘊涵對於某些西方成分的欣賞與接受，並不是隨時隨地想到那是為了民族主義——為了作為民族主義的手段——而做的。

　　從一個較深的視角來看，這裡所論，為了達成社會達爾文主義化民族主義的目的而產生的極強功效性的中西對比，只有在傳統宇宙觀已經動搖——對於傳統中國「政」、「教」正當性與有效性的信仰也因此而動搖（詳下文）——以後，才有可能。（傳統有機式宇宙觀是「文化主義」的基石之一。宇宙觀的動搖，是導致「文化主義」解體的關鍵性原因之一。）當然，剛才所談，在低於民族主義的層次之中，欣賞與接受某些西方價值後的價值變遷，也因傳統宇宙觀的動搖而有其可能。〔從（取代「文化主義」的）民族主義——為了達成它的目的——尋找有效手段的功效性的觀點來看，自強運動中汲取「西藝」的政策的功效性是不夠的，正因為那樣的政策受到「文化主義」限制的緣故。〕

　　在傳統宇宙觀已經動搖的情況下，愈是深受社會達爾文主義化民族主義影響的人，愈喜歡使用這種極強功效性觀點來進行中西對比，來衡量中西文明的成效。從這種功效性中西對比的觀點來看，既然傳統的政治秩序（或結構）無法有效地成為中國富強的根基，它自然失去了可信性（creditability）。與傳統政治秩序密切連結的符號與規範的可信性，也因此受到了極大的威脅。

　　另外，中國知識分子帶有極強功效性的中西對比，也因他們於潛移默化中受到儒家一元化思想模式的影響而增強[8]。嚴復於

8　關於儒家一元化思想模式的種種，請參閱拙著，*The Crisis of Chinese Consciousness: Radical Antitraditionalism in the May Fourth Era*（Madison:

1895年發表的〈論世變之亟〉、〈救亡決論〉，即以中西對比的二
分法來譴責中國制度與文化的落後[9]。這種以——不是黑的就是白
的——二分法來衡量中西制度與文化的價值與功效的方式，已隱
含著極強的反傳統信息——它事實上是現代中國激進反傳統主義
的濫觴。（這樣的對比，發展到了極端，自然要認為西方文明全
是好的，中國文明全是壞的，自然要變成整體主義的反傳統主義
與全盤西化論了。）它的整體主義的涵義之所以一時尚未完全展
示出來，主要是因為傳統政治與文化秩序，雖然已經動搖，但尚
未完全解體；而政治與文化傳統的解體是一個時間的過程，當時
當然尚未達到那個過程的終點。當時的知識分子尚在他們的傳統
之中，一方面尚視不少約定俗成的傳統成分為當然，另一方面，
尚無法（主觀地覺得可以）站在傳統之外，把傳統當作一個完全
陳腐的有機體，所以應該完全拋棄。

　　談到傳統政治秩序與文化秩序的逐漸解體過程，我們必須論
及西學的衝擊。十六世紀末至十八世紀初，耶穌會教士在華的活
動，除了在天文、曆算等方面有些貢獻外，對中國傳統文化並未
產生根本性的影響。鴉片戰敗後所傳入西學的過程與涵義，則完

University of Wisconsin Press, 1979), chap. 3. 此書不太理想的中譯見穆善培譯，
　蘇國勛、崔之元校，《中國意識的危機：五四時期激烈的反傳統主義》，增訂
　再版（貴陽：貴州人民出版社，1988）。
9　嚴復〈論世變之亟〉：「嘗謂中西事理，其最不同而斷乎不可合者，莫大於中
　之人好古而忽今，西之人力今以勝古；中之人以一治一亂、一盛一衰為天行
　人事之自然，西之人以日進無疆，既盛不可復衰，既治不可復亂，為學術政
　化之極則。」王栻編，《嚴復集》（北京：中華書局，1986），第一冊，頁1；
　〈救亡決論〉：「從事西學之後，平心察理，然後知中國從來政教之少是而多
　非。」前揭書，頁49。

全不同。最初數十年被盡量阻擋，所以，只局限在「西藝」的層次。後來，日益阽危的國勢，逼著關懷中國前途的人無法不注意到，西方之所以如此強盛，是由於「西藝」的背後有一整套文化與制度支持的緣故。於是，引發了設法了解以科學與民主為代表的近代西方文明的過程。這樣的過程的關鍵性後果之一是：在西方科學宇宙觀與基督教創世觀的衝擊之下，以陰陽、氣化、五行、四時、天、道、性、命為構成要件的傳統儒家有機式「天人之際」宇宙觀變得動搖了。四川一位出使隨員宋育仁於1895年在他寫的《采風記》中，就明確地感受到了這樣的衝擊的涵義：

其（指西學）用心尤在破中國守先之言，為以彼教易名教之助，天為無物，地與五星同為地球，俱由吸力相引，則天尊地卑之說為誣，肇造天地之主可信，乾坤不成兩大，陰陽無分貴賤，日月星不為三光，五星不配五行，七曜擬於不倫，上祀誣而無理，六經皆虛言，聖人為妄作。據此為本，則人身無上下，推之則家無上下，國無上下，從發源處決去天尊地卑，則一切平等，男女均有自主之權，婦不統於夫，子不制於父，族性無別，人倫無處立根，舉憲天法地，順陰陽，陳五行諸大義，一掃而空。而日食星孛，陰陽五行相沴，垂象修省，見微知著諸義，概從刪減，自不待言矣。夫人受中天地，秉秀五行，其降曰命，人與天息息相通，天垂象見吉凶，儆人改過遷善，故談天之學，以推天象知人事為考驗，以畏天命修人事為根本，以陰陽消長，五行生勝，建皇極敬五事為作用，如彼學所云，則一部《周易》全無是處，洪範五行，春秋災異，皆成瞽說，中國所謂聖人者，亦無知妄男子耳，學術日微，為異域所劫，學者以耳為心，視

為無關要義，從而雷同附和，人欲塞其源，而我為操奮，可
不重思之乎？[10]

　　由於中國傳統的政治、文化（包括道德）秩序的正當性（或
合法性）是建立在有機式「天人之際」的宇宙觀之上，宇宙觀的
動搖也帶來了政治、文化（包括道德）秩序正當性的動搖。既然
一位略知西方政制與文化的出使人員，都已感受到大家過去深信
不疑的宇宙觀的動搖，對以禮教為基礎的政治、文化秩序的威
脅；那麼，對於直接深入西學的人們而言，他們當然更難相信傳
統政治秩序的正當性了。嚴復在1895年發表的另一篇題作〈闢
韓〉的文字，便公開攻擊傳統政治秩序的核心——君主制度與君

---

10 宋育仁，《采風記》（袖海山房石印，1895），卷三，頁7b-8a。筆者在講授中
國近現代思想史時，多年來特別強調傳統中國宇宙觀的解體在思想變遷上的關
鍵性意義。此一解釋乃是取自內在理路的推論，但苦於未曾見到佐證的直接史
料。最初看到張灝在所著《烈士精神與批判意識：譚嗣同思想的分析》（台
北：聯經出版公司，1988），頁15-16，徵引這一段文字的時候，內心甚覺喜
悅，謹此致謝。不過，張先生的徵引，據他在電話上告知，是根據質學會編印
的版本。逐與1895年袖海山房石印本及中央研究院歷史語言研究所傅斯年圖
書館藏目錄卡片註「清光緒年間刊本」合校，知張先生的引文，頗有異文。質
學會刊本未見，據 The Cambridge History of China, vol. 11, Part 2（Cambridge,
1980), "Bibliography," p. 635, 670；《采風記》收在質學會編，《質學叢書初集》
（武昌，1897）。傅斯年圖書館所藏史料是王汎森先生代為影印寄來的。對他
的協助，謹此致謝。文中關於傳統儒家宇宙觀的動搖的分析，及下文所論其對
傳統政治與文化（包括道德）秩序的正當性（或合法性）的衝擊，均曾參考張
先生此書以及他的英文著作：Hao Chang, Chinese Intellectuals in Crisis: Search
for Order and Meaning, 1890-1911（Berkeley: University of California Press, 1987);
"Intellectual Change and the Reform Movement, 1890-8," in J. K. Fairbank and
Kwang-ching Liu eds., The Cambridge History of China, vol.11, pt. 2, pp. 274-338.

臣之倫——了。他的攻擊有別於傳統式根據仁政理想對君主專制的抗議——他已從那樣的範疇中走出，而是站在類似霍布士「社會契約論」的基礎上，根本不接受傳統儒家政治正當性（或合法性）的前提與解說[11]（雖然，在行文中，他也引述孟子「民為貴，

11　嚴復〈闢韓〉：

　　且韓子亦知君臣之倫之出於不得已乎？有其相欺，有其相奪，有其強梗，有其患害，而民既為是粟米麻絲、作器皿、通貨財與凡相生相養之事矣，今又使之操其刑焉以鋤，主其斗斛、權衡焉以信，造為城郭、甲兵焉以守，則其勢不能。於是通功易事，擇其公且賢者，立而為之君。其意固曰：「吾耕矣織矣，工矣賈矣，又使吾自衛其性命財產焉，則廢吾事，何若使子專力於所以為衛者，而吾分其所得於耕織工賈者，以食子、給子之為利廣而事治乎？」此天下立君之本旨也。是故君也臣也，刑也兵也，皆緣衛民之事而後有也；而民之所以有待於衛者，以其有強梗欺奪患害也。有其強梗欺奪患害也者，化未進而民未盡善也。是故君也者，與天下之不善而同存，不與天下之善而對待也。今使用仁義道德之說，而天下如韓子所謂「以之為己，則順而祥；以之為人，則愛而公；以之為心，則和且平。」夫如是之民，則莫不知其性分之所固有，職分之所當為矣，尚何有於強梗欺奪？尚何有於相為患害？又安用此高高在上者，腏我以生，出令令我，責其所出而誅我，時而撫我為后，時而虐我為仇也哉？故曰：君臣之倫，蓋出於不得已也。唯其不得已，故不足為道之原。……秦以來之為君，正所謂大盜竊國者耳。國誰竊？轉相竊之於民而已。既已竊之矣，又惴惴然恐其主之或覺而復之也，於是其法與令蝟毛而起，質而論之，其什八九皆所以壞民之才，散民之力，湣民之德也者。斯民也，固斯天下之真主也，必弱而愚之，使其常不覺，常不足以有為，而後吾可以長保所竊而永世。嗟乎？夫誰知患常出於所慮之外也哉！此莊周所以有胠篋之說也。是故西洋之言治者曰：「國者，斯民之公產也；王侯將相者，通國之公僕隸也。」而中國之尊王者曰：「天子富有四海，臣妾億兆。」臣妾者，其文之故訓猶奴虜也。夫如是，則西洋之民，其尊且貴也，過於王侯將相；而我中國之民，其卑且賤也，皆奴產子也。設有戰鬥之事，彼其民為公產公利自為鬥也，而中國則奴為其

社稷次之，君為輕」那類的話）。

　　在傳統宇宙觀已經動搖的情況下，對那些深感非變不可，傾向西學但又不能在語文上直接接觸西學的人們而言，嚴復的言論，儼然具有權威性。這可從嚴氏在北方發表的〈闢韓〉（1895），兩年後仍被在上海出版，由梁啟超主持筆政的《時務報》轉載，以及嚴譯《天演論》在尚未正式發行之前，已對康梁集團發生決定性影響，和在發行之後，立即風行知識界，看得出來。當然，《天演論》的內容，甚合當時知識界的需要，則是更重要的原因[12]。

　　嚴復採用類似霍布士「社會契約論」的觀點來攻擊傳統中國政治秩序的正當性，很有深度。不過，把西方的政制當作標準，據以批評中國的帝制，則不自嚴復始。早在1875年鄭觀應已在他寫的《易言》（1880年初版）中，開始根據他所了解的西方民主

　　　　主鬥耳。夫驅奴虜以鬥貴人，固何所往而不敗？（王栻編，《嚴復集》，
　　　　第一冊，頁34-36）

〈闢韓〉最初是在1895年3月13日至14日（光緒21年2月17日至18日）發表
於天津《直報》上。兩年後，由在上海發行的《時務報》轉載〔1897年4月
12日（光緒23年3月11日）〕。此文震動了湖廣總督張之洞，當他看到《時務
報》的轉載時，謂為「洪水猛獸」，授意屠守仁作〈闢韓駁議〉，嚴氏「幾罹
不測，嗣鄭孝胥輩為解圍，事始寢。」見王蘧常，《嚴幾道年譜》（上海：商
務印書館，1936），頁30。不過，王譜把《時務報》轉載〈闢韓〉事，繫在
1896年。這與王栻編注有出入。經查《時務報》，知王栻是正確的。屠守仁的
〈駁議〉明言是讀到《時務報》所載〈闢韓〉後才寫的。所以，張之洞看到的
應是《時務報》的轉載，那麼嚴氏「幾罹不測」，便是發生在1897年的事
了。屠守仁的〈駁議〉，以〈屠梅君侍御與時務報館辨闢韓書〉為題，收在蘇
輿編，《翼教叢編》（武昌，1898），卷三，頁26-29。

12 請參閱 Benjamin I. Schwartz, *In Search of Wealth and Power: Yen Fu and the West.*

制度來批評中國的君主專制，同時提出君主立憲的要求。〔不過，此時他仍無法放棄中國遠古「三代」的聖人之治乃是十全十美的信仰，故說泰西列國「設有上下議院」的事，頗與「三代法度相符」——這樣的附會一方面顯示著「文化主義」仍然在他心中作祟；但另一方面，因「文化主義」已在漸趨解體的過程中，所以已經壓不住他明顯地欽羨西方政制的心情了。（對當時不同的人而言，「文化主義」的解體，當然有程度的不同。即使到了戊戌年間，一些守舊士大夫的言論，表面上仍反映著「文化主義」在他們身上是根深柢固似的。然而，這些守舊的言論，毫無辦法阻擋「文化主義」繼續解體的趨勢了。）〕王韜則在1878年左右提倡「君民共主」才是「固結民心，奮揚士氣」的「自強之道」。到了何啟、胡禮垣寫〈曾論書後〉（1887）的時候，他們君主立憲的主張，已不再是王韜所主張的日本明治維新式的君主立憲制，而近似英國虛君立憲制了。而且，他們的主張已不止於強調君主立憲是富國強兵的手段，而進一步著重虛君立憲所落實的民主的本身價值——諸如能使社會變得公平——了[13]。（從他們的觀點來看，這種對於民主本身價值的欣賞，並不妨礙富國強兵的大前提。）

　　這些提倡變法的意見所蘊涵的對帝制的批評，透露了一個強烈的消息：它們皆以西方或日本的政制為規範性座標。到了甲午戰敗後，社會達爾文主義化的民族主義興起之時，這樣以西方範

13 以上略論鄭觀應、王韜、何啟、胡禮垣的思想，曾參考汪榮祖，《晚清變法思想論叢》（台北：聯經出版公司，1983）；與熊月之，《中國近代民主思想史》（上海：上海人民出版社，1986）有關章節。引文見熊著，頁17、115、117，並參見頁141-173。

疇為座標的中西對比，如前所述，變得增強與擴大。在這樣的「思想氣候」之中，嚴復發難的，根本不接受傳統儒家政治正當性（或合法性）的前提與解說，對中國傳統政治秩序的核心（君主制度與君臣之倫）的攻擊，在已經傾向激進的知識分子當中，引起了強烈的反響。

《時務報》在光緒23年（1897）3月11日以筆名轉載〈闢韓〉時，在南京的譚嗣同十三天後（3月24日）便寫信給在上海主持報務的汪康年說：「《時務報》二十三冊〈闢韓〉一首，好極好極！究係何人所作？自署觀我生室主人，意者其為嚴又陵乎？望示悉。」[14] 此時譚嗣同正在完成他去年開始署稿的《仁學》，他在此書中對帝制的攻擊與嚴復所說：「秦以來之為君，正所謂大盜竊國者耳。國誰竊？轉相竊之於民而已」如出一轍[15]。譚氏說：「二千年來之政，秦政也，皆大盜也；二千年之學，荀學也，皆鄉愿也。惟大盜利用鄉愿；惟鄉愿工媚大盜。二者交相資，而罔不託之於孔。……由是二千年來君臣一倫，尤為黑暗否塞，無復人理，沿及今茲，方愈劇矣。」[16]（同年冬月梁啟超在湖南時務學

---

14 蔡尚思・方行編，《譚嗣同全集》增訂本（北京：中華書局，1981），下冊，頁499。

15 梁啟超在〈三十自述〉〔《飲冰室文集》（台北：中華書局，1960），卷11，頁18〕中關於光緒23年丁酉（1897）的紀事，有這一段話：「時譚復生宦隱金陵，間月至上海相過從，連輿接席。復生著《仁學》，每成一篇，輒相商榷，相與治佛學，復生所以砥礪之者良厚。十月湖南陳中丞寶箴，江督學標聘主湖南時務學堂講席，就之。」《仁學》未署著作年月，但根據這份材料，可知是在1897年完成的。歷來關於譚嗣同的著作都說《仁學》成於1896年。事實上，譚氏開始署稿的時間大概是在1896年，完成的時間應是1897年。

16《譚嗣同全集》，下冊，頁337。

堂講學，於批答諸生箚記時說：「二十四朝其足當孔子王號者無
人焉，間有數霸者生於其間，其餘皆民賊也。」[17]

　　不過，除了與嚴復在反帝制的激烈性及其辭語和以西方民主
為座標上面有所交集以外，譚嚴兩位反傳統思想的取經是相當不
同的（他們對西方民主的性質的了解也多有不同，雖然都對之非
常讚賞）。譚嗣同對於嚴復從人性負面的觀點出發，以類似霍布
士的社會契約論的視野為根據所進行的對傳統政治秩序正當性
（或合法性）的攻擊，大概不能完全掌握；因為譚氏的視野，是
強調宇宙與人生的正面意義的。

　　譚嗣同的思想取向，雖然也有一些功效性的考慮，但基本上
則是強調融通、奮進、民胞物與的普遍性道德、宗教意識，其中
包括儒家、墨家、道家與佛教的成分，以及他所理解的當時西方
科學界流行的「以太」（ether）觀念[18]。這些糅合在一起的成分，
在他所理解的西方文明的衝激下，突破了傳統的藩籬而轉化成為
一個激烈的反禮教的內在動力（譚氏稱之謂：「仁學」）。

　　譚嗣同深受張載動態「天人合一」的本體論與人生觀，以及
王夫之「道器致用論」和「氣一元論」的影響。張載的本體論與
人生觀強調萬物一體、天下一家。要達到這樣的境界，必先克服
人與宇宙及人與人之間的隔閡與蔽塞。人必須以「天德良知」而
「大其心」，如此才能消泯塞隔。張載說：「性者，萬物之一源，
非有我之得私也。惟大人為能盡其道，是故立必俱立，知必周
知，愛必兼愛，成不獨成。彼自蔽塞而不知順吾理者，則亦未之

17《翼教叢編》，卷五，頁9a。

18 以下簡論譚嗣同的反傳統思想，除根據譚氏原著外，主要參考張灝的《烈士
　　精神與批判意識：譚嗣同思想的分析》。

如何矣。」[19]張載在這裡用墨子兼愛的話來說明他「仁化」的精神普遍性。

　　傳統儒者認為「三綱」、「五倫」是永恆的「道」的展現。「天不變，道亦不變」；所以，「三綱」、「五倫」是神聖、永不可變的政治與社會規範。譚嗣同則根據他所了解的王夫之「器道體用論」，一方面，從這樣的傳統觀念中解放出來；另一方面，則開啟了面對西方的開放態度。譚氏在1895年寫的〈思緯壹壺臺短書：報貝元徵〉的書信中，曾引述王夫之的話如下：「道者器之道，器者之不可謂之道之器也。無其道則無其器，人類能言之。雖然，苟有其器矣，豈患無其道哉？……洪荒無揖讓之道，唐虞無弔伐之道，漢唐無今日之道，則今日無他年之道多矣……道之可有而無者多矣，故無其器則無其道……故道，用也；器，體也，體立而用行，器存而道不亡。」[20]這樣的「器道體用論」提供給譚嗣同歷史變遷的正當性（或合法性）的根據：後來的歷史環境自然產生新的「器」，有了新的「器」，便必然需要與其配合的新的「道」的興起。今日中國的歷史環境已經丕變，自然有新的「器」，也自然需要新的「道」。這個新的「道」則是「博大精深」[21]、「大公至正」[22]的西方民主制度及其原理、原則。譚氏使用了一些當時流行在康梁集團中「託古改制」的詞語；不過，在其背後卻顯示著是以西方的範疇為座標的。

　　另外，王夫之的「氣一元論」則否定了「天理」與「人欲」

19　以上張載的話，均轉引自張灝，頁92、94。

20　《全集》，頁196-197。

21　《全集》，頁202。

22　《全集》，頁197。

之間的鴻溝。王氏說「隨處見人欲，隨處見天理」、「私欲之中，天理所寓」。縱欲濫情，當然是不可的；不過，人欲之中有其大公，「即天理之至正」[23]。這樣的理論突破了「天理」與「人欲」的間隔，使生命豐潤、生動起來。

綜上所述，譚嗣同所了解的宇宙本體，是一個融通、和諧、生機盈然，具有神聖性的宇宙本體。在這個宇宙本體中的人生，應是融通、奮進、公正、博愛、人性中各個成分均可充分開展，具有精神性的人生。這樣的本體論與人生觀，因揉和了下列成分而加強：《莊子・齊物論》中的「道通為一」，《墨子》「兼愛」，大乘佛教「華嚴」與「天台」兩宗所強調的圓融無礙，以及譚氏從「氣一元論」的視野所理解當時西方科學的「以太」觀念（認為作為宇宙不滅本質與吸力的「以太」的基本性格是：銜接與凝聚宇宙中大大小小各種各樣的質素）。

從這樣的本體論與人生觀的視角，去看當時中國政治與社會的現實情況與人與人之間的關係，譚嗣同所看到的是：扞格、壅蔽、萎靡，與無所不在的壓迫。用譚氏自己反覆訴說的話來說，那是一個「黑暗否塞、無復人理」[24]的重重網羅[25]。為了重振他所了解的「仁」的精神，他義無反顧地對塑造那樣一個世界之經緯的禮教——三綱，進行徹底而猛烈的攻擊。呼籲國人「衝決網羅」[26]！（「三綱」須全部摧毀。「五倫」之中，只留「朋友」一倫，因為只有「朋友」一倫是維繫在合乎平等原則的友誼之上。

---

23 以上王夫之的話，均轉引自張灝，頁96-97。
24《全集》，頁337、462。
25《全集》，頁290。原文作「網羅重重」。
26《全集》，頁290。

兄弟之間如能像朋友然,「兄弟」一倫也可保存──這一倫可以
保存的理由是:把它合併到朋友那一倫裡去。)

　　《仁學》是在譚嗣同被難後數月之內,於1899年1月起,分
別在上海出版的《亞東時報》與日本橫濱出版的《清議報》陸續
發表。當時中國的讀書人,除了頑鈍不化的以外,可說沒有不被
他慷慨義烈的精神所震撼的。他對以「三綱」為代表的舊禮教的
攻擊,給中國知識分子帶來了極大的刺激,產生了極大的影響[27]。
從這個時候開始,在激進知識分子的圈子中,攻擊「三綱」便蔚
為一時的風氣了[28]。(在國史之中,對禮教的反抗,當然不是始於
譚嗣同。早在魏晉時代,嵇康、阮籍等人認為「名教」與「自
然」不能相容,於是「非湯武而薄周孔」了。《仁學》發表的同
一年,在香港的何啟、胡禮垣發表了〈《勸學篇》書後〉,也對
「三綱」進行批判,認為「三綱」「非孔孟之言」、「不通之論」、
「化中國為蠻貊」[29]。不過,這些言論的意義與影響,與譚嗣同的反
傳統主義是不可同日而語的。)

　　在結束譚嗣同反傳統思想的簡述之前,有一個關鍵性的問題

---

27 譚嗣同對於清末民初中國知識分子的影響,從《仁學》發表後不久就大量反
　映在中文資料中。參見張枬、王忍之編,《辛亥革命前十年間時論選集》(北
　京:生活・讀書・新知三聯,1963)。舉例而言,《仁學》對楊昌濟的影響甚
　大。楊氏寫道:「後讀其《仁學》,乃知中國三綱之說,嚴責卑幼而薄責尊
　長,實醞暴虐殘忍之風。」在楊昌濟的學生當中,研讀《仁學》成為一種風
　氣;毛澤東等在他們的日記和札記中,常引楊昌濟的話說:「譚瀏陽英靈充塞
　於宇宙之間,不復可以死滅。」見李銳,《三十歲以前的毛澤東》(台北:時
　報出版公司,1993),頁104-105、108。

28 例如:真(李石曾),〈三綱革命〉,原刊《新世紀》第十一期(1907. 8.
　31),收入張枬、王忍之編,前揭書,卷二下冊,頁1015-1021。

29 熊月之,《中國近代民主思想史》,頁166-167。

需要解答。前文述及，譚氏的反傳統思想受到張載「天人合一」本體論的影響很大。既然張載萬物一體、天下一家的本體論，蘊涵著對人的尊嚴與對人間關係的融通的強烈訴求，為何張載對於「三綱」沒有與譚嗣同相同的認識，反而到了譚嗣同身上，張載的觀念才發酵，變成了譚氏反傳統思想的動力之一？如要詳盡答覆這個問題，它的前半部將涉及張載所處的政治與社會背景，本文的範圍無法概括；不過，從「內在理路」的觀點來看，這個問題需從兩方面來解答。

　　（一）張載的「天人合一」本體論蘊涵著人與天的內在關連。人心上契天道，所以人有道德自主性，亦即人的尊嚴。而且，因為每個人都有上契天道的心，所以彼此自然融通而不扞格。不過，張載在另一方面，相信天子制度與家族制度是宇宙秩序的一部分，透過祭祀，為神靈所支持；所以是神聖不可侵犯的。「三綱」是天子制度與家族制度中的「禮」，是宇宙秩序的一部分，也自然是神聖不可侵犯的。換句話說，張載的宇宙觀有兩部分：(1)具有「內在超越」意義的「天人合一」宇宙本體論；具有張灝借用 Eric Voegelin 所謂「宇宙神話」（cosmological myth）意義的「天人相副」[30]。兩者有其「緊張性」（tension）。但在傳統「天人相副」的宇宙觀未被突破之前，這樣的「緊張性」只能停留在它的「緊張」階段。「天人合一」意義下的人的道德

---

30 關於儒家思想中「宇宙神話」的分析，以及以「天人相副」為代表的「宇宙神話」與「天人合一」宇宙本體論之間無法突破的「緊張」，參見 Hao Chang, "Some Reflections on the Problems of the Axial-Age Breakthrough in Relation to Classical Confucianism," in Paul A. Cohen and Merle Goldman, eds., *Ideas Across Cultures: Essays on Chinese Thought in Honor of Benjamin I. Schwartz* (Cambridge, MA: Harvard University Press, 1990), pp. 17-31.

自主性所提供的思想資源終於無法突破這種「緊張」——因此，也終於無法對「天人相副」意義下的「三綱」予以抨擊。

（二）張載的「天人合一」思想在譚嗣同身上，之所以能夠發酵，起了推動攻擊禮教的作用，主要原因是：消極方面，在西方科學宇宙觀與基督教創世觀的挑戰下，講究陰陽五行的「天人相副」宇宙觀已經動搖。對譚嗣同而言，以「三綱」為中心的禮教已經失去了它的正當性與神聖性。在這樣的情況之下，從「天人合一」的觀點來看，「三綱」實是「黑暗否塞，無復人理」的「網羅」，必須「衝決」了。（「天人合一」的觀念，是建立在觀念論上的本體論，不是非得陰陽五行的支持不可；所以，不因陰陽五行喪失可信性而動搖。）然而，如果「衝決網羅」以後，沒有新的路可走的話；過去一片黑暗，未來一切茫然的境況，很可能把譚嗣同道德的忿怒導向虛無主義。所以，積極方面的資源極為重要。面對未來，譚氏發現了一條新路、一個新的選項。西方的民主制度與文化提供了這個新的選項。那是未來中國的康莊大道。與「無復人理」的中國禮教構成強烈對比的是，對譚嗣同而言，西方的民主不但是一套崇高的理想，而且是當下已經落實的「博大精深」、「大公至正」的政制與人生境界。這不能不使他深感興奮與嘆服。

在譚嗣同的意識之中，面對西方的民族主義與面對滿清的漢族主義，當然也有一定的分量；不過，占更大優勢的，是他的普遍性道德與宗教訴求。他與嚴復一樣，也是以西方民主制度與文化為其導向未來的範疇座標；不同的是：嚴復基本上是站在社會達爾文主義化的民族主義實效性的考慮來採用這樣的座標；而譚嗣同基本上則是從普遍性宗教與道德訴求來接納這樣的座標。這種根據普遍性宗教與道德訴求所進行的對於西方民主的接納，洋

溢著對西方民主的熱情讚仰與道德想像，卻不易接受「歷史感」
的節制——不傾向於仔細了解民主在西方歷史脈絡中的發展，以
及由此而知其實質與限制，也不傾向於考慮在中國的歷史環境
中，如要採納西方的民主制度與文化，將會有哪些困難？以及如
何克服那些困難[31]？譚氏對民主的讚仰與想像，實開許多二十世
紀中國知識分子從普遍性宗教與道德觀點來理解與接納民主——
因此常被各式各樣利用普遍性宗教與道德訴求的假民主所欺所
蔽——的先河。

　　在結束論述五四之前的反傳統主義以前，必須對清末今文學
派與古文學派為五四反傳統主義形成的思想背景略作說明。今文
學派本是從清代考證學內部演變出來的一個流派[32]。但，到了康有

---

31 譚嗣同於1898年9月28日（戊戌8月13日）慷慨赴義的時候，年僅三十四歲
　　（如按西方習慣，因還不到三十四週歲，只能說是三十三歲）。假若他能安享
　　天年，後來的思想當然可能有所變化。這裡分析的是其思想的歷史涵義
　　（historical implications）。不過，思想與精神應作一區分。譚嗣同的精神是永
　　遠令人欽敬的。

32 十八世紀中國學術界的主流是樸學。它主要是服膺十七世紀末顧炎武所謂
　　「經學即理學」、「舍經學無理學」之義而發展出來的（顧氏的主張則是對晚明
　　王學極盛而敝之後，學者「束書不觀，游談無根」的反動）。當時的儒者們認
　　為明經可以見道，通經可以致用。對他們而言，六經含有永恆不變的真理
　　（這樣的真理，不但包括意義的原理而且包括實踐的原理），但要真正了解六
　　經卻非易事，尤非明末儒士空談之類的活動所可辦到。只有用樸實的辦法從
　　根本上入手，才有希望能夠了解蘊藏在六經中的古代聖哲的勝義。於是，訓
　　詁、考證及與其有關的學科漸次發展開來。當樸學全盛時，兩位極有成就的
　　大家把「明經見道」必須建立在樸學基礎上的理由，說得至為明晰。戴震說：

　　　　經之至者，道也，所以明道者，其詞也，所以成詞者，字也。由字以通
　　　　其詞，由詞以通其道，必有漸。（《戴震文集》，卷九〈與是仲明論學書〉）

為身上，則發生了重大的變化，並產生了非所預期的歷史後果。
主觀上，康有為要把今文學派變成變法維新的正當性（或合法
性）基礎：一方面，他要使今文學派所解釋的孔子之教，變成變
革中文化認同的資源，另一方面，他要使今文學派所保持的文化
認同，變成變法維新的動力。然而，客觀上，康氏「託古改制」
的解釋與硬把孔子變成教主的努力，由於其本身穿鑿附會的任意
性，反而褻瀆了孔子的地位，並使過去大家視為當然的經典的神

又說：

> 後之論漢儒者，輒曰故訓之學云爾，未與於理精而義明。則試詰以求
> 理義於古經之外乎？若猶存古經中也，則鑿空者得乎？嗚呼！經之至者
> 道也，所以明道者其詞也，所以成詞者未有能外小學文字者也。由文字
> 以通乎語言，由語言以通乎古聖賢之心志，譬之通堂壇之必循其階而不
> 可以躐等。（同上，卷十，〈古經解鉤沉序〉）

同時，錢大昕也說：

> 六經者，聖人之言。因其言以求其義，則必自詁訓始。謂詁訓之外別
> 有義理，如桑門以不立文字為最上乘者，非吾儒之學也。（〈潛研堂文
> 集〉，卷二四。〈臧玉琳經義雜記序〉）

〔以上引文轉引自余英時，《中國思想傳統的現代詮釋》（台北：聯經出版公
司，1987），頁417-418。〕當時學者以專精一經為尚，既欲專精一經，當然也
就要研究解經的「傳」與解傳的「注」。於是，有莊存與、劉逢祿注冷落了近
二千年的《春秋公羊傳》及何休的《注》。在這之前有《十三經注疏》本所收
唐代徐彥為何休《注》所作的《疏》，與清代孔廣森（戴震弟子）所作的《公
羊通義》。不過，正如梁啟超所說，二書「不明家法，治今文學者不宗之。」
〔梁啟超，《清代學術概論》（上海：商務印書館，1921），頁121。〕這本是清
代考證學的內部發展。但因《公羊傳》有「張三世」（即：「據亂世」、「升平
世」、「太平世」）、「受命改制」等所謂「微言大義」，後經龔自珍、魏源等人
的發揮，漸與經世的關懷匯合。

聖性庸俗化了。康有為的計畫自有機巧的一面，但其最大的癥結是對於宗教的內在本質的誤解。宗教之所以成為宗教，是由於其本身的神聖或神靈特質使然[33]。此一特質有不可化約的神祕性與超越性。這種神祕性與超越性的信仰，在某一層次或某一脈絡中，可能帶來一種特殊的思想導向與實際行動。這種思想導向與實際行動可能產生**未所預期**的政治、經濟、社會或文化後果。但，如要**故意**為了某些政治、經濟、社會或文化的目的而建立「宗教」，那麼，這樣的「宗教」只是工具而已，自然自我取消其為宗教的可能了。換句話說，導致康有為建立孔教的努力注定無效的矛盾是：他把宗教與政治強加混合起來，硬將神聖的意義變成政治實用主義。然而，神聖的意義只能來自神聖的資源。一開始就被設計成為替政治服務的「神聖」，只是政治的工具。工具就是工具，當然不可能神聖了。

　　康有為在1897年刊行的《孔子改制考》中，由於急迫地要建立——以西方民主的政法規模為範式的——變法維新正當性（或合法性）的理論根據，遂不惜把魏源等人仍以傳統循環歷史觀來理解的「三世」說，附會成——在嚴復的社會達爾文主義影響下——直線前進的歷史觀[34]。康氏更認為六經皆孔子所作。孔子是全知全能的教主，作六經是以依託古人的辦法來表達他「進步的觀念」。他說：

---

33 對於宗教本身的特質的解釋，這方面的經典著作之一是：Rudolf Otto, *The Idea of the Holy: An Inquiry into the Non-rational Factor in the Idea of the Divine and Its Relation to the Rational*, tr., John W. Harvey 2nd ed.（London: Oxford University Press, 1950）.

34 關於嚴復對於康有為的影響，參見注5所引James R. Pusey的著作。

> 堯舜為民主，為太平世，為人道之至，儒者舉以為極者
> 也。……孔子撥亂升平，託文王以行君主之仁政，尤注意太
> 平，託堯舜以行民主之太平。然其惡爭奪而重仁讓，昭有
> 德，發文明，《易》曰：「言不盡意」，其義一也。特施行有
> 序，始於麤糲而後致精華。[35]

在這裡，康氏認為孔子談堯舜之治，實際上是藉其指示民主政治的原則；談文王之治，是藉其指示君主政治的原則。另外，孔子藉對堯舜之治〔「行民主之太平（世）〕超過文王之治（「撥亂升平」——由「據亂世」入於「升平世」）的評價，來說明民主政治是勝過君主政治的。至於是否真有堯、舜其人，不可知，亦不重要。根據康氏的意見，經典中堯舜之盛德大業，都只是孔子藉以說明民主政治所要達成「太平世」的理想而已。

康有為的「解釋」的主觀意圖，是要把孔子變成倡導類似十九世紀歐洲文明所推崇的「進步的觀念」（the idea of progress）的聖人。這樣，凡是聖人之徒，為了達成聖訓，皆需為中國的民主改革而奮鬥。

聖人之教放之四海而皆準，上掩百世、下掩百世。它不但具有永恆的意義，而且具有普遍的意義。然而，正如嚴復從英國回來以後說：「地球，周孔所未嘗夢見；海外，周孔所未嘗經營」[36]。為什麼未被聖人澤化的西方，反而發展出來具有真正進步性的民主呢？另外，為什麼在十九世紀以前，中國各家各派的儒

---

35 康有為，《孔子改制考》〔台北：商務印書館（據1920年北京版影印），1968〕，〈孔子改制法堯舜文王考〉，卷十二，頁1ab。

36 轉引自王汎森，《古史辨運動的興起》（台北：允晨文化公司，1987），頁166。

者從未知道孔子的聖訓之中包括「立憲法、開國會、行三權鼎立之制」呢？孔子之教之所以包括民主，難道不是因為康有為在尚未撰寫《孔子改制考》之前，於1879-1885年間，兩度遊香港並道經天津、上海，蒐集西學諸書攻讀之，並親見一些西方政法之優點，因受其影響而發生思想變化——於決心推動變法維新後，為了使他的政治活動具有正當性，而把他所理解的西方民主，附會到孔子教義上了嗎[37]？事實上，他藉今文家的語言所「解釋」的孔教，主要是一項政治手段：是為了變法政治服務的。

康有為的託古改制——把孔子說成藉「堯舜之治」來指示民主政治原則——的理論，乃是完全不顧客觀事實，任意穿鑿附會的舉措。主觀上他雖然極端尊孔，但客觀上，他的理論，除了顯示「變法維新」無比的急迫性以外，卻是使作為數千年文化傳統中神聖不可侵犯的精神象徵的孔子，變成政治的工具了。於是，康氏愈要尊孔，孔子便愈被工具化，孔子的純正性與神聖地位便愈動搖了。

---

37 早在1937年，錢賓四先生已經指出：「康氏之尊孔，並不以孔子之真相，乃自以所震驚於西俗者尊之，特曰西俗之所有，孔子亦有之而已。是長素尊孔特其貌，其裡則亦如彼《不忍》諸論所譏之無恥媚外而已耳。長素何必奉孔子為教主？以西人有教主故。此梁氏已言之，謂：『有為誤認歐洲之尊景教為治強之本，故恆欲儕孔子於基督，乃雜引讖緯之言以實之』。」見錢穆，《中國近三百年學術史》〔台北：商務印書館，1964台二版（初版，1937）〕，頁704。錢先生引述梁啟超的話，見梁著，《清代學術概論》（上海：商務印書館，1921），頁130-131。筆者此處所論，則不涉及康氏是否「無恥媚外」的問題，而是探討他那樣地完全以西方為座標，用穿鑿附會的辦法來建立「改革主義」正當性的歷史涵義。事實上，康氏機械式「改革主義」無法產生源頭活水，倒是未來一元式「全盤西化」的預兆——一旦主觀的改革意願消失了，剩下的就只有西方的價值了。

　　另外，康有為於1891年曾刊布《新學偽經考》。康氏參考廖平的著作而成此書，謂《周禮》、《逸禮》、《左傳》、《詩經》之《毛傳》皆劉歆所偽作。《新學偽經考》既以諸經中一大部分為劉歆所偽作，而《孔子改制考》復以真經之全部為孔子託古之作，則數千年來中國讀書人根據過去他們所了解的經典內容而共認的經典之所以神聖的理由，根本發生疑問。即使對與康氏學說不能苟同的人而言，也是如此；因為他們也無法仍把過去所了解的經典內容視為當然，而必須對之重新研究與解釋。

　　尤有進者，康氏雖極力推崇孔子，但他說其他先秦諸子也和孔子一樣，其著作也都是「託古改制」之作：老子託黃帝、墨子託大禹、許行託神農。這樣孔子過去獨尊的地位變得相對化：孔子只是諸子之一而已，他的言論無所謂聖人之教了[38]。

　　在清末的中國學術界，今文學派與古文學派是針鋒相對的兩大門戶，發展到康有為與章太炎身上，卻無意或有意地參與了打擊儒學傳統的工作。比今文學家康有為間接地破壞儒學傳統的工作更進一步，古文學家章太炎，從1900年起，便對儒學進行直接的、挾帶著嘲笑與譏諷的攻擊，所以破壞力極大。經過章氏這樣的攻擊以後，孔子的形象與儒學中的許多信念，至少對許多傾心於章氏言論的人而言，不但失去光環，而且看來簡直變成可恥的了。章太炎對儒學的攻擊，有時是康有為立孔教之議的直接反應。這是在當時的歷史脈絡中，康氏言論所引發的另一種破壞儒學傳統的後果。而儒學傳統中的兩大派別，到了這個時候，竟都消耗其精力於直接或間接地摧毀儒學傳統上去；這不但是歷史的一大諷刺，而且——從客觀的角度上看——顯示著儒學傳統架構

---

38 梁啟超，前揭書，頁126-132。

在其整體崩潰的前夜（架構整體崩潰後並不蘊涵其一切質素都將死滅[39]，多的是：（與侵入的西方文明成分互動後）自我毀滅的內在資源，少的是：面對三千年未有的歷史挑戰，自我更新的內在力量。儒學傳統的式微，在這個時候已經暴露無遺了。

對於章太炎而言，孔子是整理材料，為後世保存文獻的人。他的貢獻只是功能性的。從道德與思想兩方面來看，孔子遺教多有負面的意義。章氏於1900年已決心批孔[40]。在〈訂孔〉一文（大約於1902年5、6月間撰成）中，章氏於徵引日本學者遠藤隆吉時，在中譯的過程中便逕將遠藤讚譽孔子的話扭曲成為譴責之詞：

> 遠藤隆吉曰：孔子之出於支那，實支那之禍本也，夫差第詔武，制為邦者四代，非守舊也，處於人表，至巖高，後生自以瞻望弗及，神葆（案：襃也）其言，革一義若有刑戮，則守舊自此始，故更八十世而無進取者，咎在於孔氏，禍本成，其胙盡矣。[41]

章氏在〈諸子學略說〉中，則厚誣孔子提倡中庸之道為「湛心利祿」：「所謂中庸者，是國愿也，有甚於鄉愿者也。孔子譏鄉

39　儒學傳統架構崩潰後，有的傳統質素因為完全找不到自己生存的位置而死滅；但，另外有許多傳統質素，雖然已經失去了過去的纜繫，卻可在新的秩序尚未建立起來的空檔中，游動地或暫時以依附現實的方式生存。這些質素生存在一個很不穩定的環境中，有的自身在變質，有的需要重新界定，另外，有的顯示著一些潛能，可經由「創造性轉化」而變成重建文化傳統的資源。

40　參見王汎森的考證，見所著《章太炎的思想：兼論其對儒學傳統的衝擊》（台北：時報出版公司，1992），頁177-183。下文略述章太炎對孔子與儒學傳統的攻擊，主要參考此書完成。

41　參見王汎森對於章氏譯文與遠藤隆吉原文的比較，前揭書，頁178-180。

愿而不議國愿,其湛心利祿又可知也。」[42]又指孔子為一陰謀家:
「田常弒君,實孔子為之主謀,……便辭利口,覆邦亂家,特非
孔子、子夏為之倡耶?莊子〈胠篋〉云:田成子一旦殺齊君而盜
其國,所盜者豈獨一國耶?並舉其聖知之法而盜之。故竊鉤者
誅,竊國者為諸侯,諸侯之門,而仁義存焉,此即切齒腐心於孔
子之事也。」[43]另外,則斷定後世趨時風氣乃源自孔子:「吾土孔
子,為聖之時,後生染其風烈,雖奮力抵拒者……而趣時之疾固
已淪於骨髓。」[44]

　　以上略舉數端,足可顯示章太炎根本否定孔子的人格,所以
他才毫無顧忌地對其施以「人身攻擊」。1908年,章氏在東京為魯
迅、周作人、錢玄同、許壽裳等講《說文解字》,於解說之間,談
到孔子時,有時雜以輕薄之語[45],更可反映章氏對孔子的態度了。

　　章太炎除了破壞孔子在讀書人心目中的形象與地位以外,更
以經學大師的身分,推翻經學之所以成為經學的理由。如前所
述,數千年來,傳統儒者認為六經蘊藏著永恆不變的真理(這樣
的真理不但包括意義的原理,而且包括實踐的原理),所以,「明
經見道」、「通經致用」乃是傳統儒者一致公認的基設。但章氏則
認為六經只是歷史的材料而已,內涵並無所謂真理可言。六經的

---

42 轉引自前揭書,頁186。原文見湯志鈞編,《章太炎政論選集》上、下(北京:中華書局,1977),頁290。
43 轉引自前揭書,頁187。原文見《政論選集》,頁298。
44 轉引自前揭書,頁187。原文見章太炎,《章氏叢書》(台北:世界書局,1958),頁793。
45 見周作人,《知堂回想錄》(香港:三育書局,1970),頁216;或余英時的徵引,見〈五四運動與中國傳統〉,氏著《史學與傳統》(台北:時報出版公司,1982),頁100。

真理性與神聖性在這一論斷之下，當然自我取消了。章氏更進一步具體說明，作為歷史文獻的六經所記載的古代真相，遠非經學傳統所標示的那樣完美，《易經》與《詩經》中滿載「淫欲博殺」[46]之事，堯舜不可能行禪讓，湯、武兩位「聖王」乃是「殺人父兄、虜人妻子」[47]的強梁。於是，所謂堯舜與「三代」的黃金時代，只是無稽之談罷了。

這樣的經學研究，愈多一分進展，經學的可信性以及以儒家道德與思想為中心的文化傳統的可敬性便少了一分。一個愛國者，如果對自己的文化傳統無法產生敬意，他的愛國主義是脆弱的、不穩定的。章太炎並非沒有意識到他的愛國主義與其詆毀經學之間的矛盾，他說：「或曰、凡事之使人興慕者，在其可崇可貴。今子為天子居山，宰相用奴諸說，適足釀嘲而起鄙夷宗國之念……。」[48]然而，他對這種「自刺謬」[49]的答覆，顯得無法正視自己提出的問題，所以是無力的。他只能說：

> 吾曩者嘗言之，以為祖宗手澤，雖至偾拙，其後昆猶寶貴之，若曰盡善則非也。昔顧寧人丁明絕祚，發憤考帝王陵寢，彼蒿里中陳死人，豈有毫末足用於當世，然識其兆域，則使人感慨不忘。[50]

章氏認為即使祖先的行事不值得尊敬，但因為那是「祖宗手

46　轉引自王汎森，《章太炎的思想》，頁192。
47　同前注。
48　王汎森，前揭書，頁197。
49　同前注。
50　轉引自王汎森，《章太炎的思想》，頁197。

澤」的關係，足可引發我們情緒上的認同。換句話說，他所要強調的是，歷史的獨特性（uniqueness）與排他性（exclusiveness）──別人沒有這樣的祖先，好歹他們是我們的祖先，以為愛國主義的情緒可以從這樣的認識之中引發出來。然而，強調以歷史的獨特性與排它性作為愛國主義基礎的辦法，是不穩定的，甚至是危險的。若把這樣的獨特性與排它性賦予正面的意義，如德國納粹主義興起之前的思想背景：那麼，愛國主義可能變成，夾雜著種族主義的帝國主義。章太炎所強調的歷史獨特性與排它性，則是以負面的意義出之。不過，一個毫無理性的自豪來加以支持的愛國主義是脆弱的，有依賴性的。像章太炎那樣的認識，並不保證產生愛國情緒，卻足可導致民族自卑感。民族自卑感會到處流竄；受它影響的心靈很難建立一個關於政治、文化、社會與經濟的正常視野。民族自卑感的可能結果之一是，愛國主義的反面：認為有著那樣可恥傳統的國家是不值得愛護的。事實上，章太炎的革命愛國主義是依賴排滿的種族主義而建立的；所以，能夠掀起情緒。這個統合兩種憎恨於一個對象──憎恨滿清入侵中原，加上憎恨滿清無力反抗列強之入侵──以種族主義為基礎的革命愛國主義，在戊戌之後與辛亥之前，內憂外患交迫的歷史環境中，革命與改革之爭的脈絡裡，頗得知識界的景從。不過，這種愛國主義，多的是情緒的訴求，少的是理性的支持。它提供了未來愛國主義不穩地、強烈地依附左右意識形態，並受其奴役的前兆。

　　綜上所述，在辛亥革命之前──亦即，在作為整合傳統政治與文化秩序的象徵與制度的「普遍王權」（universal kingship）尚未完全崩潰之前，數千年來中國讀書人深信不疑的宇宙觀，在西方文明的衝擊下，漸趨解體。建立在這樣宇宙觀之上的政治正當性與傳統的道德觀，自然也就跟著動搖。於是，傳統的文化主義

式微，民族主義則應運而興。民族主義的優先性使得可欲的事與物都變成民族的手段，這樣當然也就使傳統的政治與文化秩序相對化了（相對於民族主義的衡量與需要而決定去留）。面對宇宙觀解體的壓力與民族主義的要求所合力構成的歷史性挑戰，近現代中國第一代知識分子所做的各樣迴應，形成了五四全盤化（或整體主義的）反傳統主義的背景。從儒家學術傳統內部來說，以康有為代表的今文學派與章太炎代表的古文學派，彼此雖然針鋒相對，但他們言論的歷史後果卻有一個重大的共同性：對孔子聖者形象以及儒學傳統的可信性造成了極大的衝擊與破壞。康有為極力尊孔，但他為了政治需要而建立孔教的舉措，使得孔子與儒學工具化。因此，客觀的結果是，間接地使得孔子的神聖地位與儒學經典的可敬性發生動搖。章太炎毫無顧忌地對孔子的「人身攻擊」，當然強烈地破壞了孔子的形象，而他把六經完全當作是歷史文獻，那樣的解釋更直接取消了經學的地位，使得以儒家道德與思想為中心的文化傳統的可敬性，變得沒有根據。

　　嚴復的社會達爾文主義化的民族主義，急切地要找到確能帶來效益的富強之路。他以實效性中西對比、黑白二分的視角來衡量中西政制與傳統（看哪一套政制與傳統能夠導致富強）。這樣的視角，除了引發他對傳統帝制及其正當性猛烈的攻擊以外，也對中國傳統文化產生極大的威脅——那樣中西對比的方式，推到極端，便自然變成五四式整體主義的反傳統主義與全盤西化論。譚嗣同滲透著烈士精神的《仁學》，則以普遍性宗教道德訴求撐起反禮教的大纛。他採用西方的民主作為導向未來的座標，對以「三綱」為代表的禮教所造成的，中國傳統政治、文化與社會的壅蔽、萎靡、無所不在的壓迫的激烈譴責，以及他「衝決網羅」以便邁入融通、奮進、公正與博愛的人生的呼籲，帶給中國知識

界極大的震撼。

　　在這樣的思想氣候之中，無論就占主流地位的學術發展來看，或就當時影響甚大的思潮來看，全盤化（或整體主義的）反傳統主義，已經箭在弦上，蓄勢待發。不過，在傳統政治秩序與文化秩序尚未完全崩潰之前，傳統雖已疲勞與殘破，第一代知識分子卻仍處於其中，所以，他們的反傳統思想，縱然已經非常激烈，但卻未（也無法）達到全盤化的地步——無論就攻擊儒學傳統或就攻擊整體（包括非儒學成分的）文化傳統而言。

　　易言之，由於他們仍在傳統之中，所以傳統，對他們而言，是一個內部具有許多不同、相互衝突成分的混合體。在觀念上，他們尚無法把傳統化約為一個內部成分具有共同特性的整體性（holistic）有機體——因此可以變成系統的、一元化反傳統意識形態攻擊的對象。

　　各別而言，嚴復站在注重實效性的民族主義立場，是一個主張改革主義的人。從史賓塞（Herbert Spencer）的社會達爾文主義那裡，他獲得歷史的演化是一緩慢過程的認識；跳躍與昂進只能帶來欲速則不達的惡果。雖然在甲午戰敗後，他在救亡圖存的政論中，用二分法對比中西文化與政治的分析，潛伏著全盤化反傳統主義與全盤西化的傾向，但他自己卻未走向那個邏輯的極端。基本上，社會達爾文主義所提示的戰略觀點，阻止了這一可能。他認為未來之路，應是漸進改革。例如，他認為「孝」可以提供一種犧牲與屈己的精神鍛鍊，或可轉化為建設現代化國家所需要的，服從權威、盡忠職守的精神力量；雖然，他深惡中國家庭制度中的許多缺失，特別是對婦女的壓迫[51]。

51　Benjamin I. Schwartz，前揭書，pp. 38-41。

　　譚嗣同對以「三綱」為代表的禮教的攻擊，確是激烈到無以復加的地步；但，他的理論根據卻是他所謂的「仁學」。「仁學」則是融合了，他所理解的，佛教、莊子與西方科學的智慧，於重現生命力的「天人合一」宇宙本體論之內而建立的。譚氏所嚮往的是有生命力的改革主義；所以他說：「吾甚祝孔教之有路德也。」[52]康有為要以尊孔、立孔教的方式建立變法維新的精神動力，當然主觀上不會陷入全盤化反傳統主義（至於客觀上的意義，已如前述）。章太炎對儒學正統，攻擊不遺餘力。然而，他同時極力讚揚非正統的思想與文學：莊子、王充、魏晉玄學與文學，以及佛教唯識宗（雖發源於印度，但已是傳統文化的一部分）等。所以，不能說他是一個全盤化的反傳統主義者。魯迅是五四全盤化反傳統運動的代表人物之一。他的許多觀點，包括反傳統主義，都深受章太炎的影響。但在1907年他寫〈文化偏至論〉的時候，仍是一個文化改革主義者，主張「外之既不後於世界之思潮，內之仍弗失固有之血脈，取今復古，別立新宗。」[53]

　　至於梁啟超，他在1897年任教湖南時務學堂時的言論，雖然相當激烈；不過，其攻擊的對象主要是帝制與禮教。戊戌失敗後，梁氏流亡日本。他於1902-03年發表〈新民說〉，意欲建立新的、他所理解的公民意識與公民道德，以便使中國人用參與政治的辦法，來建立他的民族主義所界定的民族國家。「民主」、「民權」、「自由」等名詞都曾在〈新民說〉中出現；然而，這些也是英國式自由主義所使用的名詞，卻是被梁氏以集體主義的觀點加以理解的。從那樣的觀點出發，他不覺得將選擇出來的中西思想

52《譚嗣同全集》，頁338。

53《魯迅全集》（北京：人民文學出版社，1982），冊一，頁56。

成分，加以調和，以便建立新的公民意識與公民道德，有何內在的阻力。例如，墨子「交相利」的觀念可以與亞當・斯密（Adam Smith）經濟學中的「生產性勞動」觀念調和在一起，用以促成「新民」，為國家利益作出貢獻54。這樣的調和論，當然不具全盤化反傳統主義的特徵。〔嚴復（1853-1921）、康有為（1858-1927）、梁啟超（1873-1929）與章太炎（1868-1936）到了五四時代，言論都變得很保守。然而，受他們直接或間接啟動的反傳統思潮，卻有激化的內在動力，並在思想界占主流地位；因此，他們的言論，到了那個時候，便在歷史的舞台上變得邊緣化，甚至不相干了。〕

二、五四全盤化反傳統主義與中式馬列主義及毛澤東烏托邦主義的興起

辛亥革命帶來了突破性的歷史變遷。它不是新的政治秩序的起點，而是舊的政治秩序解體過程的終點。辛亥革命後出現的，毫無政治正當性（或合法性）根據，也無從建立政治正當性的軍閥混戰，可為明證。在本文的脈絡中，辛亥革命的重大意義是：它顯示著傳統的政治秩序及其正當性的徹底崩潰。從分析與結構的觀點來看，傳統中國的政治秩序與文化—道德秩序**基本上**（雖然並不完全），是一元的（參閱附錄一）。換句話說，政治秩序與文化—道德秩序高度地整合著的。前已述及，由於傳統文化—道德秩序密切地與政治秩序整合在一起的緣故，在十九世紀末葉，

---

54 Hao Chang, *Liang Ch'I-ch'ao and Intellectual Transition in China, 1890-1907* （Cambridge, MA: Harvard University Press, 1971）, pp. 149-219, esp. pp. 209-211.

作為傳統文化—道德秩序核心的宇宙觀的動搖，已使傳統政治秩序的正當性發生動搖。同理（雖然，導致潰敗的缺口不同），傳統政治秩序及其正當性的徹底崩潰，導致了文化—道德秩序整個解體。職是之故，傳統文化—道德秩序之內的所有基本預設，均不可能再被視為當然——因此，其中所有的成分都有被懷疑與攻擊的可能。這一重大的歷史變遷，使五四全盤化反傳統主義的興起，在結構上，成為可能。

　　從五四全盤化反傳統主義者的內部來看，前已述及，他們這一強勢意識形態（參閱附錄二）的興起，是許多因素互動的結果，其中包括：深受袁世凱稱帝與張勳復辟的刺激，而對傳統符號產生強烈的疏離感，以及他們在不完全自覺的情況下，繼承了傳統儒家一元化思想模式——當這種一元化的「藉思想—文化以解決問題的途徑」（在辛亥革命後中國政治與社會現實的壓力之下）被推向極端的時候，它演變成為一種以為思想是一切泉源的整體觀的思想模式，等等[55]。

　　當五四激烈反傳統主義者受到西方文化的影響，改變了他們的價值觀念，又因政治與社會的腐敗與落後，使他們對中國傳統的符號與規範產生了強烈疏離感的時候，他們藉從傳統衍發而來

---

[55] 詳見注8所述拙著。近年來，余英時先生以「中國知識分子的邊緣化」——從自認是世界的文化中心及這樣的自我意識無法（但仍想）堅持下去的後遺症，與中國知識分子在社會上的邊緣化——的觀點，論析「西學源出中國說」的歷史涵義，以及中國知識分子的激化過程。余先生的論析與本文有許多匯通之處，讀者可參閱，見氏著 "The Radicalization of China in the Twentieth Century," *Daedalus* (Spring, 1993), pp. 125-150；〈中國近代思想史上的激進與保守〉，收在《猶記風吹水上鱗》，頁199-242；〈再論中國現代思想中的激進與保守——答姜義華先生〉，《二十一世紀》10（1992年4月號），頁143-149。

的，主知主義一元化整體觀的思想模式，「發現」他們所厭惡的中國傳統文化中的符號與規範及傳統社會中的設施，是與傳統中基本思想有一必然的有機式因果關係。當然，中國的傳統文化並非無一是處；不過，儒家思想中仁愛之說等等，在五四全盤化反傳統主義者的眼裡，只是世界各種發展開來的不同文化的公分母（common denominators），不是中國獨有的東西。中國獨有的東西——胡適所謂中國「所獨有的寶貝」[56]——則是：「八股、小腳、太監、姨太太、五世同居的大家庭、貞節牌坊、地獄活現的監獄、廷杖、板子夾棍的法庭……。」[57]這樣獨有的「果」，當然有其獨有的「因」。根據五四人物從儒學傳統衍發而來，帶有極強思想決定論傾向的一元化整體觀思想模式來看，這種獨有的「因」，就是中國思想中，除去與其他不同文化共有的成分以後，獨屬中國的成分（簡言之，亦即：中國所獨有的中國的思想）。用魯迅的話來說，中國「所獨有的寶貝」是源自中國人「思想上的病」[58]。因此，胡適指出：「講了七八百年的理學，沒有一個理學聖賢起來指出裹小腳是不人道的野蠻行為」[59]。既然中國傳統中的罪惡來自中國傳統中的思想，如要革新，首要之務當然是需要徹底而全面地抨擊中國傳統思想。傳統政治、社會與文化的特性，決定於傳統的獨特而根本的思想；這樣的思想病了，傳統政治、社會與文化當然也都被感染了。因此，以全盤化反傳統運動為主流的思想革命，遂為五四時代的當務之急。

---

56 胡適，〈信心與反省〉，氏著《胡適論學近著》（上海：商務印書館，1935），頁483。

57 同前注。

58《魯迅全集》，冊一，頁313。

59 同注56。

　　當然，中國傳統文化甚為繁複，除了儒家思想以外，尚有道家、法家、佛教等等。但，這些非儒家的傳統思想，有的全盤化反傳統主義者（如吳虞），雖對其中某些成分相當欣賞，卻認為它們並未改變中國傳統的基本特質[60]。另外，有的全盤化反傳統主義者（如陳獨秀），則認為這些非儒家的傳統成分，與儒家思想同樣有害[61]。

　　顯然得很，五四全盤化反傳統主義是一種思想決定論的化約主義。它的全盤化系統論式，乃是「藉思想—文化以解決問題的途徑」所提供的。易言之，五四全盤化反傳統主義的意識形態的強勢系統性「動力」，乃是從中國占主流地位的一項思想模式衍發而來。

　　可以魯迅於1918年5月15日在《新青年》發表的〈狂人日記〉所說，整個中國歷史的真正史實乃是「吃人」的紀錄為表徵，五四全盤化反傳統主義者認為中國的現代化與現代性的追求，必須建立在非先把整個傳統打倒不可的前提之上。這一激烈與涵蓋到無以復加、走到極端的反傳統主義，如前所述，確是強勢的意識形態；與許多強勢的意識形態一樣，它具有烏托邦性格。不過，任何人的內心生活——縱使他處在政治、文化與社會三重危機之中，堅持著強勢意識形態的時候——均不可能完全被意識形態所占據。五四時代的知識分子，也仍然與，從傳統架構崩潰後仍留存的，傳統文化成分有千絲萬縷的關係。投入五四全盤化反傳統主義的人們，在同一時期之內，其他非意識形態的心

60 吳虞，《吳虞文錄》（上海：亞東圖書館，1921），冊一，頁23-46；冊二，頁1-10、15-20。

61 陳獨秀，《獨秀文存》（上海：亞東圖書館，1922），卷一，頁33-35。

思與行為方面，自然有與這一強勢意識形態衝突或矛盾的地方——易言之，自然有肯定中國傳統成分的地方。他們在不同時期對他們的強勢意識形態的投入，也自然有程度的不同。然而，這些限定，都不影響我們認定二十世紀中國思想史上的主流思潮之一，乃是全盤化反傳統主義。

誠然，在社會與歷史發生根本變革的時候，反傳統的衝動在每一個社會中都曾經或可能出現。因為在人們掌握了新的規範與價值的時候，很多在過去被視為當然的價值、戒律與行為方式都可能變得格格不入和難以忍受——所以，常會有人要求將那些傳統中的東西揚棄。然而，反傳統思想卻有不同的類型。人們可以抨擊已察覺出傳統中的有害部分，而不必全盤地譴責過去。根除傳統中不合時宜或有害的成分，通常並不蘊涵否定整個文化遺產的意思。如果一個傳統具有很大的轉化潛力，那麼在有利的歷史條件之下，傳統中的符號與價值，可經由新的闡釋與改造，變成有利於變革的「種子」，同時在變革中維持文化的認同（最典型的歷史實例是韋伯所分析的，宗教改革與近代資本主義興起的關係[62]）。在這種情況下，一些來自傳統的文化與思想成分，不但不會阻礙，而且還能促進有生機的現代社會的建立。

另外，當我們拿中國現代的思想與政治經驗，來和印度與伊斯蘭教等非西方文化地區的思想與政治經驗相比照的時候，

---

[62] Max Weber, *The Protestant Ethic and the Spirit of Capitalism*, tr., Talcott Parsons（New York: Charles Scribner's Sons, 1958）; Otsuka Hisao（大塚久雄）, *Max Weber on the Spirit of Capitalism*, tr., Kondö Masaomi（Tokyo: Institute of Developing Economics, 1976）; Wolfgang Schluchter, *Rationalism, Religion, and Domination: A Weberian Perspective*, tr., Neil Solomon（Berkeley: University of California Press, 1989）.

中國現代史上全盤化或整體主義的反傳統主義的興起，及其巨
大的影響，便更顯得特別突出。與五四以來現代中國思想史的
主流恰恰相反，在那些地區最占勢力的思潮是新傳統主義（neo-
traditionalism）：面對帝國主義的入侵，那些地區的知識分子傾向
於選擇一些傳統文化（包括宗教）成分來加以歌頌，並聲稱傳統
成分是與民主政治或社會主義相容的，而非對立的。那些文化地
區的知識分子，絕大多數覺得，如要他們批評自己的傳統，他們
感到很為難；雖然，也有少數人有時會指出傳統之內的某些缺
失。這與中國五四時代的許多知識分子，站在愛國的立場，熱烈
參與反傳統運動（認為對傳統的激烈批評乃是中華民族自救的重
要工作），構成了鮮明而強烈的對比。

　　如果我們把眼光轉移到二十世紀中國思想界各種式樣的「保
守主義」，這些思想與意識形態大都在社會與政治層面上不甚有
效，而在思想層面上也顯得無力。這一事實正說明了二十世紀中
國缺乏可資它們成長的社會、政治與文化環境。同時也顯示了五
四全盤化反傳統主義在不同程度上對它們的影響：許多保守思想
與意識形態，在自身缺乏獨立發展資源的情況下，實際上是對五
四激烈反傳統思潮的直接反應。例如，如前所述，新儒家（熊十
力、牟宗三、唐君毅等）的許多主張，乃是反傳統思潮的直接反
響，因而也無法避免「五四」的限制[63]。

　　五四激烈反傳統思潮的巨大影響更可從二十世紀中國激進主

---

63 假若我們從西方保守主義的視角來看二十世紀中國各式各樣的保守主義，它
　們都談不上是真正的保守主義；因為它們也不主張保持現狀。所以文中使用
　保守主義這個名詞時，是加引號的，作「保守主義」。參見余英時先生的論
　著，見註55。

義發展的歷史，顯示出來。從二〇年代末、三〇年代初，中國知識界的中心漸次向「左」移動；中式馬列主義（Chinese Marxism-Leninism）漸次贏得許多知識分子的認同。這一歷史變遷的複雜原因（包括1927年以後左右政治兩極化，以及日本侵華後，知識分子必須決定支持一個國內的政治勢力以謀求民族的生存等），不是本文所要討論的主題。不過，應該指出的是：五四全盤化反傳統思潮的風行與持續，實是許多中國知識分子接受中式馬列主義的主要心理與邏輯背景因素之一。

　　當堅持整體主義的反傳統主義者，在意識形態層面主觀地決定要把傳統全盤揚棄的時候，他們的立場，如前所述，可稱為全盤化或整體主義的反傳統主義（totalistic antitraditionalism），卻不可稱為全盤的或整體的反傳統主義。因為「全盤化或整體主義的」（totalistic）與「全盤的或整體的」（total）意義不同。「全盤化或整體主義的」是指：要（desire）把傳統全盤地揚棄的意識形態立場；「全盤的或整體的」則帶有形容事實的涵義，而事實上沒有人在他的思想與行為上能夠把傳統成分完全揚棄。

　　當許多「五四」激烈反傳統人士決心要把傳統全部打倒，並發起一個全盤化或整體主義的反傳統運動的時候，**面對未來**，他們的思想出現了意識形態的「真空」（vacuum）。（雖然，面對過去，他們的頭腦充滿了強勢的意識形態。易言之，他們堅持的全盤化反傳統主義是負面的，無法提供正面的政治性行動方案。民族主義只能提供政治性行動的意願，它本身無法指導如何行動。自由主義者所提出的民主憲政、漸進改革等訴求，預設著最低限度的政治、文化與社會秩序，這些先決條件在當時都不存在；所以客觀上，變得不相干。至於科學主義，它本身也無法提供政治性行動方案；不過，它很快變成了迎接馬列主義的背景因素之

一。）這樣內在的「空虛」是難以忍受的，因為那意味著對未來完全不知所措，而採取確定的系統性政治導向與新的系統性思想，卻是五四激烈反傳統主義者重建中華的基本訴求。換句話說，當五四人物堅持要把傳統全部打倒的時候，他們在心理上正急迫地尋求能夠對未來提供確定的系統性政治導向與新的系統性思想的意識形態，以便填補內在的空虛與慌恐。

這樣的「真空」的邏輯意義則是：「真空」是整體性的（否則不是「真空」）。它不是只填滿一部分便可完事；「真空」有吞吸整體性填補的需要。職是之故，五四全盤化反傳統主義的心理與邏輯後果則是：堅持這樣意識形態的人，在心情上與思辨的邏輯上，不容易接受自身帶有未扣牢部分（loose ends）的思想，而容易被自我聲稱對未來能夠提供確定的系統性政治導向與新的系統性思想的強勢意識形態所吸引。這樣的強勢意識形態，對那些在緊迫環境中無暇對其審慎研究的人而言，顯得特別具有指導行動、導向未來的系統性，與能夠應付（或解決）一切難題的整體性。（事實上，任何強勢意識形態，本身都有許多內在的矛盾與不能自圓其說的地方。它的內在問題通常比許多未扣牢的常識更為嚴重。但，由於強勢意識形態是封閉系統，對外界的不同或與其衝突的意見採拒斥態度，所以它能夠堅持它的「系統性」與「整體性」。）

中式的馬列主義以「理性的」、「道德的」與歷史發展將必然肯定其「正確性」的姿態，提出了一整套「系統性」的宇宙觀、歷史觀，與政治、經濟理論，以及落實其理論的行動綱領。對外而言，它自認確實接受了反對西方帝國主義、真能代表西方進步思想的馬列主義。對內而言，它認為可從「階級鬥爭」的理論與實踐中，將中國人民從地主、官僚與法西斯統治者的壓迫中徹底

解放出來。從它自我聲稱的觀點來看，中式馬列主義比出現在二十世紀中國的任何其他強勢或溫和的意識形態（無政府主義、基爾特社會主義、右派法西斯主義、漸進的自由主義等等），更能對中國政治、經濟、社會、文化與思想的各種嚴重問題，提出一整套全盤化的（或整體主義的）解決辦法。中共提出的這種辦法，對處在政治、社會與文化秩序解體的三重危機，與意識形態「真空」之中的多數中國知識分子而言，非常具有吸引力，他們信以為真，遂對之認同與擁護。

　　然而，自我聲稱的觀點，並不一定正確。中式馬列主義是否真的能夠，如它所聲稱的那樣，系統地、全盤地解決了所有中國政治、經濟、社會、文化與思想的問題呢？

　　中國共產黨的革命並非毫無成就（就對外關係而言，反抗帝國主義與維持民族自尊這兩方面的成就，不可抹煞。不過，這些成就是否必須實行中共建國以來的各種政策才能獲得？那當然是另一問題）。但，它給廣大中國人民帶來的災難是巨大的。連中共官方也承認「大躍進」（1958-60）與「文化大革命」（1966-76）是中國綿長歷史前所未有的浩劫。這些舉措對人民的傷害、對各方面的破壞是無與倫比的，其後遺症也是難以估計的。事實上，中共不但沒有解決多少問題，而且製造出來許多難以解決的新問題（例如：人口的激增及其所帶來的相關問題）[64]。單就它直接與間接對中國人民的摧殘而言，具體實例與數據比比皆是：例如，

---

64 關於當前中國所面臨的種種緊迫的問題與困境，參閱何博傳，《山坳上的中國》（貴陽：貴州人民出版社，1989第二版）。此書已譯成英文：He Bochuan, *China on the Edge*, tr., China Books and Periodicals Inc. Staff（San Francisco: China Books & Periodicals, Inc., 1991）。

「大躍進」直接導致人類歷史上空前的大饑荒，1959-1961「三年困難」時期餓死的中國人，最保守的估計是二千七百萬人。當時並無天災；饑荒的基本原因是政府不負責任的錯誤政策與措施。

　　為什麼這個抱持崇高理想，許多志士為其犧牲的中國共產主義運動，在建立政權以後，變得如此傷害人民了呢？馬克思認為工業革命後城市中的工人是無產階級。階級的特性是由經濟條件所決定；因此，不是主觀或政治需要可加以操縱或轉移的。無產階級的領導，必須本身先是無產階段（如此才有階級特性），這樣才不自我矛盾，才能講得通。但，列寧卻把具有強烈政治性格的職業革命者──共產黨黨員──當作「無產階級先鋒隊」。列寧思想的政治性特別強。他認為無階級革命不會自動地到來。那是需要職業革命者的領導才能發生。職業革命者不必需要一定來自工人階級，他們只要能夠「領導」（實際上是駕馭）工人階級，便成了「無產階級先鋒隊」，具有無產階級的特性。這樣的馬列主義到了毛澤東身上，變得更為主觀化與政治化。毛澤東從未做過城市工人，但作為中國共產黨的領袖，他在取得政權以後，便認為他的主觀喜惡與政治需要，均自動地具有馬克思根據客觀經濟條件界定的無產階級特性（毛澤東在這裡，當然完全違背了馬克思的前提）。他完全可以根據自己的喜惡──他肯定的思想、道德或政治需要（而這些也隨時可根據他自己的意思改變）──來界定誰是無產階級[65]。根據馬克思主義的前提與內在邏

───────────────

65 關於毛澤東思想在1957年以後的曖昧性、空洞性與任意性，請參閱Benjamin I. Schwartz, "Thoughts on the Late Mao--Between Total Redemption and Utter Frustration," in Roderick Macfarquhar, Timothy Cheek, and Eugene Wu, eds., *The Secret Speeches of Chairman Mao: From the Hundred Flowers to the Great Leap Forward* (Cambridge, MA: Harvard University Press, 1989), pp. 19-38.

輯來看，列寧主義之內的「階級」與「階級鬥爭」觀念，已經有
很強的虛幻性與任意性，到了毛澤東身上，更是變本加厲。所
以，作為中國共產黨另一重要領導人之一的劉少奇，在一夕之
間，便被毛澤東根據他所「了解」的、深具「客觀性」的馬列主
義界定為無產階級的敵人。

　　主觀顛倒成為客觀以後，主觀的為所欲為，可以解釋成為客
觀進步的鐵律。自認是歷史進程中「理性與道德」化身的中國共
產黨，以軍事奪取政權以後，與殘存的中國傳統統治模式與政治
文化相結合，所產生的全權主義或極權主義的統治（totalitarian
rule），乃是中國史上一個新的現象。它與中國傳統中專制暴君的
統治不同：它的任意性與強制性尤有過之。在許多不同之中，一
項突出的特點是：毛澤東領導下的中國共產黨具有強悍（自行其
是）、千禧年式（chiliastic）、「比你較為神聖」（holier-than-thou）
的道德優越感而政治性又極強的烏托邦主義（utopianism）性
格。（這樣的烏托邦性格是以毛澤東所承受的五四全盤化反傳統
主義為背景的。到了文革期間，毛的整體主義的反傳統主義文化
觀不但包括中國的舊思想、舊風俗、舊文化、舊習慣，而且也包
括布爾喬亞的西方以及「蘇修」；於是，在毛的頭腦中，當所有
舊的東西都被鏟除以後，未來是有無限的可能的。）因此，他不
惜使用任何（包括列寧式的，傳統中國法家統馭術的、祕密結社
幫會性的與農民暴動性的）政治手段，以動員輿論、組織群眾運
動、鏟除異己，以及掀起帶有強烈宗教性的崇拜毛澤東運動，來
謀求當下（in the here and now）實現他所想像的共產主義天堂。
到了「文革」時期，毛澤東使用的政治手段則包括：以「紅衛
兵」群眾運動來摧毀他認為背離了他意志與理想的中國共產黨。
在這個時候，毛澤東認為整個馬列主義與「毛澤東思想」中所謂

共產主義理想與共產黨的歷史使命，落實在作為中國共產黨領袖的毛澤東本人的意志與理想上。於是，黨的領袖不止是黨的中心，而且是黨的本質。

　　毛式烏托邦主義與許多其他樣子的烏托邦主義，在性質與歷史涵義（historical implication or consequences）上是非常不同的。許多其他樣子的烏托邦主義，正因為是烏托邦（理想過高的）主義，所以不知如何在當下落實。毛式烏托邦主義則是強悍的，認定自己是降臨人間的「救世主」，而政治性又極強的烏托邦主義──所以，它充滿了自信，自己以為確知如何當下落實它崇高的理想。（「文革」期間，家家戶戶需設「寶書台」，上面供奉毛澤東石膏像與《毛主席語錄》或《毛澤東選集》，家庭成員早晚要在它前面靜默幾分鐘──所謂「早請示，晚匯報」，早上心中默念如何要在當天的心思與行為中服從毛主席的指示，晚上檢討當天的心思與行為是否符合或達成早上的決定。可見毛式政治性宗教，連宗教儀式也是不缺的。）

　　事實上，毛式的烏托邦主義是強烈的現世宗教性與強烈的政治性彼此加強的封閉系統。它的現世宗教性依靠著它所發揮的強烈政治性，才能使人間（而非彼岸）變成樂土；它的政治性依靠著它強烈的現世宗教性而變得正當化或合法化（legitimized）。一方面的強度，由另一方面的強度的增強，而增強。換句話說，它的現世宗教性愈強──愈想把人間變成共產主義的天堂──便愈自覺須運用政治手段（甚至到無所不用其極的程度）來使它的理想不致落空；而它愈使用政治手段，便愈需要以其現世宗教性的最終目的（建立人間的共產主義天堂）來證明它使用的政治手段是合理的、正當的。毛澤東的烏托邦主義，當他在政治上較為失意（如「大躍進」失敗，他退居第二線）的時候，變得更為強烈

（這樣使他更自認有充分的理由把權力奪回來）。他的烏托邦主義變得愈強烈，他便愈覺得運用非常手段（如發動「文化大革命」）把權力奪回來是心安理得的事。

帶著強烈現世宗教性的毛式烏托邦主義，以為只要使用它要使用的政治手段，再高的理想也可在當下使其實現，至少使其基本規模在當下實現。所以，它特別理直氣壯、急迫、與封閉。它的封閉性與拒斥任何不同意見的強悍性，可從「大躍進」時期毛澤東及其追隨者，以否定常識與自然律的姿態，認定每畝穀物生產量可以遠超過植物學與農藝學基本規律所允許的可能數量來說明。（當時他們對於常識，也是封閉與拒斥的。因為只要稍稍應用一點常識判斷，就可簡易地看出所收到的農業產量龐大邊增的報告，是虛假不實的。）

根據上面的論述，我們知道毛澤東領導下的中國共產黨，或在「文革」期間要毀黨但卻自認具有黨的本質的毛澤東本人，事實上，自認是出現在人間的，新的全知、全能、全管的「上帝」。對信服、崇拜中國共產黨的或毛澤東的追隨者與群眾來說，它或他也確是如此。（雖然從客觀、史學的角度來看，正如史華慈先生所提出的，從馬克思到列寧到毛澤東是共產主義邏輯的解體過程[66]。）另外，由於中國共產黨與毛澤東本人的性格深受上述毛式烏托邦主義的封閉系統以及中國農民暴動的幫會性與破壞性的影響，所以它或他同時又是一個無知、反知、無能、亂管的「上帝」。在這樣的情況下，中共與毛澤東給中國人民帶來了

66　Benjamin I. Schwartz, *Chinese Communism and the Rise of Mao* (Cambridge, MA: Harvard University Press, 1951), and *Communism and China: Ideology in Flux* (Cambridge, MA: Harvard University Press, 1968).

種種巨大的災難，並不是難以理解的。

　　然而，許多中國知識分子，在中共尚未取得政權之前，以及在它取得政權之後七、八年，對其可能產生的破壞性格，幾乎完全沒有警覺。他們反而認為中共領導的革命是一個最能系統地、全盤地解決中國所面臨各種問題的運動。究竟是何以致此呢？除了自從抗日戰爭以來，中共成為民族主義的認同象徵以外；在許多原因之中，一個重要的因素是：全盤化反傳統運動給中共帶來了極為強大的正當性或合法性資源（resources for legitimacy）。易言之，在二十世紀中國思想與文化中占主流地位的全盤化反傳統運動，促使信服這一運動的許多人（與受他們影響的人）企盼著，主張需與中國傳統徹底決裂，並聲稱能夠全盤地根本解決中國問題的中共革命運動，獲得施展其抱負的機會。他們既然認為這樣的革命運動乃是——在其徹底破壞舊傳統以後——最徹底的建設工作，當然就無法往他們主張的反面（中共只能徹底破壞，極難建設）那個方向去想了。

　　中共於1949年打倒了蔣介石，在蔣退到台灣時，取得政權。這個經由內戰獲勝的政治革命，並非歷史過程的必然結果，因為其中有不少適然（contingent）因素。不過，它之所以最後成功了，卻的確與許多歷史勢力（historical forces）的交互作用有密切的關係。中國知識分子的主流從二〇年代末漸次向「左」移動。如前所述，此一現象與五四激烈的——激烈到全盤化程度的——反傳統主義的風行與持續有關——那是一項許多中國知識分子認同與擁護中式馬列主義的主要背景因素（雖非唯一因素；堅持全盤化反傳統主義的人們，也並不是都變成了中式馬列主義的信徒[67]）。

---

67 例如，胡適雖然在二〇年代後期，也曾一度對「蘇俄模式」所代表的社會主

從五四全盤化反傳統主義的背景出發，中國許多激進分子之所以
信服與接受中式馬列主義，主要是因為如此激烈的反傳統主義造
成了「意識形態的真空」，他們處在這樣的危機中，在心理上與
思辨邏輯上，急迫地尋求——對於未來能夠提供確定的系統性政
治導向與能夠對目前的一切問題提供整體性解答的——強勢意識
形態。中式馬列主義滿足了他們的這一需要[68]。當他們信服以後，
從他們主觀上來看，中式馬列主義（與毛澤東思想）是一整套顛
撲不破的「真理」。然而，從客觀的歷史角度來考察，他們之所
以接受中式馬列主義（與毛澤東思想），是由於他們的自我聲稱

義表示欣賞，但他漸進改革的意願，與他對他所了解的民主和自由的肯定，
於其心思之中終究占有較大的比重。胡適雖然在1918年10月15日與陳獨秀在
《新青年》上共同答覆讀者來信時（寫道：「舊文學、舊政治、舊倫理，本是
一家眷屬，固不得去此而取彼」），以及後來的一些時段，也以一元化、整體
觀的模式對傳統作全盤化的攻擊；但他卻時常從他所投入的全盤化反傳統主
義那裡鬆弛下來。他受這一強勢意識形態影響的方式，與他更熱中政治行動
的同儕，並不相同。不過，他的全盤化反傳統主義，不但與其漸進改革的意
願形成矛盾，而且也阻礙了他思想的進展，使他無法建立在理論上更有生機
的改革主義。當然，正如文中所述，漸進改革預設著最低限度的政治、文化
與社會秩序。這些先決條件在五四前後都不存在，所以，即使胡適的自由主
義改革思想於理論上更有生機，在那樣的客觀環境中，也仍然極可能變得不
相干。不過，那將使他的思想更具悲劇性，同時也為後人留下較豐富的精神
遺產。筆者關於胡適思想較詳盡的論述，見注8所述拙著，chap. 5，及〈兩種
關於如何構成政治秩序的觀念——兼論容忍與自由〉、〈對於胡適、毛子水、
與殷海光論「容忍與自由」的省察——兼論思想史中「理念型的分析」〉，收
在拙著，《政治秩序與多元社會》（台北：聯經出版公司，1989），頁3-73。
68 從全盤化反傳統主義的背景出發，成為中式馬列主義信徒的人們，每個人個
別、具體的心路歷程，多有曲折，不是上述哪一項背景因素所可概括，也不
是本文的主題所在。筆者在這裡所做的，是應用韋伯所謂「理想型（或理念
型）分析」來說明，占勢力的主流思潮之變遷與持續的歷史邏輯。

對五四與五四後激進分子而言，比出現在當時的其他任何意識形態更具有強勢意識形態的**功能**而已。換句話說，五四全盤化反傳統主義所造成的「意識形態的真空」，為中國知識分子接受中式馬列主義提供了**結構的可能**。

證諸中共極權統治中國大陸四十多年的歷史紀錄，中式馬列主義與毛澤東思想所自我聲稱的各種解決中國問題的本領，絕大部分都落空了。如前所述，它們不但未能履行諾言，交付給中國人民一個真正自由、平等、幸福的人間樂土，反而給中國人民帶來了無比災難，給中國文化、社會、環境與生態，帶來了難以估計的破壞（這些破壞的後果遲早將要波及到中國以外的地區）。

眾多志士為其犧牲的中國共產主義運動的結果，竟然落到這步田地：這是歷史的一大悲劇，也是歷史的一大諷刺。眾多愛國家、愛民族的中國知識分子，因受全盤化反傳統主義與其他有關因素交互作用的影響，而信服中式馬列主義的舉措也落空了。然而，這樣歷史的結果幾乎是難以避免的，雖然並非絕對必然。因為五四全盤化反傳統運動是由許多根深柢固的歷史力量激盪而成，那也是幾乎難以避免的。

前已論及，從理論上來講，全盤化反傳統主義在現代化過程中並不是非發生不可的；因為傳統與現代並不是非黑白二分不可。如果有有利的歷史條件，一些傳統的成分，可經由創造性轉化而變成變革的「種子」，並在這個變革過程中成為保持文化認同的資源。另外，從比較世界史的視角來看，受帝國主義侵陵的非西方各個地區，對西方挑戰的反應，多以新傳統主義的形式出現。間或也有零星的反傳統的衝動，但任何地區的反傳統意識，均無法與二十世紀中國全盤化或整體主義的反傳統主義相比──就其對傳統譴責的徹底與激烈的程度，以及就其持續力之久，與

在知識界所占的主流地位而言。換句話說，二十世紀中國全盤化或整體主義的反傳統主義，是一個與眾不同而影響深遠的中國歷史現象。（不過，它與別的非西方文化地區——在西方文明入侵後——所呈現的思想與文化的不同，並不是到了完全獨特以致外人無法了解的地步；因它是與「人類普遍共有的關懷有關」[69]。）這一**相當**特殊的現象，是無法從心理學、政治學或社會學的一般法則或通論性的概念來加以解釋。這是一個史學的問題。

　　本文試圖從甲午戰敗後，中國政治的變遷，以及思想的變遷與持續的歷史辯證中，進行考察，希望能夠提出可以成立的理解。

1995 年 8 月 23 日稿成於麥迪遜

1997 年 9 月 20 日於麥迪遜完成修訂

69　Benjamin I. Schwartz, "Culture, Modernity, and Nationalism--Further Reflections," *Daedalus*（Summer, 1993）, pp. 209-210.

附錄一：為何傳統中國的政治秩序與文化、道德 秩序，基本上是一元的？——兼論張灝 所謂「權威二元化的意識」

　　這與「普遍王權」主張不但有權管轄世俗領域的事務，而且有權管轄精神領域的事務，以及，在十九世紀深受西方文明衝擊之前，天子制度在中國傳統中從未動搖，有密切的關係。

　　請參閱拙著 *The Crisis of Chinese Consciousness*, chap. 2。當然，從儒家思想的內部來說，也有「從道不從君」、「師尊於君、道尊則師尊」的信念與主張；所以，至少在形式上，有張灝所謂「權威二元化的意識」〔氏著，《幽暗意識與民主傳統》（台北：聯經出版公司，修訂再版，1990），頁36、48-49〕。然而，為什麼這樣與「政教合一」有潛在矛盾與衝突的主張，不能突破作為**理想**的「內聖外王」的合理性，也未威脅到在**結構**上作為文化・道德中心象徵和政治中心象徵，秉承天命，體現「政教合一」的天子制度呢？既然「師尊於君」，那麼，不但，作為信念，「師」高於「君」；而且，應有相應的制度實質地落實這一高低不同的信念。否則，這一主張不止要變得形式化，而且可能陷堅信這一主張的「師」，至被「君」迫害的地步。尤有進者，歷代直言極諫之士，實際上反映的是他們的忠君之念。他們看來信道甚篤，勇毅的舉措（他們甚至相信他們是代表「師」與「道」的尊嚴）；實際上，是重新肯定了天子制度——肯定到不顧身家性命地要維護它的地步！他們信的「道」，實際上，是在支持「政教合一」的天子制度，希望使之更能落實而已。不過，歷史的真相則是，歷代多的是昏君，暴君也間或有之。面對這一事實，有知識良心的儒者都一致認為勢不是王，政治與道統有基本的分歧，

朱子甚至認為「堯舜三王周公孔子所傳之道，未嘗一日得行於天地之間」。然而，這種在經驗層次上的認識，是否突破了被認為是人間最高理想的「政教合一」的信念呢？是否導使傳統儒者去建設「政教分離」的制度了呢？答案卻是否定的。他們對在現實層面上的「政」「教」之分的認識，並未使他們覺得「內聖外王」的觀點有何缺陷。〔關於「內聖外王」的分析，參見陳弱水，〈「內聖外王」觀念的原始糾結與儒家政治思想的根本疑難〉，《史學評論》3（1981），頁79-116。〕嚴格地說，現實層面的「政」，實際上只是勢或霸，不是政，所以只是勢（或霸）與教之分，並不是政與教之分。傳統儒者對於政統與道統的基本分歧的認識，應該說是對於勢統（或霸統）與道統的基本分歧的認識。他們只是慨嘆理想之未能達成，並強調祀孔的禮儀與學校的重要，以及承擔道統的士君子應該持有的自高、自尊的重要性，以便抗禮現實的統治者，使儒家理想得以維持於不墜。但勢統（或霸統）與道統之分歧，並未導使他們懷疑作為理想的「內聖外王」的合理性，也未導使他們懷疑天子制度是可以落實「內聖外王」的理想制度。所以「政教合一」的信念與理想，以及天子制度的正當性，在傳統中國從未動搖；在傳統歷史的脈絡與資源限制之內，也不可能動搖。歷代有良心的儒者為了實現這個理想，消極方面，要批評時政，指出勢（或霸）不是王；積極方面，要**再肯定**作為理想的「聖王」觀念的合理性與崇高性，以及天命與天子制度的正當性。換句話說，正因為對於中國道統與勢統（或霸統）之分的認識，只是理想與現實並不相符的認識，這樣的認識並未使傳統儒者覺得「政教合一」的理想本身是虛幻的，「政教分離」才是合理的〔亦即：理想與現實不相符的認識，並未導使傳統儒者思考新的選項〕，所以「政教合一」理想的合理性，

與作為文化─道德中心象徵與政治中心象徵，秉承「天命」，在結構上體現「政教合一」的天子制度，在傳統中國從未崩潰，縱使占據皇位的人，常被大儒斥為霸。因為絕大多數的傳統儒者，對於孔子所云「天下有道，則禮樂征伐自天子出」（《論語‧季氏》）是深信不疑的；他們認為基於「天命」觀，「政教合一」的天子制度，是正當的。

　　張灝近年來借用 Eric Voegelin「宇宙神話」的觀念來說明天子制度的神聖性，提供了一個很有用的視角來看這個問題。「所謂『宇宙神話』是指相信人世的秩序是植基於神靈世界和宇宙秩序的一種思想。這種神話相信宇宙秩序是神聖不可變的。因此也相信人世秩序的基本制度也是不可變的」（氏著，前揭書，頁39，另參閱注30所引張先生的英文論文）。在「位」的天子是神聖的宇宙秩序與人間秩序的橋梁（所以天子制度一方面屬於宇宙秩序，另一方面屬於人間秩序）。天子以單獨屬於他的權利與責任的祭天之禮，以及他與其臣下每月的衣食住行和其他生活細節，透過「明堂」的安排，與宇宙秩序保持和諧（《禮記》〈月令〉、〈明堂位〉）。儒家思想糅雜了陰陽五行學說以後，天子之「位」乃是人間秩序的中心與最高點的觀念──由於人間秩序更系統地被納入永恆的宇宙秩序之內──變得更為堅固。

　　尤有進者，儒家思想傳統中一些大儒，雖從經驗層次上看到了天子制度被霸、勢與世襲制所濫用或冒名頂替的問題；但，他們「內在超越」的宇宙本體論，因為「超越」是「內在」的關係，所以無法提供導源於外在的超越世界，一個超乎內在的神聖資源，來向天子制度挑戰。儒學所能做的，是盡量使在「位」的天子道德化。希望用教育、進諫、勸說、實例感召等辦法，使在「位」的天子變成一個真正像樣的天子，一個真正的道德領袖

（儒者所具有的教育權威，不包括把天子或太子教育成反對天子制度，設法建立一個比天子制度更好的制度的權威性）。職是之故，儒學傳統中所謂「師尊於君，道尊則師尊」的信念，無法直接向作為制度的天子制度，挑戰並造成威脅。抱持這樣信念的人，只是希望做「帝師」（所謂「致君於堯舜」），運用教育、道德影響力來把在「位」的天子真的變成「聖王」，以便由他帶領人類獲得「解救」（salvation）。〔因為，根據儒學傳統的歷史記憶，堯舜的確曾經把人間（而非天堂）變成了沒有不公、沒有恐懼、沒有災難的樂土。〕

　　從上述略論「師尊於君、道尊則師尊」的涵義來考察，張灝所謂「權威二元化的意識」，至少從政治思想來看，稍顯形式化。因為就其本身的意義及所根據的資源來說，這一信念所代表的權威，與天子的權威並不在一個層次上，它是第二序位的。它的權威是：它有「權威」來教育與影響在「位」的天子，但這樣的權威並不含有多少張先生所謂「獨立於天子和社會秩序的內在權威」（前揭書，頁37），「師」與「道」的權威，基本上（雖然不是全部），是在天子制度與中國社會結構之內用良心來維持天子制度，易言之，是為天子制度服務的。

　　明代大儒黃宗羲在《明夷待訪錄》中，對君主專制的批評是沉痛無比的；但他的正面建議卻仍然是：重建天子制度。他所謂「有治法而後有治人」是指：**德治需要制度化**，並強調它的優先性。他認為德治制度化是使德治真正能夠發揮作用的前提。這裡的「法」，是指遠古聖王為教民、養民所建立的制度，包括防天下百姓之淫的婚姻之禮，以及教民的教育制度等等，與西方法治（the rule of law）中的法，**並不類似**（這倒並不使人覺得奇怪，反而毋寧是可以理解的）。黃氏的政治思想，只達到了傳統思想

發展的極限，不能再往前發展。此一實例，更清楚地顯示了傳統政治思想的特質與限制。

　　另外，傳統的教育制度與科舉制度的最大功能之一，在於維持天子制度，自不在話下。即使書院制度，其獨立性也極其有限。道家隱逸之士，有時表現了一點抗議精神。但，他們離開了政治領域，在未能提出新選項的情況下，也等於客觀上默認了現存的制度，雖然主觀上他們是不願承認的。法家當然是處心積慮地要為君主服務。佛教要離開這個世界，但在與這個世界發生牽連的時候，他們是承認這個世界的天子制度的，有時寺院甚至成為官僚系統的一部分。民間相信千禧年式的宗教，在政治思想上並未提供新的選項。受其鼓舞的農民反叛（或起義），多接受與內化儒家正統政治正當性的觀念。他們如果成功，也不過仍然藉「天命」的口號，建立一個新的朝代而已。所以，從教育制度與非儒家的文化、思想資源來看，整合中國政治秩序與文化・道德秩序的「普遍王權」，在傳統時代，從未遭受到顛覆性的挑戰。

　　西方「政教分離」的二元現象與中國「政教合一」的一元現象，可由極端的例子予以尖銳地說明：因為沒有教士（祭司）階級，連「封禪」那樣的大事，到了漢武帝時代都「莫知其儀禮」（《史記・封禪書》）了；所以，與其說那是宗教上的大事，不如說那是廣義的政治行為。在西方，即使君主（如英國的亨利第八）把自己變成教會的首腦，並頒訂宗教儀式，發行祈禱書等，然而作為凡俗世界一分子的君主，卻不能行使神職人員的功能〔如主持聖儀（祭天則是中國天子的特權）〕，同時他也要在具體形式之內接受神職人員的教誡。之所以如此，是因為神職人員代表「外在超越」的上帝，這終究不是俗世的君主所可僭越的。

　　綜上所述，雖然歷代在「位」的天子，很少自稱「聖王」

（他們接受的儒學教育，至少表面上，會使他們謙遜一點；不過，這樣的「謙遜」從未導使他們減少一點，他們與他們所主宰的政府，至少從權原上來說，既包括政也包括教的管轄權），在下的大儒，心中很少會認為當今「皇上」是真的「聖王」（一般俗儒，另當別論），「內聖外王」，終極地說，只是一個理想，而從史實中也可舉出種種實例來說「政」、「教」並未完全「合一」；然而根據以上的論述，我們有足夠的理由來說：從分析與結構的觀點，傳統中國的政治秩序與文化‧道德秩序，**基本上**（雖然並不完全），是一元的。

附錄二：意識形態的定義

　　什麼是意識形態？在許多人泛用這個名詞，其意義變得過於鬆散、模糊，重新界定它的中心意義是有其必要的。「意識形態」原是日文中對ideology的漢譯。像其他一些術語一樣，最初是從日文引進到中文世界裡來的。（筆者過去一向合音譯與意譯為一，譯成「意諦牢結」，用以指謂五四以來在中國流行的強勢意識形態，與本身無法強勢但卻要裝成強勢的意識形態。希望這樣能使讀者避免對「意識形態」產生望文生義的附會；即使一時難以避免望文生義的習慣，對「意締牢結」望文生義，總比對「意識形態」望文生義，要更接近一點許多在現代中國流行的意識形態的特性。）意識形態的涵義，各家說法不一；然而，作為一個分析範疇來看，它是有用的，所以無法棄之不用。

　　現代一些人在使用這個名詞的時候，它的貶義已不如以前那樣強烈，不過仍含有弱性的貶義。另外一些人，則完全把它視為中性名詞，尤其在論及溫和的或弱勢的意識形態的時候。從他們

的觀點來看，至少溫和的意識形態的作用，是任何現代社會所無法避免的。所以，問題不在於意識形態的有無，而在於在人類政治與社會生活中，什麼樣的意識形態最可能促進幸福與／或合理的生活，什麼樣的意識形態已帶來或將帶來災難。

對於意識形態的意義，筆者以為社會學家席爾思（Edward Shils）的界定最為精審與完整〔Edward Shils, *The Constitution of Society*（Chicago: University of Chicago Press, 1982）, pp. 202-223〕。不過，他的思緒相當複雜，我在這裡為了本文的需要，只能作簡要的引介。意識形態是對人和社會，及與人和社會有關的宇宙的、認知的與道德的信念的**通盤**形態。它與「看法」、「教義」不同。不過，這些不同往往是**程度**的不同。意識形態與看法、教義之不同既然是程度上的不同；那麼，意識形態本身也可根據其系統性、封閉性與依賴「奇理斯瑪」（charismatic）型人物的領導程度而區分為弱勢（溫和）的與強勢的意識形態。意識形態的特色是：它對與它有關的各種事務，都有高度而明顯的「系統性」意見（此處「系統性」並不必然蘊涵「正確性」，強勢意識形態的系統性則是僵化的系統性）；它往往要把系統中的其他成分整合於一個或幾個顯著的價值（如平等、解救、種族純粹性等）之下。就這樣，意識形態的強弱，往往呈現在對外界封閉程度的強弱。極強的意識形態則對外界採取完全排斥的態度。從內部來看，強勢意識形態一方面拒絕自我革新，另一方面則要求追隨者絕對服從，並使追隨者覺得絕對服從是具有道德情操的表現。意識形態的形成與傳播則要靠「奇理斯瑪」型人物的出現與領導。

自從十八世紀啟蒙運動與工業革命以來，人們從原先聽天由命的心態轉而認為世界的命運可運用人類自身的力量加以改進，

各式各樣的意識形態（即各式各樣的主義）遂蓬勃崛起。因為任何一個要求進步——尤其是一個要以革命為進步手段——的運動（此處「革命」二字，不是僅指政治革命而言），必須具有凝聚群眾的力量，而由「奇理斯瑪」型人物倡導的強勢意識形態，由於它的系統性、連貫性、封閉性與道德情操的訴求，所以能賦予人們確定的方向，以及據以奮鬥成功以後美好的遠景，於是自然是凝聚群眾所不可或缺的了。但，強勢意識形態有高度的自我封閉性（愈強的意識形態，其自我封閉性愈高），它往往與現代知識隔絕，甚至與常識隔絕。因此受到強度特高的意識形態支持的革命，便往往犯了重大的錯誤，帶來了重大的災難。這是為了促使進步而形成的意識形態所產生的弔詭。

　　人類學家基爾茲正確地指出，當一個社會產生了社會與政治危機，加上文化因迷失方向而產生了文化危機的時候，那是最需要意識形態的時候。自辛亥革命後，具有整合傳統政治、社會與文化秩序作用的「普遍王權」完全崩潰了（事實上，「普遍王權」的關鍵性支柱之一——整合傳統政治、社會與文化秩序的科舉制度——在1905年已經廢除）。中國陷入政治、社會與文化三重危機之中。這樣的客觀歷史情況，是各式各樣意識形態興起的溫床。在它們相互衝突的過程中，極強的意識形態相當簡易地壓倒了其他一切較它溫和的意識形態。

　　另有一點需略作說明：根據席爾思的定義，自由主義是不是意識形態呢？答案是：自由主義的一些方面不可稱謂意識形態；但另外一些方面，則可稱謂是溫和（弱性）的意識形態。首先需要說明的，不是任何一個意識形態都必然導致災難性的結局，各種式樣的自由主義均以堅持人權來肯定個人為一不可化約的價值。這樣維護人的尊嚴的方式，是康德的道德哲學所認定的。其

在西方以法治予以落實的辦法，在思想上，則可追溯至中世紀後期一些神學家們對於財產權的解釋，以及十七世紀國際法之父格謚額斯，從法理學的觀點來解釋人的自由為「無法出讓的財產」，故必須獲得法律的保障。在制度上，法治之下的人權之所以獲得相當大程度落實的成績，則是西方歷史演化的結果。

各種式樣的自由主義均以堅持人權的保障來肯定人的尊嚴。這是它們共同接受的自由哲學的結論之一。而人權必須在法治之下落實的觀點，則是西方歷史積累的結果之一（當然，西方歷史之中也有強大的反自由、反人權的逆流）。職是之故，各種式樣的自由主義所共同堅持的人權與法治的觀點，不可稱謂是意識形態。然而，各種式樣的自由主義，就其對經濟生活提供系統性導向，以及就其對政治生活提供系統地整合出來的行動方案而言，自然也可稱謂是一大類別的意識形態。

不過，各種式樣的自由主義多是溫和的、弱勢的意識形態。因為它們對於經驗世界以及與它們不同的思想，展開著相當大程度的開放性。所以，它們常能從試誤過程（process of trial and error）及與它們不同的思想中，汲取教訓與啟發。

史華慈思想史學的意義

　　在他以世界史的眼光，對中國古代思想全景的複雜多樣的透視中，史華慈先生對於他底繁複、具有內在「緊張」和含有未扣牢部分的題材，進行了深切的探索。他的治學途徑具有哪些特點？此一途徑在理論上是如何闡明的？又是如何在實踐中應用的？它獲得什麼樣的成果？它有什麼內在的限制？它對人文學科具有哪些普遍性涵義？它對史學研究又產生哪些涵義？這些是重大而繁複的問題，我在這篇短文中無法加以適當而妥切地處理。不過，我擬在下文中提出一些個人對這些問題的看法。

一、徹底了解研究主題

　　史華慈曾在不同時候論述過他對思想史的見解。見解的基本核心乃是相互有關的兩點。第一，思想史學者的理想鵠的是：「對他所研究的，個人與團體意識中所面臨的問題的反應，應設法盡量去徹底地了解。首先，這意味著要去了解他所研究的，個人與團體所處的情況正如他們所看到的那樣，要去了解他們的思

想正如他們自己所了解的那樣。」[1]換句話說，思想史學者是要
「盡可能獲得對他研究的對象的**內在世界**完整的了解。」[2]這一內在
世界不僅包括他研究對象底正式思想，而且也包括情感的傾向、
情緒的態度與悲憤悽惻之情等。雖然思想史學者完全能夠意識到
他底工作的冒險性——因為他經常處於不自覺地或半自覺地，把
自己的偏見、興趣與先入為主的關懷，投射到他研究的對象上去
的危險之中，他卻不與許多社會科學家們分享那個以為如果應用
「科學方法」在自己的研究上，並在寫作時使用科學論文的款
式，便可獲致客觀性的了解的幻想。史華慈教授清楚地認識到，
沒有任何一條道路，可以確保研究成果的客觀性；而學術研究的
最終目的，則是掌握客觀的真實。因此，他的提議——此一提議
也是他在治學中身體力行的——是：坦然認識此一危險，並毫不
閃避地面對此一危險。吾人必須經常考察自己的內在世界，以便
鏟除任何可能的偏見，這樣才能研究別人的世界。正如下文所要
闡明的，這一蘇格拉底式的道德態度——人文知識的追求起點在
於自我省察——與史氏所從事與肯定的思想史研究工作密不可
分。當然，只根據這一道德態度，並不足以從事那種工作；研究
者必須獲有與培養必要的思想資源與研究技能，才能使自己的研
究落實。思想資源與研究技能在這裡是為道德態度服務，反之亦
是。的確，道德與理知的整合是史氏學術的標誌。

　　史氏對於思想史研究的第二點基本觀念則是：他並不特別著

1　Benjamin I. Schwartz, "The Intellectual History of China: Preliminary Reflections,"
　　in John K. Fairbank, ed., *Chinese Thought and Institutions* (Chicago: University of
　　Chicago Press, 1957), p. 19.

2　*Ibid.*, pp. 24-25.

力於建立一個對歷史事件的緊密因果關係的解釋架構，他也不特
別著力於說明他研究的對象對於後世的影響。當然，他並不忽視
這些史學研究中的關懷。當他選擇研究的題目的時候，他是受到
他的學術領域中大家共同接受的，一般性智慧的指引。這些智慧
對不同的歷史題材於後世產生的不同影響，以及於後來歷史發展
所產生的不同涵義，賦予不同的分量。事實上，史氏所有關於中
國史的著作，都與歷史發展中產生極大影響的歷史題材有關。然
而，他在研究中所特別著力的則是：思想的內容與意識中的其他
方面，他強調這才是思想史學者的主要工作對象，並強調對於思
想內容與意識中其他方面的精微差異（nuances）與複雜性的深度
了解，將，實質地，有助於與他們有關的歷史因果的分析，同時
也有助於衡量與他們有關的歷史事件對於後世的影響。史華慈教
授曾說：「分派歷史事件的原因，比盡可能精確地了解人們想的
究竟是什麼，要簡單得多。」3 他這麼說並不表示他完全不關懷因
果的分析以及歷史研究的題材所產生的影響。他說：「當一些有
意義的史實顯示在某一範圍之內可以支持某一項因果關連的時
候，去了解這一關連可以對思想史的研究產生重大貢獻……從其
他學科援引而來有關『起源』的假說，如能確切而具體地幫助思
想史學者的了解，吾人對之也極表歡迎。」4 在他的主要著作——
《中國共產主義與毛澤東的崛起》、《尋求富強：嚴復與西方》與
《古代中國的思想世界》——中，許多具有洞見的分析，呈現在他
討論歷史題材的背景分析中。在他討論嚴復思想那本書的最後一
章（在他討論他所研究的題材對於中國與西方未來的涵義的時

3　*Ibid.*, p. 18.

4　*Ibid.*, pp. 21-22.

候）他寫下了許多極具深刻意義的話語。然而，他是以沒有最後
結論、反覆探討的反思方式，而不是以緊密建構的方式，寫下那
些話語的。

二、臨時性的歷史主義者

　　如果說，史氏在某種程度上是一個歷史主義者（historicist），
他誠然是一個很臨時性的歷史主義者。他之所以不願全面介入時
序中的因果分析，是因為他底主要關懷，超越了絕對的歷史主義
（absolute historicism）的緣故。作為意識形態的絕對歷史主義，
在一些學術圈中是相當受歡迎的，因為它迎合了這個時代化約主
義的時尚。史氏卻認為「人類具有共同問題與共同條件的世界」[5]
是存在的，這個世界超越了特定的歷史與特定的文化。在某一範
圍之內，如果我們要討論歷史中的因果關係，如果這種討論將
「普遍的」（超越特定「時」「空」的）與「特殊的」相互作用與
影響的「無法獲得確解的問題」（problematique）作為範疇的
話，那麼，這樣的討論將會更有成果。在這裡，史氏所認定的
「思想史」，預設著一個有限的「思想自主性」（autonomy of
ideas）──「人在其意識中的迴應具有有限的創造性」[6]。這一「創
造性」當然並不是不牽涉到許多生物的、心理的、政治的、社會
的與經濟的因素。不過，史氏的了解則是：思想不可能完全化約

5　Benjamin I. Schwartz, "History and Culture in the Thought of Joseph Levenson," in
　Maurice Meisner and Rhoads Murphey, eds., *The Mozartian Historian: Essays on the
　Works of Joseph R. Levenson*（Berkeley: University of California Press,1976), p. 106.

6　Schwartz, "The Intellectual History of China," p. 20.

到這些因素。因此，吾人嚴肅地對待思想是極為重要的。那就是說，對於吾人研究對象的「內在世界」，要盡可能地，能有多徹底就有多徹底地了解才好。

尤有進者，因為我們假定一個人對於所處境況有意的迴應，不但不可能完全化約成為歷史的背景因素，而且還擁有一有限的自主性；所以，這些迴應構成了改變他境況的機動條件之一[7]。職是之故，它們應該被當作這樣的機動條件來研究。這些迴應與其他歷史動力相配合，可能變成後世視為當然的重大歷史導向的構成部分。假若吾人要了解中國古代以後被視為當然的文化導向，那麼與其集中注意力於一些古代思想的明顯方面，不如仔細考察它的複雜內容及其中的精微差異。因此，《古代中國的思想世界》是要研究中國古代思想內容的整個領域，並特別注意，作為「無法獲得確解的問題」的，中國各家各派共同具有的主要文化導向中的構成部分。最後但並不是最不重要的一點則是：史氏之所以在他所認定的思想史研究中，特別強調研究思想內容的重要性，是與他底比較世界史的視野有關。前已述及，他認為在不同地域、不同時代，作為對不同境況的有意迴應的思想，是從人類經驗的共同世界中興起的。沒有比史氏自己在下面所作的詮釋，更暢達地說明了為什麼他主張從世界史的比較眼光，來集中精力研究思想的內容：

> 不同於文化人類學者，思想史學者必須深切懷疑，為了解人類的各別文化，所要找尋沒有時間性、沒有疑問的「各別鑰匙」的努力。這樣的「鑰匙」導致了，以「西方文化是這

7　*Ibid.*, p. 22.

樣」、「中國文化是那樣」的方式,來表達粗糙而一言以蔽之
的命題。古代中國的思想,對古代文明的許多問題並未提供
單一的迴應;正如古代希臘思想並未提供單一的迴應一樣。
這些在軸心時代的文明的共同文化導向所呈現的,不是許多
單一性迴應,而是許多共同承擔的「無法獲得確解的問
題」。當吾人從整個文化導向的層次下降到這些「無法獲得
確解的問題」的層次,文化之間相互的比較,變得最令人興
奮,也最具啟發性;從精微差異之中發現真理的可能,經常
遠比從籠統、粗糙地對甲文化或乙文化的整體特性的概括為
大。吾人在這個層次上,可以再一次察覺到,人類在一起共
同會話的可能性;雖然,不同的較大文化導向之間的距離,
無疑是很大的。8

　　因此,一個世界史的比較視野,可以觀照世界不同地域的,
個別思想內容,而對每個地域的思想內容加以嚴謹、多方面的考
察,是思想史學者建立比較世界史的視野,所必須的。這一學術
立場,等於要落實於一個論證的、永不結束的、彼此相互照明的
雙面鏡式,學習與反思的過程——以世界史的視野,觀照一個地
域的思想內容;仔細考察一個、一個地域的思想內容,用以形成
世界史的視野。
　　根據上述對於史華慈思想史理論與實踐的兩點核心意見的了
解,他幾乎無可避免地,要應用巴斯噶式(Pascal-like)不固定
的、多元的、沉思的途徑來治思想史。因為,如果思想史學者的

8　Benjamin I. Schwartz, *The World of Thought in Ancient China* (Cambridge, MA: Harvard University Press, 1985), p. 14.

任務是，能有多徹底便要多徹底地去了解他研究對象的內在世界，面對史學家每每以一己之偏來曲解研究對象的可能性，與史家先入為主的關懷，他應經常意識到這些陷阱的存在，並與之堅苦搏鬥。那麼，誠懇地、永不間歇地，面對這一兩難境況，便是史家的天職。假若，如上述那樣，思想史家無需特別著力於建立，嚴密的因果分析（這一認識加強了他研究思想內容的任務，同時這一認識也因加強思想內容的研究而加強）；那麼，思想史的題材──「無法獲得確解的問題」所蘊涵的，多方面、具有精微差異的複雜思想，只能以沒有止境的方式處理。在處理這樣歷史與哲學的交叉點上的問題的時候，什麼方法能比巴斯噶式探討模式，更賦予豐富的資源？

三、巴斯噶式治史的途徑

唯有巴斯噶式探討模式，才具有足夠的變化以配合史華慈所致力於理解的，思想史中複雜的「無法獲得確解的問題」。此一途徑，總是準備好隨時去觀察、衡量，研究對象的方方面面。為了達到對思想內容的了解，吾人必須能多徹底便要多徹底地，探索研究對象所具有的一切精微差異。這些精微差異只能使用精確的限定才能被我們掌握得到。另外，此一途徑受惠於追求真理時，平靜的懷疑主義。真理常從許多無法概括整體的，有時竟是相互矛盾的、非完整的半面真理，辯證地相互作用中推演得來。對巴斯噶而言，挨披克提特斯（Epictetus）是對的，但只對了一半；孟旦（Montaigne）與挨披克提特斯相反，但他也對，不過也只對了一半。如要獲得真理，吾人需同時掌握諸半面真理的相互作用。巴斯噶是一個誠摯的人，他的許多思想是嚴肅而深重

的。下面徵引從巴氏所著《思想》一書298號片段的話，雖然是
以反諷的方式寫出的，卻顯示了建築在平靜的懷疑主義之上的，
巴斯噶豐富、多采多姿、探索式的反思模式：

　　每一件事情是一半對，一半錯。基本真理則不是那樣。它
　是完全純正而真實的。世間事務，則沒有一件事是精純地
　真。因此，根據精純的真理來衡量世間的事務，沒有一件事
　是完全真確的。你將說殺人是錯的。對，因為我們知道什麼
　是對的，什麼是錯的。但是，你能說什麼是好的嗎？保持童
　貞？我說，不。因為那樣世界將要結束。結婚？不；自制
　（節慾）較好。廢除死刑？不，那樣將會產生無法無天的可
　怕境況，壞人將把好人殺光。那麼，保存死刑？不，那將破
　壞了自然。我們只擁有部分真理和善良，而真理和善良與罪
　惡和虛假是混在一起的。[9]

　　史華慈先生從青年時代開始，即已對巴斯噶的思想甚為熟
稔；但，這不是他使用巴斯噶式探討模式的主要原因。在學術事
業上，史氏的淵博，畢竟不是建築在對於單一哲學家的認知之
上。他對東方與西方廣闊的思想領域，是具有甚為親切的了解
的。筆者以為，他之所以使用巴斯噶式的探討模式，主要是因
為，這個模式提供了有效的資源，這項資源順暢地為他的（前已
提及的）道德態度提供了服務。在他依據道德的態度追求知識
時，遂使用了這一模式。史氏清楚地認識到，世間沒有任何一個

9　Blaise Pascal, *Pensees*, ed., Louis Lafuma, tr., J. Warrington（London: J. M. Dent, 1960）, p. 80.

研究途徑，可以保證學術的客觀性，而客觀性乃是學術研究的最高鵠的。那麼，在沒有止境的反思之中，試圖窮盡思想內容一切面相的巴斯噶模式，可能是應付學術上思想研究的兩難境況的，最有效和最誠實的道路。

應用此一探討模式，史氏得以對古典與近現代中國思想史中許多關鍵思想，提出種種精微的洞見。例如，在他對嚴復與史賓塞之間的關係的分析上，我們得知嚴復雖然「曲解」了史賓塞的「自由主義」（嚴復的「曲解」來自他自己先入為主的關懷與史賓塞的社會達爾文主義的影響）；然而，嚴復的「曲解」，事實上，卻是比史賓塞自己更具前後連貫性的理解。在史賓塞的思想中，他底社會達爾文主義占據了最高地位，駕凌了他底自由主義而使之變質。此一事實，史賓塞自己卻不清楚，反而彰顯在史華慈對嚴復思想的分析中。這一思想史上的重大收穫，主要得自史氏使用巴斯噶式探討模式，從另一方面來洞察真理而得到的——在這個例子中，是從「曲解」中看到了真理。在《古代中國的思想世界》中，許多豐富的學術成果，也是從這個探討模式中獲致的。與占勢力的對「天」的解釋——把「天」解釋為「內在超越」的看法——相對照的是，史氏對作為道德意志的「天」作了見解獨到的闡釋。書中許多精采而有力的分析，是用來反駁費格瑞（Herbert Fingarette）認為孔子思想中沒有內在自我的觀念而提出的。在處理墨子兼愛的觀念與老莊神祕主義的時候——特別是他解釋整體主義秩序的觀念（the holistic concept of order）的時候——史華慈也提出了許多精闢的看法。另外，他對中國古典思想中非化約主義、整體主義的秩序觀念所蘊涵的特定保守成分的辨析毫芒的闡釋，也是思想史上一項重大的貢獻。史氏說：「對於經驗世界多種現象予以分類，而不把它們化約至某些原初的物

質，這樣的秩序觀念是對『有形的實際』的認知，它視日常生活經驗為確實的證言。」[10]

　　然而，史華慈教授的成就蘊涵著一些內在的限制。事實上，他的成就與限制，乃是一事之兩面。正因為他的研究是精微而辨析毫芒的，把思想史的題材看作是開放的「無法獲得確解的問題」，而不把它們放入早已做好的鴿籠的門孔之中，所以，《古代中國的思想世界》的確有相當程度的，流動的、難以捉摸的性格。此一特點，對該書作者而言，也許是無可避免的；因為這部開放性沉思型的著作，從未想要提出「最後的理解」。但是，對一些讀者而言，該書在某些程度上難以捉摸的性格，可能使該書──至少其中某些部分──有幾分難以接近。我不擬在下文作一些含糊的概括性論斷，而要以思想史研究的另一途徑──韋伯的「理念型（或理想型）分析」（ideal-typical analysis）──作為分析架構，來提出一些特定的問題。

四、進一步使用「理念型分析」的必要

　　雖然《古代中國的思想世界》在徵引與詮釋材料上，出現了若干錯誤，但史氏對於史料的態度則一向懷有深切的敬意。這樣的態度傾向於假定歷史的真實，首先是要從現存的史料中去發掘。當然，他曾提出過若干獨立於史料的推斷。然而，概括言之，他努力在史料上下工夫，以便使史料獲得適當的處理。這樣的態度與上述的研究途徑合在一起，使他相當不願意根據韋伯所謂「歷史的知識在於對**未曾**發生的事情提出理解」來提出有關歷

10　Schwartz, *The World of Thought in Ancient China*, pp. 359-360.

史因果的分析。（例如，韋伯對儒家思想、道家思想與道教的研究在於解答：為什麼「傳統中國的理性主義」未曾促進發展以「工具理性」為主旨的資本主義的誕生？）史華慈先生在一些早期的著作中，曾卓越而有效地使用過「理念型分析」。例如，在〈德行的統治：一些對於「文化大革命」中「領袖」與「政黨」的大略透視〉，他作了典型的「理念型分析」。從這一分析中，他說明了盧梭（J. J. Rousseau）與孟子的相似性及其涵義。可是在他前幾年出版的研究中國古代思想的著作中，他卻避免使自己介入這樣的分析。一部分原因，可能是由於中國古代思想寬廣而偉大的魅力使然──可能是因為他集中精神以巴斯噶式探討模式去對中國古代思想的「無法獲得確解的問題」進行沉思，以致無暇提出「理念型分析」的問題並謀求解答。不過，書中留下了不少尚未答覆──但可試求答覆──的問題。例如，假若「天」可同時解釋為「內在超越」與「有意識的道德意志」的話，哪一邊的意義在中國古代思想中占的勢力較大？我個人覺得，作為道德意志的「天」並未像作為「內在超越」的「天」發展得那樣有力。這一事實，從某一意義上說，可能是為什麼在古代中國思想中並未產生「神的公正理論」（the idea of theodicy）的主要因素之一。（「神的公正理論」是指：從神的觀點，對於人世間種種說不通的事，如有些壞人享有一切，好人卻受苦受難，所作的超越性解釋。）

中國思想史上另一重大問題是：為什麼「天命」的觀念（中國傳統政治正當性的最重要觀念）與宗法繼承式的統治觀念──這一極為明顯的矛盾──在中國社會與思想中卻未產生（如在別的社會所可能產生的）更大的衝突或緊張？我覺得，只提到一些古代中國哲學家們的確意識到了兩者不能契合之處，或把這一不

能契合之處歸於天道運行之神祕不可知性,是不夠的。為什麼在中國古代思想之中未能產生追問更進一步問題的要求或衝動──尤其當儒家哲人們認為人性之內有如此龐大的超越力量的時候?如要清楚地試求答覆這類問題──一些答案已蘊涵在史華慈教授的反思之中──吾人需要使用韋伯所發現而不是他所發明的「理念型分析」來進行探索與研究。這一分析,大概需要整合社會史與思想史才能獲得更堅實的成果。

　　令人覺得很有興味的是,韋伯之所以倡導使用「理念型分析」,正由於他也同樣地認識到經驗事實的複雜性──它包涵了無限多的事情與無限多的因素。職是之故,韋伯深切感到應用「理念型分析」的必要。這不是說,任何應用「理念型分析」的研究,都能獲得傑出的成果。這種分析經常有墜入武斷的簡單化與二分法的危險。然而,從邏輯的觀點來看,它卻並非一定會如此。正如門德包恩(Maurice Mandelbaum)所指出的:「只要每一個問題指涉到歷史事件的某一實際方面,只要這些問題並不彼此混淆起來,(對不同問題所指涉的歷史事件的不同方面之)因果解釋,不應比歷史事件不同方面彼此之間的相容性,更少。」[11]

　　雖然我對《古代中國的思想世界》提出了上述批評意見,我必須肯定它的重大貢獻,這一貢獻,展現在它對中國古代思想廣闊內容所提出的,豐實而複雜的分析。它是一部將繼續刺激吾人對其反應的大著。在未來的歲月中,每一項對於中國古代思想嚴肅而深思的「理念型分析」,均需對它所包涵的理解,作深切的考慮。

11　Maurice Mandelbaum, *The Anatomy of Historical Knowledge* (Baltimore: Johns Hopkins University Press, 1977), p. 79.

魯迅個人主義的性質與涵義[1]
兼論「國民性」問題

一

根據已出版的《魯迅全集》各種版本，魯迅先生（以下簡稱魯迅）在1925年5月30日給許廣平的信上說[2]：

> 其實，我的意見原也一時不容易了然，因為其中本含有許多矛盾，教我自己說，或者是人道主義與個人主義這兩種思想的消長起伏罷。所以我忽而愛人，忽而憎人；做事的時候，有時確為別人，有時卻為自己玩玩，有時則竟因為希望

1　本文初稿曾於1991年9月在「魯迅生誕110週年仙台紀念祭」國際研討會與東京大學魯迅研討會上宣讀。會中與會後得與日本魯迅研究及中國近現代思想史學界多位學者相互切磋，獲益很大，謹此致謝。本文最初發表於《二十一世紀雙月刊》第12期（1992年8月），頁83-91。

2　《兩地書》，《魯迅全集》（北京：人民文學出版社，1981）（以下簡稱《全集》），卷11，頁79-80。此段文字與《兩地書》的其他鉛印版本均同。

生命從速消磨，所以故意拚命的做。此外或者還有什麼道理，自己也不甚了然。

魯迅這項在研究界眾所周知的自我表白，蘊涵著相當複雜的意義，而這複雜的意義則是來自表白中「豐饒的含混性」（fruitful ambiguity）[3]。〔「含混性」在這裡不是僅指形式上的矛盾之類，而更是指：一個思想家或文學家在面對時代苦難與承擔內心焦慮的時候，產生了不相容的關懷與思緒；然而，這樣的衝突與緊張正是刺激他創作活動的泉源，故曰「豐饒的含混性」。〕

我們需要仔細考察的是：魯迅所謂人道主義與個人主義究竟是什麼意思？顯然的很，他肯定了他的「人道主義」，也肯定了他的「個人主義」。但他覺得它們是衝突的，所以彼此不能融合，只能在不同時候與不同心情下，在他內心之中「消長起伏」。

然而，人道主義與個人主義，從另一觀點來看，不但並無衝突，而且還有相輔相成的關係。從做人的態度上來看，假若人道主義的中心素質，正如魯迅所說，是：愛人、為別人著想的話，那麼人道主義的前提是對人的尊嚴的肯定與堅持；否則，如人無尊嚴可言，他還值得被愛、被關懷嗎？而人的尊嚴則來自個人自身的、不可化約的（irreducible）價值。用盧梭的話來說：「每個人都是高貴的存在，他的高貴到了使得他不可成為別人工具的程度。」[4]康德則說：「概括言之，人與一切理性的存在，其本身是作

3　這個思想上的分析範疇（category of analysis），首先是由史華慈教授提出的。見氏著 "Some Polarities in Confucian Thought," in David S. Nivison and Arthur F. Wright eds., *Confucianism in Action* (Stanford: Stanford University Press, 1959), p. 51.

4　引自 Steven Lukes, *Individualism* (Oxford: Basil Blackwell, 1973), p. 49.

為目的存在的，而不是作為這個或那個意志任意使喚的工具而存在的。……因為作為理性的存在，人性的特質已使他顯露出他的存在本身即是目的。這種人的自身目的性，不僅是從人的主觀（主體性）存在來看是如此：從客觀（客體性）存在而言，人也是客體世界中的目的。」[5]

　　關於人的尊嚴，各家解釋與論證的方式容或有異，但認定其為人道主義的理論根據，則並無不同。人的尊嚴的理念自然蘊涵著對人的尊重，同時也蘊涵著人人平等的意思。因為每個人既然都被視為目的，不僅只是別人或任何機構的工具，那麼每個人都應獲得同樣的尊重，所以在這個意義之下，人人是平等的。這一由人之自身的、不可化約的價值所導出的人的尊嚴與人皆平等的理念，其實質基礎可來自基督教人人皆是上帝兒女的教義、康德哲學所認定的人皆有自由與理性的意志，或儒家性善學說經由創造性轉化以後的結果[6]。

　　人的尊嚴所蘊涵的對人的尊重（包括自尊在內），事實上，已賦予了個人自由的涵義。之所以如此，我們可從反面觀點看出其理路。如果我們不尊重一個人的話，我們會如何對待他呢？首先，我們會只把他當作工具，因為他不是具有自主性的個體。第二，我們會覺得可以任意干擾他，因為他沒有隱私權。第三，我們會覺得他用不著發展自己，因為他沒有發展自己的必要或能

5　Immanuel Kant, *The Moral Law*（Groundwork of the Metaphysic of Morals）, tr. and ed., H. J. Paton, 3rd ed.（London: Hutchinson & Co., 1958）, pp. 90-91.

6　請參閱拙文 "The Evolution of the Pre-Confucian Meaning of *Jen* 仁 and the Confucian Concept of Moral Autonomy," *Monumenta Serica*, 31: 172-204（1974-75）；與拙著《中國傳統的創造性轉化》（北京：生活‧讀書‧新知三聯，1988）或《思想與人物》（台北：聯經出版公司，1983）。

力。換句話說，如果我們尊重一個人，我們就必須肯定：（1）他的自主性、（2）他的隱私權、（3）他的自我發展的權利。我們同時應該促進政治、社會、經濟與文化發展到盡量能夠使得個人的自我空間獲得不受外界干擾的保障，並能夠提供個人自我發展的機會。這三方面對個人的尊重，實際上也是個人自由的三個面相——而這三個面相之間是有密切關係的。就以魯迅常強調的個人發展而言，它蘊涵了個人的自主性必須借助於隱私權的保障。個人的發展應該是自願、自動、自發的，亦即：應該具有自主性。這樣才能顯示人的尊嚴（包括自尊）。如果一個人的發展是為了完成別人的意願，或是為了乞討別人的歡心，那麼他這種沒有自主性的發展是沒有多大意義的，因為那樣做缺乏人的尊嚴——當然這樣被動的、非自主性的發展也不容易發展得好。另外，許多形式的自我發展（如學術與藝術上的創作活動）需要在不受外界干擾的自我空間中才易進行，所以他的隱私權也必須獲得保障[7]。

綜上所述，我們知道個人自由的三個面相是人的尊嚴的實質肯定與表現。換言之，如要肯定人的尊嚴，便須肯定人的自由；沒有人的自由，便沒有人的尊嚴。既然人的尊嚴是人道主義的前提，那麼肯定與堅持人道主義的人——主張與實踐愛人、為別人著想的人——就必須肯定與堅持人的尊嚴，也就必須肯定與堅持人的自由。而人的自由——人的自主性、隱私權與自我發展的權

7　當然，也有一些形式的個人發展，如政治的參與或在社會上與別人合作的精神的培養，是要靠參與公眾生活而獲致的——但，即使在這裡，隱私權也是必要的，這樣才能劃清「公」「私」的界線，使人能夠更清楚地發展個人「公」的性格與生活。

利——正是個人主義堅實的核心，所以主張與堅持人道主義的人，就必須主張與堅持這個意義之下的個人主義[8]。

二

以上對於人道主義與個人主義之間所具有的關係的分析，說明了它們不但並無衝突而且還相輔相成。

那麼，魯迅為什麼卻認為它們在他內心之中是衝突的呢？如要解答這個問題，首先應從考訂材料入手。事實上，《兩地書》的各種鉛印版本中所載前引魯迅給許廣平的信是經過增刪的。前引的那一段話在原信中是這樣[9]：

其實，我的意見原也不容易了然，因為其中本有著許多矛盾，教我自己說，或者是「人道主義」與「個人的無治主義」的兩種思想的消長起伏罷……。

在這裡「人道主義」是加引號的，個人主義也加引號並多了「的無治」三字而是「個人的無治主義」。四年多以前，魯迅在〈譯了《工人綏惠略夫》之後〉一文中說，「無治的個人主義

8　Steven Lukes, *Individualism* 中有些章節，我並不同意，尤其是他對 Max Weber、F. A. Hayek 等所主張的「方法論上的個人主義」的批評，我覺得相當膚淺。但他對於人的尊嚴與個人自由之間所具有的關係的分析，卻相當扼要。上面的分析，主要是參考此書有關這方面的章節撰成的。

9　北京魯迅博物館魯迅研究室編，《魯迅致許廣平書簡》（石家莊：河北人民出版社，1980），頁45。

（Anarchistische Individualismus）」就是「個人的無治主義」[10]。顯然得很，魯迅在這封給許廣平的信上說的「個人的無治主義」就是「無政府或安那其個人主義」。魯迅藉對《工人綏惠略夫》作者阿爾志跋綏夫（M. Artsybashev）另一部小說《賽寧》（*Sanin*）的主題的解釋，說明「安那其個人主義」的主旨是：「人生的目的只在於獲得個人的幸福與歡娛，此外生活上的欲求，全是虛偽。」緊接著，魯迅說賽寧所謂「個人的幸福與歡娛」指的是「自然的欲求，是專指肉體的欲」。然而，賽寧的這種說法「也不過是一個敗績的頹唐的強者的不圓滿的辯解」，於是阿爾志跋綏夫「又寫出一個別一面的綏惠略夫來」[11]。

魯迅解釋《工人綏惠略夫》的主旨說[12]：

> 人是生物，生命便是第一義，改革者為了許多不幸者們，「將一生最寶貴的去做犧牲」，「為了共同事業跑到死裡去」，只剩下了一個綏惠略夫了。而綏惠略夫也只是偷活在追躡裡，包圍過來的便是滅亡；這苦楚，不但與幸福者全不相通，便是與所謂「不幸者們」也全不相通，他們反幫了追躡者來加迫害，欣幸他的死亡；而「在別一方面，也正如幸福者一般的糟蹋生活。」
>
> 綏惠略夫在這無路可走的境遇裡，不能不尋出一條可走的道路來；他想了，……他根據著「經驗」，不得不對於托爾

10 魯迅，〈譯了《工人綏惠略夫》之後〉，《魯迅全集》（北京：人民文學出版社，1973），卷11，頁588-589。

11 以上四處引文同上，頁589-590。

12 同上，頁591。

斯泰的無抵抗主義發生反抗，而且對於不幸者們也和對於幸
福者一樣的宣戰了。

　　於是便成就了綏惠略夫對於社會的復仇。

　　根據以上的說明，對於魯迅所說他內心中「人道主義」與
「個人主義」之矛盾與衝突，最直截了當、但也是比較浮面的理
解，是可以根據上引可靠的材料，就文字表面上的意義來進行
的。我們可以說，魯迅的「人道主義」與「個人主義」的意義及
兩者之間的關係，與本文第一節所分析的西方自由主義傳統中，
人道主義與個人主義的意義及兩者之間的關係，甚為不同。魯迅
給許廣平信上說的「人道主義」，接近沒有條件的、服從超越命
令的、宗教意義上的獻身。這種「人道主義」並不一定要設定
「人的尊嚴」，因為愛人是服從超越命令的意義之下的獻身。魯迅
早年在〈破惡聲論〉（1908）中談到托爾斯泰時，雖認為他的
「大愛主義」、「不抵抗主義」在現實世界上是行不通的，但卻覺
得「其聲亦震心曲」[13]，魯迅所欣賞的人道主義理想，是帶著托爾
斯泰的身影的，那含有至上的、絕對的情操。

　　魯迅的「個人主義」，正如他給許廣平的信的原件所示，實
是「安那其個人主義」，那是備嘗人間無邊黑暗、無理與罪惡後
所產生，反抗任何權威、任何通則的思緒，以為除了滿足自己的
意願之外，一切都是假的。這樣的「個人主義」沒有是非，沒有
未來，只有自我的任意性，而具有任意性的不同思緒與行為之
間，也無需任何合理的關連。從1924年到1926年他離開北京之
前，魯迅的心情日趨黯淡。他給許廣平寫那封信的時候，正是五

13《全集》（1981），卷8，頁31。

卅慘案發生的當天。眼見五四運動過後,民族、國家、社會與文
化不但未能變好,反而日漸墮落下去:種種努力,均已罔然。這
個在青年時代就寫下「我以我血薦軒轅」的詩句,誓志為中國的
新生,準備犧牲自己的人,現在卻發現他多年來為挽救中國所堅
持的理念與工作(如思想革命、改造國民性等)已到了盡頭。在
他意識中已經相當清楚地感到,那是一個死結,並不能解決問題
(詳下文)。在看不到遠景,走投無路的情況下,他常說:「我現
在愈加相信說話和弄筆的都是不中用的人」、「筆是無用的」、
「我的思想太黑暗」、「『惟有黑暗與虛無』乃是『實有』」[14]。

　　在前引寫給許廣平那封信後的第十八天(1925年6月17日),
魯迅寫下大概是他一生中最黑暗的作品——散文詩〈墓碣文〉[15]:

> 　　有一游魂,化為長蛇,口有毒牙。不以嚙人,自嚙其身,
> 終以殞顛。……
> 　　……離開!……
> 　　……抉心自食,欲知本味。創痛酷烈,本味何能知?……
> 　　……痛定之後,徐徐食之。然其心已陳舊,本味又何由
> 知?……
> 　　……答我。否則,離開!……

　　正如李歐梵指出的,「在這個想像中的墓碣文上所銘刻的
是:為紀念烈士精神的化身所做自殘式的復仇,它蘊涵著最終無
從解答的弔詭:他已死去,他又如何能夠找到他的人生與他為理

---

14 以上引文按順序見《兩地書》,《全集》(1981),卷11,頁20-21、74、78、79。
15 《野草》,《全集》(1981),卷2,頁202。

想犧牲的意義？」[16]魯迅早年對魏晉思想與文學甚為熟悉與喜愛，他所了解的《列子‧楊朱篇》的為我主義與施蒂納（Max Stirner）的安那其主義，此時都可能在他的意識中發酵而相互起著作用。他在這樣酷烈的創痛與絕望之中，時有深具任意性與虛無性的安那其個人主義衝動，是可以理解的。魯迅說他的「安那其個人主義」與「人道主義」是矛盾的，在他心中只能「消長起伏」，而不能相輔相成，也是可以理解的。

不過，魯迅對「安那其個人主義」並不滿意；自然，對他自己含有「安那其個人主義」的衝動，也頗有保留，不會讓它發展到不可收拾的地步。他在另一封給許廣平的信上說[17]：

　　現在的所謂教育，世界上無論那一國，其實都不過是製造許多適應環境的機器的方法罷了。要適如其分，發展各個的個性，這時候還未到來，也料不定將來究竟可有這樣的時候。我疑心將來的黃金世界裡，也會有將叛徒處死刑，而大家尚以為是黃金世界的事，其大病根就在人們各各不同，不能像印版書似的每本一律。要徹底地毀壞這種大勢的，就容易變成「個人的無政府主義者」，如《工人綏惠略夫》裡所描寫的綏惠略夫就是。這一類人物的運命，在現在——也許雖在將來——是要救群眾，而反被群眾所迫害，終至於成了單身，忿激之餘，一轉而仇視一切，無論對誰都開槍，自己也歸於毀滅。

16 Leo O. Lee, *Voices from the Iron House: A Study of Lu Xun* (Bloomington: Indiana University Press, 1987), p. 109.
17《兩地書》，《全集》（1981），卷11，頁19-20。此信寫於1925年3月18日。

　　魯迅對那種不分敵我的大愛主義也是批評的：例如，他在〈《解放了的堂‧吉訶德》後記中〉說[18]：

　　　　他用謀略和自己的挨打救出了革命者，精神上是勝利的；而實際上也得了勝利，革命終於起來，專制者入了牢獄；可是這位人道主義者，這時忽又認國公們為被壓迫者了，放蛇歸壑，使他又能流毒，焚殺淫掠，遠過於革命的犧牲。他雖不為人們所信仰，──連跟班的山嘉也不大相信，──卻常常被奸人所利用，幫著使世界留在黑暗中。

　　根據以上的分析，我們可以得到一些線索來解釋為什麼魯迅在要出版《兩地書》之前，把「人道主義」與「個人的無治主義」修改為人道主義與個人主義──不但刪去「的無治」三字，而且也刪去了引號。也許他覺得這樣可以把他嚴峻、絕對的立場緩和一點。魯迅常說他寫文章的時候喜歡隱晦一點。在修辭上，他是喜歡不明說的。現在他既然一方面有「安那其個人主義」的衝動，另一方面又覺得那是不負責任的「毀滅」之路；一方面他仍不能不被服從超越命令、至上的人道主義精神所感動，但另一方面，他又深切感到這種沒有條件的「大愛主義」在現實世界上不但行不通，有時還會間接地給社會帶來災難──魯迅在這思想上走投無路的困局中，難免順著自己寫文章的習慣做一點修辭上

<hr>

18《全集》（1981），卷7，頁398。魯迅在1935年11月16日給蕭軍、蕭紅的信上更說：「二十四年前（指辛亥革命時期）太大度了，受了所謂『文明』這兩個字的騙。到將來，也會有人道主義者來反對報復的罷，我憎惡他們。」《全集》（1981），卷13，頁250。

的工作了。然而，修飾以後把未加引號的人道主義與個人主義對立了起來。這是更概括地指謂具有一般意義的人道主義與具有一般意義的個人主義是對立的。但，這樣做不但未能解決在思想上他底帶有托爾斯泰身影的人道主義與他底安那其個人主義之間所產生的衝突，反而使人覺得產生了更為嚴重的含混——雖然這「含混」只是修辭上的「結果」。因為根據本文第一節的分析，我們知道人道主義與個人主義是相通的，它們之間不但並不衝突，而且相輔相成。

三

其實，魯迅在1907年所發表的〈文化偏至論〉與〈摩羅詩力說〉中也是認為人道主義與個人主義是相輔相成的：

個人一語，入中國未三四年，號稱識時之士，多引以為大詬，苟被其溢，與民賊同。意者未遑深知明察，而迷誤為害人利己之義也歟？夷考其實，至不然矣。而十九世紀末之重個人則弔詭殊恆尤不能與往者比論。……蓋自法朗西大革命以來，平等自由，為凡事首，繼而普通教育及國民教育，無不基是以遍施。久浴文化，則漸悟人類之尊嚴；既知自我，則頓識個性之價值。……內部之生活強，則人生之意義亦愈邃，個人尊嚴之旨趣亦愈明。[19]

英當十八世紀時，社會習於偽，宗教安於陋，其為文章，亦摹故舊而事涂飾，不能聞真之心聲。於是哲人洛克首出，

---

19 魯迅，〈文化偏至論〉，《全集》（1981），卷1，頁50-55。

力排政治宗教之積弊，倡思想言議之自由，轉輪之興，此其
播種。[20]

在這兩篇青年時代的昂揚之作中，魯迅對人的尊嚴的關懷，
確是躍然紙上。雖然這樣的關懷與他所強調用精神力量來復興中
華的主張是混在一起的；但，他對於人的尊嚴以及人的自由是人
的尊嚴之實質肯定的認識，是不容置疑的。不過，這一認識在他
的思想發展中並不穩定。

之所以如此，我們需從探討他所主張達成此一目標的「方
法」，在其思想進程中所產生的影響來了解。大家都知道魯迅從
青年時代開始，最重要的主張之一是：改造中國的國民性。「國
民性」是從日語轉借而來，亦即「民族性」。魯迅有時（如在
〈馬上支日記〉裡[21]）將兩者調換著用，指的是一類事物。他早年
在日本與許壽裳討論中國民族的特質時，既已得到極為負面的結
論。他們認為：「（中華）民族最缺乏的東西是誠和愛——換句話
說：便是深中了詐偽無恥和猜疑相賊的毛病。口號只管很好聽，
標語和宣言只管很好看，書上只管說得冠冕堂皇，天花亂墜，但
按之實際，卻完全不是這回事。」（見許壽裳著《我所認識的魯
迅・回憶魯迅》章）。魯迅這一從負面來鑑定中國國民性或民族
性的傾向，因受到政治革命失敗所產生的失望情緒，及其使用以
為最終是思想決定一切的中國傳統一元有機式思想模式的深切影

---

20 魯迅，〈摩羅詩力說〉，《全集》（1981），卷1，頁99。洛克在1704年逝世；
　　但他的主要著作都是在十七世紀出版的，應該說他是十七世紀的哲學家。這
　　篇魯迅青年時代的作品在談到十八世紀英國的情況時，言及「於是哲人洛克
　　首出」，在時序上是不正確的。

21 魯迅，〈馬上支日記〉（1926年7月2日），《全集》（1981），卷3，頁325-326。

響，愈來愈往負面走去，最後達到必須對中國傳統做整體性攻擊的結論[22]。在這個戰鬥過程中，他一方面創作出來整體性反傳統主義下不朽的文學作品，如《狂人日記》、《阿Q正傳》；另一方面，卻從主張改造國民性與思想革命的觀點出發，走向邏輯的死結。

　　首先，「國民性」或「民族性」並不是很有生機（viable）的分析範疇（category of analysis）。它有相當強的決定論傾向。如中國的一切，基本上，是由「國民性」——中國人的本質——所造成的，那麼無論歷史如何變遷，中國人還是中國人，其本質是不會變的，所以一切努力終將徒勞。這樣有決定論傾向的思考問題的方式，自然不易提出有生機的改革計畫。它極可能導致深切的悲觀。另外，它本身不能告訴我們它究竟是「原因」的探索或是「後果」的宣稱。所以在邏輯上也易變成「沒說什麼的『論式』」（tautological "argument"）。如果中國的積弊是由「國民性」造成的，那麼「國民性」是什麼造成的呢？魯迅曾說中國的國民性受到游牧民族入侵的影響很大，所以「國民性」有時是「後

22 詳見拙著 *The Crisis of Chinese: Consciousness: Radical Antitraditionalism in the May Fourth Era*（Madison: University of Wisconsin Press, 1979），pp. 3-55, 104-161.〔日文版：丸山松幸、陳正醍譯《中國の思想的危機：陳獨秀・胡適・魯迅》（東京：研文出版，1989），頁13-73、135-213。中文版：穆善培譯・蘇國勛、崔之元校，《中國意識的危機：「五四」時期激烈的反傳統主義》（貴陽：貴州人民出版社，1988增訂再版），頁1-93、177-299。韓文版：李炳柱譯《中國意識의危機》（漢城：大光文化社，1990），頁15-77、133-202。〕以及拙文 "The Morality of Mind and Immorality of Politics: Reflections on Lu Xun, the Intellectual," in Leo O. Lee ed., *Lu Xun and His Legacy*（Berkeley: University of California Press, 1985），pp. 107-128。此文中譯見拙著《政治秩序與多元社會》（台北：聯經出版公司，1989），頁235-275。

果」，而不是「原因」。但他因深受「藉思想─文化以解決問題的方法」（the cultural-intellectualistic approach）的影響[23]，因此經常把代表中國人思想本質、精神面貌的「國民性」當作「原因」看待。在這樣的思想工作中，他走向了自我發展的邏輯死結：一個在思想與精神上深患重痾的民族，如何能認清重痾的基本原因是它的思想與精神呢？（思想與精神既已深患重痾，自然不能發揮正常功能，不能發揮正常功能的思想與精神，如何能認清病症的基本原因是思想與精神呢？）既然連要認清自己病症的原因都不易辦到，又如何奢言要鏟除致病的原因呢？

因此，魯迅在情緒好的時候，只能相當形式地說，沒有人能夠預言未來，所以沒有人可以確切地說未來一定沒有希望。但在情緒壞的時候，他便陷入絕望的深淵。他在青年時代曾傾慕尼采的超人，希望自己和一些有志之士，能像尼采所說的能夠克服內在限制的超人那樣，成為領導國人新生的「精神界之戰士」。但到了五四時期他已覺得「超人」觀念的渺茫。

在這樣走投無路的思想困局之中，他時有傾向虛無的安那其個人主義的衝動是可以理解的。但另一方面，他渴望能夠走出這個思想上的困局，因為安那其個人主義的衝動只能反映他的困局，並無法解決問題。在中日戰爭發生以後，作為愛國者，他必須採取政治立場，而中國馬列主義已經提出了一整套革命的計畫與步驟，於是他便在未對它深切研究之前，成為共產革命的同路人。魯迅這一重大變遷，基本上是受其思想困局之壓迫性影響所致，並非根據強大的理性資源思考所得。

魯迅受了安那其個人主義的影響，無法堅持青年時代已有

23　見前揭書與前揭文。

的，人道主義與一般意義的個人主義相輔相成的認識，當然也就無法堅持自由主義的個人主義的政治立場。然而，魯迅的人道主義仍然在未必明言的層次上，發揮著以儒家思想為主流的人文精神。至少在個人生活層面，我們從俞芳與許羨蘇所發表的回憶中[24]，可以看到他是謙虛的，對親人、友朋懷著溫情，有恆地保持著人際關係。在這個層次上，魯迅仍生活在一個並非孤立的、仍然迷人的現世之中，在這個世界裡，超越的意義是內涵（immanent）於人的生命之中的。

---

24 俞芳，《我記憶中的魯迅先生》（杭州：浙江人民出版社，1981）；許羨蘇，〈回憶魯迅先生〉，北京魯迅博物館魯迅研究室編，《魯迅研究資料3》（北京：文物出版社，1979），頁199-216。

「問題與主義」論辯的歷史意義[1]

一、三重危機：論辯的歷史環境

在1919年，「五四」與「六三」等重大事件發生後不到三個月的時候，作為中國自由主義主要發言人之一的胡適與作為中國共產黨創建人之一的李大釗，在《每週評論》上針對「問題與主義」進行了一次甚具意義的論辯（當時參加論辯的還有藍志先等）。與後來中國知識分子之間許多僵化的、意識形態的重複操作，或不被允許深思的黨派路線之爭相比照，這是一次相當「開放」的論辯：雙方都持盡量了解對方立場的態度；因為彼此都能嚴肅地看待對方，所以他們都相當清楚地說明了自己立場。從客觀的觀點來看，這次論辯把彼此立場之得失顯示得相當清楚；在中國近現代思想史上，這樣子的交換意見是很難得的。

1　本文初稿原以英文撰成，提交1991年在紐約舉行的，慶祝《聯合報》創立40週年學術研討會。現經《聯合報》慨允，先以中文在《二十一世紀》發表，謹此致謝。

　　1919年是二十世紀中國歷史悲劇的門檻，過此以後，則一發不可收拾矣！我們可從李大釗與胡適的論辯的性質與後果看到一些這一重大歷史悲劇之成因、性質與過程的端倪。

　　李大釗對其抱持「主義」的說明，預示著激進的中國共產運動所將採取的意識形態的方向與內容。另外一邊，胡適對中國的變革所應採取自由主義式漸進改革的立場做了有力的辯護；當時獲得不少人的支持。然而，歷史環境對他所提倡的變革方式卻極為不利。自由主義漸進改革的途徑，預設著最低限度的社會、政治與文化秩序的存在；在這樣的秩序之內，以漸進和平的方式進行逐項改革才有其可能。但中國當時的政治、社會與文化秩序均已解體，它是處於深沉的政治、社會與文化三重危機之中。在這樣整體性危機之中的人們，渴望著整體性的解決。自由主義式漸進解決問題的方式，無法配合當時許多人急迫的心態，也提不出立即達成整體性解決的辦法。

　　吾人如要徹底考察胡適關於政治、社會、文化與思想的變革的每一項意見的話，我們會發現他的思想之中包含了不少無法解決的自我矛盾──這些矛盾事實上減弱了他的自由主義的立場，至少從理性的觀點去看是如此。不過，在他與李大釗進行「問題與主義」論辯的時候，他對李大釗所提出的一切問題均需根本解決的質疑，以及他所堅持對個別問題──無論它們之間如何相互關連──仍要個別不同對待的看法，則純正地顯示著，正如史華慈所說，「自由主義永久性真理之一」。

　　然而，中國當時由各種勢力相互衝擊所造成的歷史環境，卻使胡適的意見看來並不相干，自然也就無法實現。在這樣的光景下，他的意見便漸次失去了「市場」。當時的歷史環境使許多知識分子更被激進的意識形態所吸引，因為他們覺得激進的意識形

態所提出的解決辦法才是真正切實的，才真正能夠解決中國的問題。這也是李大釗對馬列主義的能力的聲稱。易言之，他認為唯有在接受馬列主義以後，中國的問題才能獲得解決。這一歷史情況提供了研討五四以後中國捲入政治與思想漩渦的具體證據。

二、胡適與李大釗的基本論式

「問題與主義」之爭，肇始於胡適一篇題作〈多研究些問題，少談些「主義」〉的短文。

胡氏不同意他的朋友李大釗等在未經深究之前，就草率地接受激進意識形態的作風（激進意識形態此處指無政府主義或馬列主義等）。他寫此文的目的，是對他們提出警告：不要把激進主義所提出的虛浮概說與抽象名詞，當作根本解決中國諸多問題的靈丹。胡氏指出：所有的主義當初都是針對特定時空之內的特殊問題提出的具體建議。這些建議對它們所要解決的問題是否有用，或是否能夠從它們興起的脈絡中分離出來，以便拿它們來解決另一歷史環境中所產生的特殊問題——這些都是開放未決的，所以吾人不可遽然接受任何主義。我們最需要做的是，研究各項主義興起的特殊背景、它們所要應付的特殊問題的性質，以及它們究竟是否能夠真正解決那些問題。這樣我們便可站在一個比較堅實的基礎上，來決定當我們試圖解決我們的問題的時候，哪些主義值得我們參考。

接受外來主義並無法取代對自己社會中眾多問題的理解所需要做的努力。如要了解自己國家的政治、社會與文化中的問題，我們必須先對這些問題的特殊性有清楚的掌握。當前「主義」變得很流行，這是很危險的現象。因為它們經由過分簡化的概說與

抽象的名詞，提供給中國知識文化界一個幻象，以為根據這些概
說與名詞，便可便捷地根本解決中國的眾多複雜而特殊的問題。
胡適說：

> 我們不去研究人力車夫的生計，卻去高談社會主義；不去
> 研究女子如何解放，家庭制度如何救正，卻去高談公妻主義
> 和自由戀愛；不去研究安福部如何解散，不去研究南北問題
> 如何解決，卻去高談無政府主義；我們還要得意揚揚誇口
> 道，「我們所談的是根本解決」。老實說罷，這是自欺欺人的
> 夢話，這是中國思想界破產的鐵證，這是中國社會改良的死
> 刑宣告！……主義的大危險，就是能使人心滿意足，自以為
> 尋著包醫百病的「根本解決」，從此用不著費心力去研究這
> 個那個具體問題的解決法了。

李大釗正確地感到胡適這篇文字主要是針對他最近公開宣稱
信仰馬列主義而寫的。李氏在1919年8月17日以一封長信的方式
對胡氏提出了公開的答覆。他說：

> 我覺得「問題」與「主義」，有不能十分分離的關係。因
> 為一個社會問題的解決，必須靠著社會上多數人共同的運
> 動。那麼我們要想解決一個問題，應該設法使他成了社會上
> 多數人共同的問題。要想使一個社會問題，成了社會上多數
> 人共同的問題，應該使這社會上可以共同解決這個那個社會
> 問題的多數人，先有一個共同趨向的理想、主義，作他們實
> 驗自己生活上滿意不滿意的尺度（即是一種工具）。那共同
> 感覺生活上不滿意的事實，才能一個一個的成了社會問題，

才有解決的希望。不然，你儘管研究你的社會問題，社會上多數人，卻一點不生關係。那個社會問題，是仍然永沒有解決的希望；那個社會問題的研究，也仍然是不能影響於實際。

上文清楚地顯示了李氏接受馬列主義的理由並不在於它的真理性，而是基於它能夠提供工具性效果的考慮。然而，關鍵則是主義的工具性卻是由它高揚的理想主義（或烏托邦主義）來提供的。換句話說，李氏對於馬列主義是否在知識上提出了有關人性、歷史、政治、經濟、社會的理性的真知灼見，興趣不大。馬列主義之所以能使他很快地信服，是因為它底**烏托邦主義的政治效用**。李氏認為提倡這樣烏托邦主義及其實現的方式，能夠導使大多數中國人參與具有共同目標的政治運動。至於把作為目的的烏托邦主義變為形成政治運動的手段——這一轉折——所呈現的理論上與實際上的諸多問題，李氏不是沒有清楚地意識到，便是並不受它們的干擾。

關於胡適對他不顧及實際問題的特殊性而高談主義的批評——胡氏認為那只是空話——李氏答覆說：

　　我們只要把這個那個的主義，……拿來作工具……，用以為實際的運動，他會因時、因所、因事的性質情形生一種適應環境的變化。……在別的資本主義盛行的國家，他們可以用社會主義作工具去打倒資本階級。在我們這不事生產的官僚強盜橫行的國家，我們也可以用他作工具，去驅除這一班不勞而生的官僚強盜。一個社會主義者，為使他的主義在世界上發生一些影響，必須要研究怎麼可以把他的理想盡量應

用於環繞著他的實境。

　　所以現代的社會主義，包含著許多把他的精神變作實際的形式使合於現在需要的企圖。這可以證明主義的本性，原有適應實際的可能性，不過被專事空談的人用了，就變成空的罷了。

　　那麼，先生所說主義的危險，只怕不是主義的本身帶來的，是空談他的人給他的。

　　李氏認為馬列主義可以作為解決中國問題的工具，它能夠為了適應中國的環境，而作一些適當的調適。根據這樣的看法，李氏認為當他指出中國的嚴峻問題需要根本解決，而馬列主義能夠提供根本解決的工具的時候，他已對胡氏的批評給予有力的反駁，所以無需就胡氏的問題提出直接的答覆。

　　李氏的答覆並未使胡氏覺得他的看法已被李氏充分地理解。胡氏認為李氏的答覆呈現了更為嚴重的問題。於是，他又撰就〈三論問題與主義〉，再對自己的立場作進一步的說明。令胡氏特別感到不安的正是李氏主要的論點：把主義當作發動社會運動的政治性工具與認定一旦主義被接受與提倡以後，它的「本性原有適應實際的可能性」。胡氏直指李氏的想法是「不負責任的主義論」。從胡氏的觀點來看，李氏的主張只是呈現了他相信主義能夠如此而已，這樣的信仰無法取代對具體而特殊問題的負責任的研究與以開放心靈來找尋有效地解決問題的努力。胡氏並不反對把各項主義當作解決問題的參考。不過，在胡氏把主義當作解決問題的參考與李氏把主義當作發動社會運動的政治性工具之間，有一關鍵性的差異。李氏的立場使得他與他的戰友們在一旦接受某一主義以後，必然會為了獲得政治效果而極力提倡它，即使它

並不能有效地解決許多特定的問題。對胡適而言，這樣從政治觀點來信仰主義的辦法正足顯示其內在限制，因為它使切實研究具體特殊問題並謀求解決之道的工作受到了限制。

分析到這裡，我們已接觸到了這次論辯的核心。李氏認為在沒有達到經由革命而獲致政治上的基本變革以前，任何特定具體問題的解決，基本上是不可能的。而胡氏則認為，許多特殊而具體的問題不可能由於政治革命便可獲得解決，因為政治革命由於其本身性質使然，一定會使以開放心靈來找尋許多具體問題的解決之道受到限制。胡氏說：

> 請問我們為什麼要提倡一個主義呢？難道單是為了「號召黨徒」嗎？還是要想收一點實際的效果，做一點實際的改良呢？如果為了實際的改革，那就應該使主義和實行的方法，合為一件事，決不可分為兩件不相關的事。我常說中國人（其實不單是中國人）有一個大毛病，這病有兩種病徵：一方面是「目的熱」，一方面是「方法盲」。

在胡氏呼籲為了目的不可不擇手段（否則「手段」在過程中將變成了「目的」），所以目的與手段必須有其一致性的時候，一位中國自由主義者與一位中國共產黨創黨人之間的論辯，均已相當充分地表達了自我立場，「問題與主義」之爭便也達到了盡頭。

三、中國烏托邦主義的異化

從以上的分析我們可對「問題與主義」之爭的涵義作以下的陳述：

　　李大釗把馬列主義當作促進革命的工具來接受，乃是對中國自辛亥革命以來三重危機的歷史性反應。換句話說，處於中國傳統政治、社會與文化秩序崩潰後的時代裡，人們感受到填補由三重危機所造成的「真空」的迫切需要。我不相信歷史有什麼必然性，但客觀歷史的趨勢性是可以理解與分析的。李氏坦然承認他之所以接受馬列主義，主要是因為它的高度理想主義（或烏托邦主義）給他與他的戰友們提供了一個把大多數中國人組織起來參與革命運動的工具。所以，我們可以說，一種政治上的現實主義導使他接受了馬列主義。後來的歷史發展充分證實李氏政治性的決定是有效的：一場政治革命的確由於李大釗與他的戰友們介紹與肯定馬列主義而產生了。

　　至於這場政治革命是否能切實地「根本解決」中國眾多而複雜的問題，那完全需要另當別論。過去的歷史證實李氏的希望已經落空。李氏的政治現實主義乃是空洞的或形式的政治現實主義。胡適對「主義」的批評，現在反而可以給予正面的評價。

　　然而，在五四時期與後五四時期中國的歷史條件中，卻沒有多少資源來拒抗馬列毛式的共產革命運動所做的，它具有真實地根本解決中國問題的本領的聲稱，尤其當此一聲稱以高度理想主義（烏托邦主義）的姿態出現的時候。

　　我在這裡所要特別強調的是：李大釗所發端的，把烏托邦主義當作發動政治革命的工具的思想，實是中國烏托邦主義異化的濫觴。當烏托邦主義被提倡與肯定到能夠發動政治革命的時候，它相當簡易地轉變得背斥自己了。自李氏倡議接受馬列主義以來，「主義」變得愈理想化、愈激進，便愈能成為革命政治的工具，也愈能動員群眾，革命領導人便也愈有聲望與權力。革命領導人愈有聲望與權力，便愈自我膨脹、自以為是（換句話說，便

愈易腐化，愈易濫權），也愈可對自己的政治行為不負政治責任。在這樣的情況下，受這樣領導人領導的革命活動，便愈與當初的理想背斥或異化了。

在中國社會中，本來沒有多少強力的「社會共同體的認同」（corporate identities），「民間社會」（civil society）甚為貧弱。公共利益不易由「社會共同體」表達。因此，公共利益經常由「目標導向」（goal-oriented）而非「規則導向」（rule-oriented）的政治來界定。職是之故，社會中沒有多少排拒「烏托邦主義異化」的資源。「烏托邦主義異化」的結果是：目標愈理想化、政治活動便愈不切實際、愈空洞化。然而，當政者卻以為目標愈理想化（愈大、愈猛），便愈能動員幹部與群眾，也就愈能辦事。這一症候群可稱為「空洞化的政治現實主義」。

從「大躍進」到「文化大革命」，甚至到鄧小平的「價格闖關」，雖然它們之間有許多不同，卻都呈現了這一「空洞化的政治現實主義」的傾向。它實際上蘊涵了自我毀滅的傾向。

1991 年

「五四思想」強勢意識形態化的原因與後果——對於五四時期思想啟蒙運動的再認識

為紀念「五四」七十週年而作

一

　　思想的啟蒙是五四的最大象徵之一。五四直接來自青年知識分子的愛國運動。但當1919年5月4日掀起的「內除國賊，外禦強權」的愛國運動爆發之前數年，以文學革命、思想革命為主軸的新文化運動已經興起。所以，五四的愛國運動不是盲目的愛國運動，其精神的訴求是：重建中國於合乎理性、合乎人道的原則之上。這一思想啟蒙運動的基本要求是：知識的追求以及政治與社會生活的安排須合乎理性的原則，亦即：一切被肯定的東西都必須不悖於客觀的事實，而且要具有說服力。

　　康德說：「啟蒙精神是敢於認知！」[1]這種精神的落實當然要先預設思想、言論的自由。五四的啟蒙精神與西方十八世紀的啟蒙精神有不少相通之處。就康德這句名言所代表的開放精神與理性精神而言，它也適用於五四的思想啟蒙運動。對五四人物而言，科學與民主是具有客觀實績並且具有理性說服力的兩大事業。所以他們努力的方向，具體而言，便是倡導科學與民主在中國的生根與發展。

　　然而，與西方啟蒙運動在演變過程中出現了（背離上述康德原則的）弱勢與強勢的意識形態的事實頗具比較意義的是：作為啟蒙的五四新文化運動，從一開始就有強勢與弱勢的意識形態的層面，後來竟與之糾纏不清。

　　首先，此一新文化運動最初就與反儒的強勢意識形態分不開，而這個激烈的反儒運動最後擴展到堅持新舊無法相容的全盤化反傳統主義。

　　其次，在許多五四人物接受西方啟蒙運動影響的時候，他們很輕易地便採納了「進步的觀念」。他們與許多西方啟蒙人物一樣，相信歷史在各個方面都是不斷進步的。科學與民主是進步的象徵。根據理性所獲得的知識將會帶來人類的解放。換句話說，他們認為科學（包括社會科學）愈發達，人類便愈能了解自然的奧祕，也愈能了解人類社會與歷史的種種，而且可進而利用自然資源造福人群，並導使社會趨近合理、歷史趨近光明。至於民主，五四人物認為那是政治與社會生活的最佳方式。在民主的制

1　Immanuel Kant, "An Answer to the Question: 'What is Enlightenment?'," in *Kant's Political Writings*, tr. H. B. Nisbet ed. Hans Reiss（Cambridge: Cambridge University Press, 1970）, p. 54.

度與文化中，人人平等，個人尊嚴得以維護，個人潛力得以發揮──國家力量也因個人力量的累積而得以增強。

　　在「進步的觀念」──這一溫和（弱勢）的意識形態──籠罩之下，五四人物所看到的未來是一個各個部分都連貫在一起的美好遠景，而不是韋伯式（Weberian）分裂的、複雜的現代性。由「進步的觀念」所涵育出來的簡單信心，使他們認定科學（主要是實證科學）與民主的發展一定是相輔相成的。民主落實以後所產生的問題與科學落實以後所產生的問題，都不在他們的思考範圍之內[2]。

　　如果說作為弱勢的意識形態的「進步的觀念」，因已陷入與真實不符的形式主義的思維，故已從展現真正啟蒙精神的康德原則中歧出；那麼，五四意識中許多思想與價值，如科學、民主、自由、進步等，在短時間之內便連弱勢的意識形態的姿態也無法

2　以民主為主導的社會最易趨附時尚，不易產生獨立精神，雖然民主制度與文化通常（雖不必然）能給予獨立精神生存的空間。另外，民主的實質運作最後取決於多數決的投票。但在任何一個時代、任何一個社會，大多數的人多是平庸的。如果民主的運作變得單一化（完全根據其本身的原則運作，排斥其他相關條件與資源的協助），那麼，這個社會通常很難產生有擔當、敢於做不受大眾歡迎但落實後卻對大眾有利的決定的政治領袖。相反地，民主社會很容易產生迎合大眾趣味、沒有擔當的政治領袖。我說這些話，並不表示我不贊成民主，因為作為政治制度而言，民主是我們人類經驗中所能找到最不壞的制度，其他的制度更壞。關心民主的人應特別注意它可能產生的弊病，在努力謀求它的具體落實過程中，盡量發展它的長處，避免它的弊病。
至於實證科學，因其客觀主義事實性使然，無法面對意義問題並提供解答。所以胡塞爾慨嘆道：「在我們最緊要的危急時刻，這種科學並沒有告訴我們什麼。」近代科學的運作究竟導向何方？由於它有著先天的工具特性，它本身無法估計它的目的是什麼？這是現代科學的嚴重危機。參見杭之〈反省五四思想的一點意義〉，《一葦集續篇》（台北：允晨，1987），頁117-127。

保持了，它們相當快速地強勢意識形態化了[3]。（「強勢」與「弱勢」是一程度的區別，詳下文。）許多提倡科學的人變成了科學主義者[4]。不少主張個人自由的人變成高談先有國家自由才有個人自由的人；許多主張民主的人不久便開始服膺「民主集中制」，認為那種制度下的「民主」才是真正的民主；不少主張進步的人，認為人類的歷史是沿著歷史唯物論的鐵律前進。除此之外，對西方採取多元開放的五四啟蒙運動，在很短的時期之內，便變得對西方封閉起來。弔詭的是，這種封閉的心態往往是取一兩點西方的觀念或價值，在其意識形態化之後，便變成拒斥其他西方思想與文化的根據。

二

　　當然，上述五四思想強勢意識形態化的現象也有例外的情形。但我們縱觀五四以來的中國現代思想史，無可諱言地，這一現象的確特別突出。那麼，為什麼會有這樣的發展？這一發展的過程如何？其後果如何？

　　首先，什麼是意識形態？在許多人泛用這個名詞，其意義變

3　關於意識形態的定義，參見 Edward Shils, "Ideology," in his *The Constitution of Society* (Chicago: University of Chicago Press, 1982), pp. 202-223.

4　關於科學主義（Scientism）在二十世紀中國之盛行，參閱 D. W. Y. Kwok, *Scientism is Chinese Thought, 1900-1950* (New Haven: Yale University Press, 1965); Charlotte Furth, *Ting Wen-chiang: Science and China's New Culture* (Harvard University Press, 1970)；與拙文〈民初「科學主義」的興起與涵義——對民國十二年「科學與玄學論爭」的省察〉，收入拙著《政治秩序與多元社會》（台北：聯經出版公司，1989）。

得過於鬆散、模糊，重新界定其中心意義是有其必要的。「意識
形態」原是日文中對ideology的漢譯。像其他一些術語一樣，最
初是從日文引進到中文世界裡來的。（筆者過去一向合音譯與意
譯為一，譯成「意締牢結」，希望這樣能使讀者避免對「意識形
態」產生望文生義的附會；即使一時難以避免望文生義的習慣，
對「意締牢結」望文生義，總比「意識形態」要接近原義一點。）
它的涵義各家說法不一；然而，作為一個分析範疇來看，它是有
用的，所以無法棄之不用。

　　現代社會學者與歷史學者在使用這個名詞的時候，它的貶義
已不如以前那樣強烈。但它仍含有弱性的貶義。對它的意義，筆
者以為當代社會學家席爾思的界定最為精審與完整。不過，他的
思緒相當複雜，我在這裡為了本文的需要，只能做簡要的引介。

　　意識形態是對人、社會，及與人和社會有關的宇宙的認知與
道德信念的通盤形態。它與「看法」、「教義」與「思想系統」不
同。不過，這些不同往往是程度的不同。意識形態的特色是：它
對與它有關的各種事務都有高度而明顯的「系統性」意見（此處
「系統性」並不蘊涵「正確性」，在強勢的意識形態中，其系統性
則是僵化的系統性）；它往往要把系統中的其他成分整合於一個
或幾個顯著的價值（如平等、解救、種族純粹性等）之下。就這
樣，它往往是一個封閉系統，對外界不同意見採排斥態度。從內
部來看，它一方面拒絕自我革新，另一方面則要求追隨者絕對服
從，並使追隨者覺得絕對服從是具有道德情操的表現。意識形態
的形成與傳播則要靠「奇理斯瑪」型人物的出現與領導。

　　意識形態與看法、教義，與思想系統之不同既然是程度上的
不同，那麼，意識形態本身也可根據其系統性、封閉性，與依賴
「奇理斯瑪」型人物的領導的程度而區分為弱勢與強勢的意識形

態。

自從十八世紀啟蒙運動與工業革命以來，人們從原先聽天由
命的心態轉而認為世界的命運可運用人類自身的力量加以改進，
各式各樣的意識形態（即各式各樣的主義）遂蓬勃地崛起。因為
任何一個要求進步——尤其是一個要以革命為進步手段——的運
動，必須具有凝聚群眾的力量，而由「奇理斯瑪」型人物倡導的
意識形態，由於它的系統性、連貫性、封閉性，與道德情操的訴
求，所以能賦予人們確定的方向，以及據之奮鬥成功以後的美好
遠景，於是自然是凝聚群眾所不可或缺的了。但，強勢的意識形
態有高度的自我封閉性（愈強勢的意識形態，其自我封閉性愈
高），它往往與現代知識隔絕，甚至與常識隔絕。因此受到強度
特高的意識形態支持的革命，便往往犯了重大的錯誤，帶來了重
大的災難。這是為了促進進步而形成的意識形態所產生的弔詭。

人類學家基爾茲正確地指出，當一個社會產生了社會與政治
危機，加上文化因迷失方向而產生了文化危機的時候，那是最需
要意識形態的時候[5]。

自十九世紀中葉以來，中國社會在西方勢力衝擊之下，開始
了一個長期而全面的解體過程。在傳統社會制度與習俗方面，從
家族、婚姻、鄉里、學校各種制度到風俗習慣，其中沒有任何一
部分是可以站得住的了。傳統政治秩序也漸瓦解，辛亥革命帶來
的是全面的崩潰，辛亥之後的軍閥混戰可為明證。至於傳統中國
文化與道德秩序，也因受到西方符號、思想與價值的衝擊而招架
不住。因為傳統中國社會—政治秩序與文化—道德秩序是有機地

5　Clifford Geertz, *The Interpretation of Cultures*（New York: Basic Books, 1973), pp.
　193-233，特別是 pp. 215-220。

整合著的，所以辛亥革命所帶來的整個政治秩序的瓦解，也導致了本來已站不穩的社會秩序與文化──道德秩序的解體。（文化──道德秩序的解體並不蘊涵一切傳統文化與道德質素均已死滅。）在五四時期，人們處於政治、社會與文化三重危機之中，特別需要確定的方向指引他們奮鬥的目標，以便從危機走向「光明」。換句話說，危機的方面愈多、廣度與深度愈大，便愈需強勢的意識形態來「指導」人們行動的方向，以「解決」危機。因此，從五四時代後期開始，大多數中國知識分子急切地擁抱了具有特強的僵化系統性、封閉性、道德情操訴求，與特別需要「奇理斯瑪」型人物領導的強勢意識形態，是可以理解的。

　　另外，就傳統中國文化秩序本身的高度整合性而言，它的解體也促進了強勢意識形態的興起。中國知識分子過去一向習於生活在一個秩序甚為井然的文化世界中，思想與價值聯繫在那樣一個有秩序的結構中，在世界史中似未有與之匹敵者。當然，我並不否認，在傳統文化的結構之內，存在著許多彼此相當衝突的因素所形成的一些「緊張」，但這些「緊張」卻是在一個大的政治秩序的籠罩之下組織在一起的。我們可以用許多方式來對這一高度整合的文化秩序（或結構）加以說明。例如，無論宋明理學中各家各派，對「格物」是「致知」的手段有多少不同的解釋（從純理論的觀點，對「理」的了解只能是一個開放的陳述，並不預設既定的答案。易言之，什麼是最終的真理，無人能夠提供一完全確切的答案）；但絕大多數儒家學派都毫不懷疑地認定，記錄在儒家經典中，古代聖哲所具體說明的道德原則與政治原則，實際上已蘊涵了對「理」的最終了解──這一事實足以說明在中國悠久的歷史中，結構完整、統合完整的文化秩序所占勢力之大。當然，基督教中的《聖經》也被其教徒信奉為最後的真理，而佛

經也都訴諸釋迦的智慧。但《聖經》的權威來自啟示及先知傳統與教條，而佛教各派對釋迦的智慧的解釋，其範圍要比儒家寬得太多。另外，基督教與人間俗世的關係，是在政教分離的原則與結構中牽連的，而佛教基本上是出世的。

　　世界其他高等文明中尚無中國式的，以人間性、人文主義的哲學方式，在社會、文化與政治活動中反而呈現宗教性質。換句話說，西方自第四世紀羅馬帝國立基督教為國教，其宗教—文化秩序與政治秩序之間的關係，在**結構**上呈現二元——所謂「凱撒的事情歸於凱撒，上帝的事情歸於上帝」——現象以來，西方政治秩序的危機，並不直接導致宗教—文化秩序的危機；宗教—文化秩序的危機，也不直接導致政治秩序的危機。雖然兩者之間存有相互牽連、彼此消長的複雜關係，但兩者都有相當高程度的相互**獨立性**。中國文化和道德精神也有獨立性；不過在中國，文化和道德精神須與文化秩序作一區分。傳統中國以「內在超越」為基礎的文化秩序，自漢以來已經極高度地整合於政治秩序**之內**。所以，一方面它涵化了許多政治活動，使其呈現宗教性（雖然，中國的政治並不就是宗教）；另一方面，從分析與結構的觀點來看，政治秩序與文化秩序基本上是一元的[6]，文化秩序的高度整

6　西方「政教分離」的二元現象與中國「政教合一」的一元現象，可由極端的例子予以尖銳地說明：因為沒有教士（祭司）階段，連「封禪」那樣的大事，到了漢武帝時代都「莫知其儀禮」（《史記·封禪書》）了；所以，與其說那是宗教上的大事，不如說是廣義的政治行為。在西方，即使君主（如英國的亨利第八）把自己變成教會的首腦，並頒訂宗教儀式，發行祈禱書等，然而作為凡俗世界一分子的君主，卻不能行使神職人員的功能（如主持聖儀），同時他也要在具體形式之內接受神職人員的教誡。之所以如此，是因為神職人員代表「外在超越」的上帝，這終究不是俗世的君主所可僭越的。

合，與它整合於政治秩序之內有極大關係。因此，政治秩序的崩潰，直接導致了文化秩序的解體。而當傳統文化與道德秩序（結構）解體——傳統文化與道德的特定具體展現方式失去了纏繫——的時候，那些曾經浸淫其中的人們產生了劇烈的焦慮與不安，所以急需強勢的意識形態來消除他們的焦慮與不安，來填補他們信仰的「真空」。

強勢意識形態的系統性與道德情操的訴求，自然給急需重新獲得導向的人們提供了行動的方針。所以有了強勢意識形態作後盾，中國知識分子遂能超越私見，團結在一起。他們的理想主義遂化為龐大的動力。（種種中國的問題自五四以來一直沒有得到解決，但中國知識分子與一般人民投身解決問題的動力是龐大的，令人印象深刻的。）然而，由於強勢意識形態的系統性是僵化的、封閉的，它不但經常把複雜的問題簡單化，而且也經常抹煞事實的真相。另外，由於它道德情操的訴求與依賴「奇理斯瑪」型人物領導的特性，它極易被政客與煽動家所操縱與利用。所以，當中國知識分子把強勢意識形態當作真理頂禮膜拜的時候，他們懷著純潔的信心，**系統地**陷入了重大的錯誤與歧途。例如，馬列主義是以具有科學性質的姿態展現在中國知識分子之前。在五四時期彌漫著對科學崇拜的氣氛中，馬列主義的「正當性」由於被認為是「科學的」而增加，所以更使人對其有信心。這樣的信心增強了許多中國知識分子陷入重大錯誤的衝力，也更系統地導中國於歧途。

中國自五四以來最大的歷史難局之一是：種種危機迫使人們急切地找尋解決之道，這種急切的心情導使人們輕易接受強勢意識形態的指引，在它涵蓋性極大極寬的指引與支配下，一切思想與行動都變成了它的工具。然而，人們還以為這是為理想奮鬥。

這樣的強勢意識形態就如此地浪費了人們的精力並帶來了災難。重大的災難又產生了重大的危機，重大的危機又迫使人們急切地找尋解決之道。這種急切的心情又導使人們很容易接受另一強勢意識形態的指引。

中國如要新生，必須先從這樣的惡性循環中解放出來。那就要重建以康德原則為基礎的多元而開放的理性啟蒙精神，與建設真正開放性的現代化政治、經濟與教育制度。真正的啟蒙精神是要落實在以現代知識為背景的，對我們特殊而具體的問題的了解——亦即「問題意識」——上。如此才能實質地達成五四的——自由、科學、法治與民主——鵠的。換句話說，我們需要創建一個以真正啟蒙精神為基礎的**新的五四運動**。

殷海光先生闡釋民主的歷史意義與中國民主理論發展的前景

一

在先師殷海光先生的言論中，民主問題是他最深切的關懷之一。但綜觀他一生有關民主的討論，從早期《中國共產黨之觀察》到後期《中國文化的展望》，事實上，他對民主的理解有相當大的變化。在1948年9月發行的《中國共產黨之觀察》中，他建議國民政府：

> 在政治方面認真實行民主政治。民主政治一旦實行，人民對於管理眾人之事發生興趣，那麼，在消極方面，可以消除基層政治弊害，監督地方政府；在積極方面，可以使人民生機暢發，自衛力增強。這樣一來，人民可以協助政府並補正規軍之不足。

這一段話顯示，他當時提倡民主，主要是從現實政治方面考

慮；更具體地說，是為了對付共產黨的。所以，中央政府實施民主的必要性、民主對政府的制衡、民主所需的法治與文化基礎等重要問題，都未在他的考慮之列。

　　殷先生來台以後，開始對民主與自由問題作較深入的考慮，他提倡民主的理由，主要落實在民主政治最能維護「人的尊嚴」這一論點之上。例如，在1950年發表的〈自由主義的蘊涵〉一文中，他說：

　　　政治的自由主義，如眾所知，表現為民主政治。民主政治是什麼呢？「民主政治是一種政治制度。依這種制度而言，社會上的每一分子都被看作是人，而不是別的東西。」這可以看作是民主政治的基本概念。這一基本概念，乍看起來是平淡無奇的。但是，天下最重要的道理，常常是看來平淡無奇的。這一平淡無奇的道理，於世界大部分地區都沒有實現。

　　　在極權國家，人不是被看作能消化食物和生殖子女的機器，便是停止自發能力的奴隸。他們說話不算數，甚至於被禁止說話；他們底命運不能自主，前途聽強有力者擺佈。他們沒有人底尊嚴；了無人生樂趣。民主政治真正實現，就可防止這些「把人不當人」的弊端。

　　在1952年發表的〈自由人底反省與再建〉中，他說：「祇有真正實行民主才能打開數千年治亂循環的死結，並結束五千年來的殺殺砍砍、你爭我奪之局，而讓千千萬萬人民過點人的生活。」在1966年發表的《中國文化的展望》中，他在討論民主制度保障之下的言論自由的時候說：

　　言論自由是人的一種基本自由。也唯有具這種自由，人才能顯現他的尊嚴。……從人的尊嚴出發，任何成年人有言論自由。你有言論自由，我也有。即令最大多數的人是持同一意見，這也不能構成剝奪少數人持不同看法的理由。穆勒說：「如果除了一個人以外全人類都是一個意見，那末全人類沒有什麼理由不要他表示意見。正如這一個人若果有權的話，他也沒有理由禁止所有的人表示意見。」你發表你的意見，我也有權發表我的意見，至於對不對是另外一件事。也許你的看法比我高明，但我希望我能被你說服；而不是被打服，被赫服。因為，在星星、月亮、太陽底下，我們的立腳面完全平等。

　　因為殷先生特別強調人的尊嚴在民主制度下的意義，所以他也特別著力於人權的肯定，他說：

　　什麼是民主制度底基礎呢？就制度而言，民主制度底基礎是諸基本人權。基本人權，不是什麼神祕的東西，而是可以一件一件地計量的。例如，思想、言論、出版、教育、組織、經營、宗教……等等自由都是。這些基本人權，不是酋長授予的，酋長不懂這些；不是君王賞賜的，君王如能賞賜，君王就能奪回；不是任何獨裁的首領贈送的，獨裁的首領沒有這樣樂善好施。它是什麼呢？應是每一個像你和我一樣的人生來固有的。這些基本人權，是民主制度底生命線。這些基本人權，如果受到損害，民主制度便發生動搖。任何國邦或社會，它底基本性質是否民主，端視這一點而定。保有基本人權的國邦或社會，才是民主的國邦或社會。否則不是。

在當時專權、高壓的政治環境中，殷先生提出並闡釋這些正確的觀點有其歷史性的意義與貢獻。這代表中國自由主義者對未來的企盼與對現實的抗議。然而，民主如何在中國生根？換句話說，如何在中國建立民主制度？這些問題在當時中國政治環境中還是非常遙遠的事。

因此，殷先生也就沒有花很多的時間與精力去考慮它們。

事實上，沒有法治便沒有民主，健全法治的建立是實現民主的先決條件。殷先生對於法治與民主的關係，在尚未接觸海耶克先生《自由的構成》（*The Constitution of Liberty*）之前，是有相當的誤解的。

而這些誤解也與他的邏輯分析有相當多的關連。例如，在上引〈自由主義的蘊涵〉中，他在正確地強調「民主與法治底關連是正比例的關連」以後，接著說「專制或極權國家，雖然不一定不講法治，但是這種法治似乎只是對於片面的要求；強有力者是否守法，不得而知」。其實專制或極權國家所講的「法治」是rule by law（「以法統治」或法制）而不是rule of law（「法律主治」或法治）。在1955年發表的〈自由的意義〉一文中，殷先生說：

> 有許多「法治迷」，他們以為「法治」是到民主之路。這是一形式主義的錯誤。行政權不受立法權底限定固然到不了民主；行政權受立法權底限定則不必然到民主；有時可以到；有時不可以到。問題在立法權底權源何在。如果立法權底權源在國邦底主人翁，那末行法治確乎是到民主之路。如果立法權底權源在一個超人之手，幾千個立法者所有的權力連乘之積抵不上這個超人點點頭，那末這幾千個立法者不過是這個超人底書記而已。如果有任何權力騎在立法權之上，

那末由此而行的所謂「法治」，究竟會走上什麼道路頗不易
為人類底語言所名狀，但至少不是走上民主之路。

　　這一段話基本意義是正確的，但形式的意義是有問題的。因
為他在這裡所指謂的「法治」實際上不是法治，最多只是法制而
已。

　　在殷先生迻譯海耶克先生所著《到奴役之路》時，他在〈法
治底要旨〉那一章「譯者的話」中說：

　　　如果僅注重法治形式，一個國家固然可能走上民主之途，
　　但也可能走上極權之途。

　　　因為，我們只能說極權國可惡，但我們不能說極權國毫無
　　司法。……民主政府固然可以用這樣的「法治」來推行民主
　　政治；極權政府同樣可以利用它來推行極權統治。君不見極
　　權人物，他明明要殺人，明明要消滅異己；但他先「頒布懲
　　治反革命條例」。這就是使殺人合法化。……依照這一番解
　　析，吾人可知，上述意義之下的「法治」，根本是中立性的
　　東西，它與民主政治並非有必然的血緣，固然真正的法治在
　　近代係由民主政治衍產出來的。上述意義的「法治」之於民
　　主政治，只是一種必要條件（necessary condition），並非充
　　足而必要的條件（sufficient-necessary condition）。這也就是
　　說，沒有上述意義的法治一定沒有民主政治；但有了上述意
　　義的法治，而其他條件未滿足時，不必即有民主政治。由此
　　可證：行上述意義的法治，不必是民主政治底保障，更不必
　　是到民主政治之路。

　　這一段對法治的看法，基本上是對當時專權政府與極權政府大談「法治」的政治性反應。

　　從學理上看，那是有相當的誤解的。法治不是中立性的東西，它建基於超乎法律之外的信條，亦即西方自由與民主的政治與道德傳統的理想。殷先生所謂極權國家的「法治」，即使只是一些形式上的條文，從自由主義所肯定的憲法的觀點來看，是違法的。當然也就無所謂他所說的「法治」之於民主只是「必要條件」、而非「充足而必要條件」的問題。如果殷先生當時能夠清楚地掌握 rule of law 與 rule by law 之分際，這些誤解自然是可以避免的。

　　殷先生在接觸海耶克先生在1960年出版的《自由的構成》以後，雖然在行文脈絡中仍然有一些語意的混淆；但在實質的層次，他對法治的觀念則有相當清楚的了解了。他在1965年發表的〈自由的倫理基礎〉，特別翻譯了一段海耶克先生有關法治的精要論斷：

　　……法治（the rule of law），自然是預先假定政司行事必須完全合法。但是，僅止如此是不夠的；如果一條法律給政司以無限的權力，使它得以高興做什麼就做什麼，那麼它的一切措施都可以說是合法的。但是，這顯然確實不是在行法治。所以，法治不止於是憲政主義：所謂法治，必須所有的法律是依從於某些原理原則。……所以，法治並非依法而行統治。而是關於法律應須是什麼的規律。這是一個後設的立法原則（a meta-legal doctrine），或者是一政治理構。只有立法者感覺到受這種後設的立法原則或這一政治理構的約束時，法治才會發生效力。在一個民主制度裡，這個意思就是

說，除非法治成為社群道德傳統的一部分，除非被大多數人
承認而且無條件地接受，否則法治即不能暢行……如果法治
行起來便顯得不合實際，或者甚至是一不受人歡迎的理想，
並且一般人不為其實現而奮鬥，那麼法治即會很快地消失。
像這樣的社會便會很快地陷於專斷的暴政之中……。

　　殷先生對於自由主義的了解與闡釋，在他接觸波柏爾（K. R.
Popper）與海耶克先生的著作以後，變得深化而精緻了許多。這
主要展現在他的《中國文化的展望》第十二章〈民主與自由〉。
首先，他特別強調民主與自由不是一件事，民主政治主要是使全
體公民行使公共權力，而自由則是要限制公共權力。民主是一個
政治方法，是手段而不是目的。個人自由則是基本價值。

　　殷先生特別強調他不是民主制度的教條主義者，因為民主制
度有許多問題，民主制度要落實在兩條途徑上：第一，有投票資
格的人投票；第二，藉民主方式而決定提案。在這兩條途徑之
中，任何一條途徑都不能必然造福人群，所以健全的民主運作不
能不依靠健全的社會與文化的支持。另外，多數表決也可能產生
「多數暴力」，所以健康的民主運作，在任何情況之下，必須以每
個人的基本人權為前提。基本上民主有下列幾項優點：（1）民主
是人類所發現的唯一和平轉換政權的方式，所以民主制度是防止
革命與內戰的最佳方式；（2）民主比較能夠保障個人的自由。因
為當每個人被允許參與「政治過程」的時候，在正常的情況下，
每個人是不願放棄個人自由的。如果個人自由受到了威脅，在以
法治為基礎的民主制度中，有讓公民們奮起維護自由的機制；
（3）民主制度能使大家熱心公共事務。因為有了參與的空間，大
家只能在參與中獲致共同利益，並導政治於正軌；（4）政府鎮制

權的使用，在以法治為民主基礎的政治結構中，受到了一定的限制。

　　綜觀上述殷先生論述民主的要點，他著力之處，如前所述，是民主的意義，亦即「什麼是民主」的問題，至於「如何實現民主」，則不是他注意的焦點。在民主的理想不絕如縷的五○、六○年代的台灣，民主的香火之所以還能在專權政府政治高壓及官方混淆視聽的教育與宣傳中繼續維持下來，主要是由於殷先生及其少數同道堅毅的奮鬥。他在中國爭人格、爭民主、爭自由的歷史中所占的歷史性地位，並不因他當時因受環境的局限，有時對民主與法治的關係產生誤解而動搖。殷先生在著作中已經點到健全的民主運作不能不依靠健全的社會與文化的支持，至於如何才能發展出來一套支持民主運作的社會與文化，他當時並未著力地思考。這是承擔殷海光先生遺志的當代中國自由知識分子的責任。

二

　　思考如何建立直接與間接支持民主運作的文化與社會，是當前民主發展最重要的問題。如果沒有一個支持民主運作的文化與社會，當前台灣的民主，只能發展出一個違反自由主義基本原則的民主。西方較優良的民主國家，如英國與美國，它們的民主是從法治的基礎上發展出來的；在它們後來的發展過程中，民主與法治的發展是相互配合，相得益彰的。而台灣的民主政治，到今天仍然沒有健全的法治做它發展的基礎。我不是一個絕對的歷史主義者（absolute historicist），不認為未來的一切完全決定於過去。所以，我雖然覺得台灣民主的未來發展將是困難重重，但卻

不持絕對悲觀的態度。我也不認為我們民主的發展軌跡要和已成
功的例子完全符合。但，過去中國自由主義者的理解，一般而
言，是缺乏歷史深度的。台灣自由主義者當前最重要的課題之
一，則是對於西方民主、自由及法治的理論與實踐，謀求深度的
歷史的理解。雖然各國的歷史不可能相同，歷史也不會完全重
演；但，「歷史結構」或「歷史性」的問題（the problems of
historical problem antiques）則是跨越時空，為人類所共同承擔
的。（這也是為什麼我不是一個絕對的歷史主義者的基本原因。）

　　根據以上的觀點──亦即，參考西方民主的歷史發展而獲致
的觀點，當前台灣民主的發展最需要的是：（1）現代的民間社會
直接或間接支持民主發展的「基本結構」（infrastructure）（如獨
立於政治的社團、宗教組織、社區組織等）的建立與發展；（2）
建立民主發展的精神基礎。

　　在民主發展上，今日東歐一些國家之所以能夠獲得制度性的
突破，原因當然很複雜，但獨立於政治控制的教會間接的貢獻，
是不可否認的。在沒有法治傳統的社會中，如漸有發展民主的空
間，最重要的關鍵，在於發揮社會的力量，迫使政治不得不法治
化。台灣已有許多民主的發展空間，社會也有獨立於政治的活
力，但社會的力量因尚未有效地組織起來，所以常常浪費了精
力，並沒有發揮到更可發揮的影響。今後，凡關心民主發展的
人，必須參與建立自己興趣所及的社團。間接與政治發展有關的
社團對民主的實質貢獻，不見得比直接有關的社團要少。用社會
的力量迫使政治不得不走向法治化，才能真正落實台灣的民主。

　　上述「現代的民間社會」的「基本結構」的建立，歸根究柢
是需要精神與文化的支持的。

　　義大利學者羅傑若（Guido de Ruggiero）在其名著《歐洲自

由主義史》中，特別根據韋伯的分析，強調喀爾文教派在捍衛人
權上的貢獻。喀爾文教派的信徒認為他們必須以世間的刻苦工作
來證明上帝惠予他們的恩寵。他們的堅定信仰，導使他們以自我
約束的意志與性格全心投入現世的工作。這一工作態度使得他們
的工作具有**系統的導向**（systematic direction）。喀爾文教派的人
士以這樣的精神基礎建立的社區與社團，在爭取人權、爭取民主
的活動中獲致了極大的成果。

　　民主的發展，說到最後，正如托克維爾所說，是要建立在每
一個公民的心靈中，他們必須覺得參與政治或非政治活動，的確
能夠使他們的關懷獲得具體的成果，哪怕只是一點一滴也好。台
灣未來的民主發展，端賴公民們參與公共生活。而這種參與必須
建立在「活力」與「自我約束」辯證的統合所構成的「系統的導
向」上。

原載韋政通等著《自由民主的思想與文化》（台北：自立晚報社，
1989）

東歐巨變在世界思想史上的意義

　　最近東歐各國的民主運動風起雲湧，二次大戰以後在史達林陰影下建立起來的共產黨專制統治，一個接著一個地解體。這是多年來難得一見的大好消息。如此令人興奮的消息與數月前在中國發生的天安門悲劇構成了強烈的對比；這一對比使得關懷民族與國家前途的中國人莫不感到黯然。我們在黯然之餘，當然希望東歐共產世界內部要求民主改革的形勢最終也能影響到中共；不過在鄧小平及其他老人黨故去之前，我看希望不大。在他們故去之後，中國是否將陷入大混亂，也在未知之數。

　　我們在黯然與茫然之餘（許多中國人很容易根據一點正面的訊息便產生樂觀的情緒，筆者則沒有這樣的本領），如把眼光放寬來看，不禁要問：東歐的劇變在世界思想的發展上蘊涵著什麼意義？換句話說，這些列寧式的「革命政黨」紛紛解體象徵著什麼？

一、新式迷信籠罩二十世紀

　　東歐列寧、史大林的政黨之解體，其最根本的近因當然是戈

巴契夫在蘇俄的改革。他的改革提供了東歐人民爭取民主的契機。如果東歐各國的民主改革運動隨時可能被蘇聯出兵鎮壓的話，那裡的列寧、史達林式的「革命政黨」也就不會如此快速地土崩瓦解了。為什麼整個共產世界都瀰漫著要求改革的聲音呢？（中共內部要求改革的聲音也只是暫時被暴力鎮壓下去罷了。）眾所周知的原因當然是：共產世界之內實行的計畫經濟乃是根本違反經濟律則的。海耶克先生早在1935年即已明確指出，計畫經濟不但無法成功，而且還要帶來極大的災難。因為經濟活動千緒萬端，中央政府根本無法掌握足夠的可靠資訊做有效的計畫。何況經濟活動若被握有政治權力的人加以支配，那些握有權力的人難免變得腐化；一心要把經濟計畫弄好的人都無從做起，遑論那些被權力腐化的人從事經濟計畫時結果會如何了。所以社會主義與共產主義只能帶領人民邁向「到奴役之路」。（海氏《到奴役之路》在1944年由芝加哥大學出版社出版之前，曾連續遭受三個出版家的拒絕，他們認為出版這樣堅定攻擊社會主義與共產主義的書有損他們的聲譽。）然而，海氏的洞見卻需經過蘇聯的計畫經濟、中共的計畫經濟、東歐各國的計畫經濟徹底失敗並帶來重大災難以後，才漸被大多數世人所信服。海氏常說，二十世紀其實是一個被新式的迷信籠罩的時代，其意義即在此。

二、社會主義源自「建構主義者的理性論」

那麼，馬列主義為什麼在過去會那麼容易被人信服呢？尤其是，為什麼它那麼容易被許多知識分子所信服呢？海耶克先生1989年以八十九高齡發表的新著《致命的自負》（F. A. Hayek, *The Fatal Conceit: the Errors of Socialism*（University of Chicago

Press, 1989；英國版是在1988年發行，美國版由芝大出版社在1989年發行）有極為睿智而深刻的討論。此書可說是海氏一生對社會主義批判之集大成的著作。從思想史的最根本處著眼，社會主義的興起可追溯至啟蒙運動之前笛卡兒的「建構主義者的理性論」（Constructivist rationalism）。笛卡兒的知識論有一極為精銳的思想（雖然並不正確）。笛卡兒說，作為一個哲學家，他的基本責任是思想，而思想最大的特色是懷疑，他必須懷疑一切可以懷疑的東西。當某些東西禁不起懷疑的時候，那就不是真實的了。這樣的懷疑論從某一觀點來看，是言之成理的。一般人對於所接觸的事情常是馬馬虎虎的，他說哲學家不應如此。用他的「普遍懷疑論」來懷疑一切，最後他發現有一點是他懷疑不了的。因此，他認為這一點是絕對真實的。這一點是什麼呢？這一點就是：他不能懷疑他在懷疑。所以他的結論是：「我思故我在。」笛卡兒這個人是真的還是假的呢？存在不存在呢？他說當他思想的時候，他無法懷疑他的存在，所以他是存在的。換言之，在他做懷疑工作的時候──即他做思想工作的時候──他必須先存在才能懷疑他的存在，至少在他懷疑的那個時刻他必須存在，否則他無法懷疑他的存在。這種論辨是很精銳的，但影響卻很壞。這種思想的涵義是：什麼東西都可以被懷疑，只有思想不能被懷疑；所以思想是宇宙中最真實的東西。根據這個觀點，很易導致（滑落）到下面的看法：世間的東西，只有經由理性（思想的核心）所創造的東西才能真正合理。這個看法再一滑落便會產生另一觀點：世界的秩序如要使之完全合理，便應由理性徹底重建。

三、致命的自負導致迷失

　　十七世紀的笛卡兒哲學為歐洲知識分子提供了無限的信心，使他們覺得「人類可以根據他們的意願塑造周圍的世界」──這是海耶克先生所謂的「致命的自負」，因為人其實並沒有這樣的本領。事實上，人類文明的進展是要依靠由傳統提供資源所構成的演化規則的。如果人們能根據普遍（公平地適用於每個人）的與抽象（沒有具體目的）的規則，自由地從事自己所要從事的活動，文明遂可蓬勃地、多元地發展。這些普遍的與抽象的規則，是從傳統演化而來，卻非由「理性」的設計而得。不過，一旦理性發現了它們的長處，那些長處是可以用理性的分析加以解釋與改進的。海氏這一脈的思想主要是繼承蘇格蘭啟蒙運動思想家──亞當·斯密、休謨（David Hume）、佛格森──的思想而發展出來的。

　　從這個觀點來看笛卡兒哲學與法國啟蒙運動所賦予「理性」創造文明的任務，那實際上是對理性性質的誤解及對理性功能的濫用。法國啟蒙運動中的許多思想者，因受自然科學輝煌成績的震懾，以致把本來不是自然現象的社會現象硬要當作自然現象來研究。這一理路直接導致實證主義的興起。

　　馬克思主義當然是加上黑格爾色彩的，深受實證主義影響的產物。所以，它特別強調理性的創造能力與建構能力。無產階段因受資產階級的壓迫，產生了極大的「異化」，這一「異化」──根據馬克思所信服的黑格爾辯證法──辯證地提供給無產階級「純粹意識」。自認是無產階級先鋒隊的共產黨，遂自我肯定並對外宣傳，它不但能夠了解歷史規律的運作，而且將給人類帶來救贖與解放。所以，共產黨自認是科學與道德的化身。面

對這個「科學與道德的化身」的領導，人民——從共產黨與信服它的人民的視角來看——當然必須服從。這些耀眼的聲稱與自我肯定，雖然從未兌現，但它們使人覺得「人類可以根據他們的意願塑造周圍的世界」，所以迷惑了許多人，消耗了許多資源，帶來了許多災難。

　　從1917年十月革命到現在已有七十二年。在這七十二年中，我們看到的是，整個共產世界所作的許諾與聲稱的瓦解過程。事實是：各國共產黨以強調它們具有歷史性的科學與道德任務為手段，來壟斷政治權力，以「全權主義」（totalitarian）的方式來控制整個社會與文化。它控制了權力的資源，為了要控制整個社會與文化，遂不可避免地建立了龐大的官僚、宣傳、警察（包括祕密警察）與軍事系統。它即使真的要為人民做事，這樣的意圖也將要被它龐大的統治系統所肢解。事實上，共產制度只是供養極少數人握有權力、享受權力地奴役人民的系統。

　　東歐共產制度的瓦解，清楚地顯示馬列主義的假面具已經完全被拆穿。這一個源自十七世紀「建構主義者的理性論」的大運動，在它把無數擁有聰明才智與道德熱情的人捲入其中以後，現在已走到了終點。

四、民主是人類共同遺產

　　現在整個世界的趨勢是在接受私有財產制的前提下，發展經濟與民主。世界未來面對的巨大挑戰是：各國在相互競爭、發展經濟的過程中，如何能夠相互合作、相互監督，保護世界的生態。民主政治不是一個十全十美的政治制度。但它是人類經驗中所能找到最不壞的制度，也是相當有效避免陷入獨裁統治的制

度。（我之所以說相當有效，而不說必然有效，因為我們不要忘記希特勒的上台是德國選民支持的。）民主的正常運作需要許多其他條件的支持。

相當具有諷刺意義的是，正當東歐各國走向民主陣營的時候，老牌的民主國家，如美國，卻因民主本身原則的過度膨脹與輔助條件的脫落，以致產生相當疲困的現象。美國的問題是，民主政治行之有年，一切以多數選民為依歸，所以很難產生有遠見、有擔當的政治領袖；即使有這樣的人才，也不可能為多數平庸的，只看眼前利益的選民所喜，所以他不可能當選。另外，由於要求平等的民主原則過分膨脹，影響到教育權威的失落與教育素質的下降。國民教育素質的下降，使民主政治產生了相當嚴重的危機。因為民主政治，說到最後，其素質與運作是要靠全國公民參與來決定的。

民主政治是相當開放的系統，所以可好可壞。不過，民主政治肯定並維護人權，其政治事務是經由普遍的與抽象的「遊戲規則」來謀求解決，這是西方啟蒙運動賦予人類最值得肯定的一個方面，這些已成為人類共同珍惜的遺產。

1990 年 1 月 1 日

從「大傳統」與「小傳統」的
關係談文化變遷的不同模式

一

已故人類學家瑞德斐（Rofert Redfield）在五〇年代曾提出「大傳統」與「小傳統」的觀念來分析文化的問題。這一對觀念既簡明而又有用。我現在沿用之；不過，本文不擬自限於他的定義之內。

「大傳統」指的是：在歷史演化過程中，由少數具有創造力的知識分子創新與累積而成的哲學、宗教、文學、史學、科學、藝術，以及社會行為的規範。中國的「大傳統」包括儒家思想、道家思想、佛教、文學、藝術（詩、書、畫）等。「小傳統」指的是：民間信仰、民間禮俗、民間藝術（民歌、地方戲曲），以及民間的傳說等。中國的「小傳統」包括道教、民俗化的佛教、地方節慶的禮儀、民間宗教（如白蓮教）、地方戲曲等。

大小傳統之分際往往並不是特別尖銳，兩者之間也互有影響。例如：宋詞最初是歌伎所唱，士大夫受其影響，把它發揚光

大。這個例子說明了「大傳統」有時需要「小傳統」之營養以便重現活力,「小傳統」需要「大傳統」之支持以免落入庸俗。

「大傳統」的特色是它鼓勵深思、探索,在不同意義層次提供問題的解答。然而,它是一個開放系統;易言之,正因為它要了解問題之「所以然」,所以它無法提供一切問題的答案。(只有上帝是全知全能的。)例如,孔子認為他秉承天命,在世間有特別的使命,但有時他卻覺得天命不可知,對其頗感困惑。縱使如此,他的哲學之最終基礎是建立在對天命的認知之上。下面的例子更可進一步地解釋「大傳統」的開放性。一般大眾認為科學知識是最可靠、最嚴格的知識,而理論物理更是許多其他科學與工程學的基礎。然而,如果我們問理論物理學家們什麼是「物質」,沒有任何一個在那門科學之內傑出的學者能夠提供完整的、令人不生疑惑的答案。

與這一情況產生強烈對比的是,「小傳統」因為是一個封閉系統,所以對於「一切」問題都有答案。在小傳統裡的人極少被理論的或根本的問題所困惑,雖然他們對人生之煩惱與困境當然有所知,並時常需要處理這些煩惱與困境。他們一方面覺得世界充滿了精靈與鬼神,是一個令人著迷的地方,所以對世界與人生並沒有強烈的疏離感;另一方面,他們與精靈鬼神之關係往往是功能性或功利性的。因此,他們在處理人生困苦與煩惱的問題的時候,不是像「大傳統」裡的人那樣,要求對「為什麼」提出答案,而是要求對「是什麼」提出答案。

他們要知其然,並不覺得需要告其所以然。換句話說,許多在「大傳統」中「為什麼」的問題到了「小傳統」中便變成「是什麼」了。例如,在「大傳統」中為什麼人應該孝順父母的問題,到了「小傳統」,便成為從自己熟悉的社群中具體、感人的

實例來說明「什麼是」孝順的美德了。就這樣，在「小傳統」約
定俗成的文化之中，人們持續地堅持著傳統的美德而不知其所以
然。

　　在新加坡華人社會中，中國傳統文化與中國傳統美德，主要
是由「小傳統」來維持的。「大傳統」的成分當然也有，但不是主
流。正因為「小傳統」不問「為什麼」，只問「是什麼」，過去只
要在華人社群中有具體感人的事例，能夠繼續賦予傳統美德以精
神意義，而傳統美德同時也能在社群中繼續發揮其社會功能的
話；中國文化與中國傳統美德便一直在「小傳統」的脈絡中維持
下來。即使在歐風美雨衝激之下與自「五四」以來嚴重的文化危
機籠罩著中國人民的二十世紀，由於華人「小傳統」的強韌力與
外界隔離的特性，中華文化與傳統道德過去一直在這裡持續著。
然而，未來的問題是：中國文化的「小傳統」在這裡還能維持多
久？

　　由於經濟的發達，這裡的華人與外界接觸越來越頻繁，受到
外界的刺激也越來越多，一旦許多人不再滿足於「是什麼」的答
案，而要問「為什麼」的時候，「小傳統」就不易維持下去了。最
可能的結果可能有兩個：(1)在無法把西方社會的制度與文化完
全移植到這裡的情況下，越來越洋化的結果，使這裡的華人社會
變成一個「偽西方社會」；(2)用「創造性轉化」的辦法把中國的
「大傳統」復興起來，使從「小傳統」維持下來的文化與道德價
值，與復興後的大傳統密切地整合，得到既堅實又合理的理論基
礎。但這是一個非常艱巨的文化改革工作，需要許多條件的配合
才能達成。

二

在沒談到「創造性轉化」之前，我想先談談文化變遷的三個不同模式：(1)新保守主義模式；(2)革命模式；(3)改革模式。

二次大戰結束之前，日本文化變遷的模式，基本上，是採用新保守主義模式。它用重新肯定舊的符號與權威（天皇）──包括其傳統的非理性成分──來促進現代化的建設。但，現代化的建設因為是要為傳統非理性的成分服務的，所以有內涵極強的非理性成分，最後導致日本軍閥發動侵華，侵襲東南亞，侵襲珍珠港的行為。

中國自五四以來所展現的模式，則是革命模式。「文化大革命」，原因當然非常複雜，但它是從「五四」以來激烈的全盤性反傳統主義的背景之下發展出來的。這一思潮假定「傳統」與「現代」是基本對峙、不相容的兩個實體。要現代化，就非得把傳統徹底打倒不可。這種文化變遷的方式，最不穩定。事實上，是文化危機的表現。

第三種模式則是改革模式。那是把傳統的符號、思想與價值加以重組與改造，使經過重組與改造的符號、思想與價值變成促進現代化的種子，同時在變遷中保持了文化的認同。中華「大傳統」的「創造性轉化」，是筆者二十年來在中英文著作中所主張的變遷模式。這個改革模式如能成功，不但中華文化得以復興，新加坡華人社會亦並受其利。對於這樣一個艱巨的工作，世界上所有的華人，無論身在何處，都應盡最大努力，促其實現。

1989年3月11日新加坡亞洲學會座談會發言稿

自由、民主與人的尊嚴[1]
兼論責任倫理

一、契約論興起的意義

　　十七世紀產生了所謂契約論觀點。契約論的觀點當然很複雜，從我今天要談的脈絡來講，它的重要性是：契約論出現後才有很清楚的社會與國家相對立的理論的可能。歐洲古代與中古則是另外一回事。社會與國家分開，國家沒有辦法涵蓋社會，而由

1　本文初稿原是經由上海文化界耆宿王元化先生安排，於1994年10月24日在上海社會科學學會聯合會所作演講的錄音紀錄。我根據初稿作了一些增訂，主要是在論述「責任倫理」的部分。這一部分也可視作是對於十幾年前筆者引進這一韋伯的觀念〔見〈如何做個政治家？〉，拙著《思想與人物》（台北：聯經出版公司，1983），頁397-410；或《中國傳統的創造性轉化》（北京：生活‧讀書‧新知三聯，1988），頁373-382〕的補充。錢永祥先生在1995年6月20日於台北發表了一篇討論韋伯「責任倫理」的宏文（〈在縱欲與虛無之上──回顧韋伯的《學術與政治》〉〕〔收入瘂弦‧陳義芝編《站在巨人肩上》（台北：聯經出版公司，1996），頁33-42〕，分析精確，涵義深遠，讀者可以參閱。

具有天賦人權的社會成員所組成的社會則涵蓋著國家，國家必須由社會來監督。在這種情況下，才可能落實人權，即人的權利。人的權利（human rights）這個觀念不是從契約論來的，但是，human rights的落實，能得以實現，則與民主憲政有關，而西方民主憲政的基石之一則是契約論。

Human rights這個觀念是從哪裡來的呢？哲學上最系統的解釋，是十八世紀的康德哲學。它認為human rights是建立在人的尊嚴的觀點之上。但是，就歷史源流來說，卻不是這樣。人權觀念最初是從中古神學演化而成的，這裡面有很多辯論，尤其是從中古神學家對於財產權的解釋的辯論中演變出來的。到了十七世紀，國際法之父格諦額斯有了一個結論：他從法理學的觀點解釋人的自由為「無法出讓的財產」，故必須獲得法律的保障。這個觀點在西方思想脈絡裡有很大貢獻。後來西方思想家對人權與個人自由，以及對政治權力的範圍，多從法律加以界定，都是從這樣的思想一脈相承下來的。

二、什麼是自由？──兼論民主憲政

自由與人的尊嚴有密切關係。人的尊嚴的界定，到了十八世紀，康德所做的工作最見系統，最深刻。人的尊嚴，實際上，是人際關係裡面的一種東西。某一種人際關係，有人的尊嚴〔即在這一種人際關係中，個人具有道德自主性，因此乃有尊嚴（包括自尊）〕，另外一種人際關係，就沒有人的尊嚴。過去中國人相信「三綱」，認為是天經地義，不可以變。但從康德觀點，這種人際關係，即把人的角色與意義，放在具有自然高低性的陰陽宇宙觀中，加以界定，由於個人沒有道德自主性，所以是沒有人的尊嚴

的。為什麼呢？康德認為，人和人有關係的時候，自然會有相關
彼此的功能性的東西，但是人際關係不應止於此，不應限定在這
裡。除了彼此功能性的關係以外，我們必須相互尊重；因為我們
每個人都是目的，不可完全化約為別人的工具。作為一個具有道
德自主性的人格的人，我必須尊重你。當然，你也必須尊重我。
這種尊重來自人的尊嚴。尊重包括別人對你的尊重和你尊重自
己。所以康德說人間是「諸目的的王國」，彼此都是目的，不
過，不完全是目的，中間也有功能性的關係。但，即使在互為功
能的關連中，因為人基本上是目的，所以也仍然須要相互尊重，
功能性的關係不能化約到底，必須有目的關係，只有在人乃是
「諸目的的王國」的成員的條件下，人才有尊嚴，人才有自由。

（一）消極自由與積極自由

　　下面談一談消極自由與積極自由。傳統的自由主義者，特別
強調消極自由（即提供個人自由的空間，至於每一個人在這樣空
間之內是否主觀上感到自由，不是那麼重要），不強調積極自
由。甚至強調消極自由到了反對積極自由的程度。現在開始有了
一點轉變。主要是受到了黑格爾的某些影響。我過去也認為消極
自由特別重要，而不談積極自由。因為我認為積極自由很危險，
因為往往在談積極自由的時候把消極自由給消解掉了。但我現在
覺得，應該更複雜一點。不能完全只談消極自由，也要談積極自
由。但有一點：必須在消極自由的前提下談積極自由，而不能在
積極自由的前提下談消極自由。這很重要。什麼是消極自由？消
極自由是不談自由內容或自由內涵，只談自由的外在條件。簡單
地說，消極自由是指：個人在社會中的行為，所能遭遇到的強制
性壓力，已經減少至最低程度。個人在社會裡，其行為被外界的

壓抑、干擾減少至最低程度就是消極自由。舉個例子：個人自由
必須包括隱私權，我有隱私權，有自己的自由空間。在這個空間
裡我可根據自己的興趣、愛好，做我要做的事，在不影響別人的
個人自由空間的條件下，任何人或權力機構不可管我，這個空間
是我的。在空間外，可能的干擾減少到最低程度，我才有這個空
間。假如外面的干擾進入我的空間，我就沒有空間了。民主的發
展非常干擾個人自由。因為民主傾向製造社會一致性（social
conformity），很微妙地給個人壓力，使他傾向多數人的意見與行
為，使他甘心順服社會中流行的東西。民主與自由的關係很複
雜，有時可以相得益彰；但有時則相互衝突。民主的正當運作需
要許多條件支持。如果這些條件變弱或消失，民主只根據自身的
原則運作，這樣子的民主當令以後，個人自由會相當地受威脅，
雖然民主的法律條件裡可以保障個人自由。因為民主的第一個前
提就是每個人是自己的權威，大家平等，事情由自己決定，而不
是由父母、教會、政府決定。民主既然建立在平等上，大家都應
作自己的決定。當一個社會以民主作為主流和基本動向的時候，
就會產生社會的壓力。表面上平等，自己作決定，但是作決定的
資源非常少。在民主非常通行的社會裡，比如美國，民主當令，
自由不當令，自由很少人了解。民主視所當然。所以學生與老
師，孩子與家長平等。家長、學校、教會的權威減弱了，甚至連
文法的權威也減弱了。

　　大家都自己作決定，但根據什麼作決定呢？表面上你自己作
決定，實際上你自己作決定的內在資源非常少了。因為內在資源
必須根據權威才能建立起來，不能根據自己愛做什麼就做什麼建
立起來（這裡權威是指使人心安理得的權威；不合理的、強迫性
的權威當然是自由的大敵）。自由與權威的關係是非常微妙的，

假如沒有合理的權威作為自由的支持的話，這個自由是很空洞的，是假的自由，無從自由起。好比你有享受古典音樂的自由，你欣賞古典音樂，最初往往須根據對古典音樂有了解的權威來告訴你什麼好。所以，內在資源往往是靠合理權威的支持而建立的。當然，你在古典音樂欣賞方面很有造詣以後，你的獨立性相對地增加，你變成自己的主人，你變成你自己的權威了。如果沒有內在資源的支持，就會變成當時流行什麼，什麼就是內在，包括學術界。你根據什麼流行作了決定，而且你還覺得那就是你自己作的決定，實際上是你把社會的壓力內化以後當作自己內在的資源。這當然是違反自由主義原則的。

（二）為什麼積極自由必須在強調消極自由前提之下？

積極自由是內在的一種涵養的發展，使得自己有一個文化修養，使得自己有文化內容。在文化內容的涵蘊之下，自由自在地追求自己的精神生活，創造生活各方面。積極自由最根本的意義是：如果一個人要有自己的自由，除了外在條件（能夠提供一個自由的空間）以外，他必須主動地（主體性地）有自我要求自由的根據。柏林（Isaiah Berlin）界定積極自由為「自己做自己的主宰」。這樣的界定，雖有一定的道理，但相當形式化，相當平面。問題在於如何做自己的主宰？難道把外界流行的東西內化以後，變成自己要做什麼的根據，也可以稱謂自己是自己的主宰嗎？要做自己的主宰，首先需要自己能夠作獨立的判斷，那就需要在文化素養的涵育（nurturing）下，善用理性。換言之，文化素養與理性相互作用，才可能產生獨立的判斷。不是形式上自我要求做自己的主宰，就能夠做自己的主宰；必須主動地有自我要求自由的根據，才能成為自己的主宰，才能獲得積極自由。

　　為什麼消極自由是積極自由的前提呢？因為假如沒有自由的個人空間，把積極自由講得再美，再高尚，那也是一種空話。自由的空間是自由的前提，而保障自由的空間只是一個消極的自由，並沒有必然保證你有自由。但是必須有這個條件才有自由，這個條件必須是前提，這個條件的重要部分就是民主憲政。有了消極自由的條件，才有自由的空間；有了自由的空間，才有積極自由的可能。

　　什麼是民主憲政？民主本身並不必然保證自由，因為符合民主形式的許多東西不但不必然保證個人自由，而且可能直接破壞、阻礙和壓迫個人自由；例如，法西斯納粹是以完全合乎民主的形式上台的。當時不但一般小知識分子，就是德國最重要的知識界領袖（如海德格）也大都贊成納粹主義。知識上的成就並不保證政治上的正確。民主的運作需要許多支持的條件，其中最重要的一點是獨立於政治鬥爭的法治。有了民主憲政，才能落實法治。民主憲政最主要的重點就是：人類歷史發生了這麼多悲劇，只有到民主憲政落實以後，人類才發現一個和平的方式，使政治權力對自身的後果負責，有其可能。其他政治上所謂負責都是假的，都是嘴巴上負責而已。民主憲政中，政治權力的界線由法律決定。法律是要落實的。法律是執行的。不能落實、不能執行的法律不是法律。政治的權力在民主憲政當中是根據法律來決定，法律界定它的限制，它的運作。它犯了法，法律使它下台。政權的轉移是依據法律的程序。人民有參政權，有組織政黨的權利。參政權包括多數決定。多數的存在蘊含著少數，沒有少數就沒有多數。多數是一個限制的觀念；否則，如果取得多數便可為所欲為的話，那就變成了多數暴力。少數的身體的、精神的、法律的權利得到保障以後，才有真正的多數。這是民主憲政的觀點。

三、自由、個人主義與安那其主義（anarchism）

　　自由主義的基本立場是：終極地說，人的存在本身乃是目的；任何一個人都不是任何政府、社會組織，或別人的手段。易言之，個人本身是一不可化約的價值，所以每個人都具有人的尊嚴。從這個意義上來看，人人是平等的。人的尊嚴蘊涵了對人的尊重（包括自尊），也賦予了個人自由的涵義。個人自由則指：人的自主性、隱私權與自我發展的權利。（如果社會與國家對這些個人自由不予保障，談不上對人的尊重。）個人自由當然不包括使別人沒有自由的「自由」；所以，自由不是放縱。另外，自由與責任不可分；如果一個人對自己的行為不負責任，他當然已經自我取消享有個人自由的權利。政府的功用，除了國防、維護公共秩序、維護及改進公共設施，以及救濟貧苦人士以外，主要是執行法治之下的法律，以保障基本人權；只有在人權與法治落實之後，社會上每個人平等享有個人自由才有真正的可能。任何政府權力均有被濫用的危險，所以限制與分立政府的權力乃為必須，亦即：必須建立民主憲政體制。

　　從上述的觀點來談自由主義的個人主義，與五四前後發展出來的，占勢力的個人主義有很大牴觸。後者主要是無政府的個人主義，亦即魯迅在《兩地書》中所說的安那其個人主義。（即使傾向英美自由主義的胡適，當他談個人主義的時候，卻以易卜生主義為代表，而易卜生是主張無政府個人主義的。）自由主義的個人主義與無政府的個人主義有共同點：它們都反對不合理的、強制的壓迫，都反對任何強制性、任意性的權威。不過，無政府個人主義認為任何政府都是斷喪個人自由的。自由主義的個人主義，則認為個人在政治、社會、文化、思想，與經濟的自由空

間，只有在法治的保障下，才有可能。執行法治之下的法律是政
府的責任。所以政府的存在，有其必要。問題無法經由廢棄政
府，便可解決；關鍵在於建設什麼樣的政府。自由主義的個人主
義，也不反對合理的權威。

四、民主與公民德行（civic virtue）

　　什麼是民主？在十八世紀之前的歐洲歷史中，「民主」基本
上是一個貶詞，它指的是暴民政治。

　　根據民主的條件，民主的程序，雅典把最偉大的、最有道
德、最有思想的人——蘇格拉底——判處死刑。蘇格拉底之死就
是暴民政治的一個例子。這樣的早期經驗，使我們每個贊成民主
的人，都須心存警惕——因為民主政制不是十全十美的，有其危
險。不過，古雅典與共和時代的羅馬實行的民主，卻為西方留下
日後發展民主的條件。這是為什麼在十八世紀許多啟蒙運動思想
家心中，對雅典與羅馬懷有敬意的原因之一。公元前第五世紀，
雅典出現了很特殊的公民社會下的公民精神、公民德行。據此，
公民才能參與民主政治。

　　如何參與？並不只是表現在投票上、選舉上。必須建立公民
社會以後，才能真正參與政治過程。公民社會，在文化方面要有
公民文化、公民德行，在法律方面必須是民主憲政。參與政治過
程是非常特殊的活動，不是一般的活動，一般的道德不管用，必
須有一種特殊的道德與文化配合。這種文化與道德變成你身體的
一部分以後，你才能有效地參與政治過程。其他的文化與道德，
可能對非政治性的活動很有用處，但對參與政治活動，不但無
效，而且還可能有害處。那麼，這種特殊的公民文化、公民德行

是什麼呢？勇敢，在橫逆中的堅強，為完成公共事務的責任感，公共範疇之內的秩序，以及個人在群體中所應有的自我肯定（獨立性），與完成這些肯定所需的知識與力量。（以上關於公民文化、公民德行的界定，是以意譯的方式轉述以賽・柏林的話。）

五、韋伯的責任倫理

在談論公民文化、公民德行的脈絡中，韋伯所論述的責任倫理，顯得特別重要。十幾年前（1982），在台灣民主運動的初期，一些有理想的青年參加地方選舉，後來居然當選縣市議員。筆者當時感到十分高興，於是用心撰成一篇題作「如何做個政治家？」的文字，略表祝賀之意。在那篇文字中，韋伯的責任倫理的觀念，第一次被引進到中文世界裡來。三年後，錢永祥先生和他的一些朋友合作完成了韋伯原著〈政治作為一種志業〉翔實的中譯，與〈學術作為一種志業〉的中譯，合成一輯刊行（後來《學術與政治：韋伯選集（Ⅰ）》修訂再版，則在1991年由台北遠流出版公司發行）。這些年來，偶然看到「責任倫理」在政治人物的言談與文告中出現。上述那些青年中的一位，也早從地方議會進入國會。前幾年，在他政治生涯深感困惑的時刻，他用佛教「閉關」的辦法，靜思了幾天；「出關」以後在記者招待會上說，他這次「閉關」的收穫之一是：徹底明瞭了筆者多年前提倡的責任倫理的意義。根據記者的報導，他說他現在掌握到了責任倫理的中心意義是中國士大夫「誠」的精神。然而，這位國會議員所「掌握」的，卻是對韋伯的責任倫理的誤解！中國士大夫「誠」的精神，屬於韋伯所界定的意圖倫理（或譯心志倫理）的範疇，不是責任倫理。

　　上述這個例子，很實在地告訴我們，在中國政治與文化的脈絡中，實在不是那麼容易理解韋伯所界定的責任倫理，正因為中國文化特別注重意圖倫理的緣故。我相信那位國會議員確實希望能夠了解韋伯的觀念；他甚至可能覺得，當初韋伯這個觀念之所以被引進到中文世界裡來，還與他的政治生涯有點關係，所以更增加了理解這個觀念的興趣。然而，結果竟是那樣。

　　根據韋伯的意思，參與政治，必須根據責任倫理，而不是意圖（心志）倫理。中華民族是意圖倫理發展很高的民族。而韋伯認為，以意圖倫理為根據來參與政治——政治領袖用之從事政治活動，一般公民用之衡量領袖們的政治得失——不但不易實現理想，反而很容易帶來與當初理想相反的惡果。從這個觀點來看，這是為什麼我們這個歷史悠久，在文學、藝術、工藝、人情等方面獲有極高成就的民族，卻經常在政治上弄得一塌糊塗的原因之一。

　　韋伯的意圖倫理有兩個密切相關的不同指謂：內在的心志與外在的終極目標。首先必須特別強調的是，責任倫理並不是不顧及意圖。事實上，政治家與政客的分野就是，政治家從事政治的出發點是關懷公眾福祉的意圖（心志）倫理，而政客的出發點則是自私自利。（關於玩弄權術的政客在韋伯式分析架構中的「意義」，請參閱拙文〈如何做個政治家？〉）

　　但，從韋伯的觀點來看，政治家進入政治以後，如果仍然根據意圖（心志）倫理處理政務的話，則通常不易達成他的意圖（目標）。這裡的關鍵是兩種不同的宇宙觀。以意圖倫理從事政治的人，假定宇宙是一個道德理性的有機體。政治人物應該「正心、誠意」，這是「治國、平天下」最主要的途徑。換句話說，在政治範疇之內發揮他的人格、道德素質，被認為自然會獲得風

吹草偃的效果，因為政治範疇是宇宙的一部分，宇宙既被認為是一道德理性的有機體；那麼政治範疇之內的事，也有道德性格，自然會產生道德的回應。他政治行為最大的責任是保持他意圖（心志）的純真，而不是考慮行為的後果。如果他的政治行為並沒有帶來他所預期的結果，他通常要埋怨別人愚蠢、社會不公、時機不對，或說這是天意，卻很少會承認這是他的行為所帶來的後果。對這種人而言，只要意圖（心志與目標）是對的，他的行為就是對的，結果如何，不是他的責任。

對於根據責任倫理處理政治事務的人而言，宇宙並不是一個道德理性的有機體。美好的意圖並不一定帶來美好的結果。他的世界觀要複雜得多。除了肯定政治事務的出發點需要根據意圖倫理以外，他進入政治範疇以後，深感達成正當目標需受現實感的節制才能真有效果，政治行為必須熟慮其可以預見的後果並對之負責。以政治行為可以預見的後果為基準的活動屬於一獨立範疇。在這一範疇之內，為了達成他所希望達成的目的，有時需要作必要的妥協與協議。這種妥協與協議，並不必一定要合乎意圖（心志）倫理的道德原則。那麼，站在對後果負責的立場，在採取政治手段的時候，道德的考慮可以放鬆到什麼程度呢？這個問題無法在學理上給予清楚而簡單的回答。在以責任倫理為根據的政治範疇之內，目的與手段之間經常處於「緊張」的境況之中。但，以意圖倫理為根據的政治行為，一方面（從邏輯的觀點來看），政治人物必須隨時保持意圖（心志）的純真，他的行為必須與他的意圖（心志）保持一致。然而，另一方面（在實際的經驗世界之中），甚為弔詭地（paradoxically）是，特別強調意圖的人，往往覺得政治意圖（目標）愈純正偉大（如要把人間變成天堂的烏托邦），愈可不擇手段以求達其目的，甚至以為目的愈偉

大，愈可不擇手段。所以，以意圖倫理從事政治的人，無論從邏輯的觀點或從經驗的觀點，目的與手段並沒有上述責任倫理所介入的「緊張」。

正因為根據責任倫理從事政治的人，在未作政策決定之前，詳盡考慮究竟需要使用什麼樣子的手段，才能達成他所願意承擔責任的後果（同時牢記手段本身所可能產生的各種可能影響）；因此，他愈能以這種方式找到有效的手段，他便愈能獲得他願承擔責任的後果。目的與手段之間的「緊張」狀態，乃是他可能找到有效而適當手段的背景情況。

根據意圖倫理從事政治的人，因為只顧及他的意圖（心志）是否純真，或他的意圖（目標）是否偉大到使他覺得可以不擇手段令其達成的地步；所以，沒有上述複雜考慮或「緊張」。正由於他的注意力集中在他的意圖（心志的純度、濃度，或目標的偉大程度），而不在考慮如何有效地達成他的意圖，他當然不易或根本無法達成他的目標了。易言之，既然他沒有達成目標的有效而適當的手段（而且也沒有找尋它們的興趣），他當然不易或無法達成他的目標了。

六、自由與民主之間的創造性緊張

民主與自由的關係是什麼呢？這兩者之間有時相得益彰；另外，也有時卻又相互牴觸。民主的好處是：（1）人類所發現唯一和平的政治權力轉移與變革的方法；（2）較可能（雖然並不必然）保障人的自由與人的尊嚴，尤其當大多數人的自由與尊嚴受到威脅或迫害的時候，實行民主容易獲得人的自由與尊嚴的保障；（3）民主政制之運作，可能使大家對公共事務產生參與感，可能

產生較能被大家接受的共識。

　　但，民主的正常運作需要許多輔助條件，如公民文化、公民德行、法治等。如果民主的運作只根據本身的原則（即：一切講平等——包括父母子女之間講平等，學生老師之間講平等），那麼自由可能受到很大的威脅。民主與自由不同，民主不是從內在提高吾人之精神，而是從外在賦予人們權利與好處，在實行民主的國家裡，因為不需要自己奮鬥便可以獲得這些權利與好處，所以反而對它們不加珍惜。例如美國處處講平等，一個出生貧窮家庭的人，國家給予補償，單身母親也可得到金錢補助，生的孩子愈多補助愈大。這樣反而使他們處處依賴國家，變得沒有獨立性，沒有什麼責任感，也談不上自由；因為他們不是去奮鬥，保持自己的尊嚴。〔當然，對那些因（非自己能力所能控制的）境遇的不幸，而成為窮苦的人，國家與社會都有伸出援手的責任。如何救濟則是極為複雜的問題。目前美國的救濟制度與政策則出現了許多問題與後遺症。〕

　　極端主張民主優先的人，認為民主愈普及愈好。自由主義者卻是民主的低調論者，認為民主雖然有許多問題，但是，它是人類經驗中最不壞的制度。雖然它有許多缺點，我們需要正視之並謀求進一步的改進，但其他制度則比民主更壞。

　　無論民主與自由的關係多麼錯綜複雜，它們的運作，必須在法治之下進行。法治是 rule of law（法律主治），指的是一切政府與人民的活動（包括一切政治人物的活動）均須在公平的法律之下進行，它的與他們的行為與法律牴觸時，則由法律制裁，所以司法必須獨立。法治不是法制，兩者在字面上差之毫釐，失之千里。因為非民主的國家為了講究效率，可能使用法律統治（rule by law）。換句話說，制訂法律，以法統治，並不必然是法治。

法治之下的法律必須符合更高原則，即先師海耶克先生所謂「超乎法律的信條」（a meta legal doctrine），亦即社群中尊重天賦人權的政治理想。法治之下的法律必須符合兩個條件：（1）公平的普遍性（必須能夠公平地應用到每個人身上，無一例外）；（2）抽象性（不為任何具體目的服務）。

　　在這樣的法治之下，個人自由的發揮能夠產生彼此最能合作、最有生機、最有創造力的社會秩序。這與許多中國人認為個人自由將帶來社會混亂，正好相反。（主要的原因是，許多中國人不知什麼是法治之下的個人自由，在他們的歷史經驗中，也找不到參照點，所以不易想像到底那是怎麼回事。）

　　現在用簡單的一個例子來解釋一下，作為我今天講話的結論。比如我們都是研究化學的科學家，我們應該彼此切磋，彼此幫助，才能把化學研究好。但是在什麼條件之下最容易促進化學學者彼此合作、彼此啟發呢？在公平的法治條件下，每個研究化學的學者充分享有個人自由時，彼此最能合作，彼此最能相互啟發。化學研究也就最能研究得好。為什麼呢？

　　我們可先假定三種情況。一種是由一個不懂化學的人做領導，由他指揮研究者應該研究什麼題目。第二種情況是由一位偉大的化學家做領導，由他來指定各個研究者研究的題目。第三種情況是由各個研究者根據自己的興趣與自知的特長自由選擇研究的題目，並在法治之下公平競爭。我們知道，在第三種的情況下，資訊最易有效率地流通，彼此最能發揮所長。

　　易言之，這種情況最能使化學界產生彼此合作的秩序。這樣的秩序並不是服從領導的命令所建立的。它是在法治之下，每個人發揮個人的自由而形成的。它是一個抽象的秩序。海耶克先生的自由產生秩序的理論，是他深具洞見的自由主義的重點之一。

一位知識貴族的隕落
敬悼海耶克先生

　　先師海耶克先生於1992年3月23日在德國南部佛來堡市與世長辭；消息傳來，至深哀悼。就筆者個人言，我在1960年以一個來自台灣的青年，於到達芝加哥大學社會思想委員會以後，在六年研究生生涯中，除了其中一年的獎學金是由芝大研究院提供外，曾獲得四年專屬由海耶克先生推薦的兩個基金會的獎學金；因此得以安心循序接受西方社會與政治思想的教育並攻讀博士學位。在這期間，於1964年得以返台半載，一邊蒐集論文資料，一邊服侍先嚴的病，並巧遇內子祖錦女士；後來在1965年上半年得以赴胡佛圖書館繼續閱讀與蒐集論文資料，那年下半年到達哈佛大學開始從史華慈先生問學並接受他對我的論文的指導——這一切之所以可能，皆是由於海耶克先生長期支持之所賜，飲水思源，終生不忘，衷心感激。

　　海耶克先生是二十世紀偉大的思想家之一。筆者有幸受教於其門下，深知海氏的成就，除了受惠於他超拔的天資以外[1]，主要

1　參閱拙文〈學術工作者的兩個類型〉，收入拙著《思想與人物》（台北：聯經

是源自他底人格素質。那樣的人格素質很難用筆墨來形容;尤其是在西方文明日益物質化、日益庸俗化的今天,像他那樣屬於歐洲古老精神傳統的人愈來愈少,在沒有多少具體參照實例的情況下,要想加以形容,當然更是難上加難了。從表面上看,正如殷海光先生所說,海氏是一位「言行有度、自律有節,和肅穆莊嚴的偉大學人」[2]。

　　然而,他之所以能夠數十年來毅然與西方學術界主張運用政治力量建構社會平等的主流,針鋒相對;甘於寂寞,坦然忍受批評與諷刺,但對批評與諷刺他的人,卻從無怨恨之情,一生勤奮地工作,誠謹地待人,在深化與廣化他追求得到的知識(或曰真理)之外,卻又虛懷若谷,永遠保持知性的好奇心,樂意接受別人對他的啟發(如五〇年代後期,他的思想頗受博蘭尼底知識論的影響,便是顯例)——這一切與其說是來自他的道德修養,不如說是深受他底知性的洞見,以及追求這些洞見的知性過程的影響所致。他在追求知識的過程中,所得到的有關社會、經濟與政治運作與演變的系統性見解,其正確性一再在經驗中得到證實,雖然作為康德傳統裡的人,他從未覺得觀念均需溯源於經驗。在這樣的情況下,從知識的觀點出發,他唯一**能做**的是(這裡並不產生應該或不應該這樣做的問題)——堅持這些見解並繼續發掘它們的系統性涵義,尤其是當他發現他底見解關乎整個人類的福

出版公司,1983),頁359-368,或《中國傳統的創造性轉化》(北京:生活・讀書・新知三聯,1988),頁344-350。

2　殷海光〈譯者自序〉,見海耶克著,殷海光譯,《到奴役之路》,《殷海光全集》第六冊(台北:桂冠,1990),頁6。關於海氏的行誼,另參見:Shirley Robin Letwin, "The Achievement of Friedrich A. Hayek," in *Essays on Hayek*, ed., Fritz Machlup (New York: New York University Press, 1976), pp. 147-167.

祉，他自然更覺得要堅持下去。另外，他深切明瞭他的見解，非
個人所獨創——即使他底最原創的發現也間接與他底所學有關，
與奧國學派經濟學和蘇格蘭啟蒙傳統有關。面對過去，他有所歸
屬；面對未來，他有深切的關懷；面對當下，他有做不完必須堅
持做卜去的工作。至於他底研究成果是否被了解，甚至被曲解，
是否變得流行，都是不相干的事。面對別人對他的誤解與惡意批
評，他也只能看作那是別人在知識上的盲點，所以無從產生怨恨
之情。

　　不過，凡是跟海耶克先生長期接觸過的人都會感覺到，他實
際上是一個內心熾熱，具有強烈道德感的人。然而，他卻是那樣
地自制，那樣地與周圍的一切保持距離；而且做得那樣自然，那
樣毫不矯揉造作。根據筆者個人的觀察，海耶克先生這樣的風
格，主要不是源自刻意的道德修養，雖然在道德上他確是一位謙
謙君子，而是強烈的知性生活的結果。

　　海氏這樣的治學風格——表面上冷靜而內心極為強烈的知性
生活所展示的治學風格——足以驗證韋伯在〈學術作為一種志
業〉裡所說「學術是知識貴族的事業」[3]那一番話。這裡「貴族」
二字不是指「遠離群眾」、「孤芳自賞」那一類的心態與行為，而
是指——不是多數人做得到的——不顧一切，遵循理知的召喚與
指引的人格素質，這樣的素質使「知識貴族」獲得「自我的清明
及認識事態之間的相互關連」（引文採自錢永祥的精譯）[4]。「人格
的本質」，用韋伯的話來解釋，「在於人格和某些終極價值及生命

3　韋伯著，錢永祥編譯，《學術與政治：韋伯選集(I)》增訂再版（台北：遠
　　流，1991），頁137。
4　前揭書，頁162。

意義的內在關係的堅定不渝」[5]。

　　遵循理智的召喚與指引的人格素質，乃是發自內心的，對追求知識（或曰追求真理）的肯定與獻身，知識是他的終極價值，追求知識賦予他生命的意義。這樣發自內心的知性追尋，把作為一種志業的學術活動，提升到具有高貴與尊嚴的生命層次。

　　在追求知識的領域裡，唯有那純粹向具體工作獻身的人，才有「人格」。而這樣的知性活動的「個人體驗」是什麼呢？韋伯說：

　　　任何人如果不能，打個比方，戴起遮眼罩，認定他的靈魂的命運就取決於他能否在這篇草稿的這一段裡作出正確的推斷，那麼，他還是離學術遠一點好些。他對學問將永遠不會有所謂「個人體驗」。沒有這種圈外人嗤之以鼻的奇特的「陶醉感」、沒有這份熱情、沒有這種「你來之前數千年悠悠歲月已逝，未來數千年在靜默中等待」的壯志──全看你是否能夠成功地作此推斷──你將永遠沒有從事學術工作的召喚。[6]

　　海耶克先生勤奮的一生，具體呈現了「學術工作的召喚」所賦予的尊嚴與樂趣。這樣的尊嚴與樂趣所陶冶的人格素質，是他學術生命的原動力。他一生堅持古典自由主義在現代社會的嶄新

5　前揭書，頁308。原文英譯見 Max Weber, *Roscher and Knies: The Logical Problems of Historical Economics*, tr., Guy Oakes（New York: The Free Press, 1975）, p. 192.

6　韋伯著，錢永祥編譯，《學術與政治：韋伯選集（I）》增訂再版（台北：遠流，1991），頁138-139。

意義。他認為二十世紀實是人類史上一個被迷信所深切蠱惑的世紀；社會主義與計畫經濟，則是二十世紀最大的迷信。與二十世紀許多國家知識分子把社會主義與計畫經濟當作人類解放的道路恰恰相反，海氏指出：那是「到奴役之路」。事實上，遠在1935年他已經徹底批判了計畫經濟在知識上的根本謬誤；因為計畫經濟根本無法計畫。近年來，蘇俄、東歐與中共的計畫經濟相繼走到死巷，驗證了海氏系統性洞見與遠見的深刻性。

　　海耶克先生的知性追尋，之所以深具洞見與遠見，用韋伯的話來講，是因為他始終忠於知性的神明，而無懼於其他神祇的緣故。這樣的實踐，可在其內心一致性與人格完整性的條件下，從他終極的世界觀的基本立場導出。他的一生對自己的行為的終極意義，提供了令人欽敬與欣慰的交代，並使知性神明光耀著人間的大地。

1992年4月22日於麥迪遜

原載《聯合報・聯合副刊》1992年5月1日

香港《信報財經月刊》1992年5月，總182期

自由不是解放
海耶克的自由哲學

　　海耶克先生的自由主義最主要的一點是：個人自由（此處自由與放縱當然不是一回事，詳下文）不但不會帶來社會的混亂，反而能夠導致最適合演化需要的社會秩序，同時也是文明進展最有效的原則。換句話說，愈能保障個人自由的社會，便愈能產生豐富、進步的文明；社會也愈有幫助大家合作的秩序。下面擬徵引一段、我常喜歡徵引的、海耶克先生的話，來說明海氏這一派自由主義者關於**自由產生秩序**的洞見（海氏在文中則徵引了一段博蘭尼先生的話）：

　　人們社會行為的秩序性呈現在下列事實之中：一個人之所以能夠完成他在他的計畫中所要完成的事，主要是因為在他的行動的每一階段能夠預期與他處在同一社會的其他人士在他們做他們所要做的事的過程中，對他提供他所需要的各項服務。我們從這件事實很容易看出社會中有一個恆常的秩序。如果這個秩序不存在的話，日常生活中的基本需求便不

能得到滿足。這個秩序不是由服從命令所產生的；因為社會成員在這個秩序中只是根據自己的意思，就所處的環境調適自己的行為。基本上，社會秩序是由個人行為需要依靠與自己有關的別人的行為能夠產生預期的結果而形成的。換句話說，每個人都能運用自己的知識，在普遍與沒有具體目的的社會規則之內，做自己要做的事，這樣每個人都可深具信心地知道自己的行為將獲得別人提供的必要的服務；社會秩序就這樣地產生了。這種秩序可稱之謂：自動自發的秩序（spontaneous order），因為它絕不是中樞意志的指導或命令所建立的。這種秩序的興起，來自多種因素的相互適應、相互配合，與它們對涉及它們底事務的即時反應，這不是任何一個人或一組人所能掌握的繁複現象。這種自動自發的秩序便是博蘭尼所謂的：「多元中心的秩序」（polycentric order）。博氏說：「當人們在只服從公平的與適用於社會一切人士的法律的情況下，根據自己自發的意圖彼此交互作用而產生的秩序，可稱之謂自動自發的秩序。因此，我們可以說每個人在做自己要做的事的時候，彼此產生了協調，這種自發式的協調所產生的秩序，足以證明自由有利於公眾。

「這種個人的行為，可稱之謂自由的行為，因為它不是上司或公共權威（public authority）所決定的。個人所需服從的，是法治之下的法律，這種法律應是無私的、普遍地有效的。」[1]

1　F. A. Hayek, *The Constitution of Liberty* (Chicago: University of Chicago Press, 1960), pp. 159-160. 海耶克先生所徵引的博蘭尼先生的話，見 Michael Polanyi, *The Logic of Liberty* (London: Routledge and Kegan Paul, 1951), p. 159.

　　在這裡，需要特別強調的是，海氏所謂的自由與解放是不同的。自由不但不是解放，而且與解放有不少的衝突。什麼是解放呢？解放是指個人從壓抑與束縛中掙脫出來。解放的思想蘊涵著一個對人性的看法：它認為人愈返回人類未受束縛、未受限制的原初狀況，人便愈有自由。海氏則認為束縛其實有兩種：(1)武斷的、不合理的對人的強制性壓迫；(2)在演化中的文明所產生的對人的約束。前者是個人自由的大敵，我們當然要加以排斥。個人自由實際上是指個人在社會中的行為所能遭遇到的外在強制性壓迫已減少到了最低程度的境況。但，一些必要的約束則是個人自由所賴以維護的必要條件。自由當然不包括使別人沒有自由的「自由」。換句話說，自由與放縱（不受約束，為所欲為）絕不相容。許多人以為自由是指個人願意做什麼就可做什麼的境況。這種對自由的誤解不但在中國時常發生，也在西方時常發生，甚至發生在一些西方思想家的身上。例如羅素即曾把自由界定為「我們獲致欲求的阻礙的消除」[2]。然而，這樣普遍性的自由境況是不可能的。因為一個人的個人自由將因別人沒有限制的自由而喪失。個人自由則是指**一個可被承認的「自由空間」之內的自由活動**。這個「自由空間」之所以能夠存在，是由於個人的權利與活動範圍可經由法律與倫理規則加以限定。

　　因此，每個人的自由必先預設社會成員能夠遵守規則，遵守規則自然是一種對人的約束。正如佛格森所說：「自由並不是解除所有的約束，而是以最有效的辦法把自由社會中每一項公正的

2　Bertrand Russell, "Freedom and Government," in R. N. Anshen ed., *Freedom Its Meaning* (New York: Harcourt, Brace & Co., 1940), p. 251.

約束應用到每一個人身上去——無論他是官員抑或平民。」[3] 海耶克先生則說：「文明的訓練或素養（the discipline of civilization）的漸進演化，使自由有其可能；文明的訓練或素養亦即自由的訓練或素養。」[4]

職是之故，以為人的自由是從一切約束中解放出來的看法，乃是對自由的誤解。那樣的情況只是返回原初社會的野蠻，然而在野蠻的社會中，個人是沒有自由的。

個人自由既然是接受在文明演化中所產生的許多規則的約束的結果，而個人自由又不可被武斷的、不合理的強制性壓迫所斲喪，那麼究竟哪些規則才是個人自由的條件呢？海耶克先生提出了兩項基本原則（或標準）來鑑定（或衡量）哪些規則是符合與促進個人自由的：（1）規則必須具有普遍性，它們必須能平等地與沒有例外地應用到社會上的每一個人身上，無論其出身、性別、宗教、種族、經濟環境，與教育程度的差異；（2）規則必須具有抽象性（抽象性相對於具體性而言），亦即：規則是沒有具體目的的（規則不是為任何具體目的服務的）。因此，在遵從這些規則時每個人可追求自己的目的。哪些領域之內的規則必須合乎這兩項基本原則呢？海氏認為法律與倫理領域之內的規則均須合乎這兩項原則。這樣的法律才能成為建立法治（rule of law）的法律；這樣的倫理才能成為維護個人自由的論理。〔rule of law（法治）與 rule by law（法制或「以法統治」）是根本不同的。法

---

3 引自 F. A. Hayek, *The Fatal Conceit* (Chicago: University of Chicago Press, 1989), p. 3.

4 F. A. Hayek, *Law, Legislation, and Liberty*, vol. 3: *The Political Order of a Free People* (Chicago: University of Chicago Press, 1979), p. 163.

治是指「法律主治」。然而專制國家有時也想講一點效率，所以有時也會注意到法律的好處。不過，它所謂的法制是指「以法統治」而言。以法統治的法制不是法治，因為法制是為政治服務的，而法治是治理政治的。〕建立法治的法律必須符合普遍性與抽象性的原則。在法治之下，不但一般平民須遵從具有普遍性與抽象性的法律，而且政府機關及其官員以及任何政黨及其成員也都必須遵從同樣的法律；否則均可由所在地的法院審理並處罰之。

　　海耶克先生認為在倫理領域之內的規則也須合乎上述兩項基本原則。換句話說，倫理規則也應該具有普遍性與抽象性；符合這兩項標準的倫理規則則是維護個人自由的倫理。海氏的倫理觀甚為精微、複雜，也常引起誤解。不過，筆者在此只能略述其梗概。海耶克一方面認為倫理規則是演化中的文明的一部分（所以倫理規則也在演化之中）；另一方面，他肯定休謨所認定的在變遷、演化的倫理規則之上，另有一些最低限度的自然律（見下文），人們必須恆常地遵守，如此文明才能健康地演化。他同時堅決反對邊沁式直接的或建構主義的功利主義，以及庸俗的享樂式功利主義。

　　另外，他以普遍性作為衡量倫理規則適當性的標準，這一方面則與康德極為接近。但他卻又堅持道德的公正與人類福祉不但不必互不相容，而且可以相得益彰；從而化解道德訴求與人類福祉所可能產生的衝突。海氏這一立場對中國甚為相干。常有人說，自由主義對中國來說，陳義過高，大多數中國人是在生存邊緣掙扎，他們需要吃飯，不需要個人自由與個人尊嚴。這種論調似是而非。中共在大陸上的統治驗證了在不自由的條件下，不但沒有自由與尊嚴，而且沒有飯吃。（1959至61年「三年饑荒」時

期餓死了至少2,700萬人——那是世界史上最大的一次饑荒。）

　　一個能善於使用知識，發展新知的社會，最易面對未來的挑戰。根據海耶克先生的自由主義，在法治之下的個人自由，作為社會生活的組織原則，最能有效地促使資訊流通，也最能有效地發掘與利用知識，所以不單個人擁有自由與尊嚴，社會也將富足起來。但，構成這樣子的社會的自由原則，必須認定理性不是高於文明之上，而是文明演化的結果。在自由的社會中，知識的模式乃是參與文明的過程，而非在文明之外臆測。

　　換句話說，如果文明演化的傳統架構遭受破壞，理性的運作將降至極低的層次。但，並不是任何傳統都利於文明的演化。愈具有上述海氏一再強調的普遍性與抽象性規則的傳統，愈能支持文明的演化。但這些形式或程序原則，必須在休謨所謂三項基本的自然律的範圍之內，這樣才不至於包括也能滿足這些形式的惡毒的內容。〔關於海氏思想與休謨的關係，請參閱Donald W. Livingston, "Hayek as Humean," *Critical Review*, vol. 5, no. 2（spring, 1991），pp. 159-177.〕

　　休謨所謂的三項基本的自然律是：（1）私有財產的穩定性，這是保障個人自由的人類共同生活的一個自然律。任何人的財產，不可由任何力量任意侵占或取消；（2）財產的轉移必須經由具有產權的人的同意；（3）必須講信用（講了的話要算數）。休謨認為以這三個自然律為優先的文明，較易發展出具有普遍性與抽象性的倫理，如責任感、公正、有信用等。如要公正與講信用的話，就須對每個人公正，講信用。責任感是指無論自己的行為涉及什麼人，自己都需對自己的行為後果負責。這種具有普遍意義與抽象意義的道德，與從家庭倫理中發展出來的注重遠近親疏的特殊性（particularistic）的道德很不同。家庭倫理發展出來的道

德，雖然在形式上也可作普遍性的聲稱，但在實踐層次上則往往是對親近的人及具有權威的人更為落實，因此比較缺乏普遍性與抽象性。

假若一個社會中法律規則與道德規則傾向於發展普遍性與抽象性的話，這樣的社會較易適應文明的挑戰，因為它的成員能夠在個人自由的自我空間中發揮創造力，而各個成員也易在自由的社會秩序中相互協調。所以整個社會比較有活力。

然而，這兩個原則之能否落實，主要不取決於理性的說服力，基本上是社會演化的結果。（了解海氏這一論斷的人，對自由主義在中國的前途，只能做悲劇性的努力。）一個社會能否傾向發展具有普遍性與抽象性的法律與倫理，基本上不是由於理性運作的結果——不是好像大家開一個討論會，參加的成員最後都發現主張發展普遍性與抽象性的法律與倫理的那一派最有道理，所以大家便齊心協力去發展那樣的法律與倫理了。事實上，法律與倫理的發展，往往是歷史演化未所預期的結果。所有傳統社會內在的政治、經濟、社會與文化（包括宗教與道德）質素，往往都沒有直接建立具有普遍性與抽象性法律和倫理規則的傾向。但在一些社會中，這些質素互動的結果，未所預期地產生了這樣的傾向。另外一些社會則否。那些漸漸落實了普遍性與抽象性規則的社會，其成員往往比較有個人的自由、比較有活力，也比較能夠應付文明的挑戰。於是，普遍性與抽象性規則在社會中的落實與個人自由的關係，以及兩者對文明演進的益處，均漸漸被人們理解，有這樣理解的思想家們，遂可對之作系統的說明。

這樣的良性循環，漸漸使具有普遍性與抽象性的法律與倫理規則，在社會上建立了堅實的基礎。

現在我想舉一個例子來說明一下，為什麼個人自由能使人更

有活力，也使社群成員更能發揮相互協調與合作的性格。假若大家都是科學家，每個人都在從事科研工作，你們說什麼原則能夠使各位更能產生研究成果？第一個方案是由大家選出一位大家敬佩的科學界領袖人物，由他來決定每一位應該研究的課題。第二個方案是由一位不懂科學的人來做大家的領導，由他來指定各位工作的項目。第三個方案是由各位自己決定研究的題目、自己去找材料、自己去做實驗、自己找相關的同仁切磋，但這一切活動都必須在遵守普遍性與抽象性規則之內進行（包括申請研究金、發表研究成果等等）。我們會發現第三個方案最能使每一個科學家得到最多、最需要的資訊和知識，同時也最能使大家彼此作有益的交流與合作。可見個人自由不但是最有效的促進文明進展的原則，也是最有效的建立社會秩序的原則。

　　海耶克先生和他的同道認為，這些具有普遍性與抽象性的規則，只能從傳統中漸漸演化而來。這些規則是幫助理性發展的架構，理性本身則無法只根據自己發展。

　　根據以上的說明，我們知道海耶克對馬克思所主張的廢除私有財產制與實行公有制的計畫經濟的批評，是有一套系統性的思想作為基礎的。大家都知道把私有財產制當作罪惡的根源，主張應予取消的意識形態，不但過去在蘇俄、中國等共產主義國家被熱烈地肯定，而且在二〇、三〇、四〇年代的西歐與北美的一些知識分子圈子中甚為流行，只是他們未能組織政治勢力使其實現而已。然而，海耶克先生在1935年就已經清楚地指出公有制計畫經濟的謬誤了[5]。從海氏的觀點來看，計畫經濟之所以不通，是因

5　見 *Collectivist Economic Planning*, edited with introductory and concluding chapters by F. A. Hayek（London: George Routledge & Sons, 1935）.

為它根本無法計畫。計畫經濟所賴以計畫的資訊與知識,根本不可能用計畫的辦法掌握得到,所以它是不可能的事。如果硬要使用政治勢力強行計畫,固有的經濟秩序一定被破壞,經濟一定會凋敝。事實上,豈止經濟凋敝而已,廢除私有制的計畫經濟是斲喪個人自由的利器,正如海耶克先生所說,那是「到奴役之路」[6]。證諸蘇俄、中國、東歐等實行廢除私有制的計畫經濟的後果,不但海耶克的先見之明值得讚賞,而且他數十年來面對西方知識界左傾風氣的壓力與誣罔所顯示的肅穆莊嚴、堅持所見的精神,尤其令人欽敬。

　　從上述海氏思想略述中,我們可以想見,他認為馬克思所主張的無產階級革命,不僅無法達到它所要達到的目標,而且——更嚴重的是——將無可避免地破壞了維護個人自由的根基(假若一個社會原有普遍性與抽象性的法律與倫理規則的話),或使這必要的根基難以建立(假若一個社會中沒有多少這類規則,但它的傳統卻有演化至這類規則的資源的話)。一言以蔽之,馬克思主義帶來的是文明的倒退。

原載香港《信報財經月刊》1992年7月,總184期

6　這是海耶克在1944年出版的批評社會主義計畫經濟的書名:*The Road to Serfdom*(London: George Routledge & Sons, 1944; Chicago: University of Chicago Press, 1944)。書稿完成以後,三個出版家曾拒絕出版。

關於海耶克、胡適與「思想先行」
與胡平的通信

林先生：

你好！寄來的兩篇文章均已拜讀，十分感謝。

我在《中國之春》上也寫了一篇短文紀念Hayek：〈先知在勝利後死去〉。我是在七八年、七九年北大讀書時才見到Hayek的著作的。讀過他的《通向奴役的道路》和《自由的憲章》（前年去台灣，周渝兄把他父親周德偉譯的《自由的憲章》送了一本給我），頗受教益。八五年在北京讀到你的《思想與人物》。其中有一篇談到你師從Hayek的回憶文字。你這篇對Hayek人格的描述，意味深長。作為一個偉大的古典自由主義者，Hayek的思想嚴謹細密；他的為人也為我們樹立了一個典範。從你這篇紀念文字中，我也看到了先生自己的志向和追求。

有關 "civil society" 的文章，我最感興趣的是你對於當今大陸私領域的擴張與公共領域建立的區別的論述，相當深刻，我亦很有同感。這正是目前許多人沒弄清楚的一個問題。不知先生是否肯將此一論點再作發揮。如能賜稿於《中國之春》，不勝感激。

　　先生在《政治秩序與多元社會》一書中對西方自由民主制度
的建立的闡述,我覺得很精當。不過,對於先生批評胡適等人
「藉思想─文化以解決問題」的觀點,我不盡贊同。我寧可認
為,對英美等先進國家,民主的理念是其實踐的結果,而對於中
國等後進國家,理念則是實踐的原因(之一)。先生以為如何?

　　先生對我關於周舵母親自殺一文的肯定,很使我欣慰。本來
我寫這些文章,是希望面對更廣泛的讀者;因此我當然會重視一
般讀者的反應;但是,對於來自先生這樣治學嚴謹的前輩的批
評,我以為更為重要。希望和先生繼續保持聯繫。

　　祝

安好

胡平 1992.6.2.

胡平:

　　多謝六月二日寄來的信。前幾個月接到〈八九民運反思〉後
當即拜讀一遍。因為基本上贊成你的看法,沒有什麼更多的意見
可以提供,一時也就沒有即刻回信,尚請原宥。

　　我在《政治秩序與多元社會》中對胡適的批評,主要是因為
他在著作中一再強調自由的政治秩序**主要**乃是來自人們態度的改
變,所以他說「容忍比自由更重要」。(這裡「更」字特別吃緊。
從他的觀點出發,他在那裡使用那個「更」字是合乎邏輯的,因
為他本來就是相信:如果大家都持容忍的態度,每個人便能獲得
個人的自由。)實際上,他犯了循環定義的弊病與「道德與思想
意圖的謬誤」[1]。我是在這個特定意義上批評他的。因為他除了這

1　參閱已收入本書,以此為題的拙文,頁351-356。

樣的思想本身有其謬誤外，這樣的思想影響很壞：導致淺薄的樂觀主義。因此，不能發掘中國自由主義者所應面對的許多重大問題，例如**如何建立法治**？（這裡沒有「應該」，或「不應該」建立法治的問題，因為所有的自由主義者都認為應該建立法治。）我覺得中國的自由主義者總應具有一些自覺的悲劇意識。我所謂的「悲劇意識」不是指胡適終生提倡自由、民主，到頭來他所看到的是左派極（全）權主義與右派威權主義興起的悲劇史實。我對中國的未來，雖不是絕對地悲觀；但，我一向是相當悲觀的。然而這種自覺的悲劇意識比較能夠使我們貫通於熱烈與冷靜之間，如此或可比較能夠面對更為重大而實質的問題，所以也許更有助於自由主義在中國的實質發展。

來信說：「對於中國等後進國家，理念則是實踐的原因（之一）」這一點與我文中的觀點並無衝突。我所反對的是一元論式「藉思想—文化以解決問題的途徑」和以為道德與思想的意圖乃是導致自由政治秩序的**直接**或根本原因的看法。其實，我自己的工作也是希望在理念層次上為中國建立一點自由主義發展的基礎。換句話說，理念的工作實際上有兩種：胡先生那種一元論式的宣傳工作，以及多元的理念釐清工作。後者的立場是：在釐清理念的時候首先要說明理念的釐清，雖然相當重要，但有其有限性；其次，要真的能夠釐清相關的理念（包括說明如何建立法治的制度與文化，以及經濟秩序的建立等等）。

胡先生在他那個時代有其一定的貢獻。但他也給中國思想界帶來了不少混淆（其中有些乃構成了自由主義在中國發展的內在阻力或障礙）；所以，我覺得應該予以釐清。（胡先生在別處，有時也曾說明法治與經濟基礎的重要。然而，他在說明容忍比自由更重要的時候，卻是用一元論式的argument，我的批評是針對這

一點而提出的。）

　　論 civil society 的拙文，你覺得有意義，我很高興。今後因需專心致力於英文專著的撰寫工作，大概已無餘力用中文寫較長的文字。尊文〈先知在勝利後死去〉盼寄贈一份影印，多謝。（《中國之春》過去曾多次收到寄贈，後來停了，不是每期都看到。）

　　祝
文安

毓生　1992.6.7.

林先生：

　　謝謝你昨日的款待，希望今後能有更多的機會敘談。

　　寄上三本《中春》，上有我的文章連載，就是我向你提到的那個寫作計畫。眼下還是新稿，估計還要作不少修改，大概會寫二十多萬字才行。

　　牛津出版的我的《中國民運反思》已問世，收有五篇文章：〈八九民運反思〉、〈民主牆：十年後的思考〉、〈自由主義思潮在中國的命運〉、〈社會主義大悲劇〉與〈辛亥八十秋〉。我還寫了篇序言，其中提到和你的一個不同觀點，但上次與你通信與在電話上交換看法後，覺得彼此見解實無區別，所以我在把這篇序言交台北《中國論壇》發表時刪去那一小段，以後下筆還要更慎重些才好。

　　再談。　祝
安好

胡平　1992.11.2.

【四】

關於《中國意識的危機》
答孫隆基

一

　　孫隆基君在《二十一世紀》第二期發表的〈歷史學家的經線：編織中國現代思想史的一些問題〉對他所了解的幾位美籍猶太學者在研究中國現代思想史的時候，以「中國史作為媒體來『解決』他們本人內心兩極分化的要求」，作了相當扼要的說明。（引號中所引為孫君原文，以下不再注明。）孫君認為這種研究思想史的方式能夠使歷史變得「情節化」（emplotment），能夠營造出「戲劇效果」來。不過，孫君除了評論他們的著作以外，卻又明顯地對他們那樣治學的方式表示欣賞，並以之衡量拙著《中國意識的危機》（以下簡稱《危機》）——認為筆者「無法在歷史寫作中營造戲劇效果。」

　　筆者的立場與孫君恰恰相反。筆者認為思想史研究的最主要任務是：對思想性質（思想本身的複雜性）的認識以及對它在歷史脈絡中的成因與涵義（implications）的探究與分析。換句話

說，思想史是一種綜合思想與歷史的研究，用美國通行的名詞來說，它採用「科際整合的途徑」（interdisciplinary approach）。

筆者一向不欣賞李文遜（Joseph R. Levenson，我原譯作「賴文孫」，本文暫從孫譯）把中國思想史當作表達他自己內心抉擇的媒介物的作風，同時認為他書中論旨的許多實質謬誤，乃與他對客觀史實不夠尊重、不夠嚴肅的態度有關。筆者在撰寫《危機》的時候，壓根兒從未想要「營造戲劇效果」或使之「情節化」。我與孫君既然道不同，自然可以不相為謀。在這個層次上，本無需對他的癖好作出任何回應。然而，他對拙著的批評含有許多誤解，以及因牽強附會而造成的曲解。考慮的結果，覺得還是應該對本刊的讀者作一些釐清。

（一）歷史的「變」和「傳承」

不過，在釐清《危機》所使用的方法以及它的主要論旨之前，還有三點意見先要交代一下。第一，晚近一些歷史工作者與孫君一樣，特別強調歷史就是時間中的「變」，歷史研究就是記載與敘述這一「變」的現象。在一些人的心目中，任何討論歷史中的「傳承」（continuity）都是禁忌，認為那是超歷史的，甚至是反歷史的。我不同意這一看法。我認為那是把歷史研究狹窄化了，教條化了。歷史中有「變」也有「傳承」。有時「傳承」是構成「變」的條件，兩者有辯證的關係。在一個時期之中，究竟哪些是「變」，哪些是「傳承」——「傳承」並非「同一」（identification）——需要在具體的研究中探討，不是任何先驗的看法可以決定的。事實上，某些歷史中的巨變，可能是具有持續力的過去成分，在新時代裡，與新的成分相互結合的結果；如韋伯在《新教倫理及資本主義精神》所分析的，舊約對喀爾文教義

的影響、貝克爾（Carl L. Becker）在《十八世紀哲學家們的天國城市》（*The Heavenly City of the Eighteenth-Century Philosophers*）所分析的，中古神學對於啟蒙運動哲學家們的影響，以及托克維爾在《舊政體與法國革命》（*L'Ancien Régime et la Révolution*）所分析的，路易十四許多中央集權的措施在法國的持續對於法國大革命之興起的結構性影響。如果一味耽迷於歷史便是追逐時間之流中的「變」的信念，那麼歷史工作者多半只能從事隨波逐流式的敘述，或在隨波逐流中把自己內心的困惑與衝突投射到研究的題材上去，使之「情節化」或產生「戲劇效果」。因此，「變」與「傳承」在時間中的辯證過程反而不易注意到了。筆者覺得「變」與「傳承」在時間中的辯證過程才是歷史研究的主題。

如要對這一類題目作結構性或觀念性分析的話，一種許多史學工作者使用過，覺得相當有用的方法是韋伯所謂「理念型或理想型分析」。從事「理念型分析」，必然需要將歷史現象在時間之流中暫時「凍結」，否則無法進行。這樣的「凍結」——這樣的靜態分析——主要是為了對歷史中重大變遷的原因與涵義，進行觀念性與結構性分析與闡釋而做的。（關於「理念型分析」在下文中將稍做說明。）

至於已故李文遜教授在他的著作中所特別強調的中國傳統思想與文化已經在時間上完全斷裂的看法——在二十世紀中國，任何肯定傳統思想與文化的意見都不是純正的（authentic）持續，那只是中國知識分子在面對他們所接受的西方價值的時候的歷史負擔與內心自卑感的呈現——乃是把中國傳統文化與中國現代文化，在價值與觀念層次上，看成兩個不相連、完全不同的有機體的結果（故只能在情緒層次上，要求「相連」）。這倒是——正如史華慈先生所說（見下引史文）——真正渾然一體的文化觀

（cultural holism）。當然，李文遜的著作並不是毫無所見。不過，他那「歷史」對「價值」（versus）有機式歷史斷裂觀，基本上是他的心理化約主義（psychological reductionism）的表現。其中的根本問題，史先生在 "History and Culture in the Thought of Joseph Levenson" [1] 對之有精要的評析，而拙著魯迅章也曾提出具體的例證來說明，在比較深刻的中國知識分子心靈之中，對一些傳統文化成分的肯定，並不是心理上自卑感的反映，而必須在理知與道德領域之內去了解。另外，史華慈先生在他的《中國古代的思想世界》（*The World of Thought in Ancient China*）[2] 中，曾對中國文化中的基本導向（cultural orientations）——中國思想史中曲折的「傳承」的思想資源——的性質與源流作了甚有見地的分析，讀者可以參看。

（二）「意志自由」與「抉擇難局」

第二，孫君在欣賞他所了解的，猶太學者在他們內心化歷史著作中營造出來的「戲劇效果」與「情節化」之餘，認為「舒衡哲或李文遜那種兩股內心要求之間的緊張，必須具備屬於個體化良知系統的語言與符號，特別是猶太教的『意志自由』的概念及與之相連的『抉擇難局』，才能去了解與欣賞。」然而，李文遜與舒衡哲把自己內心衝突所引起的「緊張」，投射到他們研究題材上的行徑，是否直接來自猶太教「意志自由」的概念，是很難

1　Maurice Meisner and Rhoads Murhpey eds., *The Mozartian Historian: Essays of the Works of Joseph R. Levenson*（Berkeley: University of California Press, 1976）, pp. 100-112.

2　Benjamin l. Schwartz, *The World of Thought in Ancient China*（Cambridge, Mass.: Harvard University Press, 1985）.

說的。正如孫君在「結論」中說：

> 李文遜將這個危機看作一系列對立性的「緊張」之冒現、
> 解開、轉移以及保留。這基本上是一種西方式的思考方式。
> 例如佛洛伊德的心理動力學（psychodynamic）的觀念，即視
> 精神病源自對立的心理行動之間的衝突，這個糾結如獲成功
> 的解決，人格即獲得成長，但這個衝突其實仍被保留的，不
> 過被轉移到一個更高的層次上去而已。美國的文化人類學對
> 「制度」的看法也如是：文化「制度」是人用來適應環境
> 的，但既然它同時必須塑造人之本能，因此也勢必把人類的
> 焦慮、心理防禦、精神病反映在其中；換而言之，文化以符
> 號的方式「解決了」（resolved）環境與本能之間的衝突，卻
> 同時把兩者之間的「緊張」也保留，甚至可以說，「制度」
> 是「緊張」的結晶體。

因此，舒衡哲與李文遜內心「緊張」的投射，來自心理分析
學所指謂的心理因素之間的衝突的可能性，看來似乎要大得多。
尤其當他們受到彌漫在西方學術界一些圈子中相對主義與對「意
志自由」庸俗化的理解的感染之後，他們內心的「緊張」來自心
理因素的可能性，更加增強。心理因素所造成的「緊張」，以及
這樣的「緊張」所要求的抉擇，與「意志自由」所導致的「緊
張」與抉擇，是根本不同的。心理因素是客體世界中的勢力。它
的猖獗足以克制意志自由的落實。而在理知與道德領域中的意志
自由，必須建立在道德自律之上。所以意志自由與道德及知識的
責任不可分。從這個觀點來看，李文遜與舒衡哲把中國思想史的
題材當作表達他們心理因素之衝突的媒介物的作風，是不可取

的，這樣的self-indulgence（自我放縱），是反省不夠、自制不夠的不負責任的行為，是以道德自律為基礎的「意志自由」所不能允許的。所以，孫君在「必須具備屬於個體化良知系統的語言與符號」那句話中，使用「良知」二字，是不妥當的。概括言之，孫君所欣賞的內心化思想史，格局有限。

在這個討論的脈絡中，另一位美籍猶太學者的工作，應該在這裡特別提出來，與孫君所欣賞的那些猶太學者的工作作一比照。這位學者就是前文提到的史華慈先生。他篤信猶太教，但他在中國思想史領域中的宏富貢獻，則是建立在認真研究中國思想的性質，以及它在歷史中的成因與涵義的原則之上的。之所以如此，主要是由於史先生對人的尊重。因為他尊重人，所以他自然尊重中國人。中國人的思想是人類思想的一部分。中國人的思想有與其他文化中的人共有的「通性」，也有自己的「特殊性」。中國思想史是「通性」與「特殊性」互動的、辯證的演變過程，有其客觀的意義；故不可被研究者主觀的意識所轉嫁。當然，任何研究者都不可能完全超越他自己所處環境的影響。然而，努力自覺地不要使自己受文化、思想、政治、經濟與社會環境所造成的「偏見」所影響——努力探求客觀的真實——乃是以謙誠態度治學的人的首要之務。這是一個永無休止、無法完全達到最終目的的過程。雖然無法達到最終目的，不過，以這樣態度治學的人，與那些半自覺地（甚至自覺地）把自己的「偏見」轉嫁到研究題材上去的人的工作態度（以及因不同的態度所導致的不同研究成果），終有一個分際！

史華慈先生一直在與相對主義、化約主義及內心化思想史研究奮戰。所以，猶太教「意志自由」的概念，不但不一定導致內心化思想史研究，而且還可能是對其批判的基礎。

（三）「西方式的思考方式」

第三，孫君在用佛洛伊德心理動力學與他所了解的美國文化人類學的觀念（見上面引文）解釋李文遜的研究乃是「一種西方式的思考方式」以後說：「令人感到意外的倒是林毓生。他長期居美，卻一點也沒有受到上述『緊張』觀念的影響。這裡似乎顯示出：西方式的『緊張』觀念，中國人不見得會欣賞。」

在這裡，孫君所作的，不是他所欣賞的西方式治學風格，便是中國式治學風格的解說，是把事情過分簡單化了。其實，許多西方學者與思想家們不但不欣賞孫君所欣賞的那「一種西方式的思考方式」，而且還要對之嚴加駁斥。孫君對於筆者並未受到他所指謂的那「一種西方式的思考方式」的影響的觀察，是正確的。但，為什麼會「令人感到意外」呢？難道西方只有一種思考方式嗎？難道「長期居美」而又未受到他所欣賞的「西方式的思考方式」的影響，便一定反映了中國式的思考方式嗎？事實上，筆者不但未受孫君所指謂的「西方式的思考方式」的影響，而且還有意盡一己之力對其奮戰！而筆者奮戰的思想資源基本上是來自西方的：柏拉圖、康德、韋伯，與筆者從學的博蘭尼、海耶克、漢娜‧鄂蘭（Hannah Arendt）、席爾思、史華慈諸先生。這是指治學的思考方式而言；至於在自覺的價值層次，筆者不採一元的態度，而是在西方的自由主義與中國文化傳統中取捨。相當多的中國知識分子到了西方以後，動輒以為他們所見流行的西方思潮就是西方文化的精華，對之欣羨與採納唯恐不及。這樣追趕時髦的態度，除了反映自身的文化危機以外，是不足取的。

二

　　孫文的根本錯誤，是不了解拙著所一再強調的，其目的在於處理——從世界比較思想史的觀點來看——一項獨特的「意締牢結」[3]，即：五四整體主義的反傳統主義的成因、內容、與涵義[4]。「整體主義的反傳統主義」不是孫文所謂「全盤否定傳統」而是「要全盤地否定傳統」，亦即要把傳統全部否定的「意締牢結」。這樣的「意締牢結」的訴求不是結合理性的探索與經驗的研究而興起的——五四時代的整體主義的反傳統主義者並不是在對傳統中每一成分均作了仔細研究以後，發現它們全要不得，以致達到非全部摒棄不可的結論。從「意締牢結」內部來看，它也有「理性的思考」與「事實的驗證」，而且它的強韌性因它自認合理的理由的增強而增強，但這些都是為它的前提服務的，而它的前提的形成與聚合則不受理性的監督與經驗的驗證。一些五四人物，如果一方面在言行之中表示了肯定傳統成分的意見或顯示著受到了傳統成分的影響；但另一方面，在他們提出救國之道的「系統性」意見的時候，卻視中國傳統為一整體，主張應該把它全部打倒。那麼，他們肯定傳統成分或受傳統成分影響的事實，並不妨礙他們成為整體主義的反傳統主義者。

　　換句說話，他們的整體主義的反傳統主義並不因他們事實上受到了傳統的影響或在意識之中肯定了傳統的成分而動搖。在邏

3　通常譯作「意識形態」，此處「牢」字取「監牢」中「牢」字的涵義，「結」字取「死結」中「結」字的涵義。

4　Totalistic antitraditionalism我過去譯作「全盤性或整體性反傳統主義」。這樣的譯法，並不十分貼切。也許「全盤化反傳統主義」更為合適。為了免去字面上的誤解，本文則直譯如上。關鍵在於"totalistic"與"total"的分際。

輯上，這當然是一項矛盾。《危機》所要探討的則是：為什麼這樣的矛盾，對他們而言並不自覺，或者即使自覺其存在，卻覺得無關重要？在這裡，邏輯分析之使用，旨在導出一些重要的歷史問題：整體主義的反傳統主義是不是一個強勢的「意締牢結」——其支配力強大到使得抱持這個「意締牢結」的人對上述矛盾並不自覺，或使他們覺得那樣的矛盾無關重要？倘若是如此的話，此一強勢「意締牢結」在五四時代是如何形成的？它的歷史後果（涵義）如何？

從這一思辨的理路可以知道，孫君對拙著使用邏輯分析的批評是建立在曲解之上的。孫君說：

> 必須指出：陳獨秀、胡適、魯迅等人，只是被放入林毓生編織的上下文脈絡中，才犯了「邏輯謬誤」。不過，林氏對他們作出的評語卻易讓讀者產生這樣的幻覺，似乎他們是超出任何脈絡、時空、歷史地（亦即是在絕對意義上）犯了「邏輯謬誤」。

與孫君的「理解」恰恰相反，拙著所使用的邏輯分析，正是要藉以引出歷史的闡釋。正因為陳獨秀、胡適與魯迅的「邏輯謬誤」不是超歷史的，而是在歷史的脈絡與時空中發生的；所以，他們才不把那些「邏輯謬誤」當一回事。

（一）強勢「意締牢結」

那麼，究竟什麼是強勢「意締牢結」？而《危機》是如何解釋它的歷史成因與後果的？對於「意締牢結」的意義，筆者以為

當代社會學家席爾思先生的界定最為精審與完整[5]。席爾思認為意識形態（意締牢結）是對人、社會，及與人和社會有關的宇宙的認知與道德信念的通盤形態。它與「看法」、「教義」、與「思想系統」不同。不過，這些不同往往是程度的不同。意識形態的特色是：它對與它有關的各種事務都有高度而明顯的「系統性」意見[6]，它往往要把系統中的其他成分整合於一個或幾個顯著的價值（如平等、解救、種族純粹性等）之下。（按：整體主義的反傳統主義則是把中國傳統的其他成分整合在一個或幾個顯著的負價值之下。）就這樣，它往往是一個封閉系統，對外界不同意見採排斥態度。

從內部來看，它一方面拒絕自我革新，另一方面，則要求追隨者絕對服從，並使追隨者覺得絕對服從是具有道德情操的表現。意識形態的形成與傳播則要靠「奇理斯瑪」型人物的出現與領導。意識形態與看法、教義與思想系統之不同既然是程度上的不同；那麼，意識形態本身也可根據其系統性、封閉性與依賴「奇理斯瑪」型人物領導的程度而區分弱勢的與強勢的意識形態。

人類學家基爾茲正確地指出，當一個社會產生了社會與政治危機，加上文化因迷失方向而產生了文化危機的時候，那是最需要意識形態的時候[7]。

自十九世紀中葉以來，中國社會在西方勢力衝擊之下，開始了一個長期而全面的解體過程。在傳統社會制度與習俗方面，從

5　最初發表在 *International Encyclopedia of Social Sciences*，後收入氏著 *The Constitution of Society*（Chicago, 1982）, pp. 202-223。

6　此處「系統性」並不蘊涵「正確性」，在強勢的意識形態中，其系統性則是僵化的系統性。

7　見氏著 *The Interpretation of Cultures*（New York, 1973）, pp. 193-233, esp. 215-220。

家族、婚姻、鄉里、學校各種制度到風俗習慣，其中沒有任何一部分是可以站得住的了。傳統政治秩序也漸瓦解，辛亥革命帶來的是全面的崩潰（辛亥之後的軍閥混戰可為明證）。至於傳統中國文化與道德秩序，也因受到西方符號、思想與價值的衝擊而招架不住。因為傳統中國社會、政治秩序與文化、道德秩序是高度整合著的，所以辛亥革命所帶來的整個政治秩序的瓦解，也導致了本來已站不穩的社會秩序與文化、道德秩序的解體[8]。

（二）文化秩序與政治秩序

就傳統中國文化秩序與政治秩序兩者之間具有高度整合性而言，此一整合性的解體促進了強勢意識形態的興起。中國知識分子過去一向習於生活在一個秩序甚為井然的文化世界中，思想與價值聯繫在那樣一個有秩序的結構中，在世界史上，似未有與之匹敵者。當然，我並不否認在傳統文化的結構之內，存在著許多彼此相當衝突的因素所形成的「緊張」，但這些「緊張」卻是在一個大的政治秩序的籠罩之下銜接在一起的。我們可以用許多方式來對這一高度整合的政治與文化秩序（或結構）加以說明。例如，無論宋明理學中各家各派對「格物」是「致知」的手段有多少不同的解釋[9]；但絕大多數儒家學派都毫不懷疑地認定，記錄在儒家經典中的古代聖哲所具體說明的道德原則與政治原則實際上已蘊涵了對「理」的最終了解——這一事實足以說明，在中國悠

8　在這裡，「文化」和「道德」（其中包括許多成分）應與「文化秩序」、「道德秩序」作一區分。文化、道德秩序的解體並不蘊涵一切傳統文化與道德質素均已死滅。

9　從純理論的觀點，對「理」的了解只能是一個開放的陳述，並不預設既定的答案。易言之，什麼是最終的真理，無人能夠提供一完全確切的答案。

久的歷史中，結構完整、統合完整的政治與文化秩序所占勢力之大。當然，基督教中的《聖經》也被其教徒信奉為最後的真理，而佛經也都訴諸釋迦的智慧。但《聖經》的權威來自啟示及先知傳統與教條，而佛教各派對釋迦智慧的解釋，其範圍要比儒家寬得太多。另外，基督教與人間俗世的關係，是在政教分離的原則與結構中牽連的，而佛教基本上是出世的。世界其他高等文明尚無中國式的，以人間性、人文主義的哲學方式在社會、文化與政治活動中反而呈現宗教性質。換句話說，西方自第四世紀羅馬帝國立基督教為國教，其宗教—文化秩序與政治秩序之間的關係在**結構上**呈現二元——所謂「凱撒的事情歸於凱撒，上帝的事情歸於上帝」——現象以來，西方政治秩序的危機並不直接導致宗教、文化秩序的危機，宗教—文化秩序的危機也不直接導致政治秩序的危機。雖然兩者之間存有相互牽連，彼此消長的複雜關係，但兩者都有相當高程度的相互獨立性。中國文化和道德精神也有獨立性；不過在中國，「文化和道德精神」須與「文化秩序」作一區分。傳統中國以「內在超越」為基礎的文化秩序，自漢以來已經極高度地整合於政治秩序**之內**；所以，一方面它涵化了許多政治活動，使其呈現宗教性質，另一方面，從分析與結構的觀點來看，政治秩序與文化秩序基本上是一元的。西方「政教分離」的二元現象與中國政教合一」的一元現象，可由極端的例子予以尖銳地說明：因為沒有教士（祭司）階級，連「封禪」那樣的大事，到了漢武帝時代都「莫知其儀禮」（《史記・封禪書》）了；所以，與其說那是宗教上的大事，不如說是廣義的政治行為。

在西方，即使君主（如英國的亨利八世）把自己變成教會的首腦，並頒訂宗教儀式，發行祈禱書等，然而作為凡俗世界一分

子的君主，卻不能行使神職人員的功能（如主持聖儀），同時他也要在具體形式之內接受神職人員的教誡。之所以如此，是因為神職人員代表「外在超越」的上帝，這終究不是俗世的君主所可僭越的。

根據以上的分析，我們知道傳統中國的文化秩序不但高度地與政治秩序整合著，而且它們整合的方式是文化秩序基本上是整合於政治秩序**之內**的。這樣的了解並不蘊涵一切文化**成分**都已與政治**秩序**整合了或都已整合在政治秩序之內。在《危機》之中，筆者曾談到鮑敬言與柳宗元的言論，藉以提示傳統中國文化之內確有衝突或「緊張」[10]。

所以，筆者對傳統中國文化的看法並不如孫君所抨擊的是「鐵板一塊」、「渾然一體」，或「靜止不動」。孫君的誤解來自他瀏覽式的閱讀方式，因此他把筆者對傳統中國「文化秩序」（cultural order）的分析當作筆者對「傳統中國文化的內涵」（contents of traditional Chinese culture）的理解。

關鍵不在於中國傳統文化是否是「鐵板一塊」、「渾然一體」、或「靜止不動」──我想任何稍有常識的人都不會有那樣幼稚的看法，而是：（1）傳統中國文化秩序與傳統中國政治秩序是否具有高度的整合性？（2）傳統中國文化之內的衝突與「緊張」以及中國政治、經濟、社會、與文化的歷史演變，是否在中國傳統解體之前衝破了文化秩序與政治秩序的整合性以及那一整合的特殊方式？《危機》所蘊涵對第一個問題的答案是肯定的，對第

---

10 當然還有大家耳熟能詳的許多其他的衝突或「緊張」，如道家思想與儒家思想、佛教思想與儒家思想、大傳統與小傳統、儒家思想之內程朱與陸王、左派王學與儒家正統等等衝突或「緊張」──而在這些衝突之間又有許多共同點。

二個問題的答案是否定的。孫君如有不同意見，當然可以提出來討論。可惜的是，孫君只是把自己理解上的混淆當作對別人的批評。

（三）普遍王權

　　正因為傳統中國文化秩序是高度整合在傳統中國政治秩序之內的緣故，政治秩序的崩潰，無可避免地使得文化秩序也完全解體了。經由「普遍王權」的符號與制度的整合作用，中國道德—文化中心與政治中心是定於天子的位置之上[11]。因此，我們可以說，中國的政治秩序與道德—文化秩序確是高度地整合著的。「普遍王權」建基於對「天命」的信仰上，從漢代以降，更因儒家思想中產生了極為精巧的有機式宇宙論而得到增強。（這種有機式宇宙論之興起，主要是因為陰陽五行學說已糅雜在儒家之中的緣故。）因此，「普遍王權」的崩潰，不僅導使政治秩序瓦解，同時也使文化秩序損壞了。

　　這不是說，在這種文化解體的情況下，中國人就不再持有任何傳統的觀念或價值，而是說，經由傳統的整合程序所形成的價值叢聚（cluster of values）與觀念叢聚（cluster of ideas）（一組價

---

11 雖然中國傳統中有「從道不從君」的觀念，雖然這項觀念與天子承受「天命」為天下政治與道德中心的觀念之間產生了中國傳統中的一種「緊張」，但這一「緊張」只對作為道德與文化秩序之中心的天子制度與符號產生威脅，但從未使之動搖。主要是因為中國沒有獨立的教會，所以沒有有力的資源支持政治秩序與文化—道德秩序二元化的發展。書院與寺院發生了一點有限的獨立作用。但其精力多消耗在盡力維持自我份內的有限的自主或抗議方面，與西方教會在歷史中促進「政教分離」的作用，不可同日而語。就整個社會而言，中國書院與寺院的發展並未衝毀中國政治秩序與文化秩序的高度整合。

值或觀念彼此相互連結曰叢聚）遭受腐蝕，或從原來接榫處脫臼了。易言之，傳統文化與道德之架構解體了。那些仍要維護傳統觀念與價值的人，被迫只得尋求新的理由。因為在中國傳統思想內容之內，已經沒有任何東西可安穩地被視為當然，所以其中每一方面均可能遭受懷疑與攻擊。從分析的觀點來說，傳統政治與文化架構的解體，為五四反傳統主義者提供了一個全盤化否定傳統之「結構的可能」（structural possibility）。

（四）結構的可能

這裡所謂「結構的可能」，當然不是整體主義的反傳統主義的充分條件。因此，孫君對拙著因果分析的批評──「但我們總覺得中國文化之『一體性』與知識分子反傳統的『全盤性』之間，沒有一種因與果的必然性」──難免不是對拙著限定的（qualified）分析的附會了。筆者根本不相信什麼歷史的必然性，《危機》全書從未使用「必然性」的字眼兒。《危機》所使用的是限定的「理念型或理想型分析」。而孫君動輒使用「必然性」這類詞語，也許在無意中反映了馬列主義的分析範疇在他的意識中「深層結構」性的影響。

在結構上，整體主義的反傳統主義的興起既已可能，真正促進許多五四人物主動採取全盤化否定傳統的「意締牢結」的因素，當然仍是非常複雜。但為了分析的方便，筆者繼續使用「理念型或理想型分析」。正在中國傳統的**思想內容**因文化秩序的解體而變得支離破碎的時候，五四反傳統主義者使用了一項源自中國傳統的，認為「思想為一切根本的整體觀思想模式」（holistic-intellectualistic mode of thinking）來謀求解決社會、政治與文化的迫切問題。拙著曾仔細分析為什麼這一「思想模式」乃是自儒家

各個不同學派所共同認定的「基設」（presupposition）──「心的理知與道德功能」的優先性──演變而成，而非受西方思潮或當時中國政經與社會實況之影響所致[12]。在這裡「思想內容」與預設的（assumed）「思想模式」應作一區分。在傳統的「思想內容」已經解體的時空當中，一項根深柢固，彌漫於中國傳統文化之中，視思想為一切根本的一元式思想模式仍有其強大的影響力。許多五四知識分子在面對極為複雜艱難、亂無頭緒的救國問題的時候，急需「快刀斬亂麻」，謀求「系統的」答案──亦即建立他們自認可以解決他們的問題的「意締牢結」，他們在中國文化潛移默化之中接受的，視「思想為一切根本的一元式思考模式」的演變乃給他們帶來了「答案」。

這一思想模式，在辛亥革命以後，政治與社會諸多問題所產生的必須盡力找到根本解決方針的壓力下，演變成為認為「思想為一切根本的整體觀思想模式」此一思想模式與當時許多遠因與近因相配合，乃導致五四人物把他們看到的傳統中惡毒與腐朽的質素，當作整個民族心靈患有病毒的表徵。既然他們認為這種病毒已侵蝕了每件事物，那麼惡毒與腐朽的質素不是單獨的、互不相涉的個案。所以，他們認為如要打倒傳統，就非把它全盤而徹底地打倒不可。這個極為「意締牢結」或意識形態化的全盤化否定傳統運動，之所以如此熱烈卻又僵化，主要是因為它自身有其「系統性」與自我肯定的「合理性」，而這種「系統性」與「合理性」，則主要是因為五四人物在深層的意識中，深受傳統有機式一元論思想模式與「政教合一」傳統的深刻影響而不自知，以致

---

12 見英文版 pp. 38-55，特別是 pp. 39-41 及 49-51；中文增訂再版頁 63-89，特別是頁 65-67 及 77-79。

他們的論式與其他想法「絕緣」的關係。當然，悠久的中國傳統並非無一是處，然而在五四反傳統者的眼裡，傳統中所謂仁愛之說等等，只是世界高等文明的公分母，不是中國特有的東西，而它們因受了中國病毒心靈的阻撓，在中國只是無法實現的空話而已。

根據以上的歷史闡釋，我們可以明瞭為什麼作為強勢「意締牢結」的五四整體主義的反傳統主義有那麼強大的支配力，以及在這樣強大的支配力籠罩之下，為什麼不同類型的五四整體主義的反傳統主義者，為了維持這一強勢「意締牢結」的完整性，而無法對付，他們一方面深受傳統的影響並肯定傳統的成分，另一方面卻主張要把傳統全部打倒，所產生的矛盾了。

孫君在曲解了《危機》中邏輯分析的歷史意義，並誤把《危機》對中國傳統「文化秩序」歷史涵義的分析，當成筆者對中國傳統「文化內容」理解以後，接著說：

> 一個文化是渾然一體的也好，多元化的也好，只要我們對它「全盤地」倒胃口，就足以造成全盤否定的態度——行不行得通是另外一回事。事實上，我就親眼看到有美國人全盤否定美國文化。

孫君這樣的評論，令人覺得啼笑皆非，他的「了解」竟是停留在那樣粗鬆而低的層次，真是教人如何說起呢？

（五）中國意識的危機

《危機》所處理的是波瀾壯闊、淵源有自、影響深遠的二十世紀中國歷史中「思想意識形態化」（ideologization of thought）

的大運動，不是什麼單獨的個案，或少數人情緒或意識問題。在《危機》第一章〈導論〉中，筆者曾特別指出，五四時代中國的「整體主義的反傳統主義」是世界史上的獨特現象。筆者在這裡要強調的是，這一觀察與《危機》所提出的歷史闡釋有密切的關係。無論西方各個社會的現代化過程，或非西方——韓國、日本、東南亞、印度、巴基斯坦、阿拉伯、非洲及拉丁美洲地區——的社會的現代化過程，都未出現類似中國五四時代整體主義的反傳統主義。之所以如此，雖非必然，但絕非偶然。這一歷史現象是無法純就心理學、政治學，或社會學的通論性概念來加以解釋的。這是一個史學的問題，必須根據二十世紀中國政治、社會，與思想的變遷與持續（change and continuity）——這一辯證的、更為廣闊的來龍去脈——來進行考察。

　　美國或其他任何社會都可能有人對他自己的文化傳統「『全盤地』倒胃口」，但那樣的態度興起大的「意締牢結」運動了嗎？關鍵在於他們的態度是否有像五四「整體主義的反傳統主義」那樣的持久性與抵擋得住外界批評的能力。所以，孫君所謂他「親眼看到有美國人全盤否定美國文化」的現象，不可與五四時代的現象同日而語。不過，從孫君所欣賞歷史著作「情節化」、「戲劇效果」的主觀立場而言，有些美國人對他們的文化傳統「『全盤地』倒胃口」的現象，大概足以構成孫君「內心化」美國現代史已經呈現「全盤化反傳統主義」的「了解」。那麼，我們對他那樣與客觀史實有極大出入的「了解」，也就不必覺得驚愕了。

　　另外，我想在解釋《危機》所使用的「理念型分析」之前，先交代以下幾點意見：

　　孫君認為《危機》是使用「由公設去推出定理的敘事方式」。

但《危機》的研究過程是先用歸納法，以後才用演繹法與之配合，絕非「由公設去推出定理」。例如，對儒家傳統強調「心的理知與道德功能」優先性的理解，及其與五四人物「藉思想—文化以解決問題的途徑」具有傳承關係的理解，都是研讀各家著作以後歸納出來的結論。又例如，陳獨秀、胡適、魯迅的性格與思想雖然不同，但就主張「整體主義的反傳統主義」這一點而言，他們卻持共同立場——這樣的理解也是由歸納研究而獲得的結論。但因《危機》強調傳統一元有機式「思想模式」的傳承關係，而且書中分析的論式也許比較能夠扣緊，所以對孫君或其他一些讀者而言，遂產生演繹法駕馭了《危機》闡釋架構的印象。至於筆者在這裡的解說，是否有當？史料俱在，讀者不難覆按。

孫君說：

「五四」時代有擁護東、西文化這兩大陣營之間的論戰，卻無人提出「全盤西化」的口號。至1929年胡適才提出這個口號，在1935年又把它改裝為「充分世界化」。

前一口號在三〇年代卻被陳序經等接收了過去，到了六〇年代初期又被台灣的西化論者重提。林毓生是後一時期的人，很可能是透過六〇年代的角度，回頭去看「五四」。如果「五四」時代的陳獨秀、胡適、魯迅都不是什麼旗幟鮮明的「全盤西化論」者，那末，林毓生的論證又不是失敗的話，就是不能全面成立。但林氏在自己心目中編織了一個理想模型之後，發覺無法令研究對象對號入座，卻倒過頭來指責後者頭腦不清，思想混亂，犯了邏輯謬誤……等等。

事實上，《危機》並未特別著重分析「全盤西化論」。從《危

機》的論旨來看，「全盤西化論」是「整體主義的反傳統主義」
內在理路（inner logic）之衍生物。的確，不是每一個五四全盤
化反傳統主義者，都主張「全盤西化論」。例如，在魯迅思想中
的理知與道德層次，他一方面堅持整體主義的反傳統主義，另一
方面又肯定一些傳統的道德價值。這樣深刻的「緊張」，使他的
思想「不能動彈」（immobilized），故並未主張「全盤西化」。所
以，《危機》並未硬要「研究對象對號入座」，也未在這個層次上
指責研究對象「頭腦不清、思想混亂」。恰恰相反，從五四「整
體主義的反傳統主義」立場來看，他們其中的一些人以及後來的
一些人在五四以後主張「全盤西化」，正是他們「頭腦清晰」地
遵循在中國極具支配力的「整體主義」的「內在理路」的表現！
《危機》所涉及到的對於「全盤西化論」的分析，只限於說明
「整體主義內在理路」在客觀歷史中的涵義。至於為什麼有的整
體主義者後來主張「全盤西化」，有的沒有呢？那牽涉到「整體
主義的反傳統主義」所使用的「內在理路」在不同知識分子意識
中與其他條件互動的過程。為了避免枝蔓，《危機》並未多所討
論。

　　孫君說：

　　　　在全書的結論部分，林一再指責三人「全盤反傳統主義」
　　此路不通，而中國意識的危機的最終解決，則有待他所說的
　　「多元與實質的方法」。結果，林氏仍然掉入了他本人一直在
　　批判的中國式思維，以為憑「聖賢」提出一兩個理念就可以
　　拯救全文化的窠臼。

　　然而，孫君這樣的「理解」是不正確的。我不同意許多五四

人物所推展的以「整體主義的反傳統主義」為基礎的啟蒙運動，也不同意五四人物使用的一元有機式整體主義「思想模式」。我認為「藉思想—文化以解決問題的途徑」，基本上，是「一元式思想文化決定論」（monistic-intellectualistic determinism）。

不過，我並不想矯枉過正。我雖然不同意五四人物相信思想有那麼大的力量，知識分子能夠發揮那麼大的功能；但，我卻不認為思想毫無力量或完全是政治、經濟、社會的副產品。在這樣的理解之下，我認為應該以邁出五四來光大五四的態度，繼續五四的啟蒙工作。這一立場是自覺地從蘇格蘭啟蒙運動（而非法國啟蒙運動）傳統下，西方自由主義與儒家傳統作取捨的結果，絕未掉入我所批判的中國式思維的窠臼。至於我在《危機》結論中所提出的「多元而實質的方法」與對中國傳統進行「創造性轉化」的主張，那是我研究五四反傳統主義以後，在另一層次上所獲得的結論；而非先有這樣的結論，然後才開始研究五四思潮的。「創造性轉化」必須蘊涵非思想性、非文化性的建設，才能證明我並非自己也在使用「藉思想—文化以解決問題的途徑」。關於這個複雜問題，我在其他中文著作中曾多所論述，最近正在撰寫如何建設「民間社會」的長文，在這裡就不贅述了。

（六）韋伯的「理念型分析」

筆者在本文第二節開始時曾說，孫君的根本錯誤是不了解《危機》所著力處理的，乃是作為強勢意識形態的五四「整體主義的反傳統主義」的成因、內容，與歷史涵義。孫君另一基本錯誤是對《危機》所使用的「理念型或理想型分析」的誤解。孫君說：

　　林氏自己在一處注解中把他的「普遍皇權」說成是一個韋伯式的理想模型（Weberian ideal-type），換而言之，是存在於腦海裡的東西。這就令讀者迷糊了，不知林氏筆下的「反傳統者」所反的是不是也是他們腦中的一個思想構造呢？還是真的有一個曾「客觀存在的」普遍皇權制度──它的瓦解是「因」，造成了全盤反傳統之「果」？……至於林氏的「解體」觀原意上或者是近似本世紀中期之湯恩比之文明解體論，但不幸添了一個韋伯式的蛇足。

　　首先，我雖敬佩湯恩比的博學，但對他那樣簡單化的比較方式與闡釋方式，並不欣賞。拙著所作的「普遍王權」的解體帶來了傳統文化秩序的解體的闡釋，基本上如《危機》第二章注釋所交代的，是受了韋伯、席爾思先生，與史華慈先生著作的影響。這裡的「理念型或理想型分析」，是指筆者在進行歷史因果闡釋時所作的，不是指五四反傳統人物「腦海裡的構造」。孫君因為對「理念型或理想型分析」的抽象意義不了解，以致迷糊了。

　　筆者所作的分析，大意如下：根據席爾思先生發展出來的新韋伯式「奇理斯瑪」（neo-Weberian concept of charisma）的觀念，任何文化與社會中的秩序（order），其最終源泉是這個文化與社會中最重要的「奇理斯瑪」。在傳統中國文化與社會中，建基於「天命」觀念之上的「普遍王權」，是那個文化與社會中「奇理斯瑪」的核心。「普遍王權」的崩潰，代表著「奇理斯瑪」的解體，因為那樣的「奇理斯瑪」是文化與政治秩序的源泉，所以那樣「奇理斯瑪」的崩潰導致了傳統中國文化秩序與政治秩序的解體。

　　孫君如不同意席爾思先生發展出來的觀念或認為筆者的應用

並不適當,盡可提出批評與討論。但,捕風捉影、牽強附會的
「理解」,則不是批評。

三

　　然而,究竟什麼是「理念型分析」呢?為什麼《危機》使用
它呢?這當然是複雜的問題,我在這裡只能大致談其梗概。

　　人世間的事情,錯綜複雜。任何一件事,可說都有無限多的
方面。另外,我們也可以說,它是無數(政治的、經濟的、社會
的、文化的、思想的、心理的)遠因與近因千絲萬縷地連結在一
起的結果。面對任何一個歷史事件的整體,我們所能看到的,必
然是一個無限龐雜,難以理清的東西。我們不可能了解此一事件
的所有方面與一切原因;而且,從我們的興趣與關心的問題的觀
點來看,也無此必要。

　　我們只能根據我們關心的問題注意一個事件的有關方面——
這些(而不是所有的)方面之所以被我們注意,是因為我們覺得
它們與我們關心的問題有關。然後,我們對這些方面的有關因素
加以不同學科的研究。因此,我們的研究,注定是有選擇性的。
當我們要探討研究的對象之歷史成因的時候,我們是以「從結果
追溯起源的方法」(genetic method)把有關的因素連繫在一起
的。當我們必須給予關心的問題系統的、分析的解答才能使我們
覺得比較能夠滿意的時候,我們便無法從史料的分類與摘要中獲
得比較滿意的解答。在這個需要進行系統分析的時候,我們便在
有意或無意之間,或多或少地使用韋伯所謂「理念型或理想型分
析」(ideal-typical analysis)了。「理念型分析」是:為了展示研
究對象某一方面的特性,並對其成因提出具有啟發性與系統性的

了解，而把一些有關的因素特別加以強調出來加以統合的分析建
構[13]。「理念型分析」可以使研究者從繁複龐雜的歷史現象中整理
出一套條理來。事實上，事件愈複雜，愈需要對之予以理念性的
了解（conceptualized understanding），所以便愈需要「理念型的
分析」[14]。另外，「理念型分析」最能彰顯歷史事件的獨特性。當
我們對於此一事件的獨特性有所掌握以後，才易探討它的歷史涵
義或後果。這是《危機》使用「理念型分析」的基本理由。

　　假若有全知的上帝可知最後真理的話，「理念型分析」從上
帝的觀點看去，當然可能不夠周延，甚至是偏頗的。但，人不是
上帝。因此，不必也無法作此種考慮，也不必（當然也無法）拿
這個標準來衡量「理念型分析」的有效性。從邏輯的觀點來看，
「把一些有關因素特別加以強調出來加以統合」而成的分析建
構，雖然不能解釋此一事件的整體，卻不必然是此一事件簡單化
的解釋。關鍵在於當初的問題，是否是針對此一事件的特定部分
而提出的，以及這個問題是否和針對此一事件其他部分而提出的
許多合理的問題有所衝突或矛盾。只要某一個問題確實是針對此
一事件的某一個特定部分而提出的，而各個問題彼此並不混淆，
沒有矛盾；那麼為了解釋此一事件各個特定部分而提出的各個
「理念型的分析」，至少在原則上應該不會比此一事件各個特定部
分之間更不相容，也不必然構成對此一事件的特定部分簡單化的
解釋[15]。

13　Max Weber, *The Methodology of the Social Sciences*, tr., Edward Shils and Henry
　　Finch（New York, 1949）, p. 90.

14　Weber, *ibid*, p. 101.

15　參見Maurice Mandelbaum, *The Anatomy of Historical Knowledge*（Baltimore: The
　　Johns Hopkins University Press, 1977）.

　　那麼，是否任何「理念型的分析」都是有效的呢？「理念型的分析」是否可以任意為之呢？當然不是。它必須滿足下列兩個條件：（1）它必須與有關的史料沒有衝突。換句話說，它必須照顧到可見到的一切有關史料（對於無關的史料之所以無關，它也必須有言之成理的解釋）；（2）在它展示被解釋的對象的特殊性，與對其成因提出具有啟發性與系統性的分析的時候，它必須能夠應付有關史料中例外的現象。「理念型的分析」既然是「把一些有關的因素特別加以強調出來加以統合的分析建構」，它自然不能把與這個分析建構有衝突的例外也統合進來。然而，它的理論的有效性，端賴它的分析系統是否能對這些例外給予言之成理的解釋。（在思想史方面，使用「理念型分析」的精微而深刻的經典之作，首推韋伯的《新教倫理與資本主義精神》[16]。）

16　Max Weber, *The Protestant Ethic and the Spirit of Capitalism*, tr., Talcott Pasons（New York: Scribner's, 1958）.

〈科學實證論述歷史的辯證〉[1] 閱後

　　這是一篇甚為出色的論文。本文作者（以下簡稱「作者」）對十八世紀法國啟蒙運動 philosophes 與殷海光先生在文化史上——我認為文化史與思想史頗有區別——的比較，很有新意。但這樣比較的歷史意義，不是敘述其平行性便算完事；應該再往前追問下去才對。事實上，也有許多不平行的地方（見下文）。另外，文中指出殷先生對海耶克先生近乎工具性或策略性的使用，也有相當大的真實性。由於環境的限制及其他因素，殷先生對奧國主觀學派社會與經濟思想的來龍去脈，及海耶克先生在這學派中的位置與貢獻，都沒有清楚掌握。在殷先生寫政論的脈絡中，對海氏思想難免有斷章取義的地方。

　　本文需要商榷的地方有兩點：(1)作者對海耶克的誤解；(2)作者所謂殷先生在台灣的實證論述是五四思想的斷裂。

　　作者在敘述十七、八世紀自然科學實證精神的興起，到十

1　傅大為，〈科學實證論述歷史的辯證——從近代西方啟蒙到台灣的殷海光〉，《台灣社會研究季刊》第一卷第四期（1988冬季號），頁11-56。

九世紀以法國為主流的實證主義新發展的時候，主要是歷史主義式——甚至是絕對歷史主義式（absolute historicist）——的敘述。（絕對歷史主義，很易導致化約主義與相對主義，那是很危險的事——因為相對主義蘊涵了自我否定。我個人極不贊成。詳細理由，此處無法細述。在作者歷史主義式的敘述中，很自然地避免說明歐洲自十七世紀以來自然科學的進展中非實證的，hypothetico-deductive theories所扮演的突破性角色。）以這樣歷史主義式的敘述，來反駁海耶克先生在 The Counter-Revolution of Science 對十九世紀科學主義與實證主義的分析與批評，是不碰頭的。海氏對聖西門、孔德的分析與批評是先在理論的、哲學的與方法論的層次上進行的——根據他的分析，他得到的結論是十九世紀以法國為主流的實證主義是源自對理性的誤解與濫用。海氏在序言中特別交代為什麼他把理論部分放在前面："The book thus begins with a theoretical discussion of the *general* issues and proceeds to an examination of the historical role played by the ideas in question."（italics筆者所加）。換句話說，他書中第二部分只是證明他的理論正確性的歷史實例。如作者對海氏的理論——對這個源自蘇格蘭啟蒙運動、奧國主觀學派社會思想、強調社會現象的素材與自然界的素材有基本性質不同的「方法論上的個人主義」（methodological individualism）——有批評的意見，他儘可寫一篇在知識論與方法論上理論性的文章來讓大家閱讀。然而，作者卻只說：「不同於保守主義者，筆者不覺得十九世紀實證主義的高度權威性是個『逾越與濫用』的問題……」（頁22），這樣的說法，使人覺得作者以為一切理論的問題都是歷史的問題了——這也許是作者絕對歷史主義立場不太自覺的呈現。

　　至於作者所謂殷先生在台灣的實證論述是五四思想的斷裂問

題，我個人的意見如下：

　　五四時代，我個人把它界定在1915至27。1915年是《新青年》雜誌創刊的年分，1927及以後二十幾年是國民黨清共、中國知識分子多數變得左傾、國共左右勢力分化知識分子，後來加上日本侵華，中國知識分子獨立思考的空間變得愈來愈窄的年代。殷先生發生影響的年代是在台的五〇與六〇年間，早已遠離——從時間與環境上來講——五四時代。

　　這本是常識性的觀察。作者歷史脈絡的分析，在許多方面是正確的。殷先生提倡科學與民主的言論，的確有「抽離」與「加強」五四時代對科學與民主的認識的作法。但這些現象是否就可說成是與五四時代的「斷裂」呢？如說五四後期及後五四的發展，是以中國知識分子大多愈來愈左傾為標誌的話，殷先生在台灣五〇、六〇年代重新提倡民主與科學的現象，可以說成「斷裂」。但，如以五四時代的基本精神是提倡西歐與北美式的科學與民主，而且認為這樣的啟蒙運動與中國傳統文化不能相容，與左派的極權民主（totalitarian democracy）和右派的法西斯主義的作法也不能相容；而在negative aspects方面，殷先生的反傳統思想頗有一元論式五四全盤性反傳統的格調（之所以如此，也很可能與五四人物一樣，在不自覺的層次上深受中國傳統一元式思想模式的影響所致）；那麼，我們應該說殷先生的言論，是五四精神與五四式啟蒙思潮的持續發展。殷先生全盤性反傳統主義，與法國啟蒙人物，如伏爾泰，反對傳統的教會權威與 *ancien régime* 所代表的一切的反傳統主義，是很不一樣的。因為他們的反傳統主義無論多麼激烈，均不是整體性的或整體主義的（totalistic），他們都承認「文藝復興」的貢獻。換句話說，他們都自覺地選擇接受了古希臘與古羅馬的文化遺產。

　　總之，殷先生在台提倡民主與科學，的確與五四的脈絡不同；但如上面所述是正確的話——尤其在五〇、六〇年代國民黨黨化教育高壓之下，對受他影響的青年學子而言，殷先生的言論，有其五四式啟蒙的進步性與限制性——那麼，殷先生的言論，與五四早期的啟蒙精神確有一脈相承的持續性。〔「持續」（continuity）並非同一（identification）。〕如把殷先生所作的「抽離」與「加強」看作五四的「斷裂」，那麼作者便否定了「五四精神與思想」的**發展**可能。我覺得用「發展」來形容殷先生在台的言論，比「斷裂」要符合史實得多。這不僅是語意的問題，這實是對中國二十世紀思想史與文化史的解釋問題。

＊　＊　＊

　　另外，還有三點意見：

　　（1）作者批評夏道平先生譯 *The Counter-Revolution of Science* 為《科學反革命》不妥，改譯為《反革命的科學》。我的意見是，夏先生譯的是正確的，作者的新譯反而不妥。作者的誤譯主要是由於作者對海耶克先生這本著作的誤解所導致的。海氏的基本論旨是：社會現象的素材與自然現象的素材具有性質的不同，所以不能把社會現象當作自然現象來研究，自然也不能把社會科學變成自然科學，這樣的努力不但在理知層次上不能成立，而且會帶來種種損害個人自由的後果。書名引用 Vicomte de Bonald 的話，是以反諷的意味出之的，意思是對照「科學革命」而說的：在自然現象的研究方面，自十七世紀以來，因有牛頓等「科學革命」的突破而有很大進步；但是，在社會現象的研究方面，因有聖西門、孔德模仿自然科學的行徑——這是對理性能力的誤解與濫用，所以產生了反革命的效果（那樣的「社會科學革命」，是

反科學的「科學革命」，亦即科學的反革命），阻礙了社會科學的
進步──這樣的「科學的反革命」是近代實證主義與社會主義的
開端，所以「實證主義」與「社會主義」在開始興起的時候，實
是「反動的與集權主義的運動」（見原書p. 123）。（我們不要忘
了海氏是自覺地要承繼蘇格蘭啟蒙運動的精神的，也自覺地認為
他的思想與當代保守主義思想重鎮Michael Oakeshott有很大的不
同。至於別人稱他為保守主義者是否是對他的誤解，那是另一問
題。）

　　（2）頁40，「『五四後期』與『後五四』二者頗不一樣。但殷
海光的自敘恰好把這兩個意思混雜起來……或許他自己覺得他是
在『五四後期』與『後五四』兩種情境之間擺盪也說不定。」這
樣的觀察是有意義的。基本上，我個人認為殷先生的思想可代表
五四後期的發展，他在晚年思想有了很大的變化，可以說漸有脫
離「五四後期」，進入「後五四」的趨勢，但這一趨勢因為他不
幸逝世而不能進展。

　　（3）至於作者對我給殷先生的信的批評，我覺得作者也未能
看清楚信中所蘊涵的較為複雜的意思，而是根據作者的背景邊下
的論斷。原信中說「moral passion和科學方法的溶合有時能產生
極大的tension（if not contradiction）。這種tension有時能刺激個人
的思想，但有時卻也不見得不是很大的burden。」我的原意是：
如果moral passion與應用科學方法從事科學研究之間的關係，是
以moral passion為動力，而在科學研究時遵循其inner logic in a
scientific discipline，那麼moral passion有時能刺激個人的思想。
但，如果是像殷先生那樣，一方面非常morally passionate，另一
方面，認為moral passion在科學研究中很不應該有，同時，另一
方面，他嘴上提倡colorless thinking，而實際上則常是：理性的探

討被moral passion所支配甚至取代；那麼，「moral passion和科學方法的融合」，從追求知識的觀點來看，就產生了在心理上極大的tension與負擔了。

原載《台灣社會研究季刊》第二卷第一期（1989春季號）頁193-197

質疑三問
與李澤厚商榷[1]

劉鋒／譯

　　本次會議時間有限，我只能同李澤厚教授一起來探討三個問題，我認為這三個問題都是十分重要的。第一個問題與儒學的宗教性有關。儒學不是西方意義之下的宗教，但其宗教的方面及其意義卻是值得認真檢討的。我的第二個問題涉及儒學的各項內在緊張的性質。

　　我的第三個問題則是有關五四啟蒙運動之內在的性質。

　　李澤厚在其著作中，用以概括中國文化之特殊性質的一個基本術語，就是他所謂的「實用理性」或「實踐理性」。他將前者英譯作"pragmatic rationality"，後者可譯作"practical rationalism"。在李澤厚看來，「實用理性」或「實踐理性」是指一種肯定現實

1　這是在第45屆美國亞洲學會年會（1993年3月25-28日，洛杉磯）中，筆者主
　持的「圓桌討論：與李澤厚對話」的引言。參加「對話」的另有史華慈教授
　與狄培理教授。李教授的答覆中譯刊在《二十一世紀》第21期（1994. 2），
　頁98-102。

生活的世界觀，它旨在適當地解決生活中的種種問題，並在生活
本身所提供的資源範圍內享受人生。實用理性體現出一種冷靜、
樂觀、審美的生活態度，它要從生活中尋求快樂；但對快樂的尋
求又必須節制有度。李澤厚認為，這種肯定現實生命的世界觀，
為中國抒情文化的發展提供了豐富的資源，同時也使人們對不幸
者和無權者所受的苦難表示出深切的同情和憐憫，這種態度，典
型地體現在杜甫等詩人的作品中。在〈孔子再評價〉這篇著名的
文章中，李澤厚根據「血緣基礎」、「心理原則」、「人道主義」
和「個體人格」這四個要素，闡述了「仁」的結構，然後得出結
論說，實踐理性作為一種態度或傾向，乃是「仁」的結構的整體
特徵。實踐理性既是儒學的典型特徵，又是他所說的「中國人的
整個文化心理結構」。李澤厚是這樣界定孔子的實踐理性的[2]：

> 所謂「實踐（用）理性」，首先指的是一種理性精神或理
> 性態度。與當時無神論、懷疑論思想興起相一致，孔子對
> 「禮」作出「仁」的解釋，在基本傾向上符合了這一思潮。
> 不是用某種神秘的熱狂而是用冷靜的、現實的合理的態度
> 來解說和對待事物和傳統……。這種理性具有極端重視現實
> 實用的特點。即它不在理論上去探求討論、爭辯難以解決的
> 哲學課題，並認為不必要去進行這種純思辨的抽象……。重
> 要的是在現實生活中如何妥善地處理它。

大略地說，李澤厚關於「實踐理性」的觀點，似乎是可以接
受的。不過，我想同他進一步探討這個問題。首先，就孔子中的

2　李澤厚，《中國古代思想史論》（北京：人民出版社，1986），頁29-30。

懷疑主義和不可知論而言，我們是否應該提醒自己注意：雖然按照《論語》中的描述，孔子通常都對有關天的問題保持緘默，並傾向於同鬼神保持一定的距離——所謂「夫子之言性與天道，不可得而聞也」；「敬鬼神而遠之」；但，實際上，他對天卻秉持著一種深切的虔敬，同時，他自信同天有一種特殊的關係。用史華慈教授的話來說，「在《論語》中我們發現有十分強調他自己（指孔子）同『天』的關係的記述，『天』不是被簡單地視為自然與社會的內在的『道』，而是被視為一個關注著孔子的救贖使命的有意識的超越意志[3]。」狄培理（William Theodore de Bary）教授在另一脈絡中也指出，孔子和後來的儒家都是以一種「先知聲音」說話。

在他們的話語中，顯示著他們已經異乎尋常地體認到並揭示出並非人人都能得到的真理，而此種真理通過某種內在靈感或個人領悟的過程，提供了一種超乎經文所接受的思想之外的洞見……。儒家傳統習慣上並不把這種啟示說成是「超自然的」，但它的確具有一種不可預見的、奇妙的品質，昭示著天的神聖創造力[4]。

我在別處也以論式的方式指出，中國人的「俗世」思想帶有

3　Benjamin I. Schwartz, "Transcendence in Ancient China," *Daedalus* (Spring 1975), p. 64.

4　William Theodore de Bary, *Confucian Orthodoxy and the Learning of the Mind-and-Heart* (New York: Columbia University Press, 1981), p. 9. Also quoted in de Bary, *The Trouble wiht Confucianism* (Cambridge, MA: Harvard University Press, 1991), pp. 9-10.

濃重的宗教色彩。儒家天人合一的概念引出了這樣一個觀點，即：認為超越的實在乃是內涵於宇宙之中，而人乃是這個宇宙中的有機部分。這個觀點同笛卡兒式的認識論主觀主義和現代西方的自然主義化約論適成鮮明的對照。依據笛卡兒式的主觀主義和現代西方的化約論，人已經從宇宙中異化出來，因此他便只能由他自己的主觀思想和意志獲得生命的意義。儒家天人合一（或道心與人心合一）的整體論世界觀（holistic world view）蘊涵著，人的生命內含超越的精神意義，這樣的意義是要經由人的努力去**發現**的。而不是經由人的意志和思想去**創造**的。因為儒家深信人性參與天性，所以人具有天生的道德與理知活力與判斷力，這樣的活力與判斷力使他能夠認識到宇宙中「道」的意義。因此，他所作的，旨在發現意義的努力，永遠不可能是面對盲目無意義的世界，主觀自我之內的一個異化行為。很顯然，這個整體論的、內涵論的世界觀阻止了世界的「脫魅」（disenchanted），同時也為人發現意義的努力提供了精神資源。終極地說，正是由於繼承了這樣的遺產，近現代中國人一直都以一種神聖的使命感投身到俗世活動中去——這些活動的結果好壞姑且不論。職是之故，把俗世秩序看作是一個**獨立而有限**的領域的觀念，在近現代中國很難出現[5]。

　　我不知道李教授將如何評論史華慈、狄培理和我本人在不同場合，從不同視角提到的，儒家思想所呈現的宗教品格問題。他

5　Lin Yü-sheng, "The 'Unity of Heaven and Man' in Chinese Thought: Some Historical Implications," *Proceedings of the Second International Conference on Sinology* (Taipei: Academia Sinica, 1989), Section of History and Archaeology, pp. 251-64, esp. pp. 257-262.

會承認儒家的這種品格嗎？抑或會從起源的角度出發，根據他自己的唯物主義積澱論，將這種品格歸結或化約到物質基礎上？

　　我的第二個問題與第一個問題有關。李澤厚所說的實踐理性，在某種限定的意義上，似乎可與韋伯關於中國人理性的論述作一比較，儘管李澤厚所關注的問題與韋伯所關注的問題極為不同。事實上，韋伯在論及中國人的理性時，也使用了同一個術語：practical rationalism（實踐理性）。李澤厚認為中國文化缺乏發展抽象的邏輯思維的強烈興趣。韋伯也持同樣的看法。〔從這個意義上說，中國人的思想在多數情況下都必須被理解成是在表達態度而不是在表達概念（因為要形成概念，就必須在一定程度之內將其內蘊的涵義系統地思考清楚）。〕李澤厚的實踐理性是指一種肯定現實生活的世界觀，它旨在合理地解決生活中的種種問題，並在生活本身所提供的資源範圍內享受生活。與李澤厚的觀點相似，韋伯說：

　　　我們已經看到，儒家思想（在意圖上）是一種將人與世界的緊張關係減少到絕對地最低限度的理性倫理。不管就其對宗教的貶抑還是就其在實際上對宗教的拒斥態度來說，情況都是如此。〔儒家認為〕現實世界乃是所有可能的世界中最好的一個，人性自然地傾向於倫理上的善。人在這件事情上，如同在其他一切事情上一樣，雖有程度上的不同，但他們卻具有共同的本性，能夠達致無限的完善。原則上，任何人都能夠實現道德律[6]。

6　Max Weber, *The Religion of China: Confucianism and Taoism*, tr., Hans H. Gerth （New York: Macmillan, 1964）, pp. 227-228.

　　然而，中國人的思想中，有沒有超越的視野激發起來的宇宙理想呢？這樣的宇宙理想與永遠不可能達到盡善盡美的俗世秩序兩者之間所存在的「緊張」的性質如何？李澤厚的積澱論使他不能夠去檢查中國人思想中不同質素之間的「緊張」，而常常是去強調它們的互補性，因為在他看來，這些質素大都是相同的積澱的材料的結果。不過，我想知道，他目前對存在於中國思想傳統中的各項「緊張」的看法是什麼？

　　我的第三個也是最後一個問題，與李教授論述中國近現代時期的一篇著名的文章有關。

　　在〈啟蒙與救亡的雙重變奏〉一文中，李澤厚提出，近現代中國的基本主題是救亡，它壓倒了通過啟蒙移植西方民主與科學的努力。粗鬆地說，他的論點是可以接受的；雖然，此一看法並不是他首先提出的。不過，我想同他進一步探討一個問題，就是，他把啟蒙與救亡對立起來，是否有點形式主義的味道呢？

　　在五四初期，重心固然是落在啟蒙上面；但五四時期的知識分子對啟蒙的理解是十分狹隘的。他們幾乎是完全以為法國式的啟蒙運動就是啟蒙運動，根本對於蘇格蘭啟蒙運動無所顧及或無所理解。

　　儘管自1900年以來，亞當·斯密的主要著作《原富》已經譯成了中文。當時，盧梭廣泛地受到人們的歡迎，而休謨則幾乎完全被忽視了。根據法國啟蒙的視野來理解理性，要比按照蘇格蘭啟蒙運動來理解理性，更容易滿足中國人的民族主義衝動。因為法國啟蒙運動假定理性具有更多的建構力量。從蘇格蘭式的啟蒙運動的觀點來看，這種建構主義的理性概念乃是對理性的誤解與濫用；但，它卻更能支持中國民族主義的各種建設方案。從這個意義上說，除了李教授所講述的那些把中國啟蒙運動變為救亡的

手段的外在壓力之外，中國啟蒙運動自身也存在著與民族主義運動合流的內在力量。

原載《二十一世紀雙月刊》總第30期（1995年8月）

【五】

1950年代台灣的政治環境與殷海光先生對我的影響

引言

本文原是為《殷海光‧林毓生書信錄》簡體版（上海：遠東出版社，1994）寫的〈代序〉。由於當地客觀環境的限制，文中第二節無法印出。這裡發表的，則是完整的全文。今年（1994）適逢「紀念殷海光先生學術基金會」在台灣正式成立，並邀請哈佛大學史華慈教授在十月中旬蒞台，擔任首屆「殷海光先生紀念講座」。筆者謹以此文紀念先師殷海光先生逝世二十五週年。

一

《殷海光‧林毓生書信錄》最初是由台北獅谷出版公司在1981年出版的，後來台北遠流出版公司在1984年曾發行再版。這本小書今天得以與大陸讀者見面，筆者內心甚覺快慰。此書主要收集了我在1960年負笈來美後與先師殷海光先生之間的通信。

殷先生是在1969年9月16日不幸以胃癌不治逝世的,他給我的最後一封信是在1969年7月27日寫的,我給他的最後一信是在那年8月14日寫的。我在1954至58年就讀台灣大學。1955年秋季,由於上殷先生講授的邏輯課的機緣,開始跟隨他讀書、思考問題。在台灣時,也曾與殷先生通過幾封信;但這裡收入的,只有一封經殷先生生前妥為保存,我於1957年暑假,在台灣獅頭山海會禪寺自修時寫給他的信。我在離台來美時,曾把他給我的幾封信放在行篋中,最初幾年還時常看到,後來搬了許多次家,非常遺憾,那幾封信就怎麼找也找不到了。所以,在我來美之前,殷先生與我的通信,就只能收入我給他的那一封了。

這本《書信錄》最初之所以能夠在台灣出版,不能不特別感謝殷師母夏君璐女士。如果她未曾在殷先生逝世後不久,把我歷年來寄給他的信與他的其他來往函件一起託人帶至香港友人處存放,後來並經這位友人把我給殷先生的信寄還給我;那麼,能夠發表的則只有我保存的殷先生給我的信了。美國胡佛研究所檔案館(The Hoover Institution Archives)已經正式成立「殷海光檔案」。該館曾來信表示,希望我把殷先生與我的通信原件贈與他們,由他們保管。我已同意,日前已經寄給他們。

二

關於殷先生與我通信的背景與我們師生之誼的發展,我在本書初版代序──〈翰墨因緣念殷師〉──中,已作了一些陳述。我想在這裡進一步說明一下,我跟隨殷先生讀書時的客觀環境;以及在那樣的環境中,殷先生的教導與他的教導的特殊風格,對我產生的深遠影響。

　　台灣在割讓給日本，受其統治五十一年以後，在1945年由國
民黨主政的國民政府收復。當時大多數台灣人民心情是：熱烈而
真誠地期待著國民政府前來光復。可是，當他們夾道歡迎國軍到
來的時候，所看到的祖國軍隊卻是衣衫襤褸、缺乏軍紀的雜牌
軍。他們熱烈的心情被澆了一盆冷水，感到極度的失望與困惑。
接著而來的接收人員所表現的作風是：腐化與無能。這使台灣人
民的心情很快從失望與困惑變成厭惡與憤怒。過去被日本人統治
的時候，他們遭受著不平等的待遇；然而，一切有規可循，生活
是有秩序的。現在的官吏行事不按公布的規章辦理，講話不算
數。有事需要與政府打交道的時候，有時必須熟悉暗規，走了後
門以後才能把事情辦得通。這對已經習於守規矩的台灣人民而
言，真是苦不堪言。再加上物資缺乏、通貨膨脹——這些政治、
心理與經濟的原因，導致了台灣人民在1947年反抗國府的「二二
八事件」。

　　當時國民政府「平亂」的手段是殘酷的，幾乎把台灣社會的
精英一網打盡。台灣人民因此普遍地認為國民黨主政的政府是一
個外來政權。對它的仇恨是深重的。在這個關口，國民黨主政的
中央政府卻在大陸節節敗退，最後不得不逃到台灣來。蔣氏政權
剛退到台灣的時候，為了穩住險惡的局面（對外防禦中共的來
襲，對內鎮壓住台灣人民強烈的不滿，以及消除中共地下組織與
台灣的地下活動等），強行宣布戒嚴，並行使「白色恐怖」。所幸
不久韓戰爆發，美國宣布由其第七艦隊協防台灣，並給與台灣軍
事與經濟援助，同時阻止蔣氏政權對大陸採取軍事行動。因此，
從五〇年代初期開始，台灣內外局勢逐漸和緩了下來。蔣氏政權
在這個時候為了保持自己的實力，以及為了在國際上保持一點良
好的形象，不得不謀求與當地居民較長久的和平相處之道。這是

它在大陸失敗退到台灣以後，自我約束其右派威權統治的基本原因之一——雖然它偶爾仍會露出猙獰的面目來。它一方面堅持繼續實施戒嚴——以便隨時可用劇烈的手段鎮壓或消滅對它的統治構成的任何威脅，長久保持其一黨專政的局面，以及使被他統治的人民經常處於一定程度的恐懼的陰影之下；不過，它並未時常應用它隨時可以應用的劇烈手段，所以社會經常性的運作在一定程度之內並未因實施戒嚴而不能進行。

另一方面，它相當積極地推行下列它認為可以鞏固它的政權的措施：開放經濟利益與有限度的政治利益給台灣世家大族與地方勢力來換取他們的合作與支持、起用能幹的技術官吏推行（相當違背三民主義所主張的計畫經濟的）較有自由經濟色調的政策來發展國民經濟、吸收台籍人士進入黨與政府的組織之內等等。

另外，在不影響它的威權統治的前提下，為了製造出一點民主的形象，以便爭取美國的同情與支持，它卻也——相當不心甘情願地——容忍一些特定對象、特定範圍、特定出版物的有限度的言論自由（胡適先生擔任發行人的《自由中國》半月刊批評時政、鼓吹自由民主的被默許的言論尺度比其他刊物要大、台灣大學校園之內被准許的言論範圍較政治大學和師範大學要寬），並實施有限度的——未解黨禁的——地方選舉。

然而，民主的發展需要兩個必要條件：法治〔the rule of law（法律主治），而非 the rule by law（以法統治）〕與公民社會（包括公民文化與公民道德）。台灣在蔣氏政權統治之下數十年，局面雖然相當穩定，在經濟發展上也有很大的成績；但，在法治與公民社會方面卻沒有什麼進展。相反地，蔣氏政權利用黨和國家機器，散布了許多蒙昧和混淆民主與法治的「理論」與說辭，並盡量阻止社會往公民社會的方向發展。這樣的措施的後遺症，在

今天已有發展民主的空間的台灣，仍清楚可見。這是為什麼現在台灣邁向民主一兩步以後，便陷入膠著狀態的主因之一。今天，蔣氏政權已經在台灣的政治舞台上消失。不過，它的基本性格（強人領導、通商口岸祕密結社的黨性，與列寧式政黨組織的相互糅雜）所遺留下來的特殊政治行為模式，不但沒有跟著消失，而且正以新的面貌方興未艾！具有這樣性格的國民黨與台灣當地原有祕密結社性格的地方勢力合作，形成了互利網絡。這種「私性政治」，繼續支配著表面上呈現了許多民主形式的政治運作1。

1　殷先生對蔣氏政權曾有非常有見地的觀察：「台灣的現政權是一個三合一的怪物（spectre）：它的核心是一個宮廷；它的意識形態是法西斯和納粹（是右派保守的：訴諸民族傳統的光榮）；它的組織方式則是左派共產式的（留俄派取代黃埔派，前者更無顧忌而狡猾）。」見《殷海光全集第十冊：殷海光書信集》（台北：桂冠，1990），頁308。關於蔣氏父子「宮廷」生活的不同作風，不同細節（從他們那樣的作風與細節中，可以具體地看到他們作為統治者的心態，包括蔣經國行為模式所呈現的早期俄共經驗對他的影響），參見一位蔣氏父子貼身侍從最近出版的自述，翁元口述，王丰紀錄，《我在蔣介石父子身邊的日子》（台北：書華，1994）。此書具體地證實了殷先生觀察的正確。台灣目前政治上的混亂，在很大程度上，可以說是：蔣氏政權統治台灣數十年的後遺症所造成的。當然，現在的情況與過去有很大的不同：世界史上最久的戒嚴（1949-1987）已經解除，人民已具有言論與結社的自由，統治集團的法西斯性格已經減退等等。但，帶著自己的宮廷，其權力在相當大的程度上仍然以列寧黨的黨組織來維護的強人領導與「私性政治」，正以新的面貌阻礙著民主的進展。而一部分（並非全部）政治上的反對勢力所從事的「建國運動」，正以「本土意識」、「台灣民族主義」、民粹主義，以及新國家的圖騰來號召人民整體主義式的「參與」——這裡閃爍著另一形式的法西斯魔影。民族主義與民主在歷史的發展上，往往是衝突的（雖然並不必然如此）；它不但不能促進民主而且經常毀滅民主，縱使民族主義者也呼喊民主的口號。這可由近現代中國的歷史得到證實。艾克頓公爵（Lord Acton）早在十九世紀已經清楚地看出民族主義對於民主的威脅，他說：「民族主義使得民主變得無效。

剛才說過，在五〇年代的台灣，蔣氏政權在實施戒嚴期間之所以能夠默許一些知識分子批評時政、鼓吹自由與民主，完全是出自它自己的政治利益的考量。一旦別人從事任何有組織性的政治活動，它幾乎本能地就會立刻認為那是對其威權統治的絕對性的挑戰。對它而言，那是無法容忍的；所以，要斷然制裁，即使自毀其正在發展民主的形象，也在所不惜。這是為什麼在1960年《自由中國》發行人雷震先生（原先是由胡適先生擔任發行人，後來因故改由自始即主持社務的雷先生自任發行人）有意與台籍政治人物聯合組織反對黨的時候，蔣氏政權便立刻以執行戒嚴的手法把雷先生抓起來，以叛亂罪處其刑的基本原因。本已減退的「白色恐怖」，現在又將其令人恐懼的陰影擴展開來，重新籠罩了台灣一段時間。

蔣氏右派威權統治與左派極權統治有共同的地方，也有不同的地方；其中兩項基本的不同是：（1）它沒有真正烏托邦的衝動（雖然在宣傳上有時夾有類似的語彙）；（2）它不會大規模動員群眾（雖然，它也想組織群眾，有時也想動員群眾；但，兩樣都做得不很成功）。它主要的興趣是保持自己的政權[2]。為了保持自己的政權，它可能無所不用其極；但它並沒有──由於要把人間變

因為它限制了大眾的民意，並使民意被一個更高的原則所取代。」〔Lord Acton, "Nationality," in *Essays on Freedom and Power*, ed., Gertrude Himmelfarb (Boston: Free Press, 1948), p. 194.〕因此，我們必須把民族主義與「反思的愛國主義」（reflective patriotism）〔這是十九世紀另一傑出自由主義思想家托克維爾（Alexis de Tocqueville）提出的〕作一區分。托克維爾則另以「本能的愛國主義」（instinctive patriotism）來指謂民族主義。

2　用殷先生的話來說：「逃向台灣的這一撮殘餘的以統治為專業的人。」前引書，頁304。

成天堂的雄心的驅使而自覺「比你較為神聖（holier-than-thou）」的──道德優越感。蔣氏政權有時也擺出一副上承聖賢之教、為國為民的樣子；然而，它真正的興趣只是保持自己的政權而已。它沒有遠大的理想，也沒有建立系統性意識形態的意願與能力（三民主義是一個大雜燴，稱不上是較為嚴格意義之下的意識形態）。所以，它沒有多少內在資源來化解或偽裝它的自私自利。對於能夠睜開眼睛看事情的人而言，很容易看出它在裝模作樣的背後的本質。事實上，它是破綻百出的。

　　不過，正因為右派威權統治沒有左派極權統治的道德優越感、烏托邦主義的衝動，以及大規模動員群眾的能力，所以它不會受此種優越感、衝動，以及能夠動員群眾為其效力的信心所驅遣，發動腥風血雨的鬥爭以及龐大的破壞中國文化與社會的革命運動──以為這樣的革命過程是達到完美無缺、人間天堂的必經之路，即使在這個過程中發生許多悽慘的事情，也是值得的，甚至以為理想愈偉大，愈可成為革命過程中製造人間悽慘的口實！

　　綜上所述，五〇年代的台灣，社會與文化中的不少成分，雖然因右派威權的高壓與侵逼而被相當扭曲；但，威權政治的破壞力並未像水銀瀉地似的無孔不入，所以社會與文化資源並沒有完全被破壞或窒息。社會與文化仍可在政治力量未及的罅隙中自我發展。〔這裡關於左派極權統治與右派威權統治對社會與文化的破壞力的分析與比較，當然是從程度上著眼的。世界上並無完全符合「理想型的（ideal-typical）」左派極權統治。即使在最極端的左派極權統治之下，社會與文化也不能說完全沒有一點政治力量未及的罅隙。不過，相對於左派極權統治而言，在右派威權統治之下的社會與文化，其自我發展的資源與罅隙──或空間──確是比較多了不少。〕

三

　　1948年年底，我隨父母從北京移居台北，當時我十四歲。在北京時，就讀師大附中，至初二上。到台北後，考插班，進成功中學初二下就讀。高中時，改讀台北的師大附中。這正是「白色恐怖」很嚴重的時候；不過，當時年紀小，並沒有感覺到什麼。現在回憶起來，只記得一件間接有關的事。我在北京時，已養成喜讀課外書的興趣，常在中午的休息時間去學校附近的琉璃廠逛書店。在台北讀中學時，有一天在國文老師家裡看到他有魯迅的《吶喊》與《徬徨》。我因在北京時，已看過其中收錄的一些作品，但未曾看完，遂問老師是否可借給我拿回家看。老師欣然同意，但卻很仔細地用看過的《中央日報》把封面與封底包好後，才讓我放在書包中，並囑我閱後即還，不可借給別人。現在才知道，這種借閱禁書的行為，如被治安人員知道了，是很嚴重的事。

　　我在中學時代，已經產生了強烈的愛國意識。因為喜歡閱讀五四人物的著作，已經了解了一些近現代中國悲慘的歷史經過及其由來。對同胞遭受的苦難，感同身受；常思將來當盡一己之力，設法改革中國的種種缺陷，以便同胞們可在將來生活得合理、富足、有尊嚴。當時知識有限，但在閱讀報章雜誌與能找到的有關著作以後，曾直覺地感到：在許多待決的中國問題中，最根本的問題是政治領袖的素質問題。因為沒有真正有理想、有能力、有見識的政治領袖，而政治領袖的影響力比誰都大，所以別人在其他方面的努力，即使一些成就，也被中國現代不同時期的自私、無能與愚陋的政治領袖所抵銷泰半。（我這樣的想法，與許多和我同時代的青少年，往往以為，服從政治領袖的指示並

對他的言行表示崇拜，乃是愛國的行為，構成了強烈的對比。為什麼我會在中學時代就有這樣的愛國思想，除了受到一些五四人物的啟蒙，自己努力獨立思考以外，對我而言，至今仍然是一個謎。）既然如此，中國將來的希望，在於像我這樣自知確實具有道德熱情、公正心胸與相當不錯的才智的人，出來從政，最好將來能成為國家的領袖；這樣國家才真正有希望、有前途。

當時年紀輕，不知天高地厚，加以受到了曾國藩〈原才〉之類文章的影響，以及從小學起常被老師指派或被同學推舉擔任班長、學生會主席，使自己以為頗有領導眾人的能力；所以，在我少年的心靈中，遂有這樣當仁不讓、很令自己感到興奮的想法。（因為怕別人會以為我大言不慚，過於天真，所以除了家人與一二知交外，從未向別人道及。）

我最後在大學裡念歷史系，主要是希望從歷史中找出中國的病根所在，以及得到對過去政治領袖們的得失的深入了解，以備將來為國家做大事之需。我是懷著這樣的雄心壯志邁進台大的。可是，進入台大以後，接觸到下述幾個現象，使我感到很茫然：

台大歷史系的師資，號稱集過去北大、清華與中大（中央大學）三校史學系教授的精華。但，他們的課程（除了少數例外以外）大多相當瑣碎，主要是考證史實。考證史實——尤其是考證重大事件的史實，當然有一定的意義與貢獻，這是史學研究的基本工作。不過，不是每一事件的考證都有相同的意義。當時台大史學系的師長們的考證工作，許多失之於瑣屑。然而，他們卻以，為學問而學問來辯解他們工作的價值，特別強調追求真理不可滲入世俗的、功利的考慮；並舉科學史上當初看來是瑣碎的研究，後來變成重大發現的例子，來說明他們的工作的意義。我對這樣冠冕堂皇的說辭，心中甚感不安；但當時卻想不出令人信服

的論點來反駁他們[3]，只是覺得這樣下去，我自己研讀歷史的目的——找出中國病根的基本所在，以及中國近現代歷史中為什麼產生不出真正能夠領導國家走向光明的政治領袖——便難以達成了。

當時大學入學試，已經開始實施聯考制（全省考生共同參加一次考試，錄取的考生根據其填報志願的先後與考試成績的高低，分發到不同學校、不同科系中去）。在「白色恐怖」的陰影之下，絕大多數的家長都鼓勵，甚至強迫自己的子女報考實用、畢業後易謀出路、不易牽涉到政治問題的科系（醫、工、理、農）。不少文科生乃是由於成績不夠好，無法被分發到實用科系去，而他們聯考的總分數卻又高於錄取的最低標準，於是根據其第二或第三志願，被分發到文學院來的。對許多文學院的學生而言，因為本來就不打算攻讀文學院的科系，現在卻又勉強就讀了文學院的科系，而社會上的一般輿論又都認為讀文學院是沒有什

3　一直到數十年後我寫〈中國人文的重建〉（1982）最後一節，論析考證工作，無論本身做得如何精密，不可能提出重大而原創的理論性問題的時候，這項心中的不安與困惑，才終於得到紓解。（如果我們要對人文與社會問題謀求較徹底的解決之道；那麼，我們就必須找到一套系統性的解決問題的辦法。這種系統性的解決問題的辦法，必須建立在對人文與社會現象的系統性了解之上。而只有在對人文與社會現象提出了重大而原創的理論性問題以後，我們才可能對其進行系統性了解。這種工作當然必須建築在確實可信的材料之上；所以，考證工作有時可能發揮關鍵性的功效。但，考證工作本身，卻無法取代這裡所說的，在學術研究的規矩之下的理論性工作。不過，另外需要指出的是，不是每一項理論性工作都必然是正確的。換句話說，不是每一項理論性工作都是值得做的。）此文已收入拙著《思想與人物》（台北：聯經出版公司，1993年第十次印行），頁3-55；《中國傳統的創造性轉化》（北京：生活・讀書・新知三聯，1992年第二次印行），頁3-42。

麼出息的；所以他們的精神甚為消沉，心情很是萎靡。

　　校園中彌漫著非常現實的氣氛。再加上蔣氏政權鑑於在大陸失敗的原因之一，是未能有效地應付自五四以來一脈相承，為民主與科學奮鬥的學生運動；它到台以後便使用其威權結構中可以使用的一切辦法，盡量把對五四的記憶從知識分子的心中抹去。（包括留在大陸上的，五四以來一切學者與作家的著作，以及與五四有關的一切刊物，均都列為禁書；戒嚴期間，禁止任何學生運動，當然更不在話下。）另一方面，蔣氏政權則利用傳播媒體，製造「反攻大陸」的神話；在這個神話中，蔣介石被塑造成為「世界上反共的精神領袖」與「中華民族復興的救星」。

　　這些政治宣傳主要是在校園之外進行的。它在台大校園之內並未過分猖獗；但，在五四的傳承已經被扼殺的背景之下，這樣的宣傳，配上「白色恐怖」的陰影，使得同學們對政治變得冷漠。許多文學院的同學是以上課抄抄筆記，課餘看看武俠小說來打發時間。另外，一些心靈較為敏感的同學，則變得玩世不恭、以調侃打諢度日。在這樣的環境中，除了極少數的同學可與談外，對我這個在中學時代已經看過一些五四人物的著作以及外國（尤其是十九世紀俄國）文學作品的翻譯，非常關心政治，心中經常被許多有關宇宙、人生、國家、社會與文化的問題所困惑的青年而言，台大文學院是相當荒涼的。

　　就在上述──右派威權統治所行使的「白色恐怖」陰影之下但卻有一些罅隙的政治大環境中，台大校園之內有相當程度的被默許的、私人之間言論自由，但整個校園氣氛卻相當荒涼的──背景之下，我在1955年秋季開始上剛從哈佛大學訪問歸來的殷海光先生的邏輯課。作為純學術研究的邏輯，本是中性，並不涉及價值問題，本身也沒有政治意涵。邏輯學者的學術研究與他的政

治立場，也無必然的關連。但，殷先生卻把邏輯講成，使頭腦不受專制散布的愚昧與虛偽所矇騙的利器。他講課時，非常有條理，莊嚴而不拘謹，在詞鋒犀利的分析中，夾帶著道德的熱情與對中國與世界的關懷。他服膺五四初期所鼓吹的自由主義，常喜徵引艾克頓公爵的名言——「權力使人腐潰，絕對的權力絕對地使人腐潰」——來說明中國現代史的病根之一是：沒有辦法限制與監督政治權力的擴張與濫用。他認為中國經過各式各樣、弄得天翻地覆的革命以後，到頭來益發使人知道，引進英美文明發展出來的自由的價值、人權的觀念、民主的制度，與建基於經驗的理性，才是中華民族應走的康莊大道。殷先生時常慨嘆，早期五四精神與風格在台灣的失落；而重振五四精神，徹底實現五四早期所揭櫫的自由、理性、法治與民主的目標，乃是救國的唯一道路。

在荒涼的校園內，茫然的心情下，聽到了殷先生那樣的宏論，對我而言，真是空谷足音！

於是，在課後向他請教治學的途徑。殷先生知道我已看過一些五四人物的著作，覺得在當時相當難得，很樂意指導我。他說：中國人文與社會科學研究，由於左右政治勢力的壓迫與分化，現在（五〇年代）的水準，只能表達一些零碎的意見；系統性的、深入的理解，尚待將來。他自己由於成長過程中顛困流離，以及後來在報紙雜誌上秉筆報國，花去許多時間與精力，所以尚未積累足夠的資源作最根本、最艱深的研究。不過，他積數十年觀察與思考中國問題的經驗，以及研讀當代西方哲學的心得，可以提供兩項協助。第一，他有鑑別能力，可以提供學術的標準，可以告訴我，什麼著作言之成理、見解深刻；什麼著作膚

淺，不值一顧[4]。第二，他可擔任交通警察；他說：「你這一生要
做什麼，當然由你自己決定。不過，你一旦決心要研究你關心的
問題，我可告訴你往哪個方向走，才是避免走冤枉路的正途。」

我稟告殷先生，自己攻讀歷史的最大志趣是，希望徹底找出
中國的病根所在，以及為什麼在中國近現代歷史中產生不出來真
正偉大的政治領袖。（當時未敢告訴老師，我最大的志趣是希望
自己能夠變成這樣一個政治領袖；不過，後來跟殷先生接觸較
多，多知道了一些二十世紀中國實際的政治情況以後，頓覺此一
想法，太天真可笑了，除備感汗顏之外，棄之唯恐不及，詳下
文。）殷先生並未責備我的志趣大而無當、好高騖遠，反而認為
有氣象，對之鼓勵有加。不過，他說：

> 你所要做的是極為艱難的事。你如要在一生之中達到你的
> 目的至一相當的程度，你必須作三項準備，其中兩項是長程

4　1962年6月10日殷先生給伍民雄的信上有類似的話：「我所能夠做到的，是勉
力做個好的啟蒙人物：介紹好的讀物，引導大家打定基礎，作將來高深研究
的準備。我常向同學說：『我沒有學問，但能使你們有學問。』」（《殷海光全
集第十冊：殷海光書信集》，頁255。）1968年3月25日殷先生在答覆盧鴻材
請他寫自傳時，說：「關於要我寫自傳的事，我簡直不知怎樣答覆弟才好。生
長在這樣一個時代，像我這樣的一個知識分子，可以說極有價值，也可以說
極無價值。就純粹的學術來說，我自問相當低能，絲毫沒有貢獻可言。就思
想努力的進程而論，我則超過胡適至少一百年，超過……。個中的進程，我
自己知道的很清楚。這些知識分子在種種幌子之下努力倒退，只有我還在前
進不已。直到今天為止，我在思想上積極的建樹還少得可憐，可是我抖落的
東西夠多了。若干人是把我極力抖落的東西穿上玄學的新裝來出售。真是又
糊塗又無知！我的思想困苦成長於中、西、新、舊交會而又衝突的際
會。……」前引書，頁320-321。

的，另外一項短期之內便可獲得相當的成果。

　　長程的準備是：(1)你必須借助於現代西方社會科學發展出來的觀念與分析；(2)你必須整合這些現代西方社會科學的成果於你的歷史解釋中，這樣才能把中國的根本問題分析出所以然來。

　　從理論上來講，中國的大病根也反映在代表早期五四思想的自由主義在中國的失敗上。

　　如果我們認為引進英美文明所發展出來的自由的價值、人權的觀念與民主的制度至中國的泥土上，並使其茁壯地成長，是拯救中國人民於水火的大道；那麼，為什麼大致可以說代表此一思潮的早期五四思想，很快被左派與右派意識形態所取代了呢？是不是早期五四思潮所代表的英美式的自由主義，由於糅雜著法國式與德國式顛覆英美自由主義的成分，而根本不純正呢？即使早期五四人物對英美式自由主義已有相當純正、深入的理解，是不是中國的客觀環境（傳統政治秩序的解體、帝國主義列強的侵逼等）也不可能允許它在中國順利地發展呢？從這個觀點來看，中國問題的焦點是：是否可能移植英美自由主義所蘊涵的文化與制度，使其在中國泥土上生根。（當然不是指原樣照搬。將來英美式自由與民主的文化與制度，如能相當成功地移植到中國來，它們也不可能與英美的原型完全一樣。但，經過移植而產生的具有中國特色的自由主義所蘊涵的文化與制度，必須與原型共有許多特點，以便不失純正性。）然而，在探討這一系列重大問題之前，你首先需要把英美自由主義所蘊涵的文化（包括思想、符號與價值）與制度弄清楚。

　　前述兩項準備必須建立在堅實的外交能力上。你必須盡快

把英文學好，必須達到直接閱讀西方第一流學術著作，不感吃力的程度。前述兩項準備是非積年累月不為功的；但，這最後一項準備，希望在一年之內就可完成。

四

我從讀小學開始，對父母與敬仰的師長的指導，一向是以虔敬之心接受的。殷先生這一番話，更是影響了我的一生。校園周遭的荒涼，頓時變得與我很是疏遠；心中的茫然也如撥雲霧而見青天！當時雖然對於身邊所見之種種仍難免憤慨；然而，自覺那些現象與我個人卻不甚相干了，自然也就不會受其影響。我在思想上受到殷先生的啟蒙，看到了如何進展的遠景；而在精神上，殷先生那種以大是大非為前提，關懷國家前途與同胞福祉的精神，重新肯定並強化了我從中學時代就已湧現在心中的愛國情懷。思想有了導向，精神有所歸屬；所以，我的心情變得昂揚與奮發。

具體而言，殷先生的第一點意見，使我知道：什麼是不從事瑣屑的考據工作的史學研究領域。於是，在自己深感興趣，但確實是十分龐大的研究課題上，便有路可循了。

殷先生的第二點意見，把我的學術研究的興趣與我的個人關懷連繫起來了。前已提及，我之所以要學歷史，基本上導源於內心深處救國的衝動。然而，到台大歷史系做學生以後，卻發現當初的志願與眼前所見到的實際歷史研究活動，兩者之間距離之遠，幾達毫無關係的程度。現在，經過殷先生的啟導，我個人深感興趣的學術探索與內心深處的救國情懷變得可以合情合理地匯通了。換句話說，我覺得我的愛國意識可以具體地落實在我的學

術探索之中，而學術的探索也注入了生命的意義。因為，既然中國問題的焦點是，自由主義在近現代中國的前途的問題——亦即：自由主義在中國過去失敗的歷史原因的檢討，以及在未來發展的可能與如何發展的問題——我當然需要先徹底弄清楚，究竟什麼是自由主義，以及它在英美的歷史發展與在理論上和在世界史上的涵義[5]。從那時起，我立志一定非先要徹底了解西方自由主義的繁複內容及其在西方歷史中複雜的演變不可。現在回想起來，這是我後來到芝加哥大學社會思想委員會從學於海耶克先生之門的遠因。

　　當時對於西方自由主義的歷史演變、問題結構，以及各家各派為其辯解的複雜論式，談不上有多少理解；但，對自由主義的基本立場，則已深為服膺[6]。之所以如此，除了受到在殷先生指導

5　這裡所謂「在理論上和在世界史上的涵義」是指：從西方歷史經驗發展出來的自由與民主的文化與制度是否能夠移植到另一歷史環境中去？用後來我習得的學術語言來說：如果絕對歷史主義者的有機論或本質論是對的；那麼，西方歷史中發展出來的自由與民主的文化與制度乃是西方歷史中的有機或本質成分，其中任何部分因此都不可能移植到其他不同類的歷史文化系統中去。假若是那樣的話，要移植西方自由與民主的文化與制度的前提便是錯的，所以根本不發生是否應該與如何移植西方自由與民主的文化與制度的問題。關於「絕對歷史主義」（absolute historicism），請參閱 Benjamin I. Schwartz, "History and Culture in the Thought of Joseph Levenson," in Maurice Meisner and Rhoads Murphey, eds., *The Mozartian Historian: Essays on the Works of Joseph R. Levenson*（Berkeley: University of California Press, 1976）, pp. 100-112。與絕對歷史主義正好相反，移植西方歷史中發展出來的自由與民主的文化與制度，必須建立在人類具有普遍與共同的關懷的認識之上；雖然中西歷史中的問題結構與文化導向多有不同，但這些不同並未獨特到彼此絕對不能理解或溝通的程度。

6　自由主義的基本立場是：人的存在本身乃是目的；任何一個人都不是任何政

之下閱讀的有關自由主義書籍的影響以外，主要來自兩大「啟示」：一項是負面的，另一項是奇理斯瑪的。

蔣氏政權在台灣的威權統治給自由主義提供了有力的反面教材：目睹蔣氏政權為了維持其個人的絕對統治所散布的蒙昧與壓制，和在政治、社會與文化上因之而衍生的恐懼、偽善、矯飾與虛脫，以及連它自己都不會相信的歪曲的宣傳，在在使我渴望一個合理、合乎人道、能夠舒展性靈的人間秩序。根據當時我對自由主義的理解，只有自由主義所提出的一套道德、政治、法律、經濟與文化原則的實現，最有可能在一定程度內達成這樣的理想。前已提及，蔣氏右派威權統治沒有真正烏托邦的衝動（雖然在宣傳的架勢上，有時它也大唱高調），也不會大規模動員群眾（雖然它也曾嘗試過），所以它無法利用偉大的理想和群眾的勢力來掩飾它的種種劣跡並使其正當化（legitimized）。於是，這些劣跡便赤裸裸地暴露出來。因此，對我們了解其真相的人，特別難以忍受，謀求另一出路的感受也特別迫切。

雖然當時我還未能掌握自由主義深厚而複雜的內涵；但，在

府、社會組織或別人的手段。易言之，個人本身是一不可化約的價值，所以每個人都具有人的尊嚴。

從這個意義上來看，人人是平等的。人的尊嚴蘊涵了對人的尊重（包括自尊），也賦予了個人自由的涵義。個人自由則指：人的自主性、隱私權與自我發展的權利（如沒有這些個人自由，談不上對人的尊重）。個人自由當然不包括使別人沒有自由的「自由」；所以，自由不是放縱。另外，自由與責任不可分；如果一個人對自己的行為不負責任，他當然已經自我取消了享有個人自由的權利。政府的功用，除了國防與維護公共秩序以外，主要是執行法治之下的法律，以保障基本人權；只有在人權與法治落實之後，社會上每個人平等享有個人自由才有真正的可能。任何政治權力均有被濫用的危險，所以限制與分立政府的權力乃為必須，亦即必須建立民主憲政體制。

跟殷先生接觸的時候，已經呼吸到了真正有生命力的東西。殷先生的真誠，對事理公正的態度與開放的心靈，面對政治壓迫所表現的「威武不能屈」的嶙峋風骨，對知識的追求所顯示的真切，以及對同胞與人類的愛與關懷，在在使我感受到一位自由主義者於生活與理想之間求得一致的努力所顯示的道德境界[7]。這使我對他背後的思想資源，產生敬意與嚮往。換句話說，我之所以對自由主義感到極大的興趣，數十年來繼續不斷地探索，其動力最初是來自殷先生的「奇理斯瑪的」震撼。

　　殷先生的第三點意見——希望我在一年之內把英文弄好，要好到可以順暢閱讀西方第一流學術著作而不覺吃力的程度——使我切實感到，什麼是當下的首要之務。我在大學一年級後的暑假，已經對英文下過一番苦功，現在經殷先生這一提示，益發感到學好英文的迫切性。

　　那時，殷先生鼓勵學生閱讀羅素，提倡邏輯與語意學。我在大二那一年，除了閱讀了二、三本英文邏輯與語意學教本以外，並曾細讀過大小十本羅素的著作。大二下學期結束之前，決定翻譯《羅素自選集》〔*Selected Papers of Bertrand Russell*（New York: Random House, Modern Library）〕中的〈導言〉，後經殷先生細心修訂，代我送到《自由中國》半月刊編輯委員會評審，通過後發表在該刊第15卷第3期（1956年8月1日）[8]。那是我生平發表的第

7　殷先生的老友夏道平先生對作為自由主義者的殷先生的心智的努力，有動人的描述：夏道平〈紀念殷海光先生〉，收在《殷海光全集第十八冊：殷海光紀念集》，頁239-246。

8　這篇譯文已收入拙著《思想與人物》（台北：聯經出版公司，1993年第八次印行），作為附錄之一。

一篇東西，雖只是譯作，發表後的心情是非常歡愉的[9]。稿費至為豐厚（至少我當時的感覺是如此）。當時大家都很清苦，拿到那筆遠超過我想像的稿費後，除了買水果、點心，拿回家孝敬父母與弟妹分享外，我覺得最有意義的花用辦法是：訂購一本原版的海耶克先生的名著 *The Road to Serfdom*（《到奴役之路》）。於是，騎腳踏車到台北市衡陽路文星書店，請其直接與芝加哥大學出版

---

[9] 但，在五〇年代的台灣，一個青年用本名公開在《自由中國》發表文字，批評政府的政策，是相當嚴重的事。這雖只是一篇譯作，但文字警察可以認定譯者是在借題發揮，因為文中羅素用反諷的語調，明白表示他反對「學生必須接受強迫的軍事教育」。（台灣的大學生在校必須接受軍事教育——雖然，和蔣氏政權的許多其他措施差不多，多半只是走走形式。大學男生畢業後，則必須接受一年半的預備軍官訓練。）當時《自由中國》半月刊是政府戒嚴令下，民間最主要的、站在推行自由與民主的立場，批評蔣氏威權體制的言論機關。它發表的言論及其成員的一舉一動，均在祕密警察的嚴密監視之中。知識界有不少人，對其立場是同情的、支持的（當然也有不少御用學者以及認同領袖即是國家的人，視之如寇讎）。不過，在「白色恐怖」的陰影下，大部分人都與之保持距離，以策安全。

譯作發表後，家人就擔心，如將來我要申請出國留學，是否能夠獲得警備總司令部（警總）的允許（當時出國必須先獲得這個情治機關的批准，然後才能到外交部申請護照）。後來有幾位殷先生的學生申請出國時，就是因為是殷先生學生的關係，而被拒。我在1960年申請出國留學時，懷著前途未卜的忐忑心情把申請資料與證件送交給警總後，按規定要在一週以後再到警總取「出境證」（屆時警總如拒發，也就知道未獲批准）。四、五天以後，一天下午我從外面返家，一進門，母親就對我說：「剛才有一位陸軍中校把你的『出境證』送來了。我留他坐下來喝一杯茶，他不肯，我連忙謝謝他親自送來，他很和善地說：『不要客氣』，便走了。」為什麼警總一位中校軍官會把我的「出境證」親自送到我家裡來呢？到今天，這還是一個謎。（我家無權、無勢、無錢，當時住在台北縣三重鎮近似貧民窟的地區。如果警總拒發出境證，我們是毫無辦法可想的。）

社聯絡,代為訂購一本。(當時,政府管制外匯。台北市只有少數幾家經營外文書籍的書店獲有政府外匯配額,可以直接代顧客到國外訂購原版書籍。因為美金匯率極高,對於青年學子而言,通常是根本買不起的。我看的羅素著作,一部分是買自台灣書商的盜版翻印,一部分是從圖書館借閱的。)

我之所以拿了稿費以後,馬上想到訂購一本原版的《到奴役之路》,其淵源也與殷先生有關。殷先生在1953年9月至1954年10月曾在《自由中國》陸續發表《到奴役之路》的中譯。我在1954年秋季進入台大後,曾看過幾期舊的《自由中國》上刊載的殷先生的翻譯。殷先生的譯文,十分清晰、暢達。有時加入「譯者的話」與「譯者按」,借題發揮,常對中國幾十年禍國殃民的左右政治勢力批評與譏諷;我當時覺得十分鏗鏘有力。透過殷先生的譯文,我接觸到的海耶克先生的自由哲學,雖然只是一鱗半爪,但已深感其深刻、精微、而有系統。因此,當我拿到那份稿費時,心中便浮現了訂購一本原版海氏大著的想法。自己覺得,用這樣的辦法來紀念生平獲得的第一次稿費,是最有意義的。我可把海氏原著與可以找來的殷先生的譯文對照著仔細研讀。這樣,一方面可增強自己的英文閱讀能力;另一方面,也可較有系統地進一步去了解海氏大著中所展示的自由哲學。

兩個多月後,我接到取書通知,懷著興奮的心情到書店把書拿回,遂按原定計畫,開始與殷先生的譯文對照著閱讀[10]。我發現

---

10 殷先生的譯文,大部分暢達而精確,對我幫助很大。不過,當海氏的論點與殷先生的關懷沒有直接關係的時候,他也有越過段落,未譯的情形。另外,有的地方,只能算是意譯。最後五章則未譯。殷先生的「譯者的話」與「譯者按」——當我以原文為主,譯文為輔,對照著看的時候——雖然有時見解甚為犀利,但也有喧賓奪主,發揮得離題太遠的情形。

文星書店在 1965 年 9 月 25 日根據《自由中國》連載的譯文，發行《到奴役之路》單行本。殷先生在 9 月 14 日完成的〈譯文自序〉中說：

當我對《到奴役之路》作「譯註」時，我說是「翻譯」。照我現在看來，這個說法有些欠妥。雖然，我借來的《到奴役之路》原書因早已歸還原主以致無法將原文和「譯文」查對，可是，我現在覺得有些地方不能算是嚴格的翻譯，只能算是意譯；還有節譯的情形，也有幾章未譯。關於這一方面，目前被種種事實上的條件所限，我無法補救。我希望在將來對於自由的觀念和思想之啟導工作上能有機會多作努力。現在，我只能把本書叫做《到奴役之路》的「述要」。同時，我趁出版之便，把內容稍加修改——特別是有關人身方面的，因為我所著重的是觀念和思想及制度。

復次，近四、五年來，我對海耶克教授有進一步的認識。我從他的著作和行誼裡體會出，他是一位言行有度、自律有節，和肅穆莊嚴的偉大學人。我所處的環境之動亂，社群氣氛之乖謬，文化傳統之解體，君子與小人之難分，是非真假之混淆，以及我個人成長過程中的顛困流離，在在使得我對他雖然心嚮往焉，但每歎身不能至。而且，近半個世紀中國的現實情形，不是使人易於麻木，便是使人易趨激越。從事述要《到奴役之路》時代的我，是屬於激越一類的。十幾年過去了，回頭一看，《到奴役之路》經過我的述要，於不知不覺之間將我的激越之情沾染上去。我那時的激越之情和海耶克先生的肅穆莊嚴是頗不調和的。關於這一點，我很慚愧。我認為我應該向海耶克先生致歉。

※※※　　　　※※※　　　　※※※

《到奴役之路》這本論著的述要，就所倡導的觀念和思想內容來說，今後大部分有現實的生活意義。實實在在，它展示了一組生活的基本原理，因而也就指出了一條生活的大道。至少，依我的人生理想而論，有而且只有跟著這條大道走下去，人才能算是人，才不致變成蜜蜂、螞蟻、牛群、馬群、工奴、農奴、政奴，或一架大機器裡的小零件。就最低限度的意義來說，這本書的述要之在這裡出現，可能讓這裡長年只受一種觀念和思想薰染的人知道，這個地球上尚有許許多多不同的觀念和思想；而且，在那許許多多不同的觀念和思想中，說不定有的比他所薰染的更好。人不能完全藉消耗物質來延續生命，人的生活還須有理想的遠景。有道德和知識作基礎的理想，至少比需靠現實層界的權勢和利益來支持的種種氣泡，較值我們懷抱得多。

古人說：「光陰者百代之過客。」我近年來常常想，人生就過程來說，有些像

海耶克先生的思想遠比羅素的思想深刻得多；愈讀下去，愈不喜
歡羅素[11]，愈覺得，如果將來有幸能到芝加哥大學從學於海氏之

　　一隻蠟燭。這隻蠟燭點過了以後，永遠不會再燃了。我從來不做秦始皇帝那
　　種求長生不老的癡夢。那些藉語言和幻想編織一幅圖像來把自己躲藏在它裡
　　面的人實在是軟弱的懦夫。世界上最剛強的人是敢於面對逆意的現實真相的
　　人，以及身臨這樣的真相而猶懷抱理想希望的人。現在，我像冰山上一隻微
　　細的蠟燭。這隻蠟燭在蒙古風裡搖曳明滅。我祇希望這隻蠟燭在尚未被蒙古
　　風吹滅以前，有許多隻蠟燭接著點燃。這許多隻蠟燭比我更大更亮，他們的
　　自由之光終於照遍東方的大地。

11　我到美國就讀研究院以後，才知道在西方世界，羅素——除了他早年在數理
　　邏輯領域有其歷史性的貢獻以外——被大多數學院裡的人認為，只是一位通
　　俗性的作家而已。他在政治思想與社會思想方面的許多著作，根本沒有什麼
　　人去研究。而在五〇與六〇年代的西方，海耶克先生則被許多人認為是一個
　　頑固的大保守派。一直到1974年他榮獲諾貝爾獎以後，他的深具遠見與洞見
　　的系統性思想，才漸被重新發現。今天，海耶克先生已被公認是二十世紀最
　　偉大的思想家之一，儘管他的著作仍然時常引起爭議。我在台灣初讀他的
　　《到奴役之路》的時候，因為完全是在西方的脈絡之外，所以未受西方五〇年
　　代知識界主流的膚淺風氣的影響；對我而言，此書反而成為進入西方純正自
　　由主義的——具有歷史深度的——理論主題的引導。海耶克先生以九二高
　　齡，於1992年3月23日在德國南部佛來堡市與世長辭。
　　我應香港《信報月刊》之邀，曾在4月22日撰就一篇悼念文字，題作〈一位
　　知識貴族的隕落——敬悼海耶克先生〉(《信報財經月刊》1992年5月，總182
　　期；台北《聯合報・副刊》1992年5月1日)，此文已收入本書。關於海氏的
　　行誼，另參見：Shirley Robin Letwin, "The Achievement of Friedrich A. Hayek,"
　　in Fritz Machlup, ed., *Essays on Hayek* (New York: New York University Prees,
　　1976), pp. 147-167。另外，值得一提的是，雖然，新馬、解構、傅柯、後現
　　代，在美國學術界一些圈子內仍然相當流行，但在歐陸已經式微 (美國的一
　　些方面，是歐洲的文化殖民地，所以有時差的現象)。近十年來，從十八、十
　　九世紀演進而來的正統自由主義，已經在歐陸 (尤其在法國) 復興，參見
　　Mark Lilla, "The Other Velvet Revolution: Continental Liberalism and its
　　Discontents," *Daedalus* (spring, 1994), pp. 129-157。

門,那才是幸福哩!(不過,那時以為這是不可及的夢想,真沒想到這個夢想,居然在四年後,由於種種機緣,竟得實現。)

五

當我從海耶克先生的《到奴役之路》和其他相關書籍,如K. R. Popper, *The Open Society and Its Enemies*(《開放社會及其敵人》、張佛泉先生的《自由與人權》,以及與殷先生的談論中,漸知一些自由主義的內涵與現代中國政治環境的實際情況以後,我深感汗顏地發現,少年時代立志要做政治領袖以便拯救同胞於水火的想法,是多麼天真可笑!

現代中國的政治,根本沒有公平競爭的「遊戲規則」。在這樣的環境中,一個人如要投入政治,取得權力,除了心黑、手辣、外加江湖氣以外,還要有,以極強的權力慾來驅使萬千大眾為你做工具、為你犧牲而毫不動心的本領。而我之所以想做政治領袖,則完全出自少年的赤誠所引發的愛國情懷;自己不但毫無權力慾,而且一向對心黑、手辣,為了目的不擇手段的政治行為,憎恨之至;對俗陋的江湖氣,則從內心深處就有厭惡感。因此,我如一旦掉入實際的政治漩渦之中,不僅不可能獲得權力,施展抱負,而且還極可能陷自己與家人於不利。

更深一層講,當我對西方自由主義的理論及其在制度上的歷史演變愈多知道一點,便覺得移植自由與民主的文化與制度到中國的土壤上來的難度,就又增加了一點。因為我們的土壤根本沒有多少——並不是一點沒有——適宜自由與民主的文化與制度成長的養分。〔例如,中國原沒有法治的傳統,更沒有公民社會、公民文化(雖然不能說一點公民道德沒有),而法治與公民社

會、公民文化是實現民主、落實自由的必要條件。〕有了這樣的
了解以後，我投入實際政治的意義就不大了。因為在中國的環境
中，既然根本沒有多少資源可以支持自由與民主的發展，我即使
投入實際政治、獲得權力，也仍然不太可能作出多大貢獻；何況
在險惡的政治漩渦中，是否能夠自保並獲得權力，還大成問題。
（不過，我的學術研究，至今仍頗受少年時代想法的影響。假若
我們把政治界定為，管理公共性事務的話；我的學術思想，具有
關懷公共性問題的程度，比較強。後來研讀韋伯，發現他也是因
為無法從政，才弄學術的。他的學術，具有關懷公共性問題的程
度極強。我在這裡不敢妄自比附前賢，只是想說明我的學術研
究，因在來源上與韋伯的來源有些近似之處，所以其性質也因此
有類似的地方。）

　　當然，如果在中國推行自由與民主是完全不可能的事；那
麼，這個計畫是不應該推行的。

　　然而，中國不是一點條件、一點資源都沒有。而同胞們要求
實現自由與民主的意願是很強的（雖然他們之中許多人對其內涵
有許多誤解，或不甚了了）。未來有許多變數，與其消耗時間與
精力在無法確知的預測上，不如堅持理想，同時以負責的態度，
「放寬程限」，來做三件事：(1)加深對西方自由主義的內涵思想
的與歷史的理解，及其在制度上歷史演變的理解；(2)加深對現
代中國歷史環境的理解；(3)探討在中國現在的歷史環境中，是
否可有與西方自由與民主的文化與制度接榫的地方。這是我在大
學時代受到殷先生的啟蒙以後，數十年來鍥而不捨的事，也是我
從1969年以來推展「創造性轉化」[12]的理念的來由。

---

12 參閱拙文〈「創造性轉化」的再思與再認〉，已收入本書。

　　我雖然努力從事學術思想工作；但卻並不贊成自五四以來中國知識分子所強調的「思想革命」。我認為那一思潮，把事情看得過分簡單了。那種「藉思想、文化以解決政治、社會問題的途徑」是一元式的化約主義。不過，我也不認為思想、文化的工作，毫無意義、毫無貢獻；雖然，我們從歷史經驗中知道，理性的說服力所能發揮的作用是有限的。理性的說服力只能在有利的歷史條件下，**因勢利導**；它本身並不能創造歷史。「創造性轉化」的理念，是一個導向。中國政治、經濟、社會的情況，如果發展到可能採用它的時候，它很可能，由於其論式所賦予的說服力，提供——正如韋伯所說——鐵路上轉轍夫的功能[13]。換句話說，當歷史中多項條件互動的結果，有接受「創造性轉化」的建議，往這個方向前進的可能，但因某種程度的迷惘，卻不一定會往這個方向前進的時候；因為已經有人（當然不是僅指筆者個人，有關種種，需要所有認同它的人，集思廣益）思考過此一導向的理由與所可產生的美好結果——當這個「圖景」變得能夠吸引人而又使人覺得有現實意義的時候——歷史走向這一軌道，大有可能。「創造性轉化」所提供的，是給歷史的開展一個可能的選項，希望不要等到歷史有朝著這個方向前進的可能的時候，因為方向不明確，而走到岔路上去。

※※※　　　　※※※

---

13 韋伯說：「並非理念，而是物質的與理想的利益直接支配著人類的行為。然而，理念所創造出來的『世界圖景』卻經常像轉轍夫那樣，決定各種利益的互動所推動的人類行動在哪條軌道上前進。」From Max Weber: *Essays in Sociology*, tr. & ed., H. H. Gerth and C. Wright Mills（New York: Oxford University Press, 1946）, p. 280.

　　先師殷海光先生在五十歲（1969）的盛年，就離開了這個世界；他並沒有足夠的時間，發展自己的學術思想以臻成熟的階段。這是他晚年一再提到，甚感遺憾的一點[14]。不過，他的著作中的許多見解，到今天仍然是顛撲不破的。例如，他所堅持的自由主義是以個人主義（人權、個人的尊嚴）為前提的；所以，他反對任何形式消解個人的有機主義、整體主義的意識形態。（殷先生的個人主義也與魯迅先生在《兩地書》中所說的安那其個人主義不同。殷先生的個人主義，當然反對任何強制性與任意性的權威；在這一點上與安那其個人主義，雖然殊途，卻是同歸。但在其他許多關鍵的地方，則是相駁的。自由主義的個人主義，認為個人在政治、社會、文化與經濟的「自由空間」，只有在法治的保障下，才有可能。執行法治之下的法律，是政府的責任。所以政府的存在，有其必要。問題無法經由廢棄政府便可解決，關鍵在於建設什麼樣的政府。自由主義的個人主義，也不反對合理的權威[15]。）他熱愛同胞，一生獻身於「反思的愛國主義」（雖然他並未使用托克維爾的名詞[16]）；但他堅決反對以政治領袖為民族象徵的，或以「中國文化優越性」為民族本質的，民族主義（亦即托克維爾所說的「本能的愛國主義」）。

　　從學院的觀點來看，他的著作之中是有，欠妥當的、受到當時不完整的資訊限制的，以及相當形式化的地方。例如，他到台

14　例如，殷先生在1968年3月25日給盧鴻材的信上說：「就為學而論，我是不　　成功的，雖然我還未停止。」《殷海光全集第十冊：殷海光書信集》，頁315-　　316。又見注4。

15　參見注6及拙文〈魯迅個人主義的性質與涵義——兼論「國民性」問題，《二　　十一世紀》（香港），12（1992.8），或《魯迅研究月刊》（北京），1993.12。

16　參見注1。

之後初期的言論，因為對rule of law（法律主治或法治）與rule by law（以法統治）之分際，沒有清楚掌握，以致在談法治的時候，難免有形式化的現象[17]。他對海耶克先生的奧國主體性經濟學的背景不很清楚，以致不知海氏思想中許多重要論點是極力反對他多年來服膺的羅素與邏輯實證論的。殷先生提倡史學與社會科學的整合；但，他對社會科學的理解僅止於帶有科學主義色彩的行為科學，反而於史學可能最有幫助的社會科學，如韋伯的貢獻，並不很清楚。

　　然而，殷先生一生思想探索的意義，並不在於學院層次上的理論細節。他以真誠的生命投入思索的工作，其道德資源與道德想像力不斷促使他認真地吸取失誤的教訓，並力求自我改進，最後終於從浪漫的激越落定到以自由主義大方向、大原則為根基的啟蒙工作，並以他那震撼人心的道德熱情來推動這一啟蒙工作。他於逝世之前二十六天（1969年8月21日），在身體承受著極大病痛的情況下，以口述方式完成的〈《海光文選》自敘〉中說：

> 「歷史的轉折」常常不是人智所能預料的。往往在一個時代，聲光畢露的運動，不一會就煙消雲散；又往往在一個時代，寂然無聞的大思想大觀念忽然像火山似的爆發出來，震撼著一個時代。
>
> 　　中國現代的五四運動，也難免受這種歷史命運的支配。作為一個歷史事件來看，五四運動已經過去了。如果歷史不是

---

17 參閱拙文〈殷海光先生闡釋民主的歷史意義與中國民主理論發展的前景〉，韋政通等著《自由民主的思想與文化：紀念殷海光先生逝世二十周年學術研討會論文集》（台北：自立晚報社文化出版部，1990），頁214-224。

循環的，那麼這個事件就不會回頭。我自命為五四後期的人物。

這樣的人物，正像許多後期的人物一樣，沒有機會享受到五四時代人物的聲華，但卻有分遭受著寂寞、淒涼和橫逆。

我恰好成長在中國大動亂的時代。在這個時代，中國的文化傳統被連根搖撼著；外來的觀念與思想又像狂風暴雨一般衝擊而來。這個時代的知識分子感受到種種思想學術的挑戰：有社會主義、有自由主義、有民主政治，也有傳統思想背逆的反應。每一種大的思想氣流都形成各個不同的漩渦，使得置身其中的知識分子目眩神搖，無所適從。在這樣的顛簸之中，每一個追求思想出路的人，陷身於希望與失望、吶喊與徬徨、悲觀與樂觀、嘗試與武斷之中。我個人正是在這樣一個巨浪大潮中試著摸索自己道路前進的人。

三十年來，我有時感到我有無數的同伴，但有時又感到自己只是一個孤獨的旅人；我有時覺得我把握著了什麼，可是不久又覺得一切都成了曇花泡影。然而無論怎樣，有這麼多不同的刺激，吹襲而來；有這麼多的問題，逼著我反應並求解答。這使我不能不思索，並且焦慮地思索。一個時代的思想者，必須有學人的訓練和學問的基礎，然而一個時代的思想者，他的思想方向和重點，畢竟和學院式的人物不相同。這正像康德和伏爾泰之不同一樣。在這本文集裡所選的文章，正是我上述心路歷程的一個紀錄。這些文章反應著中國大變動時代，而這個大變動時代也是孕育這些文章的搖籃。無論怎樣，這些紀錄是可貴的。

這些文章所論列的方面固然不同，但是它發展的軌跡卻是有明顯的線索和條理的。在一方面，我向反理性主義蒙昧主

義（obscurantism）、褊狹主義、獨斷的教條毫無保留地奮戰；在另一方面，我肯定了理性、自由、民主、仁愛的積極價值——而且我相信這是人類生存的永久價值。這些觀念，始終一貫地浸潤在我這些文章裡面。但是，我近來更痛切地感到任何好的有關人的學說和制度，包括自由民主在內，如果沒有道德理想作原動力，如果不受倫理規範的制約，都會被利用的，都是非常危險的，都可以變成它的反面。民主可以變成極權，自由可以成為暴亂。自古以來，柏拉圖等大思想家的顧慮，並不是多餘的。

　　我在寫這自敘時，正是我的癌症再度併發的時候，也就是我和死神再度搏鬥的時候。這種情形，也許正象徵著今日中國自由知識分子的悲運。今天，肅殺之氣遍布著大地。自由民主的早春已被消滅得無蹤無影了。我希望我能再度戰勝死神的威脅，正如我希望在春暖花開的日子看見大地開放著自由之花。

　　說到這裡，我不禁聯想起梁啟超先生的〈志未酬〉歌：

　　志未酬！志未酬！問君之志幾時酬。志亦無盡量，酬亦無盡時。世界進步靡有止期，吾之希望亦靡有止期。眾生苦惱不斷如亂絲，吾之悲憫亦不斷如亂絲。登高山復有高山，出瀛海更有瀛海。任龍騰虎躍以度此百年分，所成就其能幾許？雖成少許，不敢自輕。不有少許分，多許奚自生？但望前途之宏廓而寥遠分，其孰能無感於余情。吁嗟乎！男兒志分天下事，但有進分不有止。言志已酬便無志！[18]

18《殷海光全集第十七冊：書評與書序（下）》，頁651-654。

　　任何人接觸到這篇文字所顯示的真摯與清醒時，我想均不能不受其感動，因為它所呈現的精神動力，**超越**了殷先生一生思索工作的任何限制，並賦予他所堅持的自由主義啟蒙工作，道德的力量！

※※※　　　　※※※

　　這本《書信錄》之所以能夠在中國大陸印行，是得自文化界耆宿王元化先生之賜。我和王先生三次在國際會議上相遇，深為他關懷中國思想文化前途的真摯所感動。王先生賜閱本書時，於文字方面並作了校正。謹此對元化先生在安排出版與校正方面所惠予的協助，敬致謝忱。

1994 年 7 月 28 日於麥迪遜

平心靜氣論胡適
對於他所堅持的自由主義的立場以及
他所謂「民主政治是幼稚園的政治」、
「大膽的假設、小心的求證」與
「全盤西化」的評析

　　胡適之（1891-1962）先生是二十世紀中國的重要歷史人物之一。他在他的一生中，扮演了許多角色：五四啟蒙運動的思想家、白話文運動的理論奠基者、中國現代化高等教育與高深研究的倡導者，1929-30年代發表《人權論集》，遭受國民黨政府通緝的自由鬥士（台灣《自由中國》時代的胡適，只能稱作是自由民主的倡議者，談不上「鬥士」二字）、史學家、考證學者、外交官、公眾人物、文化明星等等。這些角色，有的是他自覺有意為之的；有的是環境迫使他不能不盡的責任；另外，有的則是半被動而心中卻未嘗不是樂意接受的。因為他扮演過多樣的角色，客觀的評論自然也可從多種角度進行。本文則只擬就他作為五四啟蒙運動的思想家，作一檢討。這也是他一生自覺地、主動地，盡

量要做好的一個角色。

胡適的啟蒙思想可分為政治思想與文化思想兩部分。在這兩方面，他自「五四」以來到逝世之前，除了在1926-27年間受到當時流行風氣的影響，變得相當讚賞社會主義以外，一直堅持自由主義的立場：中國政治、社會、經濟與文化的前途，端賴自由、民主、法治與科學的精神和制度的建立與落實。在二十世紀快要結束的今天，我們回顧自「五四」以來八十年上下翻騰，悲痛萬分的歷史，我們不得不敬佩適之先生立場的正確。

中國大陸由馬列主義、毛思想所指引的共產革命，到頭來竟是以全權烏托邦主義所造成的「文革」浩劫而終結。（「文革」以後的歷史，只能以「改正錯誤」與「試圖進入西方自十八世紀產業革命與啟蒙運動以後所主導的世界秩序」來形容。這個局面，是好是壞，見仁見智；但，客觀上確是反映著「革命」的終結與「改革開放」的開始。）蔣氏父子在台灣的統治，雖然沒有造成類似「三年困難」時期的大饑荒或「文革」浩劫，但現在發展民主所遇到的種種問題（如憲法不夠健全、主政者一放鬆制度上的控制，便利用民主口號實行民粹主義式的固權與擴權，以及公民社會與公民文化過於單薄等等）大部分可說是威權主義統治下所遺留的後遺症。展望大陸與台灣，許多嚴重的問題是否能夠終於在一定程度上獲得解決，要看將來究竟能否真正建立法治之下的民主制度與落實自由的精神。八十年過去了，在中國走了許多彎路，許多同胞犧牲了以後，自由主義所主張的愛國方針，現在似已得到更多有識之士的認同。自五四以來，堅持自由主義立場的人，雖然並非只有胡適一人；然而，在左右政治勢力分化與壓迫下，多數中國知識分子可說是在極不穩定、極為浮泛的情況之中。由右至左（甚至從極右轉到極左——這兩者之間，距離可能

最短）、從左至右、從中間轉到偏左、從中間轉到偏右，各式各樣的轉變都有；與這些形形色色的思想轉變相較，持久不變的中國自由主義代表人物是適之先生。

胡先生的自由主義立場，其所以能夠持久不變，主要是因為，他領會到了西方自由主義主流的政治思想與文化思想，在應對政治與文化問題上，確有智慧。他以「觀其大略」的方式，多次說明這一思想的意義。例如，他在1947年寫的〈我們必需選擇我們的方向〉一文中說：「我深信思想信仰的自由與言論出版的自由是社會改革與文化進步的基本條件。……我深信這幾百年中逐漸發展的民主政治制度是最有包含性，可以推行到社會的一切階層，最可代表全民的利益。民主政治的意義，千言萬語，只是政府統治須得人民的同意。……我深信這幾百年（特別是這一百年）演變出來的民主政治，雖然還不能說是完美無缺陷，確曾養成一種愛自由，容忍異己的文明社會。」[1]

然而，胡先生對他的立場的說明，基本上，是在常識層次上進行的。常識非常重要，常識是人類生活經驗的累積。常識往往是有道理的，沒有道理的話，往往不合乎常識。胡先生對於自由主義的常識性了解與說明，是有根據的，是有道理的——那是根據對於西方的民主制度與民主實踐的效果的了解；同時，也是根據西方對於自由觀念與價值的闡釋的歷史累積。胡先生的貢獻，在於持續堅持他的自由主義立場。換句話說，他從常識的觀點看清自由主義的目標相當地落實以後，的確能夠帶來實質的效益，他便堅持下去，因為他知道左右兩派革命的道路，都將帶來災

1　胡適，〈我們必需選擇我們的方向〉，《胡適選集：政論》（台北：文星書店，1966），頁180-81。

難！所以，愛國、建國的正途，是實現自由主義的理想！

　　不過，常識性的了解往往是不夠的——它不夠深切。尤其是當胡先生覺得，為了理論或落實的需要，應對他所堅持的理想提供「系統性論式」的時候，他對自由主義常識性了解的不足之處，便顯得特別尷尬與混淆。由於歷史的風雲際會，胡先生在中國文化思想界很早就處於領導地位，他自己思想的尷尬與混淆，也自然影響到五四以來文化思想界一些方面的品質。胡先生在《四十自述》中說，他的文字「長處是明白清楚，短處是淺顯。」[2]事實上，確是如此。由於他在思想上沒有深切探索、窮究不捨的興趣或能力，他於平易而自信的文字中所表達的許多似是而非的見解，對許多讀者而言，容易產生麻醉作用，信服以後，不再長進，以致使他們不能了解，表面上「明白清楚」的文字所表達出來的思想，不但不見得明白清楚，還可能非常的尷尬與混淆。在這裡，我們必須釐清，文字與思想乃屬兩個層次。文字上的「明白清楚」並不必然是在思想上明白清楚。不過，從大眾化或宣傳的角度來看，胡先生文字影響之大，的確與他的文字「明白清楚」有關。

　　關於胡適思想中的尷尬與混淆，筆者在已發表的中英文著作中，曾多所論析，在這裡我擬只舉三個例子，略作說明。

　　1933-34年間，中國知識界發生「民主與獨裁」的論爭。與胡先生一樣在美國受研究院教育的蔣廷黻先生與錢端升先生，深感國難當頭，國家需要強有力的領導，遂為文公開主張中國當時需要獨裁政府。胡先生不同意這樣的主張。他說：「我觀察近幾十年的世界政治，感覺到民主憲政只是一種幼稚的政治制度，最

2　胡適，《四十自述》（台北：遠東圖書公司，1964），頁62。

適宜於訓練一個缺乏政治經驗的民族。向來崇拜議會式的民主政
治的人，說那是人類政治天才的最高發明，向來攻擊議會政治的
人，又說他是私有資本制度的附屬品：這都是不合歷史事實的評
判。我們看慣了英國國會與地方議會裡的人物，都不能不承認那
種制度是很幼稚的，那種人才也大都是很平凡的。至於說議會政
治是資本主義的政治制度，那更是笑話。」3 後來胡先生又在《東
方雜誌》發表檢討〈一年來關於民治與獨裁的討論〉專文，特別
強調「民主政治是幼稚園的政治」4 是他觀察考慮的結論。

　　處於日本全面侵華的前夕，胡先生為了強調在大敵當前、百
廢待舉、教育落後、沒有法治的中國，仍可實行民主政治，遂將
民主政治的歷史成因與實際運作所呈現的一部分現象混淆了。歐
美民主的實際運作，不但有胡先生所說的幼稚現象，而且更有低
俗、甚至卑劣的現象。然而，民主的實際運作產生這些現象的事
實，卻並不蘊涵「民主憲政只是一種幼稚的政治制度」。〔「政治
制度」與在這樣的制度中「實際運作所呈現的一部分（幼稚、低
俗、甚至卑劣的）現象」，是應該加以區分的。我在這裡一再用
「一部分現象」來限定地描述胡先生所指謂的民主運作實際情
況，是因為民主的實際運作，有時也呈現著高貴的品質。〕事實
上，民主制度的建立與運作，需要許多複雜條件的配合。就單以
作為美國民主制度法治基礎的美國憲法為例，那是歐洲啟蒙運動
中自由和民主思想與英國法治思想融會的結晶，其實際的通過又
與制憲大會代表們的實際政治智慧有關。那是一部偉大的法典。
無論就其內容或就其制定過程而言，都正是胡先生所說的「幼

3　胡適，〈再論建國與專制〉，《東方雜誌》第82期（1933年12月24日），頁5。
4　胡適，〈一年來關於民治與獨裁的討論〉，《胡適選集：政論》，頁129。

稚」的反面。胡先生為了強調民主即可在中國開始練習著實現，強把他所看到的歐美民主運作的一部分現象當作在中國實現民主的誘因。這樣的思想尷尬與混淆，不但未能促使民主早日在中國實現，反而使得胡先生與在思想上受他麻醉的人，無法正視與思考一個真正有關的、嚴肅而艱難的問題，即：引進西方發展出來的民主制度與精神到與西方甚為不同的中國來的進程問題。至於資本主義與議會政治的關係的問題，也不是胡先生用「更是笑話」四個字可以取消或解答的。

　　胡先生的一生除了提倡民主以外，另一件不厭其煩的事業是：推展科學。這個目標，正如提倡民主一樣，也是正確的。所謂推展科學，其基本意義是：建設現代國家，需要使用與發展現代知識。這是常識性的意見。但當他進一步提出「系統性」意見的時候，他的思想，因缺乏深刻的探索性，便也難免呈現了尷尬與混淆。胡先生認為科學的精髓是科學方法，而科學方法的精義則是：「大膽的假設，小心的求證。」[5]

　　然而，科學方法是不是「大膽的假設，小心的求證」呢？科學的發展是不是要看工作人員在假設上是否大膽，然後，再小心地求證，便可以奏效呢？事實上，胡先生談「大膽假設」的時候，只偏重於提倡懷疑精神，以為懷疑精神是科學的精髓，故提「大膽」兩字以示醒目。他卻沒有仔細研究科學假設的性質到底如何？因為科學的假設可能是對的，也可能是錯的，但都必須是夠資格的假設（competent hypothesis）。但經他提出「大膽」兩字，情況就變得混淆了。因為這樣的說法，如不加以限定，使人

5　胡適，〈介紹我自己的思想〉，《胡適作品集》（台北：遠流出版公司，1986），冊2，頁17。

以為越大膽越好，豈知許多大膽的假設，雖然發揮了懷疑的精神，卻並不夠資格成為科學的假設，此種假設是與科學無關的。從實質的觀點來看，胡先生對於科學方法所作的解說，與科學研究及其進展的情況是甚少關連的；也不能說一點關連沒有，因為他所說的「小心求證」涉及到一點點粗淺的歸納法的解釋與應用，但歸納法的應用並不像他所說的那麼簡單；其次，歸納法在科學發展上，遠非如胡先生所想像的那麼重要。像地質學、植物分類學這一類的科學研究，是與歸納法有相當的關係的。但，像數學、物理學、化學等理論性的自然科學，它們裡面的重大發展與突破，是與歸納法關係很少的，甚至毫無關係。例如哥白尼的天文學說、愛因斯坦的相對論，根本不是應用歸納法得到的。這些偉大的發現，可說是哥白尼與愛因斯坦底思想的「內在理性」（internal rationality）的發展所致。科學的發展主要是靠研究的時候，是否能夠產生正確的、蘊涵或導引未來可獲新發現的問題。科學的發展必需依據正確、有效、比較有啟發性的方向；易言之，即必需有正確的、具有尖銳想像力的問題。想要為胡適所謂「大膽假設」辯護的人，也許會說他所謂的「大膽」就是你所說的「尖銳的想像力」。但「尖銳的想像力」本身並不能促進科學的發展，必需有「正確的、尖銳的想像力」才成。這種正確的，而不是不正確的問題，是怎樣產生的呢？那必需根據許多傳承，用孔恩（Thomas S. Kuhn）的觀念來說，即必需根據「典範」（paradigm）[6]。而新的「典範」的突破性的發現，除了與舊的「典範」具有辯證的關係以外，乃是「內在理性」的突破。

6　Thomas S. Kuhn, *The Structure of Scientific Revolutions*, 2nd ed.（Chicago: University of Chicago Press, 1970）.

　　另外，還有一點需要特別說明：科學史上有不少重大的發現是與「頑固」的關係很大，而不是與大膽的懷疑有關。有的科學家硬是特別信服他的老師的學說或一般人已經接受的理論。他覺得這項理論的底蘊，涵蓋的深度與廣度比別人所發現的還更豐富、更深邃、更有意義。從這樣的觀點出發，有時會獲得極為重大的發現。例如，在1912年數學家 Max von Laue 對結晶體使 X 光折射（diffraction of X-ray by crystals）的發現，便是對大家已經接受的，有關結晶體與 X 光的理論，更具體、更深入地信服的結果[7]。

　　事實上，胡先生提倡科學時的心態是科學主義式的。科學主義（scientism）是指一項意識形態的立場，它強詞奪理地認為，科學能夠知道任何可以認知的事物（包括生命的意義），科學的本質不在於它研究的主題，而在於它的方法。這種科學主義帶有類似宗教的格調。在中國傳統宇宙觀崩潰以後，胡先生似乎要建立一個自然主義的宗教——把科學當作新的宗教——以便內心有所繫繫[8]。

　　另外，一項眾所周知的胡先生極力提倡的觀點，是他的「全盤西化」論。從「內在理路」的觀點來看，這一理論直接導自他的「全盤化反傳統主義」（或曰「整體主義的反傳統主義」）。在私人的言談與學術論著中，胡先生並不對傳統持全盤否定態度，

7　Michael Polanyi, Personal Knowledge（Chicago: University of Chicago Press, 1958）, Chap. 9, "The Critique of Doubt," pp. 269-298, esp. p. 277.

8　讀者如有興趣看看筆者對於胡適底科學主義及其相關問題的進一步分析，請參閱拙文〈民初「科學主義」的興起與涵義——對於民國十二年「科學與玄學論爭」的省察〉，收入拙著《政治秩序與多元社會》（台北：聯經出版公司，1989），頁277-302。

尤其對孔子與朱熹思想的一些部分，頗為肯定。而他在〈充分世界化與全盤西化〉一文中，也對「全盤西化」作了修辭上的修正[9]。

　　「充分世界化」，從文字本身的意思來看，當然不是全盤西化。「充分世界化」似是指謂一個理想，即：有意識地投入一項創造地整合世界上所有文化的工作。然而，這不是胡氏的意思。他說他之所以要用「充分世界化」取代「全盤西化」，是由於後者「的確不免有一點語病。這點語病是因為嚴格說來，『全盤』含有百分之一百的意義，而百分之九十九還算不得『全盤』……為免除許多無謂的文字上或名詞上的爭論起見，與其說『全盤西化』，不如說『充分世界化』。『充分』在數量上即是『盡量』的意思，在精神上即是『用全力』的意思。」[10]所謂「世界化」，對於堅信歷史的進步性與杜威式工具主義的胡氏來說，意思非常明確，就是：杜威式工具主義所闡釋、所主張的現代美國文明，將是世界一切文明的標準與鵠的。所以胡氏說，這樣的現代美國文明「正在迅速地成為世界文明」[11]。「充分世界化」，就是「盡量」、「用全力」使中國文明變成杜威式工具主義所闡釋、所主張的現代美國文明。胡氏承認「固有文化的根本保守性」[12]，中國文明不可能變成百分之一百的現代美國文明。他甚至說「如果我們的古老文化裡真有無價之寶，禁得起外來勢力的洗滌衝擊的，那

9　胡適，〈充分世界化與全盤西化〉，《胡適論學近著》（上海：商務印書館，1935），頁558-561。

10　胡適，〈充分世界化與全盤西化〉，《胡適論學近著》，頁559。

11　Hu Shih, "The Civilizations of the East and the West," in C. A. Beard ed., *Whither Mankind*（New York, 1928），p. 25.

12　胡適，〈試評所謂「中國本位的文化建設」〉，《胡適論學近著》，頁555。

一部分不可磨滅的文化將來自然會因這一番科學文化的淘洗而格
外發輝光大的」[13]。這些話只是告訴大家他所主張的「充分世界
化」，並非違背常識，也不是逃避客觀世界的空想；其未來的結
果還可能使得我們古老文明的一些成分「發輝光大」；但，那些
未來必然的與可能的文明變遷的結果，都必需建立在現在「盡
量」、「用全力」使中國文明變成杜威式工具主義所闡釋、所主張
的美國文明之上。他在認知的層次上與價值的層次上，對他所謂
的西方文明，都是以一元式的方式進行與投入，所以並無多元的
複雜性。總之，對胡氏而言，中國人民所應採取的文明變遷的綱
領，無論稱之謂「全盤西化」也好，「全心全意接受西方文明」
也好，或「充分世界化」也好，就是需在最大程度上接受現代西
方文明（亦即：杜威式工具主義所闡釋、所主張的美國文明）。
雖然他對「全盤西化」作了上述修辭上的修正，就他對文明變遷
的正面態度而言，他肯定「全盤西化」的根本立場，並未改變：
他繼續主張全盤化或整體主義的西化。

　　換句話說，在「事實」的層次上，他的「全盤西化」論，當
然不至於荒謬到違背常識的地步——以為將來的中國文明經過他
所謂的「全盤西化」以後，就會百分之百地變成他所認同的、杜
威式工具主義所闡釋、所主張的美國文明。然而，在「應該」採
納的——價值和解救中國的方法的——層次上，他過去所主張的
「全盤西化」與現在所提出的「充分世界化」並無不同；這兩個
口號蘊涵相同的實質意義是：愈盡量、愈用全力接受他所認同的
美國文明愈好。

　　根據以上的分析，我們知道上述修辭的舉措，並未使他在意

---

13 胡適，〈充分世界化與全盤西化〉，頁556-557。

識形態層次上——在建立應急的、高度而明顯「系統性」意見的時候——超脫他的一元式思維模式。而這一思維模式是以「藉思想、文化以解決問題的途徑」出之的。正因為他無法超脫這樣的思維模式，所以即使胡氏感到「全盤西化」論頗有不妥之處，他卻只能在修辭上對其進行修正。因此，發展自由精神與建設民主制度所需要面對，如何對中國傳統進行創造性轉化的問題，皆被他的一元式反傳統主義與一元式西化論所搪塞，這也是作為啟蒙運動思想家的胡適的不足之處。

　　總之，適之先生在常識層次上談論自由、民主的時候，是頗為正確的。但，當他倡導科學的時候，因為一開始就進入科學主義的意識形態的層次，所以一開始就有問題了；雖然他堅持有一分證據說一分話的態度，也是正確的。適之先生在倡導建立自由與民主的時候，基本上是在談「是什麼」與「應該實行什麼」。很少顧及「如何去實現」的問題。在「是什麼」這一範疇內，如上所述，他關於自由與民主的言論是禁不起深究的[14]。剩下來的，只有在「是什麼」這一範疇之內關於自由與民主的常識意識，及「應該實行什麼」這一範疇之內的目標（或口號）的形式意義。適之先生遺留下來的啟蒙思想，在今天看來，可以繼承的相當有限。然而，從他關懷中國前途的態度與堅持自由主義的立場來看，我想他是希望中國的啟蒙運動，能夠繼續往前推進的。

　　　　　　　　　　　　1999 年 7 月 26 日修訂於麥迪遜

---

14 胡適討論自由時出現了許多問題，對於其中一個具體實例的分析，請參閱拙文〈兩種關於如何構成政治秩序的觀念——兼論容忍與自由〉，收入前揭拙著，頁3-48。

胡適與殷海光性格的比較與評析

今年（1990）由自立報系出版社刊行的《自由民主的思想與文化：紀念殷海光先生逝世二十周年學術研討會論文集》載有筆者對張忠棟教授所撰〈胡適與殷海光反共初期的異同〉的評論，紀錄整理有些失誤。因為那篇短文是對於胡適與殷海光兩位歷史人物性格的比較與評析，必須辭能達意，以免誤解，現請《自立早報‧副刊》刊出修訂稿如下。

張忠棟教授以敘述方法完成這一篇四十萬字論文，他引用的材料十分精確、翔實，立論公正，在這方面我沒有意見。但我有兩個感想：即一般所謂的「反攻無望論」與殷海光、胡適兩位先生的性格問題。

「反攻無望論」，殷先生沒有直接講過這樣的話。但他在分析性的政論中，的確曾經指出政府的施政不應建立在反攻大陸的意圖之上。殷先生是最反共的愛國知識分子，他愛國的誠意與濃度，至少比起當政的大官們……。其實政府應該頒發最大的獎章給殷海光先生，因為他熱愛執政黨所把持的政府的程度，已經到

了執政黨所把持的政府不能接受而反要對他加以迫害的地步。

　　就知識立場而言，殷先生的「反攻無望論」，指的是「充分利用台灣的一切資源，做好基本建設工作（包括法治、教育等等），不要把資源浪費在那些反攻大陸的神話上，做神話的奴隸！」如果當初執政黨肯接受殷先生的建言，則民主自由在台灣發展所遇到的困難與現在國民黨的煩惱就會少了許多。但中國的悲劇，就是建立在專制政治的彼此消耗上。

　　胡適與殷海光的性格比較，張教授在這篇論文中已經講得很清楚，但他講得很含蓄。基本上，胡適在他的後半生是一位政治人物，是一位在政治邊緣的政治人物。若以胡適與殷海光兩人的性格作比較，則可以察覺到一個弔詭現象：

　　殷海光是以一個純正的中國知識分子的立場論政的，他之所以要論政，主要是由於他對國家民族前途的關懷，不能自已的緣故。他既無政治上人事的糾葛與恩怨，也無追逐權力的慾望。不過，在當時的政治環境中，他說的那些實話就使得他長期遭受執政者的迫害。（然而，執政者如能站在把政治利益界定稍寬的立場來看這些實話的話，他是應該可以接受而且是對其有利的。）換句話說，這是一個沒有權力慾的知識分子被追逐權力者迫害的悲劇。在這個悲劇中，殷先生獨立的人格光輝，久而彌新；而在政治上，他的不屈不撓的抗議精神，對後來興起的抗爭時代也產生了實質的影響。

　　胡適終生提倡學術獨立，但他卻在權力的邊緣走來走去，與執政者保持了一定的關係；所以，有時只能以「和稀泥」的方式兩邊兼顧。他的這種作風，在《自由中國》關於反對黨的討論，以及後來的「雷案」上，表現得非常清楚，不是任何在感情上認同他的人所可掩飾的。他希望中國走向自由民主的意願，由於個

人作風使然，既談不上是「意圖倫理」，更談不上是「責任倫理」。當然，他對自由民主在台灣的發展，也就談不上有什麼實質的貢獻了。

1990 年 8 月 27 日

【六】

略論道德與思想意圖的謬誤

一、道德與思想意圖的謬誤

從許多角度來看，當前國內文化發展的確出現了不少困境。我們隨便注意一下大眾傳播上的評論，就可以看到這些困境的許多面相。例如，最近一位專欄作家曾這樣寫到：

> 我國在短短三十年致富，物質條件已進入二十世紀的九十年代，但精神條件仍然在十九世紀。……我看到很多民眾的行為，絕不能想像我們的國民教育普及率已達百分之九八或九九。……許多人工作態度邋遢，不講衛生……說話毫無禮貌，隨時準備吵架，不懂得何為守法，對於信守承諾，更是匪夷所思。……這樣的國民品質進入現代都市化社會，要講法治，談民主，實在無從說起！

這位作家接著說，政府舉辦文藝季、藝術季，推動所謂文化建設，結果是沒有用的。一般國民並沒有受到這些活動的薰陶。

而國民學校所教的守法紀、有禮貌、講道理等等，也多未被受教者所吸收。

　　雖然這位作家，與一般能夠睜著眼睛看事情的人，都清楚地看到了政府的文化建設以及學校與社會中的種種說教，多半只有形式意義，實際上並未產生多少實質效果，但，他自己卻似乎仍舊陷入了他所批評的窠臼。（文中所謂「精神條件仍然在十九世紀」，不自覺地顯示著庸俗的「進步的觀念」（the idea of progress」在他心中作祟，也令人不安。）他在文中大聲疾呼：「今天文化建設的第一要務是改變國民氣質」，並以普及科學觀念為一項「改變國民氣質」的重要步驟。然而，從晚清一直到今天，我們已聽到過無數次這一類的說教；事實上，「改變國民氣質」、「改造國民性」、「思想改造」、「文化改造」、「思想革命」、「文化革命」……這些我所謂「藉思想—文化以解決問題的方法或途徑」──多半只有形式的意義。證諸過去一百年的歷史經驗，這樣切入問題的途徑並未產生多少實際的效果。然而，由於它約定俗成地以為「諄諄教誨」當能產生**直接**效果，所以抱持這樣預設的人，在面對政治、社會與文化問題的時候，便不斷呼籲「改變國民氣質」、「改造國民性」那一類話，以為愈誠懇地呼籲，便愈可能產生效果。

　　我在別處稱謂這樣的預設為「道德與思想意圖的謬誤」。抱持這樣預設的人，當然不會以為他切入問題的途徑是一項謬誤。不過，假若我在別處的分析是正確的話，他之所以並不自覺那是一項謬誤，主要可能是由於他深受一項在傳統中國文化占主流地位的一元論式強調「心的內在道德與理知功能」的思想模式的影響而不自知的緣故。（我並不是在這裡反對道德，也不反對思想。我認為道德與思想不但本身有其意義而且也有政治、社會與

文化的功能。我只想用多元的分析來說明：道德秩序與文化秩序
不可能是道德與思想意圖的**直接**結果。我們從歷史經驗中明確地
知道，道德的感召力與理性的說服力所能發揮的作用是很有限
的。道德的感召力與理性的說服力，只能在有力的歷史條件下，
因勢利導，它們本身並不能創造歷史。換句話說，我當然不反對
這位作家以及其他許多人提倡的理性精神，我毋寧覺得那是甚為
重要的。不過，我所特別關心的是：如何使理性精神真正能在一
般國民的生活中展現——亦即：理性精神**如何落實**的問題。這就
不是提倡科學觀念的普及，就可辦得到的了。我們必須追問：在
什麼樣的條件下，提倡科學觀念的普及，以及其他可能幫助理性
精神落實的步驟，能夠真正發揮效用？）

　　前面引述的這位專欄作家的言論，雖然在解決問題方面仍然
落入了形成主義的老套，但他所指出的，社會上一般人文化素質
低落的現象，則是一再被其他觀察家所看到的共識。不過，他談
的是「是」與「應該」的問題；他的思緒並未觸及「如何才
能」——亦即，在那些條件下——才能脫離當前的文化困境？他
用「應該怎樣」來取代「如何才能」。在邏輯上，他這一說法是
一個「沒說什麼的『論式』」（tautological "argument"）：改變了
的國民氣質，國民當然就沒有沒改變之前那樣的氣質了。

二、為什麼「說教」並不能產生多大效果？

　　我們究竟如何才能解決當前所處的文化困境呢？首先，我們
必須弄清楚，為什麼說教——告訴大家「應該怎樣」——並不能
產生多大效果？

　　根據博蘭尼與海耶克兩位先生發展出來的知識論，以及孔恩

對科學史的了解，我們知道笛卡兒在十七世紀所建立的，被稱作
「近代哲學的革命」，影響後來至深且鉅的「理性建構主義」，必
須加以修正。理性的本領並不像笛卡兒哲學以及受其影響的實證
主義與實驗主義所強調的那麼大，那麼重要。一個人在世間做事
情，做學問的時候，最具關鍵性的資源並不是表面上明說的，合
乎理性（或不合乎理性或與理性無關）的意圖與關懷，即博蘭尼
所謂「集中意識」（focal awareness），而是博氏所說的「支援意
識」（subsidiary awareness）。「支援意識」提供一個人在生活與
學習過程中所需運用的「未明言（或默會）的知識」（tacit
knowledge）。這種「意識」或「知識」則是他在生活與學習的環
境及傳統中於潛移默化中形成的。

　　於潛移默化中形成一個人「未明言的知識」的最主要資源有
兩個：（1）賴爾（Gilbert Ryle）所謂「如何做的知識」（knowing
how）。用海耶克先生的話來說，那是「根據一個人能夠發
現——但在願意遵從的時候卻不能明確說明——的規矩（rules）
來做事的技能」〔F. A. Hayek, *Studies in Philosoppy, Politics, and
Economics*（Chicago, 1967）, p. 44〕（而不是表面上聽到或自述的
告誡與教誨）。（2）孔恩所謂「實際操作的具體範例」。從這個觀
點來看，生活與學習中實踐的技能、獲取這樣技能的規矩的心領
神會，以及展示這樣實踐技能的具體範例，要比表面上聽到或看
到的理論與說教更能影響一個人的社會行為與文化活動。

　　根據上述的觀點，我們不難了解為什麼說教——告訴大家
「應該怎樣」——並不能產生多大效果。最主要的原因是：在我們
的社會與學校中，一般人與學生們所感受到的，由展現實踐技能
的具體範例所顯示出來的「行」，與他們所看到、聽到的「言」，
實在太不一致的緣故。任何社會都有言行不一的現象；但，像我

們社會中所出現的那樣大的差距——有時竟至背道而馳的地步——則是少見的。

上面極為簡略的對於博蘭尼、海耶克等人的理論的說明，足以證實我們常識中所謂「言教不如身教」的正確性。一般人與學生們感受到，許多有影響力的人，於其冠冕堂皇的言詞與說教的背後，另有一套不守法、不講公正、在社會上與政治上鑽營的「規矩」。用遵從這樣規矩的技能來做事，便能做得通，甚至可以飛黃騰達。他們耳濡目染於這樣「如何做的知識」與「實際操作的具體範例」之中，這些「行」的「身教」，使他們於潛移默化中習得了處世行事的「支援意識」或「未明言的知識」。這樣與社會上流通的「言教」相衝突的「支援意識」或「未明言的知識」是強有力的。它的影響遠超過表面上的「言教」；所以，「言教」——表面上的理論與說教——不能產生多大效果。

當然，社會上對形成「支援意識」所提供的，並不是只有上述負面的資源，這也是為什麼還有不少人並沒有受到——或沒有受到太多——那些負面資源影響的主因。但，無可諱言地，那位專欄作家及其他許多人觀察到的，一般民眾的言行舉止所呈現的令人擔憂的文化現象，與上述日益擴大的負面資源有密切的關係。

三、發展現代的民間社會與現代的公民社會

既然表面上的理論和說教，不管多麼熱切、合理，如果沒有多少與其相應的「支援意識」支援的話，總是要產生言者諄諄，聽者藐藐的結果；那麼，若要解決當前所處的文化困境，我們當然不可再走說教的老路。正當的文化發展最主要的條件，是獲得

與其相應的「支援意識」的支援，然而這樣的「支援意識」的資源在我們社會中卻又相當貧瘠；我們現在不是走投無路了嗎？當前的情況的確是嚴峻的；但，我們卻不必太悲觀，因為下述的良性循環，有其可能。主要是因為現在具有開放至這樣良性循環的一些條件。

這樣的良性循環，可從發展現代的民間社會與現代的公民社會開始。（詳見本書第二章，〈「創造性轉化」的再思與再認〉，第六節。）

1993 年 11 月

為什麼在中國實行民主是如此艱難？
以台灣薄弱的社會力量為例

　　中國知識分子自十九世紀末「變法維新」時代開始，推行民主至今已近一百年；為其慷慨悲歌者有之，為其奮鬥犧牲者有之。從許多中國知識分子主觀的觀點來看，他們為民主所做的努力，不可謂不大。然而，如果大家能夠平心靜氣地回顧一下，我們知道：成績是很有限的。這究竟是為什麼呢？最簡單的答覆是：民主，作為制度與文化而言，本非我們的傳統所固有。它不是自發的，而是從西方文明引進來的。移植任何外來文明的成分到一個新的環境裡來，要看這個新環境的土壤，是否適合它的成長。我們對民主是非常企望的，我們覺得民主意味平等，相對於中國過去舊禮教中「三綱」絕對不平等的律令而言，民主可使我們在社會上與政治上獲得解放，可使我們從「吃人的禮教」中獲得人性舒展的機會，並可使我們免於政治的壓迫。不過，儘管我們接受民主的主觀意識很強；但，客觀上，我們的土壤卻沒有多

少——並不是一點沒有——適宜民主成長的養分，以致民主在中
國的發展，真是舉步維艱！即使有了一點發展的機會（如台灣解
嚴以後這些年），但，走一兩步，便陷入膠著狀態。

一

　　從縱的、歷史的觀點來看，當作為政治中心象徵與文化中心
象徵，被認為秉承天命，在結構上體現政教合一的「普遍王
權」——天子的象徵與制度——崩潰以後，傳統中國的政治秩序
與文化秩序也隨之解體了（傳統秩序的解體並不蘊涵傳統中的一
切成分均因此死滅）。換句話說，辛亥革命以後所呈現的局面
是：政治與文化結構的「真空」。沒有任何興趣與資源來建立政
治正當性的軍閥們，在他們之間只能混戰，這正反映了此一「真
空」的實際情況。對許多關懷國家前途的人而言，這樣的「空
虛」，在心理上，是難以忍受的，因為那意味著對未來完全不知
所措，而採用確定的導向，以便重建中華，卻是他們思想的前
提。這樣的「空虛」的邏輯意義則是：「真空」是整體性的（否
則不是「真空」），它不是填滿一部分便可完事；「真空」有吞吸
整體性填補的需要。

　　然而，民主的制度與文化只能由漸進演化而得——如果來自
西方文明的民主制度與文化成分，能夠與傳統秩序解體後仍得保
存的中國政治、社會和文化成分接榫的話。辛亥革命後的中國，
並未產生這樣適於演化的環境——本來就沒有很多與西方民主制
度與文化接榫的地方，而客觀的大環境，更不容許這樣漸進的演
化。職是之故，傳統政治與文化秩序解體以後，代之而起的，不
是民主的制度與文化，而是右派的法西斯政權及其意識形態與左

派馬列政權及其意識形態。

在政治與文化秩序（或結構）解體後變成「真空」的環境中，右派或左派政治勢力可藉組織與宣傳建立它們的意識形態與威權或極（全）權體制，整體性地（totalistically）填補政治與文化結構的「空虛」。右派整體性填補「空虛」的能力，比左派略遜一籌；尤其當日本侵華以後，左派政治勢力更易推銷其「進步」的道德形象，更可強調它是「代表」廣大受壓迫的人民的意願來反抗帝國主義的入侵，以及更能利用民族主義來動員知識分子與群眾。右派政治勢力也想這樣做，但由於它是右派的緣故，所以效果不彰。左右兩派都高喊民主的口號，當時有不少知識分子，以為投入左派或右派——尤其是左派——的政治勢力，乃是為了實現民主而進行的奮鬥。實際上，左右兩派都利用了民族主義與民主的口號，來建立它們極（全）權與威權的專制。

以上概略論述1911年以後的歷史軌跡，如與西方民主制度與文化的演化過程相比照，更易看出為什麼在中國實行民主是如此艱難。在非西方地區推行民主，當然不可能重複西方的歷史。不過，如果一個非西方地區的歷史環境，一點沒有與西方類似之處，或完全沒有在功能上與西方相似的條件；那麼，在這個非西方地區推行民主的難度，自是不言而喻的。

西方民主制度與文化，是從中世紀演化而來。關鍵在於：西方先有封建時代法律保障的，以特權（privileges）形式展現的諸自由（liberties），然後才有近現代的民主制度與文化。不是像中國這樣，先要推行民主的建設；以為實現民主以後，自然便可獲得自由。在中世紀法律保障下，為統治者所尊重的諸特權賦予了持有這些特權的人，特定範圍之內的諸自由。到了十六、七世紀，國君要擴展自己的勢力，以便對抗傳統的貴族，遂開始授予

許多人（尤其是新興城市中的市民）一些特權，亦即特定範圍之
內的一些自由。這樣開始了諸特權（諸自由）擴展、推廣的過
程。當愈多社會成員享有諸特權的時候，他們便可利用新近獲得
的特權所帶給他們的自由，做過去他們不能做的事，如要求政治
的參與。當這些特權推廣到社會上每一個人身上的時候，現代
的、自由的民主（liberal democracy）遂得以建立。義大利學者羅
傑若在其名著《歐洲自由主義史》中說得好：「如果沒有特權階
級有效的反抗，國君的措施將只能造成一群奴僕；如果沒有皇權
獨斷主義所產生的平齊化的作用，維護特權的政制，無論擴展到
多大的程度，終將無法把特權與自由（就其適當的意義而言）之
間的鴻溝用橋梁搭連起來——那個使特權普遍化直到其廢止的地
步的自由。」〔Guido de Ruggiero, *The History of European
Liberalism*, tr., R. G. Collingwood（Boston: Beacon Press, 1959）, pp.
3-4.〕

二

　　從橫的、分析的觀點來看，為什麼在中國實行民主是如此艱
難呢？概括言之，有以下數端：
　　（一）中國原沒有法治的傳統，而法治是實行民主的首要條
件。法家的「法」是刑、罰的意思。法家也講「勢」與「術」，
都是為國君的統治服務的。儒家主張實行仁政、禮治；所謂「道
之以德，齊之以禮」，當然也就沒有發展出來法治的思想，經世
學派也未例外。民國成立以來，各種法律的制定，缺乏法治精
神，多是為統治階級服務。然而，抗戰勝利以後，由於許多歷史
因素的巧合，制憲國民大會所通過的憲法，不是根據國民黨提出

的草案，而是根據張君勱先生起草的、相當合乎法治精神與民主原則的草案。在過去強人的時代，這部憲法一直在政府宣傳上被當作幌子，實際上並沒有人去遵守它。現在兩黨修憲，看樣子是要把它從較能落實民主的內閣制變成較難落實民主的總統制。整個意圖是要以修憲的方式達成自己的政治目的。然而，這樣違反民主的舉措，卻沒有引起社會的反抗。因為社會的關懷並不在民主，它的精力，除了花在經濟活動以外，多已捲入本來不應該是問題的「省籍意識」上去。

　　可見從發展民主的觀點來看，台灣社會的力量是虛弱的；所以無法發揮自主的力量，監督政治；相反地，往往被政治勢力所操縱。弄來弄去，法律仍然是政治的工具，連憲法也將如此。民主的落實必須依靠各個層次公平、合理、不為任何政治勢力服務的「遊戲規則」的建立；而合乎法治精神的憲法，則是建立這些「遊戲規則」的法源，連根本大法都將成為政治的工具，要談法治之下的民主，當然是很難了。

　　至於民主的文化層面，許多高談民主的知識分子連法治〔rule of law（法律主治）〕與法制〔rule by law（以法統治）〕的不同，都分不清。這樣的名詞混淆，正反映了一個難堪的現象：中國知識分子提倡與推行民主已經一百年了，但許多人連究竟什麼是民主、什麼是法治都沒弄清，遑論一般大眾了。

　　台灣有各式各樣的選舉，但卻沒有健全的現代民間社會，也沒有健全的現代公民社會。這幾年「台獨」意識高漲，使許多人以為台灣民族主義的訴求，就是民主。殊不知台灣民族主義的訴求，如能達成，將建立一個新的邦國，即使它以國民制憲、總統直選、公民投票等方式表現了獨立的國格；但，在建國以後，這個邦國機器是否能落實民主，那完全是在未知之數。

　　民主只能落實在支持民主的堅實基礎上。那是：法治、現代的民間社會與現代的公民社會（包括公民道德、公民文化）。這些都不是民族主義可以導致的。恰恰相反，在民族主義情緒高漲的環境裡，往往產生「奇理斯瑪式」強人政治或寡頭政治。關於民族主義與民主之間的相悖之處，十九世紀自由主義思想家阿克頓公爵，早在其著名的論民族主義的論文裡已經看得很清楚，他說：「民族主義使民主變得無效。因為它限制了大眾的民意，並使民意被一個更高原則所取代。」〔Lord Acton, "Nationality," in Lord Acton, *Essays on Freedom and Power*（Glencoe, III: The Free Pess, 1949）, p. 194.〕

　　四年前，台灣社會出現過一個自動自發、要求實現民主的學生運動。但這個後續力不夠的民間社會活動，正顯示了台灣社會，就發展民主來講，力量虛弱的一面。和過去許多在中國民間社會出現的風潮與運動很類似，民國79年3月的學運的動力，乃是來自在政治事件刺激下，經由政治口號所顯露的道德與文化訴求。因為它本身沒有系統的與持久的導向，在一鼓作氣之後，很快便衰竭了。受政治事件的刺激所產生的，以道德與文化訴求為企向的運動，往往在風潮之下凝聚以後不久，便變得派系叢生，成員陷入內鬥與內耗。因為道德與文化訴求本身及其如何落實的問題，總是要引起參與者的不同解釋，主觀性很強；而具有系統性與持久性導向的民間社會的活動，則需要獨立於政治刺激之外的社會資源的支持（堅實的、經常性的、自助、自治的現代民間社會組織，公平的、法治意義下的、公共活動的「遊戲規則」，以及展現公共性格的公民文化與公民道德等）。十七、八世紀歐美清教徒以韋伯所謂「在這個世界裡卻不屬於這個世界」（to live "in" the world and yet not be "of" it）的入世禁慾苦行精神，建立

的社會活動所具有的系統性導向，則是這類社會資源極端傑出的代表。台灣社會的歷史背景，當然與歐美清教徒的歷史背景差異很大；兩者發展的重點不同，各有所長，不必強比。但，問題是我們現在卻要推行最初由歐美社會發展出來的民主制度與文化；因此，我們必須正視我們的困難所在，然後才能從事「創造性轉化」，假若我們能夠發現一些固有的資源，可作為「創造性轉化」的素材的話。這樣也許可能產生，在功能上與西方發展民主相似的條件。

自由主義者的悲觀
略論1989北京學運與中國民主前途

唐光華／訪問紀錄

問：5月12日至6月1日我在北京採訪，依個人在天安門廣場的觀察，那段期間有很多次機會，中共或學生任何一方若稍作讓步，六四屠殺悲劇即可避免。為什麼您在最近發表的幾次談話，都說六四的鎮壓很難避免，雖然您也說那樣野蠻的血腥屠殺遠超過您的悲觀之外？

林毓生教授（以下簡稱林）：歷史事件之所以發生，有結構性原因，也有偶然因素所造成的影響，所以我們很難說某一歷史事件一定會發生，尤其是重大事件在緊要關頭常受一些偶然因素所左右。不過一旦歷史事件已經發生了，我們就很難把偶然因素放在很重要的位置，而應該就結構的原因提出檢討。如果今後中國能有結構上的改變，那些特定偶然因素將來也就不會發生多大作用了。

問：您曾用德國社會學者韋伯的「意圖倫理」（the ethics of intention）概念，來描述參加此次北京學運的知識分子及學生的

人格特徵，認為這些學生秉承了傳統中國知識分子追求「內在超越」的文化遺產，只問道德的應然而不問行為的結果，終於導致中共的過度反應。照我在天安門現場觀察，學運學生那股不畏死亡的精神，似乎還受中共革命浪漫主義的傳統所鼓勵？

　　林：的確如此，革命的浪漫主義加上中國傳統的「內在超越」精神，使學生更不願妥協。他們以「意圖倫理」的純正性與企求的合理性及無懼性代替了策略。而另一方面，中共領導層融合了傳統中國政治的家長制、中共政治與軍事勢力的幫會性、農民暴動的破壞性與對知識分子的仇視，以及列寧、史達林的「全權主義」（或極權主義），可說是東西方政治傳統中最惡毒部分的結合。學生要求平等對話，在中共看來，等於是向它的任意性與絕對統治性進行根本的挑戰，它當然不能接受，一定要鎮壓。

　　因此，若從結構因素來看，我對中國大陸的未來甚感悲觀，可看到的最近的未來只有混亂和倒退。

　　問：學生領袖中也有從「責任倫理」出發的，並不全只求意圖純正而不考慮策略與後果。像吾爾開希就是一個例子，他在5月16日下午面對中共統戰部長閻明復的誠懇規勸，並由閻轉達中共中央願考慮檢查《人民日報》四二六社論的訊息後，就傾向撤退，但卻遭到百分之九十五的絕食團學生代表投票反對。五・二○李鵬宣布戒嚴後，吾爾開希基於保存實力的考慮，又提議撤退，但再度遭其他學生領袖拒絕，甚至被撤銷了職務。這暴露一個問題，就是：為什麼在近百年來的中國民主運動中，執著「責任倫理」，強調考慮行動後果的人面對主張「意圖倫理」的人總是屈居下風？過去台灣黨外康寧祥曾被抨擊為放水，最近民進黨張俊宏反對公然鼓吹台獨也遭激進派抨擊，而吾爾開希甚至遭撤職。主張「責任倫理」的知識分子和政治家的困境要如何改善？

林：你這個問題非常重要。在中國文化的脈絡中，第一、了解「責任倫理」的複雜意義的人原本就比較少。「責任倫理」最後的根源乃是堅定不移的理想，所以它與權力政治中政客的行為不同。根據「責任倫理」處世行事的人，因為要對他的行為後果負責，所以常需考慮行為所可能產生的後果並謀求達成理想的策略。以「意圖倫理」處世行事的人則經常以堅持意圖的純正性作為達到目的的手段，往往結果適得其反，中國文化基本上是一個「意圖倫理」為主導的文化，所以堅持「責任倫理」的人一開始就不占上風。

第二、就是剛才提到的革命浪漫傳統，這可追溯到五四。五四雖然標榜理性，其實含有很強的激情和浪漫的因素，而理性與激情在很多方面是沒辦法配合的，最後都由激情壓倒理性，之所以如此，一方面固然與中國始終面臨危機，大家捺不住性子有關，另一方面是由於深受中國傳統影響所致。中國傳統中講究理性的深度不夠。中國人多喜歡講實用，它與理性的距離比與激情的距離要遠得多。舉例來說，民主在西方得以落實和發展，得力於獨力於政治的「民間社會」的「基本結構」（如教會、獨立的社團）甚多。這些社團對民主的貢獻，雖然是間接的，但力量卻非常大。義大利學者羅傑若在《歐洲自由主義史》一書中，即藉分析喀爾文教派對民主發展的貢獻，指出其間的關聯性。然而受實用觀念左右的中國知識分子，多寧願直接投入政治的改革，很少人有耐心去做促進「民間社會」成長的工作。我說實用與激情較近，與理性較遠，道理在此。

至於如何改進，使主張「責任倫理」的政治家、知識分子不要再居劣勢，依個人的看法，可從兩方面著手：第一，執著「責任倫理」的人要有自信，從事環境的改造與「民間社會」的建

立，雖然對民主只有間接的貢獻，但在道德上會比以保持精神完整的姿態直接介入政治的人更超越，因為這是對子孫負責的、更落實的作法，不像肉體犧牲這類可看得見的行為，而是更有擔當更理性的行為。因此，執著「責任倫理」的人面對主張「意圖倫理」的人大可不必覺得矮一截。第二，社會、政府要鼓勵和肯定抱持「責任倫理」的人，若能蔚為風氣，「責任倫理」自能轉居上風。

問：自由主義者多樂觀，何以您對中國民主的發展比較悲觀？

林：當你愈了解西方民主政治發展所依靠的社會、文化與法律的基礎時，就愈對中國的民主前途覺得黯然。中國發展民主當然不必也不能完全重走西方的軌跡，但類似西方民主發展的基礎，如法治與「民間社會」，是不可少的。這些條件在中國的過去與現在都不易找到。

問：您不是曾經提出「創造性轉化」，主張在老祖先的文化遺產中找些東西轉化成有助中國民主成長的因素？

林：「創造性轉化」蘊涵下列立場：中國傳統中並無民主制度，也無民主觀念（雖有民本觀念）；中國的前途端賴建立以法治為基礎的民主政治；在中國如要建立以法治為基礎的民主政治，端賴將中國傳統中與民主制度與觀念不矛盾或間接有可能助其發展的資源，經由「創造性轉化」的過程，使其轉化成直接有利於民主發展的資源。換句話說，我的意思是：如要發展民主，就要推行對中國傳統的「創造性轉化」，至於是不是真能產生「創造性轉化」？「創造性轉化」是否真能落實？這是一個開放的問題（open question）。

問：北京學運期間，北京的治安比平常還好，數百萬市民受

傳統公道觀念驅使，不顧本身利害，紛紛起而聲援學生，這股潛藏在人民心中的高貴力量，似乎又顯示中國的未來並不是那麼悲觀？您看那位隻身擋一列坦克車的青年，他面臨生死關頭，還能從容地掀起戰車駕駛座的蓋子向駕駛兵曉以大義。這種雍容而大無畏的氣概，在缺乏偉大文化傳統的國家或地區是絕對無法產生的。

林：友人李澤厚先生常提醒我對中國的未來不要太悲觀，他的理由是中國文化的底子很厚。我對未來較為悲觀的看法不能講死，那不是絕對悲觀主義。在某種政治與社會情況下，中國傳統文化中比較高貴的素質能夠冒出來。我是在北平長大的山東人，我知道北平人講禮節，有分寸的傳統，且因講禮而養成了講理的習慣，以及精鍊和流暢的說理能力，其水準在很多方面與日本人、歐洲人比較都不遜色或有過之。當然，現在與從前相比，已經差了很多，但無論如何，老底子還在。不過，這些正義感、勇氣、講禮與講理的習慣，是否能創造地轉化成直接有利於民主的資源，則仍是一個開放的問題。

我對中國未來感到悲觀，另一重要原因是，看到中共領導層幫會家長式的統治，對人民的摧殘，較之史達林時代的俄國，猶有過之。中國原來就缺乏產生民主的社會與文化傳統，再加上這樣什麼都能做出來的頹廢的統治階層，未來自然難以樂觀。你在學運期間看到的知識分子與學生是全大陸的精英，若到其他地方看，結論可能就不一樣。而這些最優秀的中國人正是中共摧殘的對象。由於中共控制了軍隊、特務與大眾傳播系統，在那個地方，極少數的人可以控制得住大多數人。

問：大陸有很多優秀的知識分子，生活物質條件很差，既無名利的激勵，又隨時有被扣帽子的危險，卻能孜孜不倦地努力。

有那麼多不計個人得失只知為民族文化獻身的知識分子，是否也是中國大陸未來的希望？

林：的確。大陸上有一些知識分子，氣度恢宏，道德承擔（commitment）也很厚重。另一方面，有時因某些歷史的偶然因素，文化環境也會出現個別的或短暫的改善。例如朱厚澤擔任宣傳部部長的時候，文化政策比較開明。但正因為他開明，他便很快被撤換，他是中共任期最短的宣傳部長。

問：北京學運前大陸部分知識分子提出新權威主義，認為中國大陸的發展策略應是，由現代化導向的政治強人先全力發展商品經濟，等商品經濟發達後，出現獨立的中產階級，再談建立制度化的民主。而在這段過渡期間，為了防止新權威腐化，須增強民主的壓力，具體的辦法是發揮政協、人大的監督功能，並鼓勵報紙客觀報導事實。這些學者的邏輯是民主要以自由為基礎，而自由的獲得又有賴特定的外在條件，特別是經濟條件。

林：他們如何保證新權威不受老權威影響？

問：部分學者似乎把希望放在趙紫陽身上，希望鄧小平和李鵬都能放些權力，好讓趙紫陽放手改革，也有些學者寄望鄧小平能繼續闖關，完成未竟的事業。

林：這太一廂情願了，近乎紙上空談，現實政治完全不是那麼一回事。中共當前領導階層的家長制與幫會性格，完全把「公共空間」（public space）當作私的領域，既不具現代化導向，更不會接受增加民主壓力的設計，不能寄望他們成為新權威。

問：從此次天安門學運可以看出，中國知識分子對民主理論了解的深淺，關係今後中國民主大業的推動至鉅。這方面您的看法如何？

林：知識分子愈了解自由民主的理論與自由民主在政治上與

社會上發展的歷史，愈有助於促進自由與民主。拿台灣來說，台灣自由知識分子對過去十年台灣自由民主的促進固然發揮了很大作用，但台灣民主如要進一步發展的話，主張自由民主的知識分子就需增強歷史的深度，包括對中國、歐美與日本史的了解。因為人類歷史有共同的問題性（problematiques）和相互參照性。若能了解自古希臘、羅馬以來一直到現代的歐美自由與民主的發展，就比較容易掌握法治的制度、多元的社會及文化與自由民主的關係（例如，多元的社會與文化必須建立在許多道德的、思想的與政治的共識之上，這一複雜而辯證的「多元」與「共識」的關係，單從實證研究來了解是不夠的）。

　　問：您曾經用含混性與庸俗性來形容許多台灣知識界與文化界人士，這次返台印象是否仍是一樣？

　　林：中國知識分子的性格本來就有兩面性，一方面秉承士君子的「先天下之憂而憂，後天下之樂而樂」、「以天下為己任」的淑世精神，故具有入世的使命感；另一方面，則有從強調抒情到發洩情緒，甚至自我陶醉的文人性格。在許多台灣知識分子身上，入世的使命感常變成空洞的口號，而文人的性格則從抒情墮落到煽情——實在沒有真的感情了，所以只能煽情。加上官方、大企業、大眾傳播媒體提供各種誘惑，許多知識分子很難固守自己的志業，難免流於含混與庸俗。當然，也有不少可敬的例外。

　　海耶克先生曾說：「一個人若不對自己的行為負責，他有什麼理由要求個人的自由？」自由與責任密不可分，而責任與自律密不可分。這是台灣、大陸、海外追求自由民主的中國知識分子都應自勉的。

　　我這次回台灣，看到十幾位三十到四十歲的青年學者，他們有的在民間、有的在學院裡，學術的根柢較厚，道德承擔也夠，

又能保持相當獨立的思辯性思考，他們既關懷社會，也能堅持知識的獨立價值，不再把知識的價值依附在政治、大眾傳播及商業的標準上。看到他們，我非常高興。

問：還有許多青年投入民間社團。特別是解除戒嚴之後，台灣已有上百個民間自主社團出現，連原有的社團都發憤圖強，不再聽命於政治力量，而能逐漸發揮自主的功能了。

林：這是好現象。這次回來聽朋友告訴我花蓮佛教慈濟醫院創辦人證嚴法師的故事，很受感動，可見台灣在表面的逐利、庸俗之下，還是有許多高貴的靈魂在為社會奉獻。事實上，今後大陸和台灣需要多一些有道德承擔的人。假若這些人能發展出來健康、有力的民間社會與文化，他們便為中國的民主做了扎根的工作。

原載《中國時報‧人間》，1989 年 9 月 19-21 日

「六四」天安門悲劇的涵義
林毓生教授訪談錄

徐璐／紀錄整理

　　中國的民主與政治一直都不是件令人樂觀的事。但自四月學運發生以來，許多知識分子起初都深懷希望，即使少數例外，他們在理性的悲觀中也仍不免要矛盾地懷有一絲希望。尤其，自1949年以來的知識分子運動，幾乎都是失敗的或引發了倒退的結局；所以大家更主觀地希望這次的學運能夠成功。為了參加「五四」七十週年紀念學術研討會，我在4月29日到達北京，5月9日離開，「五四」那天曾親自看到了學生與知識分子的遊行。在這段期間，有許多人都告訴我「中國是很有希望的」。

一、知識分子使命感重

　　從歷史傳統來看，中國的知識分子和政治的關係一直是糾結在一起的。中國知識分子大多都抱持著一種宗教性的入世使命感，認為自己不應為自己而活，而應將自己奉獻給社會、國家。這是以「天人合一」為基礎的「內在超越」的表現。儒家「內在

超越」的觀念，使人與宇宙有機地融合在一起——人性內涵永恆
與超越的「天道」、「天道」因此可在「盡性」中由「心」契悟與
體會。對於深受此種宇宙觀潛移默化、影響至深的中國知識分子
而言，他們認為內在精神與思想的力量可以落實到政治改革層
面，發揮具體的影響力，產生具體的貢獻。

這是中國知識分子獨特的入世使命感——只問自己應該做什
麼，並以為只要堅持理想，理想總有達成的一天，而不問如何使
該做的事達到目的。

二、介入政治活動缺乏組織

所以，中國知識分子經常介入政治活動，卻經常沒有政治組
織。他們是用「精神」作為「組織原則」。中國大陸知識分子的
政治精神，精確地說，並不是純粹的政治活動，而主要是含有宗
教意義的精神活動。所以，他們是以意圖的純正性與企求的合理
性及無懼性代替了「策略」。然而，精神是精神，它終究不能代
替政治組織與策略，加以中國大陸根本沒有「民間社會」所構成
的「基本結構」（infrastructure）（如獨立於政治的教會、社團
等），可以獨立的資源支持民間的政治訴求。所以，大陸知識分
子的政治活動可使用的資源極少。但弔詭的是：用「精神」來聚
集與發揮的「政治訴求」必須堅持它的完整性與崇高性。這種無
法妥協的精神性（或宗教性）政治活動，直接引發了中共領導層
的恐懼感，並導致了他們，在其他條件的影響下，過度的反應。

導致天安門悲劇的主要政治責任應由鄧小平來負。因為，改
革開放是鄧小平定下的政策，胡耀邦、趙紫陽都是鄧小平提拔出
來的。他們都只是執行者，而不是決策者。然而，這十年的開

放，在經濟政策方面，基本上接受了資本主義的許多前提與制度。社會與文化的空間，也直接或間接因受經濟開放的影響而擴大。在這麼多的變化中，關懷中國的人就會想，一個打著開放旗幟並漸漸在前進的政權，對於知識分子的運動多少應該會有些進步的回應。但不幸的是，沒有人想到中共內部的權力鬥爭竟然已廝殺得這麼慘烈。平常這些經常在一起吃飯、游泳、談天的人，竟然在私底下鬥得如此你死我活。

三、統治者至今仍無安全感

而中國共產黨的統治階層在經過四十年之後，還沒有放心做成統治者，更不知道怎麼去當統治者。因為，任何統治者的「統治正當性」必須建立在非暴力的成分上，雖然他要獨占對暴力的使用權。所謂「槍桿子出政權」，在建立政權四十年後還要使用，可見其政治權威性的薄弱與狹窄，這次「六四」大屠殺正可證明中國最高領導階層至今還沒有超脫山溝裡打游擊，隨時可被殲滅的恐懼。按理說，中國共產黨天下已打下了四十年，不應有如此強烈的恐懼感。但是，他們的落後，遠超過我們的想像之外。

中國共產黨今天實際上是用兩條腿走兩條相反的路，一條走向資本主義，另一條則仍然要保留列寧、史達林「全權主義的」統治模式與中國農民暴動的幫會性融合以後所產生的任意性與絕對統治性。這當然要與受經濟開放影響而產生的擴大社會與文化空間的訴求相衝突。

四、毀滅自己建立的事業

為了保持他的任意性與絕對性，中共領導人——毛澤東與鄧小平——一個在「文革」，一個在「六四」，都親手毀滅了他以前建立的事業——一個毀滅了他的革命事業，一個毀滅了他的改革事業。

然而中共的統治卻不會馬上垮台。在那個制度中，只要掌握了軍隊與特務，少數人仍然可統治大多數人。我對劉賓雁的道德勇氣一向是很欽佩的，但他「六四」以後公開說「中共兩年之內一定會垮」，那是不負責任的說詞。

經過這次事變，中共已把自己的選擇全都堵死了，使它現在只能用暴力、逮捕、宣傳來鞏固它的政權。改革派已被打成敵人，所以鄧小平死後，權力將落入頑固派的手中。在這種情況下，中國的未來令人悲觀。

有人提到武裝革命，但是，武裝革命需要有一定的社會基礎，而共產黨的特務系統和控制系統是非常嚴密的，他們用極少數的人可以統治著多數的人，軍隊內部也是如此，所以軍隊叛變的可能性也很低。

五、中國「缺乏」民間社會

從關懷民主的立場來說，中國最大的悲哀是，如前所述，沒有「民間社會」，所以沒有「民間社會」所構成的「基本結構」來以獨立的資源支持民間的政治訴求。從比較粗鬆的角度來看，高等院校是中國唯一擬似的「民間社會」。然而，它們仍受官方控制，所以不是真正獨立的「民間社會」。東歐的共產國家，如

波蘭與匈牙利，其民主運動，因有「民間社會」——如教會——
的支持，所以漸漸走出來了。

原載《自立早報》，1989 年 8 月 27 日

共產文化下的文字障

在中共統治下的大陸，許多本來應該屬於社會與文化範疇之內的事，往往被侵入的政治勢力所破壞，語言即是一例。我在大陸遇見不少學術界與文化界人士，時常在與他們談得相當愉快的時候，卻被他們用字遣詞中突如其來（大概是不自覺）的教條味弄得興趣索然。他們之中有的已深惡共黨政治，但在口語與寫作中卻動輒用些「那是不科學的」、「這是科學的」、「在今天的文化討論中，重要的仍是具體的科學分析」、「歷史的進步規律非個人意志所可轉移」等等。另外，對中國的過去則經常冠以「封建」二字，而「封建」對他們而言，只是「惡毒的」異語同義字罷了。

他們的意思明明可用「準確」、「仔細」等代替「科學」二字，有時更可把「科學」完全省略而不失其義，如「在今天的文化討論中，重要的仍是具體的分析」。然而，為什麼他們對「科學」二字那樣熱中呢？另外，歷史的確是在進步嗎？而進步有其規律嗎？中國的過去難道可用「封建」二字加以概括嗎？

馬克思主義是合併空想的烏托邦主義與反科學的「科學主

義」而成的。但，自認體現馬克思主義的中共則隨時需要強調它是根據馬克思主義而建立的政權。在它主觀的語意架構中，它以為根據馬克思「科學的社會主義」建立的政權是科學的，所以具有必然的進步性——換句話說，這個政權是正當的。在共產文化的潛移默化中，許多學術界文化界人士養成了動輒使用「科學」二字，用來顯示自己意見的正當性——處於專制暴政統治之下，這也是保護自己的方法之一。

在毛澤東統治的年代，說什麼是科學的、什麼是不科學的，等於說什麼是符合中共要求的、什麼是違反中共規定的。現在鄧小平推行「走資」，「科學」二字的政治性已稍稍減弱，但它們賦予正當性的機能仍在。縱使許多人從痛苦的個人經驗中認識到中共統治的任意性與殘暴性——中共政權缺乏正當性——的事實；但，在共產文化的影響下，他們仍深信歷史具有進步的客觀規律、科學必然具有進步性等等教條，所以仍隨時使用「科學」二字，以便顯示自己的意見或立場是正當的、合理的、進步的。

然而，究竟什麼是科學呢？科學當然具有客觀性。但，更重要的是：那是一種素養（discipline），一種追求知識的「典範」的傳承、發展或突破。在這樣的「典範」之內或在建立新的「典範」的過程中，客觀與主觀彼此交融，兩者之間並不像科學主義者所想像的那樣壁壘森嚴。我們常聽傑出的科學家們說，他們之所以廢寢忘食地工作，主要是因為科學的「美」與「妙」使他們深受吸引之故，反而極少聽到他們說什麼「客觀」與「進步性」。

那麼，究竟科學是否必然具有進步性呢？這要看是從什麼角度來談。從科學本身來看，科學是在進步之中。對於物質世界的了解，科學的成就有目共睹。從科學的後果來看，事情便變得複雜了。技術與工業當然受惠於科學的發展，而科技的發展的確帶

給人類許多方便，減輕許多負擔與痛苦。但，科技的發展同時是破壞人類賴以生活的自然環境的主因之一。易言之，科技的發展導致了人類與自然關係的退步。世界上的環境汙染與破壞，如果以現在的速度繼續惡化下去的話，將來很可能達到無法回頭的地步。到了那個時候，人類面臨的只有滅亡。

根據以上的分析，中共政治勢力侵入社會與文化以後，使得許多大陸知識分子為科學必然具有進步性的教條所障，以致無法對科學本身的性質產生真實的理解，也無法清楚地掌握科技發展在整個歷史上負面的涵義。假若他們其中有些人對這兩點有所感受，而習慣上卻又喜歡使用上引那類詞語的話；那麼，他們在文字或語言表達上便難免文氣不順或邏輯混淆了。

至於用「封建」譴責中國的過去，則根本與史實不符。封建制度早在秦漢官僚帝國建立後失去主導力量。如把西方與日本的歷史拿來與國史作比照：封建制度與文化在它們那裡為其未來的歷史發展種下許多進步的種子；中國的問題也許正與封建制度與文化過早消失有關。

本來「封建」已失去主導力量（漢代的分封並未影響大一統官僚帝國的建立），但卻硬要以「封建」稱之，因為「封建」是「惡毒的」異語同義字。這反映了整體性（或全盤性）反傳統主義在中國的勢力。整體性反傳統主義，作為意識形態來看，是其來有自的；但作為對中國傳統的理解，因為過分簡單與僵化，是無法成立的。它阻礙了對繁複的中國歷史文化繁複的理解。另外，認為歷史有進步的規律的看法，明顯地顯示著馬克思科學主義的影子。這樣的教條反而阻礙了對於歷史發展的軌跡的研究與討論。

那些在共產文化下時常把「科學」二字掛在嘴邊的學術界與

文化界人士，正反映著他們學術與文化工作的政治性格，以及在
中共統治下人文學科與社會科學的素養之難以培育，品味之難以
精緻。不過，中共對學術與文化資源剝奪太甚，我在這裡談到的
這些現象並不是偶然的。

原載《聯合報・副刊》，1992 年 8 月 30 日

敬悼民主運動先驅者傅正先生

一

　　驚聞傅正先生逝世的噩耗，內心深感悲戚與愴涼。傅先生是中國民主運動的先驅者。「先驅者」這三個字，在言論開放、政治上幾無禁忌、反抗運動在某些圈子中已變成流行風氣的今天，只是好聽的名詞。目前能夠體會這三個字是需要多少道德與理性資源才能從事他做的工作的人，恐怕已經不多了。然而，在那高壓而荒涼的五○年代，他的志業是需要多大堅定的意志、澄澈的心思，與犧牲的精神才能堅持下去的啊！

　　傅先生之所以從五○年代就不顧個人的安危，毅然投身民主運動，完全是出自純正的道德關懷與澄澈的理解相互交融以後的決定。傅先生自述他建設民主中國的理念，是從親身目睹無辜人民在國共兩黨鬥爭過程中遭受的苦難而領悟得到的，他說：「在中共的包圍下，我與成千上萬的軍民在倉皇逃命的過程中，親身經歷了永生難忘的悲劇。特別是，無數的父母，為了自己逃命，不得不狠心解下身上背載的幼兒丟在路邊，而受傷的人躺在我身

邊流血呻吟，卻連紅藥水也找不到，乃至我鄰床的難民用手榴彈結束自己的生命。這種槍桿子出政權而使無辜人民遭殃的循環悲劇，使我失望、厭惡、痛恨到了極點。而我在武漢大學政治系所讀到的民主理念，在我腦海中不斷盤旋，終於使我堅信唯有民主可以救中國，唯有民主可以使無辜的中國人民免於同樣的悲慘命運，我也該在我有生之年為民主而奮鬥。」

然而，傅先生在1950年到台灣以後，由於堅持這樣熱愛同胞的理念，便注定了他一生受苦受難的悲運。當時的統治集團是一個結合右派法西斯意識形態、左派列寧式政黨組織，糅雜著中國舊社會幫會性與家天下性格的政治勢力。它在公開的宣傳之中，竟然能夠把「領袖」放在「國家」之上；那麼，它當然不能容許傅先生基於民主理念的愛國行為。傅先生的民主理念與促其落實的活動，遂構成了這樣一個獨裁統治集團對其虐待與迫害的理由。面對它的虐待與迫害，傅先生正氣凜然，始終堅持的態度是：「余心之所善兮，雖九死其猶未悔！」這是「威武不能屈」的大丈夫精神！

在彌漫著白色恐怖的年代，民主的香火之所以在台灣並未泯滅，終能傳遞下來，主要是由於傅先生及與他志同道合的人，始終不畏橫逆，對民主的理念堅持下去的緣故。

如要實行民主政治，當然不可一黨專政。傅正先生與雷震先生組織反對黨的工作，在1960年雖因他們兩位都成了政治犯而未能成功；但，那一次的失敗卻種下了二十六年以後，仍然是在違反當時政令的情況下，民進黨強行組黨成功的種子。對於這一歷史性的突破，傅先生厥功甚偉，這也是他生前內心甚覺欣慰的事。

二

　　然而，民主政治在台灣確實有了發展空間以後，是否就能發展出來真正的民主政治呢？證諸民進黨成立以來內部的演變（包括傅正先生在創黨之初能夠發揮重要功能，但到了逝世之前在其黨內僅具邊緣地位的演變）、民進黨與國民黨互動的關係、台灣「民間社會」的薄弱、公民文化之幾近闕如，以及法治建設之毫無頭緒等等，我們覺得民主在台灣的前途仍在未知之數。

　　如果沒有支持民主發展的政治、經濟、社會、法律，與文化基礎和規則的話，任何人或任何黨（無論是台灣人、原住民或大陸人；國民黨、民進黨或工黨）都不能像吃「速食麵」似的為台灣帶來「速成的民主」。而建設民主所需要做的，建立政治、經濟、社會、法律與文化秩序的工作，在意識層次上必須依靠韋伯所謂「責任倫理」──而非「意圖倫理」──才能進行。

　　「責任倫理」最主要的意義是在事情尚未發生之前衡量不同政策與不同途徑在不同階段所可能產生的不同後果，然後以負責的態度選擇在當前階段對民主發展最可能產生良好後果的政策與途徑，並盡量使這樣的選擇落實。然而，中華文化中支持建立「責任倫理」的資源是很薄弱的。中華文化的主流本是把俗世生活（包括政治生活）看成蘊涵精神意義的一元式文化。所以，它有許多資源──包括強調「正心」、「誠意」終能產生美好的實際結果的看法──是支持與鼓勵「意圖倫理」的建立與發展的。這也是為什麼偉大的理想，無論在中國的傳統或現代，幾乎從未獲得實現；而為了它們的實現，人民卻又不惜不斷犧牲的原因之一。

　　許多人誤把「責任論理」所指謂的為政治決策的後果負責，當作是為事情發生以後的結果負責，以致以為如果產生了惡劣的

結果,當初選擇了這樣決定與政策的人要承擔後果(包括辭職,或為其付出代價、付出犧牲之類)。事實上,從韋伯「責任倫理」的觀點來看,那卻是不負責任或已經無法負責的行為。不過,這種中國人所謂「負責任」的行為,有時反倒符合「意圖倫理」所蘊涵言行一致的意義──亦即,「意圖倫理」所蘊涵的責任的觀念。

　　許多政治事務是有階段性的,有的決定與政策,如果在時機不成熟的時候提出來,不但無助於理想的達成,有時甚至阻礙了理想的達成;何況現在不提出來的決定與政策,並不蘊涵將來在時機成熟的時候仍然不提出來。

三

　　傅正先生在台孤苦伶仃,並無親人。他為民主無私無懼地奉獻了一生。在那白色恐怖的年代,主要由於他發揮了「意圖倫理」的光輝與勇氣,故能做到他所做到的。

　　我們不能說在他的意識中沒有「責任倫理」的觀念;但如果他的「意圖倫理」的比重,在外在的壓迫之下,不是特別大的話,也許他就不會那樣義無反顧地堅持民主的理念了。

　　今天台灣已有發展民主的空間。我們感念前賢的貢獻,必須在承繼傅先生的理念之餘,擔負起下一階段發展民主的工作。那是以「意圖倫理」為背景,以「責任倫理」作行為指導原則,為台灣的民主建立政治、經濟、社會、法律與文化秩序的工作。筆者以為這才是誠心感念傅正先生一生為民主奮鬥的苦志,當前大家所最應該做的事業!

原載 1991 年 6 月 7 日於麥迪遜

王作榮先生〈誰來轉移社會風氣
——政府官員、知識分子
無可逃避的責任〉書後
兼論「民間社會」如何成長

一

　　作榮先生（以下簡稱作者）的大文是一篇痛心之作。但作為一個深受儒學溫柔敦厚傳統薰陶的知識分子，作者實在不忍心把他文中內在理路（內在邏輯）所逼出的結論和盤托出，何況邏輯上推論出來的結論也不一定會是事實上的結果。在儒學傳統中，讀書人的最高境界是「知其不可為而為之」的淑世精神；所以作者在文中大聲疾呼，要求政府痛下決心「厲行法治及建立文官制度」，知識分子則應該「早就先天下之憂而憂了。而假如稍有遠見，則在台灣經濟開始大規模現代化及預料民主政治終將到來的情形下，便應一面檢討中國舊有農業社會文化，去掉那些不適合於現代社會的因素，保存那些可以用於現代社會的因素。另一方

面，則積極主動引進西方進步社會那些適合於我國的文化因素，集古今中外之精粹加以糅合，建立起新的思想觀念，據以形成新的行為準則。」

我對作者的建言是相當贊同的，我也看不出有什麼人會完全不同意。但在試圖從另一觀點來探討建設法治之路——這是當前台灣政治、經濟、社會，與文化發展所面對的最大課題——之前，我想先分析一下作者文中的內在理路所蘊涵並不樂觀的涵義。這也是為什麼需要探討另一道路，才能落實作者的呼籲的基本理由。

當我們閱讀本文時，首先注意到的是，作者引用晚明呂坤的話，藉以指出台灣目前種種「無序的」（anomic）現象，頗似明末的情況：事態甚為嚴重，不過，證諸「滿清入關經過一段整頓調理時期，社會便又恢復正常」，何況「台灣目前情形並未超過明末的程度」；所以吾人無需絕望。然而，究竟台灣目前社會的混亂與許多人道德敗壞的情形是否「並未超過明末的程度」，是一個一時不易下斷語的問題。不過，在當下討論的脈絡中，這不是關鍵性的問題。關鍵性的問題是：從明到清只是改朝換代的事，滿人入主中原與漢人內部的朝代更迭有些不同，但這一事實並未影響到中國政治、經濟、社會，與文化之結構的傳承。滿人統治中國的辦法是使自己漢化，並以鞏固傳統中國原有的政治、經濟與社會制度以及維護傳統文化原有的結構與價值為其基本政策。這個政策在當時之所以甚為成功，主要是因為明末之敝並未導致傳統中國政治、經濟、社會，與文化的結構性崩潰（或解體），所以正如作者所說，「清初是使生活環境恢復舊觀，與傳統的思想、觀念及行為準則再一次的配套。」

現在的情況則完全不同。台灣經濟與社會已走入台灣式的工

商業經濟與社會，政治上已從威權體制走向民主──現在的問題已不是究竟應該不應該實行民主，而是如何走向得到民主的好處的民主抑或得到「民主」的壞處的「民主」？所以，問題不止是政治、經濟、社會，與文化現象表層的混亂，而是傳統政治、經濟、社會，與文化的深層結構性崩潰，與崩潰後我們在政治上是否有具有政治智慧與能力的政治家、社會大眾是否有足夠的共同意志與資源，來從事新的政治、經濟、社會，與文化的結構性建設工作。

　　事實上，作者在「我國農業社會文化與工業社會文化對照表」中，已經詳細而具體地說明了這一結構性崩潰，雖然作者並未使用「結構性崩潰」這五個字。作者的說明，自然已經蘊涵我們現在面對的混亂狀態與明末的混亂狀態在種類上是不同的了。明末的混亂是在傳統中國政治、經濟、社會，與文化結構並未崩潰的背景下所產生的混亂，所以生活環境可以恢復舊觀，與傳統的思想、觀念，及行為準則可以再一次配套。我們現在的混亂或「無序」，是傳統結構性崩潰的結果。生活環境已變，傳統的思想、觀念，及行為準則，雖然還有個別的殘餘，但由於維繫它們在一起的結構已經解體，它們當然已不可能再像過去那樣組織在一起。類似清初恢復舊的生活環境與傳統的行為準則「再一次配套」，也當然絕不可能了。其實，作者在文中也從未說過這樣的「再一次配套」有其可能。他也毋寧是認為絕不可能的。然而，作者卻根據清初恢復舊秩序這一事實來推測：雖然現在「整個社會完全呈現一片無法紀、無倫理、無秩序的狀態，包括很大一部分高級知識分子在內，也是這種狀態的製造者」，但「這種混亂狀態如前所云，並不是不可消除的。不然，清初承明末之敝，便不能建立起一個太平盛世了」。可是，明末的混亂與目前台灣的

混亂在種類上是不同的；所以是不可類比的。根據清初在傳統結構並未解體的條件下舊秩序得以恢復的事實，來推測傳統結構已經解體後的混亂「並不是不可消除」──這顯然是「不合適的類推」（inappropriate analogy）。

將來台灣是否可以走出目前的混亂與夢魘，是一個開放未決的問題。即使一定可以走出，並重建一個新的政治、經濟、社會，與文化結構，這樣的努力與成果，是無從由明末到清初那一段歷史經驗推測出來的。這一推測必須根據另外的理由。因為這將是另一類經驗。這樣的經驗與明末清初的經驗，將不是程度的不同，而是種類的不同。

那麼，作者為什麼在相當清楚地了解現在我們面對的挑戰是中國歷史上前所未有的挑戰，現在的問題是新的一類問題的時候，卻以「不合適的類推」來說明「目前的狀況，十分惡劣，但未絕望」呢？這就要回到拙文一開始所說「作榮先生的大文是一篇痛心之作」了。當作者一方面面對「整個社會完全呈現一片無法紀、無倫理、無秩序的狀態」，心情深切感到極為沉痛的時候──使用「整個社會」、「完全呈現」、「一片」這些包括性強烈到無所不包的字眼，顯示著作者沉痛的心情已到無以復加的地步；但，另一方面，他所提出的解決之道卻不外要求政府「屬行法治、建立文官制度」，要求知識分子「集古今中外之精粹加以糅合，建立起新的思想觀念，據以形成新的行為準則」。可是，我們聽到過這類的話，已不計其數。在知識文化界、政界、大眾傳播界，了解目前問題的癥結在於制度的不健全，已是大家少數共識之一。現在已經沒有什麼人還在繼續強調人治──即使有極少數食古不化的例外，他們已經沒有多少聽眾。大多數人都已經知道法治的重要，也有不少人清楚地認識到法治的優先性。雖然

有些記者或主筆先生們區分不清法治與法制的分際，但至少大家都根據需要，有心去進一步了解究竟什麼是法治？另外，程度稍好一點的人也都知道法治的落實，除了制訂合乎法治原則的法律以外，還需合乎法治原則的道德、思想，與文化的配合與支持。關於這些新的道德、思想，與文化的建立，一般受過教育的中國人，也多認為是知識分子「無可逃避的責任」。

　　然而，問題是：這類話雖然已被許多人講了許多年，它們不但沒有產生什麼實質的影響或效果，社會反而愈來愈亂，政府也一直沒有辦法制定真正能夠配合社會上工商業發展，與政治上民主化的制度、法律與政策，並落實這些制度、法律與政策──就連股票市場責無旁貸的管理工作，政府都似乎束手無策，遑論其他！我在這裡當然不是說社會的混亂、道德的淪喪，與政府的無能是由講這類話的人造成的。但，明顯的事實──這個凡是能夠睜開眼睛看事情的人都能看到的事實──是：這類話並未產生什麼實質的影響或效果。既然凡是能夠睜開眼睛看事情的人都能看到，作者當然也能看到，並深切感受到言論的無力。順著這一邏輯推衍下來，結論自然並不樂觀，甚至很不樂觀，因為作者本來的希望，很大一部分是建基於知識分子的確能夠發揮他們言論力量的前提上的。如使用筆者在別處所提出的解釋：深受儒家傳統潛移默化的中國知識分子，即使在儒家傳統結構已經解體的時候，他們仍然約定俗成地預設「心的道德與理知功能」的優先性，所以仍認為作為一元式思想模式（monistic mode of thinking）的「藉思想─文化以解決問題的方法」有其當然的合理性與有效性。（此處「思想模式」有別於「思想內容」；易言之，當傳統的思想內容改變，傳統本身的架構解體的時候，此處所指謂的傳統思想模式，仍被許多人視為當然地預設著。）

　　職是之故，作者一方面在經驗層次上看到言論的無力——過去呼籲與要求政府與知識分子做它（他）們應該做的事的舉措，並未產生實質的影響；但，另一方面，他無法在情緒上接受知識分子無法發揮作用的命題，而且，更重要的是，他覺得必須強調將來仍有希望——中國知識分子的淑世精神終將不會落空，這樣他才能繼續使用「藉思想—文化以解決問題的方法」，以便以更合理、更具說服性的要求與呼籲，來促進政府與知識分子做它（他）們應該做的事。換句話說，在這樣的情緒與思考方式的脈絡之中，強調將來仍有希望是相當必要的。然而，睜開眼睛看看過去的成績，又實在使人覺得不很樂觀。既然想不出更堅實的理由來指出未來確有希望，而希望卻又是需要加以強調的，作者使用「不合適的類推」，是可以理解的。

二

　　我想，上面的分析，已足夠說明許多深受儒學傳統影響的人經常沒有把三個不同問題——「應該如何？」、「如何才能使『應該』落實？」，及「在何種情況下，無論多麼強調『應該如何』的好處，『應該如何』仍然無法落實？」——之分際釐清，以致往往以為只要強調「應該如何」，並想盡辦法給自己打氣，使自己覺得未來有希望落實「應該做的那些事」，因此把「應該如何」闡釋得愈合理、愈必要，便愈覺得「應該如何」會縮短時間，具體地實現。

　　其實，這是深受傳統「藉思想—文化以解決問題的方法」的局限，以致思維形式化了。造成這樣形式化思維的原因很多，其內在的一項重要因素，是中國「內在超越」宇宙觀遺留下來的影

響。（傳統文化結構解體後，這樣的宇宙觀所蘊涵的思想模式仍有其影響力。）儒家「內在超越」的觀念，使人與宇宙有機地融合在一起──人性內涵永恆與超越的「天道」，因此「天道」可在「盡性」中由「心」契悟與體會。儒者認為「超越」與「無限」內涵於人性之中；因此由「盡性」可體現天道，故孔子說：「人能弘道，非道弘人。」易言之，「內在超越」的觀念，導致人與「天道」銜接與溝通的特殊方式：不假外求，直接訴諸生命中「人性」的實踐。「道心」不是由啟示得來，它是從「盡性」與「踐仁」的實際生命過程中，由「人心」內省、體會與契悟而得。

在猶太、基督教傳統中，超越的實體，既然是超越的，人們如欲與之接觸的話，就只能依靠與超越實體有特殊關係的媒介（agent or agency）──如先知，或先知傳統及啟示傳統下建立的教會──提供的橋梁進行。這種與超越實體所產生的特殊關係，被認為是超越實體所賦予的，不是在時空中有限的人自身力量或由人為的努力可得者。儒家「內在超越」的觀念，在純理念的層次，只說人與天道合融，人可契悟天道；然而，天道自有其超越人的一面，既非人所創造，也不是人可完全控制或掌握。但，在「內在超越」的宇宙觀籠罩之下，儒家傳統中並沒有強大的思想資源阻止儒者強調人的內在力量幾至無限的地步，也沒有強大的思想資源使「政教分離」的觀念在中國產生。「內在超越」的觀念，雖然在純理論的層次上有「內在」與「超越」之間的緊張性，但「內在超越」的觀念確有滑落至特別強調一切來自「內在」的傾向。這種傾向在儒家傳統中，直接導致把道德與思想當作人間各種秩序的泉源或動因的看法，以致在遇到困難的社會與政治問題的時候，便用「藉思想─文化以解決問題的方法」對付之。

　　事實上，我們從歷史中知道，理性的說服力所能發揮的作用是有限的。理性的說服力只能在有利的歷史條件下，因勢利導；它本身並不能創造歷史。我們中國人因為深受傳統的「藉思想─文化以解決問題的方法」的影響，往往以為具有說服力的思想的改變是一切改變的泉源。其實，事實上並不是這樣的。換句話說，思想雖然不是不能發生作用，也不能說只是政治、經濟，或社會的副產品；但，思想所能發揮作用的程度，與是否有配合與支撐它發揮作用的歷史條件有關。

　　概括言之，國民黨統治下的中國，思想發揮作用的空間極小，主要是因為國民黨所擁有的政權──借用法蘭克福學派在另一脈絡中指涉另一些事所使用的名詞──是一個「為了目的之無目的性」（purposelessness for purpose）的政權。國民黨底這樣的性格，到了台灣以後，稍有改進，例如在經濟發展方面稍稍呈現了一點有計畫的目的性；但它的基本性格並未有「質」的改變。國民黨為了爭取、保存權力而爭取、保存權力──這是它的「目的」，它不是為了能夠使用權力以便達成一些計畫中的目的而爭取、保存權力。假若政治是使用權力（以權力為手段）來完成計畫中的國家建設，那麼，我們可以說國民黨的政治目的性甚低，它的「政治」沒有政治性，基本上只是權力慾的展現。

　　造成國民黨的「無目的性」的歷史原因當然甚為複雜，此處無需細述，其中一個關鍵性的因素，大概可能與它當初祕密結社的背景以及在會黨權力結構中，某些特定勢力排除異己掌握權力的過程有關。

　　國民黨的無目的性，與思想在它的籠罩下不能發揮什麼作用的關係，可由許多實例加以說明。下面所提出的只是這些實例中的一個：國民黨自稱它是有目的性的，因為它有它的主義，即：

三民主義。三民主義主張中國如要實行民主，需要經過一個它所謂的「訓政時期」。因為在中國這樣一個沒有民主傳統的國度，實行民主不是簡單的事。國民黨經由革命（軍政時期）取得政權以後，自認最大的責任是為實行憲政鋪路，亦即：「訓政」是為民主的實現進行準備工作。但，國民黨是否真的實踐它自己一再強調的計畫了呢？我們現在走向民主之所以如此艱難，解嚴後各方面之所以產生如此混亂，主要是因為在政治上、法律上、文化上、社會上沒有實行民主的準備！我們現在在形式上有合法的多黨政治，但沒有民主政治的「遊戲規則」：在學校裡有「公民」課程，但社會上沒有公民文化；在法律上有一部憲法，但憲法之下的許多法律根本是違憲的。然而，國民黨自己明明說要根據它的主義，實踐為民主進行準備工作的歷史任務。它既然如此沒有目的性，在多數政治、社會、教育、文化資源均由其掌握的情況下，知識分子為建設民主政治所進行的理性工作，當然也只能絕大部分是徒然！

　　作者在文中說，知識分子的責任是在目前嚴重無序之前，應根據自己的學養與良心「建立新的思想觀念」，以便政府與社會採納。他文中的口氣，似乎對在台灣的知識分子頗有責難之意。事實上，台灣知識界裡的人，的確有不少依附政治、商業與大眾傳播的庸俗性與含混性，但卻有許多可敬的例外。這樣的責難對這些可敬的例外是有欠公允的。這些可敬的例外都能堅守自己的志業，在他們專業的範圍之內善盡言責。無奈，在一個沒有目的性的政權支配之下（證諸最近「國是會議」的表現，民進黨似乎也在往「沒有目的性」那邊靠攏，它所強調的「目的」，正是它的「無目的性」的表現），並同時處於文化商品化的社會風氣之中，這些建言之不被採納，不能由提出建言的知識分子承擔責任。

三

　　推展法治與民主既然如此艱難，那麼未來究應採用何種方式才能夠比較有實效呢？首先我們要認清民主與共識（consensus）的關係。從表面上看去，民主意指每個人是自己的主人，不是任何其他人或權力機構的奴隸；因此，由威權體制解放出來的被壓抑的人們，最易覺得民主的時代是「誰也不怕誰」的時代。威權體制是不合理的，應該反對。但在威權體制解體的脈絡中，直接從反抗威權體制的心態演變而來的「誰也不怕誰」的心態，卻無益於民主的發展。反抗威權並不是建設民主──兩者的分際在邏輯上是很清楚的。民主的運作與發展，一方面要發揮個人的獨立性，另一方面要發揮群體的合作性。民主實際上是「獨立」與「合作」的辯證過程。因此，民主的最重要基石之一是共識。

　　例如，民主程序中一項重要活動當然是投票；如果沒有共識作為民主程序的基礎，每個人都有不同的意見，那麼每個人都是少數，根本產生不出來通過多數表決的決議。共識可分三類：（一）最終價值（即自由、平等）的共同體認。這雖然不是民主政治的必要條件，只要有下述大家共同接受的「遊戲規則」，民主仍可運作，但沒有最終價值的共同體認，這樣的民主是脆弱的。（二）共同接受的「遊戲規則」（rules of the game）或曰：程序上的共識或程序理性。這是民主的必要條件，沒有這個條件，根本無法實行民主。有了大家共同遵守的「遊戲規則」，大家不同的甚至衝突的意見，才可能經由民主程序，取得大家可以接受的決議，否則每一不同意見的爭執都可能引發衝突，民主政治自然無法運作。（三）政策制定過程經由充分討論，不同意見均可得到充分的重視；經由這樣機動過程制定出來的政策，因為的確

是大家集思廣益、參與的結果，所以容易被大家共同接受，並共同促其實現。（關於「共識」的討論，請參閱：Giovanni Sartori, *The Theory of Democracy Revisited* (Chatham, N. J., 1987), chap. 5.

　　我們現在發展民主的最大課題就是建立上述三類共識。前文述及，理性的說服力只能因勢利導。知識分子如要發揮影響力，必須找尋與歷史形勢接觸的交叉點。台灣目前的確有幾個可能的交叉點，其中之一是：由於威權體制的解體，社會已有獨立發展的空間，社會也有獨立於政治的活力。但這些社會力量因尚未有效地組織起來，所以常常在枝節問題上浪費了精力，並未發揮到更可發揮的地步。

　　根據上述的觀察與考慮，我覺得目前的形勢適合知識分子與社會力量合作發展「民間社會」（civil society）的「基本結構」（獨立於政治的社團、宗教組織等）。Civil sciety的觀念與歷史是很複雜的。此處無法細述它的意義如何從希臘羅馬共和時期的「公民社會」演變到十八世紀中葉的「民間社會」。需要指出的是，「民間社會」之所以能夠促進民主的發展，除了一般人所知道的，是由於它有獨立於政治勢力的組織、紀律，與文化（如教會、職業公會等）；另外，它也必須能夠進入政治過程（access to political process）。「能夠進入政治過程」這一點非常重要。如果「民間社會」只能不受政治勢力的干擾，獨立地自我活動，它不足以促進民主政治。如要促進民主政治的發展，它底獨立於政治勢力干擾的活動，必須導使它進入政治過程。

　　從關懷台灣「民間社會」發展的觀點來看，它的公共性格（public character）需要加強。只要它的公共性格加強了，它自然進入了民主政治的發展過程。舉例言之，醫師公會的目的是維護醫師的職業水準、職業道德與職業性的福利。如果醫師公會不是

由少數人把持，醫師公會所應關懷的事在公會裡公開討論，取得共識。那麼醫師公會的內部決議直接介入國家的衛生政策與行政、醫藥管理的政策與行政、健康保險的政策與行政。同理，教師公會介入國家的教育政策與行政，工商業公會介入國家的經濟政策與行政。過去這些公會多由少數人把持，形成地方勢力的一種；它們缺乏公共性格。

如果現在因各個公會會員參與空間的擴大而實際參與，其內部的民主（只有如此才能呈現公共性格）將會間接促進公民文化的建立，與民主所需共識的建立。

四

希臘哲人亞里斯多德覺得家族之內最不易產生政治領袖。他認為家長式的政治不是政治，只是統治。因為政治必須具有公共性格，而「家」是「私」的淵藪。從這個觀點來看，中國的歷史背景與民主政治距離極遠。（日本因有封建社會的背景，印度因有caste system的背景，它們與民主政治的距離都比中國較近，雖然從其他觀點來看，日本的封建社會與印度的caste system都非常落後。日本的封建社會與印度的caste system內部都有獨立於政治勢力的組織與公共性格。）但，台灣目前已有發展「民間社會」的可能。即使主政的政黨仍然沒有落實民主的政治意志──沒有發展民主的目的性，如果知識分子與社會力量能夠相互配合，促進「民間社會」的發展，使政府**被動地**跟進，民主的發展仍然有其實質的可能。

這將是一條艱辛的道路。不過，如果台灣真正能夠落實民主政治，這一歷史性突破不但會增進在台灣的中國人民的福祉，而

且對中國大陸也將產生極大的啟示作用。這是值得奮鬥的千秋事業。

評丁學良〈改革十年對中國大陸民主化的影響〉

一

從粗鬆的觀點來看，這是一篇平順的論文。它大致說明了近十年大陸經濟改革所引起的社會與文化變動，以及因這些變動而產生的民主化的要求。但，從較謹嚴的觀點來看丁君的論文，它呈現了一些技術性的與實質的問題。

首先，我談一下它所呈現的技術性的問題。在第15-16頁，丁文說，鄧小平政權所宣傳的「實踐（即效應、結果）是檢驗真理的唯一標準」使一般大眾恢復了普通常識。「對於一直生活在『官方宣傳高於事實』的中國大陸民眾來說，普通常識的重歸卻具有震撼人心的巨力，其情境類似歐洲文藝復興和啟蒙運動相對於蒙昧、黑暗的中世紀。」丁君此處本無需把大陸的情況與歐洲史中的情況相比。但，他的比喻實是 false analogy。他對歐洲中世紀的陳舊教科書式的「理解」是過分簡單了。文藝復興和啟蒙運動與中世紀的關係，是不能與中國民眾從極度「全權主義」整

體性謊言中復甦過來的經驗類比的。因為文藝復興和啟蒙運動與中世紀——除了相悖的關係以外——也有許多傳承的關係。基督教信仰的轉化、法治中契約觀念與制度，以及寺院生活與大學的興起等只是一些顯例而已。

　　第二、丁文在第16頁接著引用韋伯「世界已不再使人著迷」（disenchantment of the world）的觀念，來說明大陸民眾的心理經驗。他說：「普通常識的回歸、批判的理性主義精神的抬頭，使中國大陸各階層的民眾看清了他們一直生活於其中的那個社會制度的本來面目，產生了一種深刻的被欺騙、被愚弄、被凌辱的感覺。這種心理經驗，類似於韋伯所揭示的西方社會從宗教掙脫出來後的disenchantment。」事實上，韋伯的「世界已不再使人著迷」的觀念所蘊涵的意義，與大陸民眾從謊言與夢魘中復甦過來的經驗也不類似。這一比喻，亦本非丁文所必須；而且它也是不倫不類的。韋伯認為「世界已不再使人著迷」，基本上，是「工具理性」高度發展的結果；而「工具理性」的高度發展正是現代化的動力與特徵。「工具理性」只計算如何以最有效的手段達到目的，但目的本身是否是理性的，則非「工具理性」所能顧及。「工具理性」不能解決「意義」的問題，它的極度發展反而使世界喪失了「意義」之源。在「工具理性」的侵蝕下，「意義」只能刻意地被「創造」而不再被「找尋」了。如果世間的活動都是工具性的活動，世界當然已不再使人「著迷」。這一「不再使人著迷」的世界，使人覺得無奈，甚至虛無；但受騙的感受不強烈，因為這是現代化過程中人類活動自身所造成的。中國大陸民眾從政治夢魘、騙局與操縱中醒悟過來以後，受欺騙、受凌辱的感受，是不能與韋伯的觀念所表徵的經驗類比的。（也許有人會說，「文革」高潮時期，許多人覺得自身在參與、在「著迷」。事

實上，這種經驗與韋伯說的不是一回事，見下文。）

　　另外，從這一騙局中醒悟以後，世界不但沒有失去意義，反而更令人著迷。證諸「四二七」以來令人深切感動的爭人格、爭民主的群眾運動，我們知道中國知識分子的使命感，並未因政治的操縱與壓抑，和經濟的不正常發展而萎縮。「四二七」運動當然不能只用「使命感」來解釋。但，中國知識分子上承「內在超越」的宇宙觀所肯定的，人的內在力量，仍有其生命力。這一使命感是中國知識分子淑世精神的具體表現；它實際是有宗教性的。

　　第三、丁文在結論中同時引述馬克思、列寧、毛澤東與韋伯關於國家的觀點。他說：「無論是從馬克思、列寧主義的或韋伯的觀點來看，國家（state）都與暴力（physical force）密不可分。從馬克思到列寧到毛澤東都一直強調的『無產階級專政』的概念，其核心成分就是軍隊、警察、法庭、監獄。韋伯界定：所謂『國家』是指這樣一種政治組織，『它的行政系統為實施其命令，能夠成功地堅持獨占對暴力的合法使用權』。」

　　丁文在這裡引用韋伯關於「國家」的觀點，不知其用意何在，因為韋伯所說的「獨占對暴力的legitimate use」，關鍵在於legitimate這個字。在中文的脈絡中，譯成「正常的」比「合法的」要貼切。韋伯在其大著《經濟與社會》第三章第一節中曾論析「正當性的基礎」（the basis of legitimacy）。他以「理念（或理想）型分析」的方式，劃分成三種類型：法律、理性的（legal-rational）、傳統的（traditional）、與奇理斯瑪的。丁文說毛澤東所主宰的國家，其「獨占對暴力使用」的「正當性」，具有「奇理斯瑪的」基礎。毛以後，這一基礎已失，中共領導面臨兩種選擇：「或是逐步開放政治體制，向民主化的世界潮流屈服，或是

向斯大林效法，訴諸赤裸裸的暴力。」

　　然而，丁文雖然沒有提到韋伯論析政治權威正當性的三種類型，但如果引用韋伯的用意是要使用韋伯的分析範疇的話，那麼作者似需說明中共「奇理斯瑪」型政治權威規制化或制度化（routinization or institutionalization）的道路或可能。因為根據韋伯的意思，在「奇理斯瑪權威」的許多特性中，有兩項最為凸顯：奇理斯瑪人物天賦的超人能力能夠經常證明他的能力的有效性；「奇理斯瑪權威」在獲得成果以後，通常能夠使它規制化或制度化。與韋伯所論析的恰恰相反，自1949年以來，中共最高領導人在「文革」與「六四」都親手扼殺了「革命」或「改革」規制化或制度化的可能性。在我們稍稍仔細考慮一下韋伯的分析範疇的複雜意義後，我們會發現這些範疇都有其理論的完整性（theoretical integrity），不可強加附會，也不可機械地使用。因此，中共的經驗，與其說可應用韋伯的範疇來解釋，不如說展示了韋伯分析範疇不能適用的素材，或提供了對之修正的素材。

二

　　比以上所談的技術性的問題更為嚴重的是，丁文的實質問題。首先，丁文沿用大陸上一般人的看法，認為鄧小平是實用主義者──所謂「實踐（即效應、結果）是檢驗真理的唯一標準」、或「不管白貓黑貓，捉住老鼠就是好貓」。如就其經濟改革而言，鄧的確有其實用主義的一面。但他接受了資本主義的許多前提與制度的經濟改革，是直接導致社會要求更大空間的動因。他的經濟往右、政治往左的政策，正說明了實際上他在政治上沒有相應的政策配合經濟的發展，可謂：「無策」。面對基本矛盾，

而以「無策」對付之，這樣能把經濟搞好嗎？（因為經濟的改革需要政治改革配合才成。）他的「無策」能繼續維持共產黨的領導嗎？（因為經濟改革不可避免地產生要求擴大社會與文化空間的要求。而天安門悲劇已造就了不少要推翻中共政權的大陸人民。）我認為鄧小平的「實用主義」才是中國大陸的動亂之源。他太講「實用」了，反而不現實了。

第二，丁文起初曾提到要探討「六四大屠殺以後中國大陸民主運動的前景」問題。事實上，文中並未探討這個問題。而在最後一頁，丁君說：「中共領導方面面前只有兩種選擇：或是逐步開放政治體制，向民主化的世界潮流屈服，或是向斯大林效法，訴諸赤裸裸的暴力。中共拒絕了前者，選擇了後者。」這樣的陳述給人的印象是，中共的政策好像真有兩個可能似的。許多中國大陸學者的嘴邊常喜歡說「歷史的必然性，不因個人的好惡而轉移」。我個人對這樣含有機械命定論的說辭是不以為然的。但，歷史的趨勢雖然並不必然，但有 probable 與 possible 之分。而這兩種可能之產生與不同的社會、政治，與文化的結構關係很大。

實質地說，中共扼殺民主訴求比向世界民主潮流匯合的可能性要大（筆者在「六四」之前就曾在一次公開演講中表示此一觀點），雖然很少人能夠預言中共會在世界媒體之前，用坦克機槍屠殺和平請願的青年學生與平民，並亂殺無辜與救傷的醫生。中國大陸近十年民主運動的悲劇是：中國知識分子秉承了「內在超越」宇宙觀所支持的文化遺產，以宗教性的心情肯定了精神的實有與企求。這種人文活動自五四以來，一向是落實在要求自由民主的運動中。然而這一運動，因有宗教性的緣故，故深受「意圖倫理」的鼓舞與指引，因而很少顧及「責任倫理」——也就很少顧及韋伯窮畢生精力所特別要注意的問題：歷史上未所預期的結

果的成因與涵義（影響）。中國大陸知識分子的政治活動，精確地說，並不是純粹的政治活動，而主要是含有宗教意義的精神活動。所以，他們是以意圖的純正性與企求的合理性及無懼性代替了「策略」。加以中國大陸根本沒有「民間社會」所構成的「基本結構」（如教會、獨立的社團等），可以獨立的資源支持民間的政治訴求。所以中國大陸知識分子的政治活動只能以「精神」、「士氣」來「組織」起來。但「精神」是「精神」，它不能取代社會與政治活動所需要的，組織與策略扮演的角色。換句話說，他們的政治活動談不上有良好的組織與策略。只能在某些歷史時刻（如胡耀邦之死），用「精神」來聚集與發揮他們的訴求。這種精神訴求以堅持它的完整性與崇高性為職志。而這種不願妥協的精神性（或宗教性）政治活動，在中國脈絡中直接引發了中共政治領導的恐懼感，並導致他們反應過度。

在政治方面，中共的領導層統治了中國四十年；但事實上並沒有放心做成統治者。因為任何統治者的「統治正當性」必須建立在非暴力的成分上，雖然他要獨占對暴力的使用權。所謂「槍桿子出政權」，在建立政權四十年後還要使用，可見其政治權威性的薄弱與狹窄。這次「六四」大屠殺正可證明中共最高領導層還沒有超脫山溝裡打游擊，隨時可被殲滅的恐懼。在這樣的心理籠罩之下，他們的過度反應是可以理解的。

柏拉圖與亞里斯多德都認為家族內最不易產生政治領袖，因為那不是公共空間，是「私」的淵藪。然而，中國的政治仍是家長式的，在中國組織以槍桿子作基礎的政治勢力，最初也有擬似家族制的幫會性。從希臘哲人的觀點來看，家長式的政治不是政治，那只是維繫家長及其集團的私人勢力而已。因為過去中國政治上較少希臘哲人所謂的「公共空間」，中共在接受了列寧、史

達林「全權主義的」統治模式後，這種模式遂與幫會性與家長制融合，因此更增加了它的任意性與絕對統治性。學生們要求中共承認他們自動自發的組織，與之平等對話，並承認「五二六」《人民日報》社論是有錯誤的。這些在民主國家中極為稀鬆平常的要求，卻使中共領導層如臨大敵──因為這些要求向中共的任意性與絕對統治性進行了根本的挑戰。在中國大陸，知識分子具有宗教性的精神企求是無法與中共達成協議或妥協的。天安門事件，中共反應過度，很可能是它滅亡的開始。但在滅亡之前，它是不可能不做殊死戰的。兩方面只能對決！我所看到的最近的未來只有混亂與倒退！

試圖貫通於熱烈與冷靜之間
略述我的治學緣起

一、研讀西方文明原始典籍的思想訓練

我是在1960年負笈來美的。攻讀學位的遭遇與進程,算是相當幸運與順利。1963年5月,在芝加哥大學社會思想委員會(Committee on Social Thought, University of Chicago)參加了別致而艱苦的博士資格考試。暑假期間,接獲委員會執行祕書的通知,知道已經通過;因此,可以放手找尋論文的題目了。然而,就在這個時候,卻從心靈深處湧現出來一個不大不小的危機。

社會思想委員會訓練學生的辦法是:由獨當一面、世界性的、在自己專業中已有重大貢獻的一流學者,帶領學生精讀涵義深廣的經典著作。委員會中的師長們認為,禁得起時間考驗而有超時代意義的各項經典,一方面,展現了對其著成時代之內具體而特殊的問題的深度探索;另一方面,卻又蘊涵著對於人類所面對的普遍而永恆的問題,自成一家之言的看法。所以,精讀原典,以及對其特定章節作許多小型研究報告,並在學季結束前就

已研究過的原典寫一份完整的學季論文，乃是使學生獲得思想訓練的最佳法門之一。（芝大實行的是，一年有四個學季的上課制度。不過，大部分教授夏季不授課。每一個學季有十一週，十週上課，一週考試。）

　　學生到達委員會以後（實際上，社會思想委員會是一個在學術行政上獨立的，只收碩士、博士研究生的學系），不久即需與各位師長們商定「基本課程」的書單。這個書單，通常包括十五、六部原典。學生們的書單彼此可以不盡相同，但大致都是從柏拉圖底《理想國》以降，大家公認的西方文明中的典籍中選出的；同時，也可加入幾部自己特別希望精讀的非西方文明的典籍。另外，系裡還有一項，帶有「知識貴族」氣息、與眾不同的規定：書單上不可包括自己將來專業領域之內的經典著作。因為，自己領域中的典籍，系裡已經假定學生早晚是要精通的，而且會有自己的系統性闡釋，故無需在「基本課程」中，接受指導。

　　另外一個理由是：培育青年學子原創能力的主要途徑之一，不是使他（她）盡早變成一個對幾件事情知道很多的學者，而是使他（她）能夠在學術生涯的形成時期（做研究生的頭幾年）產生廣闊的視野與深邃的探究能力。這種視野與能力的培育，不是一開始就讓他（她）局限在本行的專業之內所能達到的，而需使他（她）切實進入與他（她）的專業沒有直接關係的經典著作之內。這樣，一方面，他（她）因接觸到了展現「深邃」的具體實例，可以體會到所謂「深邃的探究能力」究竟是怎麼一回事；另一方面，由於真正已經進入過與他（她）的專業沒有直接關係的典籍之內，其視野會很自然地越過他（她）的專業領域，變得開闊而不是泛泛要求、如此而已。

　　根據上述原則，我與師長們商定的「基本課程」的書單，便

完全是從柏拉圖與修西迪底斯（Thucydides）以降，西方文明的
典籍中選出的，其中包括自由主義的原典、韋伯的《新教倫理與
資本主義精神》和他的《社會學論文集》，以及莎士比亞與杜思
妥也夫斯基的文學鉅著等。

　　然而，我申請獎學金的研究計畫的題目，則是：「1905-1949
年間中國社會中的官僚政治與知識分子」。之所以提出這樣一個
專題，主要是由於下述背景因素與個人關懷，相互作用的結果：

　　我在來美之前，已對中國第一、第二代知識分子的代表性著
作，相當熟悉；我的愛國意識使我覺得，唯有推行自由主義所蘊
涵的典章制度（憲政）與思想文化，才能導使中國走向長治久安
的道路，同胞們才能真正生活在一個合理、合乎人道、可以舒展
性靈的人間秩序之中。換句話說，我特別關心的問題是：自由主
義在中國的前途，亦即：自由主義在近現代中國，過去失敗的歷
史原因的檢討，以及其未來發展的可能與如何發展的問題；如要
探討自由主義在近現代中國歷史中失敗的問題，我覺得，首先需
要把二十世紀中國知識分子在社會上的地位弄清楚。

　　我的研究計畫，是為了要研究這個問題以及中國思想主流的
變遷而提出的。它主要是說，自從1905年廢除科舉制度以後，中
國知識精英與邦國中的官僚政治的關係，發生了巨大的變化。過
去「學而優則仕」的管道已經不存在了。知識分子變成「邊緣
人」（marginal men）了。

　　「邊緣人」是間接借用芝大早期社會學家派克（Robert Park）
所使用的名詞。我在撰寫研究計畫之前，正在看瑞德斐寫的《初
民世界及其轉化》（*The Primitive World and Its Transformation*）。
瑞氏在書中第二章引述了派克關於知識分子是「邊緣人」的觀
點。我在這裡所說的知識分子因科舉制度的廢除而變成「邊緣

人」的特殊歷史境況，與派克、瑞德斐綜論知識分子的文化情境，並沒有直接的關係。我只是借用這個名詞而已。近年來，余英時先生使用「知識分子的邊緣化與邊緣人的中心化」這一對觀念，已撰成宏富的中英文論文來解釋現代中國的歷史變遷，讀者可以參閱。

　　這樣的歷史變遷，構成了知識分子與邦國中的官僚政治相互疏離的客觀條件。然而，中國讀書人的精神認同，卻不因變成社會上的邊緣人而喪失，仍然深感必須承擔國家興亡的責任。另外一方面，二十世紀中國知識界的激烈反傳統思潮，呈現著文化與思想「失序」的現象。在這樣的歷史情況之下，標榜最終要廢除邦國的官僚政治、帶來文化與思想嶄新的新秩序，與有效地打倒帝國主義侵略的共產主義革命運動，遂漸次贏得許多中國知識分子的支持與擁護；而關於共產主義革命運動在中國之所以成功的歷史研究，在一定意義上，也可說明主張漸進的自由主義為何遭受失敗的後果。

　　這一研究計畫，現在看來，顯得相當粗疏、龐大而缺乏自制。以我當時對國史理解的程度，似乎也只能如此。不過，我後來關於中國近現代思想史的研究，雖然在技術與分析的層次上與這個計畫所反映的，有許多不同；但卻可從它上面看到一部分蛛絲馬跡。計畫提出以後，先師海耶克先生對之頗為嘉勉，幸運地得到他的推薦，獲得了全額獎學金。於是，我可循序安心地接受社會思想委員會的訓練了。現在回想起來，撰寫這份計畫，實是我的研究生生涯中的關鍵時刻，而海耶克先生之所以決定推薦我取得專屬由他推薦的獎學金，並不是因為我的計畫有什麼特別難得的見解，主要的原因可能是：不知他從我跟他讀書的頭一學季的過程中，以及學季論文和這份研究計畫上的什麼地方，看出

「孺子可教」的資質，決定給我一個安心進修的機會。

　　社會思想委員會的政策是：學術研究享有絕對自由，准許學生根據自己的興趣選修任何本系或外系的課程，並可以根據自己的興趣提出任何言之成理的計畫來進行博士論文的專題研究。不過，這樣的政策落實到我身上，卻使我「陷入」一個相當弔詭的經驗，並導致本文起初所提到的，心靈的危機。

　　按常理，我既然已經公開提出來，並已獲得獎學金支持的研究計畫，當然就應按計畫進行研究。雖然論文的正式撰寫工作，需待博士資格考試通過以後才能進行；但，現在就應動手蒐集材料，並思考這個專題的各項問題。可是，我在這個性格特殊的學系做學生的頭三年，卻越來越與中國歷史領域，變得疏遠。

　　當初之所以到芝加哥大學來求學，主要是由於在台灣大學讀書期間，曾讀過先師殷海光先生翻譯的海耶克先生名著《到奴役之路》及其原文的緣故。因為深受此書的啟發，而且具體地感覺到海氏的思想比殷先生所提倡的羅素要深刻得多，所以曾有「將來如果能夠從學於海氏之門該多好」的夢想。不過，那時以為這是不可及的。真沒想到這個夢想，居然在四年之後，由於種種機緣（包括學長許倬雲兄的支持與鼓勵），竟得實現。

　　到達芝大以後，除了跟隨海耶克先生研讀西方自由主義的原典和他自己的著作以外，也選修了不少人類學與社會學的課程。（那時因仍受殷先生的邏輯經驗論的影響，以為歷史解釋，必須借助於現代西方社會科學發展出來的觀念與分析。最初選修的課程之一是：早晨八點鐘上課的「社會心理學導論」。）另外，我在社會思想委員會中的「基本課程」的書單，除了包括我願研讀的自由主義的原典和韋伯的著作以外，卻還需包括古希臘的典籍和西方文學的典籍。這是我始料未及的；覺得有些沮喪，心中也

產生排斥之感。我從殷先生那裡得到摻雜著科學主義色調的邏輯
經驗論的偏見，仍在心中作祟，當時認為應該盡量汲取現代社會
科學的研究成果，如此才能使將來的研究更「科學」；而且當時
還認為文學作品是以主觀的情緒語言表達作家的感受，對於一個
矢志追求客觀真理的人而言，不大可能有什麼助益。至於古希臘
的著作，對一個找尋自由主義之所以在中國失敗，與馬列主義之
所以在中國成功的根本原因，並且非常關心自由主義在中國未來
發展的可能，以及如何發展等問題的我而言，畢竟太過遙遠。西
方自由主義所蘊涵的典章制度與思想文化，是十七世紀以來發展
出來的東西，我努力去了解那些複雜的東西，都覺得時間不夠
用，哪有閒工夫浪費在幾千年前古老的著作上去？

　　另外，社會思想委員會雖然高唱學術研究的絕對自由；但，
每個學生卻又不能不在「基本課程」書單上列入幾部古希臘的著
作，對於這樣的硬性規定，我也很感納悶。難道這樣的規定不與
學術自由的原則牴觸嗎？

　　然而，無論我喜歡也好、排斥也好，書單上的典籍必須研讀
下去。在「導師課」（tutorials）上，往往典籍中的一段話，就要
討論一、兩個鐘頭。因此，瀏覽或速讀是無濟於事的。對於每一
部典籍都必須字斟句酌，往復數次，才能應付師長的逼問、參與
同學之間的辯難。而這些經典著作，的確禁得起細讀。在研讀的
過程中，除了對於我喜歡的自由主義典籍與韋伯，深感興會淋漓
以外，對於古希臘的典籍與書單上的文學典籍，竟然也愈讀愈讀
出味道來了。

　　系裡的同學只有十幾個人，大家相處得很融洽。因為彼此之
間「基本課程」的書單上有不少重疊之處，所以大家專業雖然不
同，卻有許多共同語言，以及可以共同討論的題材。週末心情比

較輕鬆的時候，兩三個男同學有時分攤費用，買一瓶較好的法國紅酒，相約攜至一位女同學的公寓裡聊天，大家聊著聊著就聊到修西迪底斯、柏拉圖、亞里斯多德、索佛克利斯（Sophocles），或莎士比亞上去。往往一聊到柏拉圖，話題就再無法轉到別的地方了。到了午夜，酒喝完了，大家也累了，才散。

　　這樣精讀經典著作的感受，是非常 intense（強烈、熱切）的。不但學生如此，一些師長們的表現，顯示著他們的投入，也是很深的。有些經驗，雖然距今已經三十多年，因為已經鑲嵌在記憶中，現在回想起來，仍然歷歷如在目前。例如，在我研讀杜思妥也夫斯基的《卡拉馬助夫兄弟們》的時候，就有這樣一次經驗：一天，吃過晚飯後，八點半左右回到宿舍自己的房間內，拿起杜氏的書，繼續讀下去。當時是坐在書桌旁一個單人皮沙發上。在我聚精會神，研讀的過程中，因為完全被書中所蘊涵的，關於神、自由、理性，與人類是否能夠承擔自由的討論所吸引，身體沒有怎麼動，也未倚靠在沙發背上。到了午夜之後兩點多，大概是因為有點累了，往後一靠，驟然感到冰涼，原來背後的襯衫被不自覺滲出的汗水浸透了，這樣 intense 的閱讀方式，連身體都產生了反應。

　　另外一次，至今記憶猶新的經驗是：我的書單上包括三部莎士比亞的悲劇：《哈姆雷特》、《李爾王》、與《奧賽羅》（Othello）。但，莎翁的悲劇，對我而言，卻極難理解。我在研讀西方哲學、政治思想、思想史、社會學理論中的典籍以及西方小說中的典籍的時候，並未感到太大困難。這些典籍，很快地把我從邏輯經驗論的形式思維中提升出來。而早年在邏輯中的一些訓練，卻也使我無懼地迎向這些典籍中關於實質性問題的各項論點，並在與師長和同學的討論中漸次形成自己的看法。但，我發

現我很難進入莎士比亞悲劇的內部去理解其意義。這有點使我不知所措。於是，趕快找來有關莎翁的學術名著來參考，並仔細閱讀各家的注釋。然而，讀過以後，除了可以覆述各家的見解以外，並未使我與莎翁悲劇之間的「隔」，有何明顯的好轉。在研討莎翁悲劇的討論班上，我的發言，總是生硬而勉強，不能左右逢源。授課的師長葛桂恩（David Grene）先生（他是愛爾蘭人，性格甚為強烈），有好幾次不知如何答覆或評論我的發言，乾脆將眼光轉向別處，問其他同學有沒有什麼別的問題？處此情況，我覺得很尷尬、很沮喪。

有一天，我跟一位剛從巴黎大學遊學歸來，正在撰寫由葛先生指導，有關葉慈（W. B. Yeats）的博士論文的同學 Sandra Cohenkk 說：「你們的莎士比亞到底為什麼那麼偉大？可是，我就是看不太懂。當然，這可能是因為我不行，以致無法理解他。不過，是否可能是，他也許不真的那麼了不起，所以我才看不出他的偉大之處？」

Sandra 答道：「當然，你所說的，也許是對的。不過，歷代西方文學評論家都一致認為莎翁是西方文學史上，不世出的偉大作家之一，尤其是他的四大悲劇，更具深刻性。你不是有興趣來了解我們的西方文明麼？這是我們西方文明所能提供給你，最好的東西的極為重要的部分。是不是你仍然可以給西方文明另一次機會呢？」我聽到 Sandra 這一番表面上很幽默，實際上很嚴肅的話以後，重新振作起精神來，繼續苦讀、苦思下去。Sandra 說，莎翁的戲劇，是應該到戲院去看的。可惜當時芝加哥沒有什麼劇團上演莎翁悲劇（數月之後，我曾看過一齣《李爾王》）。退而求其次，她建議我去圖書館聆聽由英國名演員灌製的莎翁悲劇的全部唱片。

　　就這樣我反覆研讀下去。一天忽然想到宇宙本身的缺陷問題，覺得也許可以從這個觀點出發，寫一篇關於《奧賽羅》的學季論文。這篇東西完成得相當快。過去種種對於莎翁的膠著、不解之處，頓時消退了。心中覺得豁然開朗，湧現出來一套，理解《奧賽羅》的悲劇意義的思路。此時，我在葛先生班上的發言，也漸入佳境，頗得他與同學們的肯定與讚許；有時我的發言或問題，會引起葛先生一大串的發揮與推衍。這種在堅苦追索中的「發現」所帶給我的精神上的歡愉，是難以筆墨形容的。

　　論文寫好打字以後，趕快送給葛先生。不久，聖誕假期到了。假期過後，我因對莎翁及其他各家文學著作的研讀，已經告一段落（在選修葛先生的莎翁悲劇討論班之前，也曾上過他所主持，只有三個學生上課的，關於杜思妥也夫斯基的「導師課」），也就不再選修葛先生的課。新的學季過了幾個禮拜以後，一天接到系裡祕書的電話，告知葛先生已看完我的論文，我即可來系裡取回。取得那份論文時，發現葛先生在上面，針對全文的論旨及許多細節，寫了許多密密麻麻的評論及不少獎掖的話，心中感到很高興、很溫暖。

　　又過了幾個禮拜，一天早晨，我在路邊鋪滿白雪的校園內，正向哲學系走去。忽然有人從後面拍了我的肩膀一下。我轉頭一看，原來是葛桂恩先生。他的臉上似有慍色，嚴肅地問道：「你這學期為什麼不上我的課？」他的話有點突兀，不過我仍恭謹平靜地答道：「我覺得我致力於文學典籍的研究，已經告一段落。這學期正在上別的課。」葛先生臉色即時變得開朗，帶著笑容，說：「我不是要你非繼續上我的課不可。我只是要告訴你，I miss you at my seminar（在現在的討論班上，我對你感到懷念）。」說罷，他便踽踽地走開了。原來，葛先生一直在注意我在思想上的

成長；他在教學上的投入，也是很深的。

二、學術自由、心靈秩序與「問題意義」

　　上述那樣精讀、苦讀西方文明中原始典籍的經驗，使我體會到，社會思想委員會表面上看來自相矛盾的教育方針，一方面，主張學術研究的絕對自由；另一方面，卻又相當硬性地規定每個學生必須研讀若干部西方文明中的原典，而在原典的選擇上，學生也沒有很多的自由（必須包括柏拉圖與莎士比亞等），不但不互相牴觸，而且相得益彰。學術自由，和其他任何自由一樣，不是應該沒有限制的。（自由當然反對不合理的限制。然而，公平、合理的限制卻是自由的條件。）無政府或虛無主義式的「自由」（即：主張任何事情，只要想做，就應被允許去做的那種「自由」），不止於會使人類的社群生活無法維持下去，而且會使心靈變得空洞以致無法創造。

　　學術自由必須以能夠促進學術的進展為先決條件。而學術的進展卻又需依據下列兩個條件：

　　必須給予研究者自由的空間，他（她）因此可以根據自己的興趣進行研究，這樣才比較容易做出成績來！研究者內在的心靈世界，必須有所根據（而不是憑空亂想），這樣，學術研究才能進行。換句話說，研究者內在的心靈世界，必須是有秩序的、有標準的，而同時是開放的；如此，他（她）才能享受並受益於在探索中的自由空間。

　　在研究人與社會及其相互關係的學術領域，研究者內在的心靈世界，愈有豐富的秩序與高超的標準，愈比較可能做出有意義的成績來。（當然，心靈世界的危機，有時也是刺激創造力的因

素之一。然而，即使是魯迅，其作品深刻地反映著中國意識的危機，在創作的時候，也仍然是根據他從中西思想與文化的互動中所獲得的「秩序」與「標準」進行的。而他的文學創作，之所以不能更上一層樓，是由於深沉的中國意識危機阻礙了他內在的心靈世界形成更豐富的秩序、更高超的標準的緣故。）

　　而豐富的秩序與高超的標準，不是想要有，就能夠得到的。那是需從真正具有內容與活力的教育中，潛移默化中得來。精讀在人類文明中禁得起時間考驗，屹立於時間之流的重大典籍，不失為獲得這樣的教育的途徑之一。社會思想委員會的師長們，從來沒有任何人主張學生在研究原典的時候，必須信服它們的論旨，所以這種研讀原典的工作完全是在自由探索的空間中進行的。懷海德說：「對於歐洲哲學傳統最可靠的描述是：它是一連串關於柏拉圖的註解。」對人性具有卓越識見的莎士比亞，則常被稱為是「世界上最偉大的戲劇作家和英語之中的最佳詩人」。社會思想委員會的師長們主張「基本課程」的書單上應該列入柏拉圖的《理想國》和莎翁的悲劇，無非是希望在系裡接受教育的青年學子們，能夠有機會潛心於真正具有豐富而高超的思想內容的典籍之中，從而獲得資源，夠資格享用並得益於學術研究的絕對自由。

　　這樣的教育，與我在海耶克先生門下研習海氏奧國主體性社會科學方法論以及韋伯的新康德學派社會科學方法論匯合，對我未來治學的方向與方法，產生了決定性的影響。過去我在台大所受到的邏輯經驗論的影響，以及從那裡衍生的帶有形式主義格調的意見〔例如，如前所述，認為歷史的解釋需要建立在各項社會科學（包括行為科學）的基礎之上，等等〕，均變得淡化與疏遠了。就以歷史研究為例，問題的關鍵並不在於是否應該利用（或

整合）社會科學的研究成果到歷史研究上去，而在於研究歷史的人，心中究竟有什麼樣的問題（「問題意識」）。這裡所謂「問題」，不是單數（不是僅指一個問題），而是指謂：一連串或一組相關的問題，或稱之為「問題叢聚」（cluster of questions）。過去我在台大時以為，應用或整合社會科學到歷史研究上去，便可使歷史研究做得更好、更科學。現在則覺得，那樣的看法實在很形式化，是相當膚淺的。

在歷史研究之中，重大問題的提出，乃是一個形成「問題意識」的創造過程。這一過程，便可以達到較深的層次的研究成果。換句話說，研究者的「問題意識」的深度，並不是應用或整合現成的社會科學的研究成果便可獲致；在它形成的創造過程中，原典所能提供的資源遠比現代社會科學要豐富、有力、實在得多。（當然，在探索重大問題的解答的時候，如果發現社會科學的某些研究成果可以提供幫助，研究歷史的人則應該採納之。）

社會思想委員會規定學生要在「基本課程」裡，接受研讀主要是西方文明中的典籍的訓練，除了希望藉此能夠普遍地使每個學生（無論他（她）將來的專業，屬於哪一個西方或非西方的學術領域）增進「問題意識」的思想資源以外，這種訓練對於理解西方文明本身，也有特定的意義與功效。實質地說，這些西方文明中的典籍，提供了理解現代西方文化的基礎，並構成我們對於西方人的理解所需要的知識的核心。當然，研讀十幾部西方文明中的原典以後所獲致的理解，遠不足以涵蓋整個西方文化。不過，在意義與效果上，這種導使學生進入西方文化精髓的方式，雖然留下了不少間隙（其中許多部分，日後可以視需要加以填補，縱使對於西方文化無間隙的整體理解，不是任何人的精力與時間所能允許的），是與一般美國人文學科與社會科學研究院所

流行的教育方式，很不同。後者只讓學生們自己讀讀本行的典籍，大部分時間則要他們花在速讀二手材料（學者們的著作）上。

三、心靈危機的湧現與「個人關懷」帶來的紓解

就這樣，在形式上大家（包括我自己在內）都以為我將來的博士論文是要做有關中國歷史的專題；而實際上，我「陷入」西方思想與文化之中，卻愈來愈深。這樣的「陷入」是非常強烈的，不僅在意識之中，晝思夜想，就連身體，如前所述，有時也產生了反應。而這樣的「陷入」也的確給我帶來了知性的喜悅。

不過，在我可以正式放手找尋博士論文題目的時候，上述研讀西方典籍與跟隨海耶克先生研習自由主義的理論與歷史的體驗，卻使我的心靈深處湧現出來一個不大不小的危機。系裡的政策與風氣，准許學生在博士資格考試通過以後，作任何他（她）願意作的論文落實在考試之前宣稱的題目、修改原來的題目，或另外找尋一個嶄新的題目，一切「悉聽尊便」。可是，這樣的學術自由，卻使我很感躊躇了。

自從我到系裡來，頭幾個月提出有關中國近現代社會與思想史的研究計畫以後，三年來，除了朝夕沉浸於西方的典籍，與選修有關自由主義、人類學與社會學理論的課程，以及研讀相關論著以外，我從未在芝大上過中國歷史與文化方面的課程，也很少閱讀中文書籍，中文報章雜誌更是絕少接觸。西方研究中國思想史的學者，如史華慈與賴文森的著作，倒是看了一些，也與史華慈先生談過幾次話。因為系裡的師長和我自己都以為我將來要做有關中國思想史方面的論文，所以系主任乃孚（John U. Nef）先

生曾寫信給哈佛大學中國研究的主持人費正清（John K. Fairbank）先生，請費先生把我的「興趣」轉告給史華慈先生。史先生表示很願意與我會面，我便去哈佛訪問，拜見過史先生，和他談論得很愉快。史先生有很強的西方思想史的背景，他在第二次世界大戰結束後轉入中國研究之前，原是學習法國思想史出身的。

　　我在與殷海光先生的通信中，以及與幾位老朋友的談論與通信中，仍然持續保持著對中國的關懷；不過，三年來「陷入」西方思想與文化之中的體驗，卻使我對於西方思想與文化及其問題，頗覺「食髓知味」。對於西方思想上的課題，如蘇格拉底之死的意義、習慣法在英國憲政發展上的作用與意義、托克維爾與穆勒（John Stuart Mill）的思想比較，以及共和主義與民主主義在西方自由與民主發展史上的緊張關係等，我都有強烈的探索興趣。

　　可是，我是否應該就上述課題，選擇其一，全神貫注、專心致志地探索下去呢？對於這個問題所蘊涵的必要的抉擇，我卻徬徨了。因為在我的心靈深處，對於中國的關懷，尤其是對於自由主義在中國的前途的關懷，是根深柢固的。其實，如前所述，我當初來芝大求學的主要目的，是與我對於自由主義在中國的前途的關懷，分不開的。換句話說，我從學於海耶克先生之門的動機，主要是希望，先把究竟什麼是自由主義（以及它在西方發展的歷史）弄清楚，以備將來探討中國自由主義過去失敗的原因，以及其未來發展的可能，與如何發展等問題的參考。現在，在社會思想委員會研讀了三年西方的東西以後，居然想放棄初衷，完全投入純西方思想與文化的研究，對自己來講，也實在說不過去。

　　那麼，到底應該何去何從呢？我知道必須作一決定，而且知道這一決定是關鍵性的，將影響將來的學術生涯，甚至生活方式。然而，我卻不知如何作一明智的決定。因為我確實對這兩方面都有強烈的、不分軒輕的興趣；同時，我知道將來不可能用同樣的時間與精力兼顧這兩方面的興趣。我是處於兩難的境況之中了。

　　1963年暑假期間，自從接獲博士資格考試通過的消息以後，我就處在這種不知何去何從的心情之中。精神變得不能集中（在考試之前，神經繃得很緊；考試期間，在一週之內夜以繼日地趕寫三篇作答的論文，精力透支甚多；一旦心情鬆懈下來，也有一些關係）。每日恍恍惚惚，在校園裡閒蕩，或到圖書館無目的地隨便拿幾本書閒看。平常我不抽菸；酒，也只在和友朋相聚時，喝一些。到系裡的頭一年，跟剛從牛津遊學歸來的年輕導師瑞德斐（James Redfield，已故人類學家瑞德斐之子）研讀柏拉圖與修西迪底斯的時候，偶爾在下課後一起去學校附近的酒館，喝一點啤酒。然而，在這段精神徬徨的期間，由於心裡覺得很鬱悶，我在出門購買食品雜貨的時候，也就順手買了香菸、紅酒，拿到宿舍（我住的是研究生宿舍單人房間），關起門來，抽幾枝，喝兩杯。我的酒量很小，一杯紅酒就使臉部與頸部立刻脹得通紅（體質可能對酒精有些敏感），兩杯喝下去，心情變得有些輕鬆，然後便覺得有點睏，平常可以忍著，現在既然在自己的房間內，有時也就靠在沙發上小睡一會兒。至於香菸，能抽一兩枝，沒有什麼特別的反應，也沒有帶來什麼特別的靈感。這樣喝悶酒、關起門來抽菸的生活，雖然沒有使我上癮，但也沒帶給我任何解決心靈危機的幫助。

　　酒喝過了，菸也抽了，我仍然不知何去何從。

　　秋天開學以後，選修鄂蘭女士關於康德政治哲學的課程。她講得非常精采。每一堂課之前，她都仔細準備，打出講稿；在堂上唸講稿時，也雍容、有大家風範。因為需要提起精神研讀康德的著作，暑假期間鬆散的生活也就自然結束了。不過，我心靈上的危機，並未因重返研讀西方典籍的生活，而得到紓解，反而因深受康德的思想深度以及鄂蘭女士自成一家之言的闡釋的吸引，而加劇。

　　就在這個時候，海耶克先生從德國回來，在校發表系列講演。我去看他，跟他談到我不知究竟應該選擇西方的課題或中國的課題作我的博士論文的兩難境況，以及因此而產生的心靈上的徬徨與困惑，並請他開導迷津。他聚精會神地聽我講完以後，說：「關於你究竟應該選擇什麼課題做你一生第一個系統性的專題研究，這件事你必須自己作決定。不過，我可以把我的經驗提供給你作參考。自從1918年第一次世界大戰結束後，我從位於義大利的奧匈帝國陸軍的前線撤退，相當艱苦地返回維也納我父母的家中，然後進入維也納大學攻讀以來，這四十多年中，我底所有的著述都直接或間接與我的個人關懷（personal concerns）有關。強調個人的關懷並不蘊涵個人必然要受自己的偏見的影響，因為他畢竟是在追求知識。個人的關懷與知識的追求，事實上，不但不相互衝突，而且是相互為用的。你是知道，我在知識論上是不贊成實證主義的。博蘭尼先生的《個人的知識》，你也許看過。他的有關分析是深具洞見（insightful）的。」

　　我從海耶克先生住的芝大教授俱樂部出來，已經是下午四點多。那時的芝城，有些寒意，但不算很冷。斜陽中的秋風，迎面吹來，使我的精神變得抖擻起來。我驚訝老師的治學初衷與我的何其類似！他的這一席話，重新肯定了，我把關懷自由主義在中

國的前途當作我個人知性探索的出發點，並使我清楚而確實地知道，我的「個人關懷」在治學道路上的重要性。

在返回宿舍的路上，不再三心二意的念頭已經湧現在我的心頭，自覺當以在系裡接受的訓練為背景，決心從我的「個人關懷」出發，專心致志地投入中國近現代思想史的研究。

海耶克先生在談話中，提到博蘭尼先生及其《個人的知識》。博氏曾來社會思想委員會擔任客座教授。我聽過他的系列講演，並曾到他的辦公室與他談過幾次話。我也曾從學校圖書館借閱過他的《個人的知識》與《自由的邏輯》（ *The Logic of Liberty* ），覺得《自由的邏輯》所收論文，甚為深刻，也能看懂；但，《個人的知識》不少章節中的深奧的分析與論式，卻不是我當時的能力所能完全理解的。經海耶克先生這麼一提，我又到圖書館把它借出來，專看題作 "Commitment" 的第十章，深為他對個人的投入與知性的追求（及其收穫）之間相輔相成的關係所作的銳利而精微的分析所折服，雖然仍不敢說對其論式中的每個環節，都已完全掌握。一直到1970年我來威斯康辛大學任教以後，知道本校研究委員會有一個「教授發展基金」，可以資助進修。我便申請一學期的休假，專門研讀博蘭尼的著作。獲得以後，曾把《個人的知識》從頭到尾、字斟句酌地研讀過兩遍，終於覺得對其有了細緻與通盤的理解。

四、建立「中國意識的危機」的系統分析的曲折過程

在海耶克先生的啟導之下，我終於解決了心靈上的危機。此時，我的心情，一方面，因為有了確定的知性探索的方向而變得

集中與奮發；另一方面，也深知急需補足中國史方面的知識與訓練。而三年來，並未接觸什麼中文材料與學術著作；西方有關中國近現代思想史的著作，如前所述，倒是看過一點史華慈與賴文森。我現在既然決定要寫有關中國近現代思想史方面的論文，當然要盡量閱讀中文材料，並找一位在這個領域之內的專家做我的論文導師。

我想我應該去史丹佛大學校區之內的胡佛圖書館，在那裡停留半年，該館以蒐集與整理中國近現代的材料，著稱於世；並回台灣半年，利用中央研究院歷史語言研究所傅斯年圖書館所藏豐富的材料。另外，我想我應該懇請史華慈先生擔任我的論文導師。就當時我看過的史先生的著作而言，我覺得史先生的分析，精微而有深刻性；他有世界史的眼光，同時對近現代史上中國人民所遭受的苦難也有同情的了解。在西方的中國研究領域之內，史先生無疑是難得的大家。至於賴文森先生，他以他所觀察到的，在中國知識界所呈現的一種兩難境況「在理知與價值上接受西方，而在感情上仍然依戀中國的過去」作為他闡釋中國近現代思想變遷及其涵義的分析架構。這樣的分析，雖然不無所見，而在應用上也有其精采處，卻使我心中感到很不安。我當時尚未出入於中國近現代的史料之中；然而，賴氏的分析使我覺得頗有化約主義的味道。另外，從表面上看來，他似乎對他所看到的一些中國知識分子所呈現的兩難境況，頗表同情，但他對他的闡釋的簡單化的局限性，卻毫無自覺，他反而不留餘地地到處應用它，這樣的作風使我感到賴氏學術著作的背後，含有對中國傳統文化與中國近現代知識分子，相當強的歧視。因為，根據他的闡釋，中國傳統思想與文化中的任何成分，在現代中國只有感情上的意義，不可能有真正理性與道德的意義；中國現代知識分子們任何

與傳統成分的正面關連，都是由於他們在感情上不能免除對中國過去的依戀所導致的。我對賴氏的學術，既然頗有保留，當然不會想到請求他擔任我的論文導師。多年以後，我在《中國意識的危機》第六章〈魯迅意識的複雜性〉中，曾以魯迅為例反駁了賴氏的論點，即使堅持激烈反傳統主義的魯迅，在他的意識之中，仍有對一些中國傳統的道德成分理性的肯定。這樣的肯定不是以「在感情上不能免除對中國過去的依戀」所能理解的。

在我跟海耶克先生談過話以後的第三天，我再去看他，向他稟告已決定就中國自由主義的發展及其挫折，撰寫博士論文，並跟他提到我希望能有機會去胡佛圖書館與中央研究院看材料，然後到哈佛大學，在史華慈先生的指導下，進行實際的撰寫工作。他聽到我決心根據「個人的關懷」，從事學術上的探索，感到很高興；然後問我：「為什麼，在西方的中國研究領域中，你特別覺得史華慈先生最適合指導你的實際撰寫工作？」我在答覆中，除了向他報告，西方的中國研究領域一般認為史先生與賴文森氏是最傑出的兩位中國近現代思想史學家以外，並說明我個人涉獵他們兩位的著作後的不同觀感，以及我與史先生接觸後的感受。海耶克先生聽過以後，說：「我想你擬去哈佛，由史先生指導你的論文，是對的。Relm Foundation仍然與我保持著聯繫，我可以推薦你，請他們考慮授予Earhart Fellowship。這個Fellowship你可以自由運用；這樣你便可到校外蒐集材料、撰寫論文了。」

我辭別海耶克先生後，對他持續的支持，心中覺得很溫暖、很感激。1964年獲得Earhart Fellowship後，在那年6月遂返台半年，在中研院看材料。那年年底再來美，1965年上半年，在胡佛圖書館看材料。當我把五四時期及其前後的重要材料大致通覽以後，心中並沒有湧現出來一套對於「中國自由主義的發展及其挫

折」的系統性分析架構;因此感到很焦急。

　　純就思想而言,自戊戌一直到六〇年代,中國主張自由主義的人士,並未寫出多少系統性的著作。嚴復、康梁以來,大概只有張佛泉先生的《自由與人權》可以稱作是一本系統性的著作;但,那是釐清西方自由主義的理念與價值的書,它並沒有論及如何才能使得自由主義所主張的制度、理念,與價值在中國政治、社會、文化與思想領域植根與發展的問題。其他各家(如胡適之先生與張君勱先生)的散篇文章(或其合集)也多不出「說明什麼是」自由主義與「呼籲與鼓吹應該實行」的範圍,至於「如何才能」在中國落實自由主義的主張,他們卻都較少作持續的思考。嚴格地說,既然在中文世界沒有什麼深厚而有系統的,自由主義的著作,便很難對其內容加以分析,更難談其「挫折」。

　　不過,從廣義而言,自戊戌到五四,中國知識界的思潮,在未被五四後期興起的,左右意識形態及其政治勢力所壓迫與分化之前,可以說是以「自由主義的趨向」為其主流的。然而,對其作分類式的敘述,並不能滿足我的「個人關懷」;但若想對它的發展以及使它自五四後期以來遭受挫折的政治、社會、經濟、文化與思想因素,加以分析,雖然很有意思、很有意義,卻需花很多年的時間,才可能有點眉目。這當然不是博士論文所應從事的工作。

　　我懷著因論文題目尚無頭緒所引發的焦急,同時企盼著史華慈先生能夠給予啟導的心情,於1965年9月上旬離開了胡佛圖書館。在那個月下旬返回芝加哥,停留了幾天,看看系裡的師長們,並與幾位老友相聚;然後在月底抵達位於麻省劍橋的哈佛大學。(此時社會思想委員會主任乃孚先生已正式函邀史華慈先生擔任我的論文的主要指導人,並蒙史先生慨然應允。)我與史先

生重晤長談後，深深地覺得他是一位學問深厚、思想精微的謙謙君子。因為他原是從西方思想史，而非漢學，出身，在討論問題時，彼此有許多共同語言，而他的立場，基本上，是自由主義的人文主義，所以我們很容易溝通。

史先生首先給我打氣。他說他可以理解我從習慣於研讀西方各代以及自由主義的經典著作的背景，來看中國近現代自由知識分子的著作，會感覺到他們掌握問題的能力不夠，提出的答案也不夠貼切。然而，他反問道：「為什麼不研究一下，中國許多近現代自由知識分子之所以呈現思想混雜與思想混淆的現象呢？這正是我們應該面對的一個歷史問題。」同時，他特別提醒我注意中國天子的象徵及其制度的崩潰所產生的重大影響。我在他的指導下，重新再細看五四時期的材料。後來幾個月中，經過與史華慈先生多次的商討，以及根據史料集中精力的思考，我的研究重心漸漸從注重「自由主義的趨向及其挫折」，轉到天子象徵及其制度的崩潰所導致的社會—政治秩序與文化—道德秩序的解體，以及在這樣的解體所造成的政治、社會與文化（包括道德）「三重危機」之下興起的，從世界史的視角來看，非常獨特的，激烈到可稱作全盤化（整體主義的）反傳統思潮，以及其在現代中國思想史上主流地位的問題。

就這樣，我漸漸摸索到，從試圖理解象徵著「中國意識的危機」的五四全盤化反傳統思潮的成因、內容與影響的觀點，來看「自由主義的趨向及其挫折」，以及中式馬列主義的興起。我的研究，新的出發點是：任何自由主義所肯定的制度與理念，都必須以最低程度的政治、社會與文化秩序為其發展的先決條件；職是之故，五四時代根本沒有發展自由主義的歷史條件，反而是能夠徹底解決因社會—政治秩序與文化—道德秩序解體所產生的政

治、社會與文化「三重危機」的中式馬列主義的興起的溫床。然而，左右兩派意識形態在中國大陸與台灣的「實驗」並未帶來「三重危機」真正的解決。目前大陸與台灣的情況，可以說主要是受制於左右意識形態失敗以後所產生的後遺症。

我對於「中國意識的危機」的系統分析，英文初稿完成於1970年，後來詳加修訂與增補，成書於1979年，大陸的中譯本初版於1986年，增訂再版於1988年發行；日文譯本於1989年在東京發行；韓文譯本於1990年在漢城發行。自1979年完成此書以後，十七年來我主要的工作是尋找解決「中國意識的危機」的切入點。「中國意識的危機」是深重的，不是一時能夠解決的。即使我們找到了解決這樣「危機」的實際可行的切入點，真正實際的切入仍需非思想的，亦即政治、社會、經濟的因素或條件配合才成。

不過，我覺得尋找這個切入點的思考，仍是有意義的；因為如果將來能有其他條件配合，這樣的思考可能發揮，韋伯所說，類似鐵路上轉轍夫（扳道夫）的功能。

這個「切入點」，我稱之謂：作為導向理念的「中國傳統的創造性轉化」。關於它的思考，以及為了建立這一理念所需做的奠基工作，已於1996年2月底大致完成；收集有關各文，題作《從公民社會談起》的第三本文集。關於在形成「創造性轉化」的理念的「比慢」過程中，我所經歷的艱辛與曲折，將留待以後再敘述了。質而言之，「中國意識的危機」與「創造性轉化」的系統分析，在困思之中終得完成，現在回想起來，實在是與我的「個人關懷」分不開的。

1996年10月29日於麥迪遜

【附錄】

附錄一

五四運動及其當前的意義[1]

史華慈／著；錢永祥／譯

　　薛湧提問：關於「五四」運動對現代中國的意義，您有什麼
基本估價？

　　現代中國與傳統中國有著怎樣的連繫？也就是說，進入現代
世界以後，舊的傳統在中國占有什麼地位？起著什麼作用？

　　目前，在大陸知識分子當中，對「五四」運動有兩種不同的
傾向。第一種傾向認為，「五四」時代的反傳統和「全盤西化」
不足取，甚至認為「五四」造成了中國文化的「斷裂」，這一派
的觀點，以不同的方式受到杜維明、林毓生思想的影響（自然難
免曲解）。杜從儒學的立場出發，認為應超越「五四」，通過認同
傳統重建中國的文化；林則以一個自由主義者的立場，認為在中
國實現自由主義的目標並不一定以全盤的反傳統為前提，中國的

1　本文是史華慈先生應北京中國社會科學院青年學者薛湧之邀，為紀念「五四」
　七十週年所撰專文。現經史華慈先生與譯者錢永祥先生的同意，由本書轉
　載，謹此致謝。

問題，也無法通過「全盤西化」來獲得解決。他們的觀點，在大陸引起了激烈的爭論。我們所談的第二種傾向，則與之截然對立。他們認為，在當今的中國，不僅不存在超越「五四」的問題，而且七十年來，「五四」的精神失落了，甚至有人認為，「五四」作為一種文化啟蒙運動，還從來沒有真正開始過，所以，今天的當務之急，是回到「五四」精神上來，重新起步。

對這兩種傾向以及它們之間的交鋒，您有何評論？

一、五四時代知識分子有強烈的整體主義傾向

你們問到五四運動對今天的中國有什麼意義，我想有一個答案有目共睹：過去被國、共兩黨誣衊和湮沒的各項五四理念，已如火後鳳凰一般，重新在許多知識分子的心中升起。當前中國知識分子的討論，就我得悉的範圍而言，確是令人興奮，也非常發人深省，但現在要談這種討論對整個中國社會會有什麼長期的影響，我想恐怕為時尚早，甚至有自重之嫌。我深信，中國知識分子關於五四理念的討論，不管是在1919年或1989年，都可望對整個社會有直接或間接的深遠影響，不過，這種討論只是眾多發生作用的因素中的一項。

因此，在回答你們的問題時，我只針對當前中國知識分子的討論裡展現的某些趨勢，表示個人的意見；至於中國知識分子當前的討論會產生什麼長期性的影響，我在這裡不擬作泛泛之論。

為了紀念五四運動五十週年，一小群學者在1969年舉辦了一次研討會。論文後來集成一本小書，在1972年由哈佛大學出版社出版，題為《對五四運動的反省》（*Reflections on the May 4th Movement*）。當然，在那個時候，完全找不到像今天中國大陸知識分子這種活潑的討論、辯難，好讓我們去回應。我們的研討

會，主要是探討五四運動本身的若干複雜性格。在會中有人指出，五四運動的一些「啟蒙」理念，實際上是嚴復、梁啟超，以及《民報》人物等早一輩的先驅者提出來的。也有人指出，一些「新傳統派」人物（如梁漱溟）的許多觀念是取自西方，而不是傳統思想。但是，林毓生教授則指出，細察五四運動，雖然可以找到這些複雜性，不過五四運動有某種「一般精神」，使這個知識分子與學生的運動，有其前所未見的獨特性。

這個精神展現的主要場所是他所指謂的五四「整體主義」：最主要的是針對整個過去文化的「全盤性反傳統主義」，但也包括了「全盤西化」這個口號所表現的整體主義──它假定「西方的現代性」能為中國的所有問題，提供一套全盤的、沒有疑問的解決方案。

不論我們如何看待林教授對五四運動「整體主義」所作的說明，我本人卻不禁注意到，林教授這個我認為極有價值的說法如果成立，它也仍然可以說明當前中國知識分子關於五四運動的討論的特性，在他們的討論中，依然可以相當普遍地見到強烈的整體主義傾向。當前許多爭論的特色，似乎正在於以「全盤性反傳統主義」面對傳統中國，用整體主義的方式來了解「西方現代性」以及「啟蒙」。我們當然可以說，五四當年以及今天這兩個時代，均有強烈而令人可以理解的迫切感，以致人心會格外渴求全盤的否定和全盤的解答。不過，我們知道，林教授要為這個趨勢找尋更深層的原因。

這並不表示今天中國知識分子關於五四運動的討論毫無新義。參加1969年哈佛那次研討會的人，似乎有一個共同的認識：在五四運動中，所謂「自由主義」（這個概念涵蓋了許多不同的論旨）一派，和當時甫告出現的馬列主義一派，都是道地的五四

精神產物，兩者也都代表對過去文化的根本否定。一位與會者
（Prof. Meisner）甚至認為，從某個意義上說，1966-69年的「文
化大革命」，回到了比五四運動的「文化革命」更激烈的層次。
他提醒我們，毛澤東不僅要求抗拒西方資產階級的帝國主義文
化，更號召全盤否定中國傳統：所謂要「大破舊思想、舊文化、
舊風俗、舊習慣」。參加研討會的人認為，「自由主義」和馬列主
義都源自五四的「啟蒙」，而信仰某些西方自由主義價值的美籍
與會者，特別想知道何以五四運動的自由主義一派會挫敗，而馬
列主義一派則能成功。

　　在當前中國關於五四的一些討論中，同樣可以看到想為五四
「啟蒙」運動定性的企圖。當前的中國知識分子中，有人認為五
四運動真正的「啟蒙」傳統是我們的研討會冠以「自由主義」之
名的一派，也有人認為這個傳統是一種「西方式」，完全排斥列
寧主義詮釋的馬克思主義。用這個觀點來看，五四運動屬於馬列
主義的一面，結果成為阻礙中國啟蒙繼續發展的主因，甚至造成
傳統封建文化的復活。

　　列寧主義詮釋下的馬克思主義，也許的確因為和中國「政治
文化」裡的某些習慣有所呼應，故容易在中國被一部分人接受。
這是一個有其可信度的命題，值得作具體的分析和論證，來證明
這個命題是否正確（雖然它不必然和列寧主義有其西方根源這個
命題衝突）。但是，如要把這個命題推廣，認為有某種壁壘分明
的全面衝突存在：一邊是完全壞的「封建過去」，馬列毛思想是
其集大成的表現；在另一邊是完全好的五四「啟蒙」，若非遭到
如今表現在共產主義意識形態上的傳統力量所破壞，原來可望發
展出完全沒有問題的「現代性」——這個命題不啻是最戲劇性的
想像。可是這種想像卻沒有面對人類生存中的曖昧性與複雜性。

事實上，1919年之後接受馬列主義的青年知識分子，真心相信馬列主義乃是徹底反傳統的，並且確實是「現代」的和科學的。

二、現實生活的內容豐富複雜，不宜系統化看待

在考慮「傳統中國」與中國在現代的處境有什麼關係的時候，我覺得有兩個問題必須處理。一個問題是：不論其利弊得失，傳統文化是否仍對今天中國的思想及行為習慣有所影響。

我認為這類習慣確實持續存在，雖然它們必須與其他行為模式並存，而這些其他行為模式與傳統已無關係。要回答這個問題，唯一的方法是對當代中國人的各個生活領域，進行具體的研究。

另外一個問題是：現代中國人如何自覺地詮釋中國文化和社會的整個歷史。要回答這個問題，唯一的途徑是窮究歷史之複雜性與多樣性，深入地進行認真而廣大的研究。在中國文化裡，確實可以找到某些居主流地位而且持久的取向。不過，如果有人認為這類取向可說明中國文化的全貌，因此用一種整體主義而抽象的方法去處理這些取向（例如金觀濤的「超穩定社會」，或如Wittfogel的「亞細亞生產方式」），他不過是逃避現實生活的真正豐富內容、複雜性，以及各種內在的緊張。即使是居主流地位，而且是多人共有的取向，在過去也一直適用於不同人士相當不同而相互牴觸的處理。

在第三個問題裡，你們提到杜維明和林毓生兩位教授都批評了全盤性否定傳統的作法，也都認為中國文化遺產的某些方面有其現代價值，並均反對將傳統／啟蒙的二分法絕對化。我不一定贊同他們中間任何一位的每一項具體論點，但我以為有必要謹慎地交代他們的基本看法。（當然，他們彼此之間差異甚大。）不

論對中國的過去，或對「西方現代性」，他們二位都持反對整體
主義的態度。儘管「自由主義」是一個頗為含混的名詞，但至少
在一個意義上，林毓生是一位真正的五四「自由主義者」，這一
點你們也已指出。他非但不會全盤地崇拜傳統，相反，他認為五
四知識分子的「整體主義」傾向，本身便反映了一種在傳統中國
文化裡根深柢固的整體主義趨勢。雖然他認為這個取向是過去士
大夫文化中普遍而持久的取向，他卻不以為中國傳統文化事實上
是一個完全整合了的，其各個構成部分以邏輯鐵律緊密結合在一
起的體系。雖然他承認整體主義是中國文化的一面，但他反對對
整個中國文化採取整體主義的看法，因此他可以相信，現代的中
國人作為人和作為中國人，中國文化的個別方面對他們可以有當
前的意義。也因此，從他的觀點來看，在肯定中國文化的某些方
面之時，同時可以斷然揚棄某些傳統儒家的禮俗。他這個觀點，
我認為與他的自由主義完全相容，因為他的觀點所根據的設定
是：既往的中國文化應如何關連到未來的「現代」文化，終極決
定無需必然為「集體社會」（collective societal）的決定；那也應
該盡量是歸屬於社會中個人與團體的決定：社會中的個人與團
體，應該盡量自行找出自己的角度，發展自己和文化傳統各方面
的關係。至於杜維明，同樣不以整體主義的態度面對過去。他的
終極信仰，似乎是某種宗教性的人文主義；他認為這一人文主義
呈現在儒家的歷史中，同時可以和儒家的其他方面分開。

　　作為一個研究中國文明的西方人，我當然沒有權利指示現代
中國人應該如何面對過去的中國文化。某人可能會找到吸引他的
那一個方面，另外一個人可能找到另一個有吸引力的方面（連魯
迅這樣的人，也會欣賞魏晉思想家和中國民間藝術）。至於這些
方面是否共同構成一個不可分的「有機」整體，或者它們和那個

以「近代性」一詞涵蓋的含混整體是否相容，無法套用獨斷的整體主義公式來回答，只有在具體分析過相關的特定問題後才能知道。也有人，比如說南朝時代的佛教徒，所找到的「得救真理」完全在中國文化之外。最後，佛教本身可以說變成中國文化的一部分。中國文化雖將佛教「中國化」，佛教也改變了中國文化。

當然，在法律、經濟之類的領域，以及社會政策的許多領域，一定會有「集體社會」性質的決定，中國與過去文化的關係，也會在許多方面受到這些決定的深刻影響。我們希望形成決定的過程，能盡量合於「民主」。一般而言，即使政府完全操在具備最先進社會科學知識的知識分子手中，也絕對不宜企圖在政府支配下，「系統」解決整個問題。

三、啟蒙運動之可貴，在不妄想為一切問題提供整體解答

有人似乎認為，五四運動裡真正屬於「啟蒙」的一面相當於西方十八世紀的啟蒙運動；這一面假若未曾受到阻礙，當可充分發展，形成中國的現代性，在回答你們第三個問題的時候，我特別想討論一下這種看法。

如前面所言，這種以整體主義的態度，將「西方啟蒙」當成一個妥當無疑義的範疇來處理的作法，我不以為然。

深入了解西方啟蒙運動的具體內容以後，我們可以找到某些被普遍接受的預設（特別是負面的預設），但我們很快就會發現，在這些普遍接受的預設的範圍之內，乃有激烈的爭辯與尖銳的不同觀點。英、法、美、德各國啟蒙運動的發展，也有顯著的差異（休姆、狄德羅、康德，及美國開國人物之間差異極大，即為一例）。啟蒙運動本身便產生許多「矛盾」。針對什麼是健全的社會這個問題，盧梭與伏爾泰及其他啟蒙思想家曾展開激烈的爭

論。伏爾泰頌讚科技的進步；盧梭卻表示，在過去，「文明」帶
來的科技與經濟發展，徒然使社會的不公和衝突更形惡化。狄德
羅與伏爾泰絕不會反對能讓知識分子獲得足夠自由，實行他們的
開明理念的「開明專制」。但，美國開國人物則持強烈的共和立
場，痛恨一切形式下的政治專制，不論開明到什麼程度。

　　甚至連「民主」與「科學」有什麼樣的關係，也絕不是一個
單純的問題。伽利略、笛卡兒、萊布尼茲以及牛頓等人，造成了
十七世紀的科學革命。他們所處的社會說不上是民主的，不過卻
有夠用（卻常有被剝奪之危險）的自由空間，讓科學拓荒者們進
行研究的工作。孟德斯鳩欽慕王權復辟的英國，因為它有自由；
他並沒有認為它是民主國家。在啟蒙運動裡，我們或許可以找到
近代社會科學這個觀念的根源（根據自然科學的「方法」研究人
類社會），然而這個觀念是否有支持民主的涵義，不管在當年或
在今天都很難說。當陳獨秀接受馬列主義的時候，他並未因此必
然放棄他的「民主與科學」的目標。他只是變得相信馬列主義是
達成民主目標比較實際的策略，另一方面，它也是一種深具科學
性的社會科學，其科學性的嚴密程度勝過他所知的任何理論。馬
列主義自認是可以預測未來的科學，因此對於它的信徒而言，是
可以作為根據，發展出真正見效的「社會工程」；這種自我肯定
其「科學性」的主張，無疑是它最能引人變成它的教徒的一面。
在另一方面，馬列主義又繼承了雅可賓（Jacobin）對盧梭「普遍
意志」（general will）的詮釋。我甚至願意大膽地說，這種對盧
梭雅可賓式的詮釋，如羅伯斯庇爾（Robes-Pierre）在演講中所發
揮的那樣，與毛澤東「文化大革命」理想的關係，不會遜於任何
從中國的「封建過去」導出的觀念。

　　最後，我們也應該討論一下現代民族主義。這不僅是五四運

動一個非常重要的部分，也是十九世紀和二十世紀西方整個後啟蒙發展的重要特色。啟蒙運動和民族主義有什麼樣的關係？

有人曾試圖證明，在許多方面，民族主義實際上削弱和扭曲了啟蒙運動較為世界主義的、個人取向的價值，因為它把這些價值貶到工具的地位上，供達成民族的集體性目標之用。也有人指出，民族主義必然要求以反動的方式美化文化遺產。事實是，如果這種說法能夠成立，它適用於西方，也適用於五四後的中國。如果說法國革命之前的啟蒙運動是高度世界性的，法國革命本身則產生了一種強烈的「俗世民族主義」（secular nationalism），此後在現代西方發展中一直是一個強大的支配因素。假若我們說，如果一個人完全否定自己民族的文化遺產，到了最後他不可能以他的民族「為傲」；但是一種狂熱反傳統的「革命民族主義」，深信傳統文化是發展真正「富強」的民族國家的主要障礙，當然有其可能。縱使在今天，中國出現這樣一個強烈反傳統的民族主義，作為團結各方的信仰，仍難說毫無可能。這樣一個民族主義，會以何種態度面對無論是現代或傳統的其他價值，在中國和在近代西方一樣都是一個令人不安的問題。

關於五四運動與「現代性」這個概念的關係，還有一個問題我想提出來討論。五四運動已經過去了七十年。「現代性」這個觀念涉及的問題之一是：它彷彿指某種終極而言，屬於靜態的末期事態。那麼1989年的現代性和1919年的現代性是同一回事嗎？在這兩個時代之間，西方經歷了二次世界大戰及納粹的慘禍；生態的考慮愈來愈突出，無限制的經濟成長是否會吞噬掉人類的自然環境，已經變成大問題。思想方面發生了重大的變化，社會科學所流行的派別也有大規模的轉變。此外，縱使有人認為西方可以幽閉在已經獲得的後啟蒙現代性中安然無憂，但是事實

上，現代性與西方文化傳統的關係，在西方仍然是一個繼續存在的問題。

　　最後，我願意就啟蒙運動的貢獻，發表一點個人的意見。在我看來，啟蒙運動最有價值的傳承之一，就是涉及民主憲政以及人權等觀念的一些理念。這些理念一項主要的優點，在於它們不妄想為一切宗教、哲學，或社會問題提供整體的解答。我們甚至可以認為，用來實踐民主、人權這類想法的特定制度，本身便極易失靈出錯，需要不斷修補改進。這些理念旨在提供某種「遊戲規則」之架構，讓人們在這樣一個架構之中，可以從至為分歧多樣的立場出發，在一個暴力與壓迫降低到最低程度的氣氛裡，與人生一切痛苦的問題搏鬥。關於文化傳統應該和現代性有什麼關係，可以有各種看法。但民主性的「遊戲規則」不容抵押給任何特定的看法，或任何社會科學的教條。

真空、烏托邦與民族主義
試論中國反傳統主義的「林毓生分析範式」

蘇曉康

一、暴風雪中讀抽印本

美國東岸難得「燕山雪花大如蓆」。

年初東岸遭逢七十年未遇之暴風雪，雪壅門前，寒風徹夜呼嘯。我伴妻療傷在家，忽得林毓生教授寄贈的一個印得頗清爽的抽印本——去年九月他發表在台灣《新史學》（六卷三期）的〈二十世紀中國的反傳統思潮、中式馬列主義與毛澤東的烏托邦主義〉——直讀得思潮踴騰，心意難平。同時，心裡又勾起另一場雪景，1989年冬春之交，我在中國一場江南春雪裡拜謁「五四」鉅子們的亡靈，恍然覺出兩場冬雪的七、八年間，我已漸漸走出「五四」陰霾。

懷寧陳獨秀的荒塚，和績溪胡適故居中堂所給我的許多感慨，無奈是沒有學識去消化的，只會再分泌一通「將百年興亡看

飽」的宣洩文字。七、八年前的那個冬天，試圖反思「五四」的我們一群人，從安徽跑到湖南，卻壓根兒看不出「視績溪為上京」同「韶山出了一個紅太陽」之間，會有什麼思想史上的聯繫，以致依然禮讚「五四」是文藝復興式的「心中的日出」。

二、「五四」黑洞：一個負面的源頭

「心中的日出」曾是黑格爾對歐洲「文藝復興」的頌揚，那確是他們的一個正面而充沛的源頭（雖然今天也遭到許多質疑），因為它是對歐洲傳統的一個復興。我們中國人也有一個近代的「日出」，但正好同歐洲相反，是把我們同中國傳統斬斷開來，構成一道文化魔障，使我們被籠罩其下而毫無自覺。這個文化魔障，是人類文明中「與眾不同而影響深遠的中國歷史現象」——其反傳統之徹底、激烈、持久，以及虜掠中國知識界和荼毒中國社會之深，均無以復加。這是一個「黑色的日出」，它強烈地吞食和限定著中國的現代意識。林毓生致力於應用韋伯「理念型」分析破解這個魔障，鍥而不捨一二十年，揀出一塊清朗之地令我輩得以立足，在我不啻有安身立命的慶幸。

一個還願思考的中國人，如要使自己不再陷於社會達爾文主義化的黑白二分中西對比的泥淖，或受制於深入骨髓的民族自大與自卑混合的文化性格，或迷戀由道德憤怒出發的幼稚型假民主，總之，不再受制於「全盤化或整體主義」的桎梏，也許均可讀讀林毓生。他最近發表的這篇長文，是對他以前剖析釐定的「五四」全盤化反傳統主義的展寬拓深，其視野越過「五四」諸君（陳獨秀、胡適、魯迅）探向甲午後的第一代知識分子，又延伸至其邏輯後果，即我們這一代遭逢其中的中式馬列主義及毛澤東的烏托邦主義，在縝密的論證下，揭示近現代中國悲劇的「結

構的可能」，以及對激進化錯亂現象理出幾個至關重要的來龍去脈，而使中國獨特的反傳統現象，獲得了與「人類普遍共有的關懷有關」的合理解釋。雖然林毓生的文字很難讀，但每讀他的文字，我都有觸電、缺氧之感，驚嘆之餘又常消化不良，以致反覆讀到頭昏腦脹，這次尤為強烈，但我若不願再胡思亂想，就非得勉為其難去啃這些文字不可。

三、「反傳統」蔚為大觀

　　林毓生此文對甲午後四人：嚴復、譚嗣同、康有為、章太炎的分析，使人得以從他們並經由「五四」一代（陳、李、魯、胡），一窺日後毛澤東之惡劣、全民族反傳統蔚然成風之先河，清晰地展示了陳寅恪所說的，那種中國近代激進思潮，以細微之沫漸成「驚雷破柱，怒濤震海之不可抑遏」的脈絡。

　　例如，至今籠罩中國人的黑白二分、中西對比的濫觴，即可上溯至嚴復的社會達爾文主義化的民族主義，而它正是激進反傳統主義的源頭之一。林毓生指出，取代自認中國為世界中心的「文化主義」之式微而興起的民族主義，是近代以來中國人意識中最大的支配力量之一，民族主義的優先性，使任何可欲的變革都成為它的手段，而它本身卻不能提供任何「建國方案」，只是強烈地依附和受制於各式各樣的意識形態。社會達爾文主義之所以成為「一個解釋工具，去應付由於不明情勢所產生的最難忍受的不安」，就在於它提供了「令人著迷」的非黑即白的二分法，使中西制度文化的優劣與功效的「比較」成為簡易的可能。

　　這樣的情形竟穿越百年再現於本世紀八十年代，驟然開放下湧起「視西籍如神聖」的文化熱、驚呼「開除球籍」的救亡意識以及強烈譴責傳統的時髦，從而不僅回到「五四」反傳統主義的

原點，甚至回到了作為「五四」先河的社會達爾文主義化的民族主義──於是今天連反體制的知識分子，也只能無奈地看著他們不期然中召喚回來的這種民族主義，居然成了中共度過「六四」合法性危機的通靈寶玉。對於一個依然以「弱肉強食」生存競爭觀看待世界的民族，極權就遠不至於因為一次屠殺而喪失合法性。

　　林毓生接下來對譚嗣同龐雜思想的分析，不僅上探其與張載、王夫之的承傳變異，更直指其由道德憤怒所呈現的文化性格對後世的劇烈影響：

　　　　在譚嗣同的意識之中……占更大優勢的，是他的普遍性道德與宗教訴求……洋溢著對西方民主的熱情讚仰與道德想像，卻不易接受「歷史感」的節制──不傾向於仔細了解民主在西方歷史脈絡中的發展，以及由此而知其實質與限制，也不傾向於考慮在中國的歷史環境中，如要採納西方的民主制度與文化，將會有哪些困難？以及如何克服那些困難？譚氏對民主的讚仰與想像，實開許多二十世紀中國知識分子從普遍性宗教與道德觀點來理解與接納民主──因此常被各式各樣利用普遍性宗教與道德訴求的假民主所欺所蔽──的先河。

　　這段話所蘊涵的歷史沉重，已經遠遠溢出對「流血請自嗣同始」的這位戊戌君子的思想分析，其針砭直達整個二十世紀中國知識分子以種種理想主義、激進情緒、民粹傾向來接納馬列、暴力革命、唯物史觀，在社會主義幻滅之後，又以同樣的思維模式接納西方民主的通病，以及共產暴政以泛道德化而毀盡道德資源

以致走向無道德的另一極端，也包括至今蔓延在異見陣營中的浪漫民主、泛道德化、民粹傾向等等。

不過，我執著於面對現實問題之恐慌的解讀，實有化約林文精微「內在理路」之嫌，林毓生下筆時面對巨大歷史疑陣和慘烈後果而字字嘔心瀝血的運思，實非我輩所能接近一二，其中最艱深的，是他從分析與結構的觀點，詮釋中國文化‧道德秩序一發不可收拾地崩解到「真空」境地的分析範式。

四、神聖性與可敬性的消解

一個五千年文明不是輕易會出現「真空」的。林毓生的分析範式致力於思想史與政治史的互動整合。他指出，作為政治事件的辛亥革命的發生，不是新的政治秩序的起點，而是舊的政治秩序的終點。舊的政治秩序中心是所謂「普遍王權」，它在綿長的中國文明之中卻不止於在政治上有其意義，它在結構上也是維繫傳統文化秩序與社會秩序的中心。所以，從分析的觀點來看，辛亥革命的一項重大歷史意義則是：它是現代中國三重（政治、文化與社會）危機的整體性突破點。

當然，這種解體不是一個政治事件突然造成的，而是一個自鴉片戰爭後西方文明的入侵，和中國文明無法應對的長久而複雜的過程。「普遍王權」猶如一道大堤上的水閘，受水侵蝕雖不致倒塌於旦夕之間，但長久侵蝕後的水閘一旦崩潰，則洪水氾濫勢必沖毀一切。這樣的大解體，「使全盤化反傳統主義，在結構上成為可能」。

辛亥前就已逐步發生的解體過程的關鍵因素是：儒學一元式「天人之際」宇宙觀，在西方科學宇宙觀與基督教創世觀的衝擊下的衰微——它導致政治、文化與社會秩序的正當性的動搖。思

想史的複雜在於，林毓生選擇分析的嚴、譚、康、章四人對於中國傳統宇宙觀衰微的回應，其影響極其深遠卻取徑完全不同，而且他們各自的支援意識以及對後世非預期的影響也大相逕庭，然而林毓生必須在同一個分析範式中透視他們的「歷史的合理」──只有當他們每一個的「如何可能」被解釋，整個大前提才被解釋。這個分析範式是：

　　一元有機式宇宙觀作為一種文化‧道德秩序的核心一旦動搖，其所有基本預設均不可能再被視為當然，所有成分都可被懷疑與被攻擊。

　　在論述嚴復時，林毓生特別引徵晚清宋育仁之《采風記》，凸現儒家有機式「天人之際」宇宙觀的衰微，如此才使得嚴復有可能拒絕傳統儒家政治正當性的前提和解說，從而走出傳統政治思想的範疇，以類似霍布士「社會契約論」的觀點，攻擊君主制度與君臣之倫（林認為嚴復在這一點上很有深度）。這在早嚴復二百多年之清初黃宗羲就辦不到，雖然後者的《明夷待訪錄》對君主專制的批判確是沉痛無比的──達到了傳統思想發展的極限，不能再往前走了。

　　同樣的情形也發生在取徑不同的譚嗣同身上──他「衝決網羅」，打碎人間壅蔽的思想，上承張載的「天人合一」，但林毓生問：為何張載的觀念到譚嗣同身上才發酵？這也是因為傳統「天人相副」宇宙觀的解體，使以「三綱」為中心的禮教已失去正當性和神聖性，於是譚嗣同可以從西方獲得「一個新的選項」來面對未來。

　　清末今文和古文兩個學派則從正負兩面夾擊儒學傳統，康有為機巧地以今文學派立「孔教」，來為他的變法謀求文化認同，但他那樣把宗教當作政治工具的舉措，則徹底顛覆了孔子的神聖

性；章太炎則以淵博的古文知識，將數千年視為永恆真理的六經，降格為一堆歷史材料。

五、傳統「之內」與「之外」

林毓生嘆道：「儒學傳統架構在其整體崩潰的前夜，多的是：自我毀滅的內在資源，少的是：面對三千年未有的歷史挑戰，自我更新的內在力量。」他的意思是，面對宇宙觀解體的壓力和民族主義的要求所合力構成的歷史性挑戰，中國第一代知識分子所做的回應，如上述四人，雖然對凋敝已極的儒家宇宙觀不可能再施加更多的破壞，卻都做了一件事：消解它的神聖性與可敬性。在林毓性的分析範式中，這樣的思想氣候便使讀書人漸能走出「傳統」──在傳統秩序尚未完全解體之前，「走出」不可能徹底完成，只有當辛亥革命導致的「普遍王權」整體崩潰所引起的大解體之後才有可能。於是「傳統」被化約為一個內部成分具有共同特徵的整體性有機體，也成為可能，而這就是「全盤化或整體主義」的出現。

傳統「之內」與「之外」，對知識分子而言是一個絕對的臨界點。在傳統之內你也許只能「憤怒」（譚嗣同是極致），到傳統之外你就只剩「厭惡」（一如今日中國年輕人對中國傳統只有厭惡感）。林先生給我們舉了一個例子：章太炎可以毫無顧忌地厚誣、輕薄孔子和六經，卻也無奈地強調「別人沒有這樣的祖先，好歹他們是我們的祖先」，但他的弟子魯迅，已站到傳統之外，便覺得從中國典籍裡只讀出「吃人」二字，雖然魯迅的國學修養是同代人中的佼佼者。

更重要的是，在一個已經式微的宇宙觀的傳統之內，你也許只有焦慮，站到它之外你才會產生面對未來的「空虛」──「這

樣內在的『空虛』是難以忍受的……他們在心理上正急迫地尋求能夠對未來提供確定的系統性政治導向與新的系統性思想的意識形態，以便填補內在的空虛與恐慌。」

六、「真空」與「吞吸整體性填補」

這時，林毓生也到達他的分析範式的高峰——「真空」出現了。

中國學術界未見前人以「真空」的觀點，來詮釋「五四」與當代中國災難的思想史因果：近代百年外辱內患、曠古鉅變、盤根錯節，若能理出一個頭緒來，其實就是「真空」這件「事」發生了。這件「事」的後果，就是吞食並至今籠罩我們的一種強勢意識形態被鑄成。

解釋這一獨特而複雜的思想現象並非易事。一般而言，一個政治與社會的秩序崩潰、文化迷失方向之際，為各種意識形態的興起提供了溫床，但你如何解釋在中國為什麼是一種極封閉的強勢意識形態，壓倒了其他一切較溫和的意識形態？林毓生在這個關鍵處提出了一個最複雜的命題：

> 這樣的「真空」的邏輯意義則是：「真空」是整體性的（否則不是「真空」）。它不是只填滿一部分便可完事；「真空」有整體性填補的需要。

並非任何一種傳統文化在發生危機時都會產生「真空」，它與中國文明的整體性傾向有關。林先生曾給我舉例說，當尼采大喊「上帝死了」的時候，西方傳統宇宙觀也面臨巨大危機，但這只是削弱了它的希伯來文明一個來源，它還有希臘文明和其他來

源；他在文中也列舉了印度和伊斯蘭文明面對西方挑戰所出現的
有力的「新傳統主義」。他說：「五四全盤化反傳統主義的心理與
邏輯後果則是：堅持這樣意識形態的人，在心情上與思辨的邏輯
上，不容易接受自身帶有未扣牢部分（loose ends）的思想，而容
易被自我聲稱對未來能夠提供確定的系統性政治導向與新的系統
性思想的強勢意識形態所吸引……」。

　　這「自身帶有未扣牢的思想」，包括常識與科學知識。常識
是人類賴以生存的根據之一。它是約定俗成地由經驗累積而來，
自然有許多未扣牢的部分。即使嚴格的科學知識，也預設著許多
假定，所以，也無法完全扣牢〔重大科學發現中的一些（並非全
部）假定，往往以後會被證明是正確的〕。在「真空」中，五四
時代的中國知識分子不但無法使用常識，而且也無法應用科學家
的工作方式來研究他們的問題（他們所崇拜的「科學」，只是作
為意識形態的科學主義而已）。他們容易迷戀「對各種事物都有
高度而明顯的『系統性』意見」、「往往要把系統中的其他成分整
合於一個或幾個顯著的價值之下」的那種強勢意識形態。一再出
現在中國近現代思想史上的一個奇妙的悖論是：由於內在缺乏任
何新的分析範疇，而外在社會與政治環境越來越糟，使得知識分
子越來越激進。其激進的內容只是一個悖論——思想內容是囫圇
吞棗地接受西方極端思潮，思想模式上則只有傳統儒家一元化的
「藉思想—文化以解決問題」模式作為支援意識，並將這種思想
模式推展至其極致。這樣的激進化情勢，不僅使任何溫和思潮如
自由主義無立錐之地，即使極微弱的「保守主義」、「傳統主義」
也都無法純正，社會只留下一條向「左」移動的通道。

　　這是林毓生在他的分析範式中詮釋的第二個「結構的可能」：
儒家有機式「天人之際」宇宙觀的解體過程，被「五四」反傳統

主義引向面對未來的意識形態的「真空」，和吞吸整體性填補的需要，為自我聲稱能對中國政治、社會和文化秩序解體的三重危機提供全盤化解決辦法的中式馬列主義，提供了結構的可能。

七、解咒「五四」

　　毛澤東「神話」和1949年以後中國種種「史無前例」的殘酷、荒誕，不只是中國文明的恥辱，說到底是對知識的挑戰。這個巨大的夢魘一直壓在對中國文明有承諾的知識者心頭，但人們面對這個惡夢的「解咒」能力很不一樣。我所讀到的大部分「批毛」文章，明顯還是陷在「五四之內」和「傳統之外」的一種掙扎，而不是「解咒」，例如一個最流行的說法，是將毛澤東的肆虐歸咎於中國人的奴性、順從、愚昧，這其實還是以五四批判「國民性」的「療救文化」作為支援意識，依然拿中國傳統問罪，重複著「藉思想—文化以解決問題」的思路。

　　站在傳統之內對「五四」的解咒者，余英時教授是最有創見的一位。他以「邊緣人集團」和「邊緣人傳統」的分析範式，將「五四」及其所代表的激進、革命、反傳統的文化現象，從中國傳統中爬梳出一個來源並徹底剝離出來，使兩者都由渾沌變得清晰起來，為解咒「五四」鋪墊了廣闊的歷史視野。

　　林毓生教授則以韋伯「理念型」分析範式，來揭示「五四」前後劇烈思想變遷的內在理路，使之變得具有歷史邏輯。我這樣說，是因為前幾年的「韋伯熱」一直是近代中國危機論說中的顯學，但盛行的說法，只是認為皇權崩潰、社會散架、傳統的政治權威和價值體系均無以維繫，於是人們會不由自主地期待「奇理斯瑪」型人物的降臨。這是拿西方學說的一兩個觀點來硬套中國歷史，令人覺得彷彿是在講一個西方式的神話。韋伯關於「奇理

斯瑪」現象的論述，對中國近現代史是一個頗具解釋力的支援意識，但唯有進入到中國具體的思想史過程中去運用它，才能變成源頭活水，獲得屬於中國歷史的結論——「五四」的發生，不僅在於中國知識分子的第一代（甲午）和第二代（五四）對西方文化的誤讀，更在於這種誤讀乃是中國傳統文化自身限制的邏輯後果，這同傳統文化性格對老百姓的影響是不相干的。

八、狂妄：無歷史限制而「未來」無限

有趣的倒是，人們一直忽略了「五四」所塑造的與傳統不同的一種中國現代文化性格，它是林毓生的分析範式推演出「真空」之後，集中筆墨闡述的中心問題（林文第二部分）：毛澤東的烏托邦主義。

肆無忌憚的自行其是、「永久天國」的嚮往，都是承受了一個「真空」背景而發生的一種狂妄和愚昧：不受歷史限制並覺得「未來是有無限的可能的」，毛澤東詞句「俱往矣，數風流人物，還看今朝」，是這種心態最露骨的自我寫照。然而，這「今朝」的時間定位，也誘惑了失去傳統的整個民族。因此，狂妄和愚昧又並非只是毛澤東一人的性格，而是全民族被這種性格奴役的問題，「不受歷史限制並覺得『未來是有無限的可能的』」，是一個全民族的精神意識問題。1949年以後中國種種「史無前例」的殘酷、荒誕，是無傳統無文化的殘酷、荒誕。從思想脈絡中可以看出，假如五千年傳統的神聖性不被完全顛覆，中國人是絕不至於把這麼一個睥視千古的「光棍」奉為「紅太陽」的；而現代中國人再也不知道什麼是真正的神聖，正是康有為「托古改制」化約宗教為政治實用工具，取消了宗教的神祕性與超越性的非預期後果。

九、毛式「上帝」：從「全知全能」到無法無天

　　這裡，我特別感興趣的是，林毓生對毛澤東及其所代表的意識形態，作了深刻而準確的思想性格刻畫：「毛澤東領導下的中國共產黨具有強悍（自行其是）、千禧年式、『比你較為神聖』的道德優越感而政治性又極強的烏托邦主義性格」，這真是文學都沒有達到的傳神境界。然而，這卻不是什麼中國文人所豔稱的神來之筆，而是讀透史料，殫思竭慮的成果。這一思想史的描述，其意義恰好是林毓生將他的分析範式延伸到產生了「真空」的一個文化系統的內部，使「真空」的後果也可能作為思想現象來研究。這是對「五四」研究的一個完成，使他的分析範式獲得了終點。

　　林毓生所描述的上述「烏托邦性格」，如同他的分析範式中一再詮釋的那些悖論（顛覆傳統與受制於傳統、「真空」與「吞吸整體性填補」等）一樣，是一個「悖論叢聚」（cluster of paradoxes），並錯綜複雜攪合在一起，交互影響：

　　——毛式烏托邦一反「烏托邦主義」不知如何在當下落實的基本性格，強悍地認定確知如何當下落實其崇高理想；

　　——它的現世宗教性愈強（愈想把人間變成天堂），便愈無所不用其極地運用政治手段；而愈是不擇手段，便愈需要從現世宗教性那裡獲得正當性，其結果是，從自認乃是「全知全能」的上帝，變成一個無知、反知、無能、亂管的「上帝」；

　　——「五四」真空使中國知識分子相信，愈是摧毀傳統才愈有可能進行徹底的建設，而中共的破壞愈徹底，便愈摧毀了知識分子不依賴強勢意識形態（全盤化解決的導向及其答案）的能力——即：使得往相反方向多元思考的能力變得愈弱；

——最後，以全盤化反傳統而取得極為強大正當性的中式馬列主義，因其自我聲稱的一整套全盤化解決辦法災難性地落空，從而恰好完成了從馬克思到列寧到毛澤東的共產主義邏輯的解體過程。

以這個分析範式，我們才可能對「大躍進」、「文革」、「改革」直到「六四」這一連串的災難，獲得一個邏輯的歷史解釋。「大躍進」與「文革」之間的因果聯繫，現今已被許多歷史材料證明，是毛澤東以一個更大的災難去補救前一個災難的強悍行為，如果我們再延伸一步思路，鄧小平的「改革」，何嘗不是以另一種形式的災難，去補救毛澤東的災難？特別驚人的相似之處，是「改革」與「六四」的因果關係，正好是「大躍進」與「文革」關係的重演，前後兩次以錯糾錯的非常手段，在理直氣壯、封閉和排斥任何不同意見的強悍性上，如出一轍。不同之處只在於，鄧小平的無所不用其極，已經沒有毛澤東那種強烈的現世宗教性可以用來彼此加強，反而更加赤裸裸的殘酷，說明這個封閉系統的解構本身，可能還是會以災難形式發生。

以今日的現實而言，全世界都被中共這個強悍的、由近代以來的民族主義充分餵養的怪獸所折磨；台灣的現代化進程受其威脅更是時時刻刻的。這個怪獸令人無奈之處，在於它是一個失去傳統而不受歷史限制，並覺得「未來有無限可能」的、無視任何規則又無安全感的、急功近利又不惜代價的龐大存在——一個沒有底線的對手。這就是林毓生教授從思想史角度為我們揭示的一個恐怖的存在。五千年文明衰敗到「真空」境地，是一個要由所有中國人去吞嚥的苦果。

1996 年春於普林斯頓

附錄三

關於「中國的現代化道路和文化的內在困境」對話錄

梁燕城、林毓生

一、近代化過程的不同模式

梁燕城：讓我們從五四運動談起吧。五四從 1919 年到現在，已經快八十年了，但在近代的重重波折中，當年所求的科學、民主、開放、富強，僅留下一些種子，但仍未生根，可以說現在才剛剛起步，建立了一些現代化的條件。你曾經分析過，認為五四運動也並不是真正的現代化運動。我們能否討論一下，為什麼中國的現代化過程，經常逃不出一種傳統的困境，歷史的錯誤不斷重犯？

林毓生：我在一些著作裡談了很多關於這方面的問題。如果從比較思想史的角度來考察世界各國近代化的過程，那麼，非西方國家——不僅是中國，還包括亞洲各國、阿拉伯國家、非洲及拉美國家——從十九世紀開始都受到西方的影響，但卻產生了好幾個模式。拿日本和中國比較，兩國的近代化過程差不多同時起步，事實上，中國的「自強運動」比日本的「明治維

新」還早幾年，結果卻很不一樣。日本遠比中國成功。一個根本原因是日本政治和社會中心沒有崩潰，它走的道路用英文來講，是neotraditional approach，一位研究比較歷史學的西方學者把日本走向現代化的道路叫作the conservative route to modernization，即：一個保守主義的現代化道路。而中國從康梁以後一直走的是激進主義的現代化道路。日本的道路相對地穩定；雖然，日本近代史上也出現了很多嚴重的問題，遭遇不少災難，如軍國主義的興起，除了侵略了許多國家以外，也使自己遭受兩次原子彈轟炸。但，由於政治中心和社會中心沒有崩潰，再加上美國的支持，所以二次大戰後國力恢復得很快。傳統中國是極為保守的；但現代中國卻沒有保守主義的現代化道路，自認是保守的人也是相當激進的。為什麼沒有保守主義的現代化？因為中國近代史是一個政治、社會中心解體的過程，到五四時期已整個崩潰了。所以中國客觀環境和條件都很差。辛亥革命是失敗的，因為它帶來了軍閥統治。辛亥革命以前是一個dynastic rule，滿州人帝王加上士大夫統治的格局，後來變成軍閥混戰，當然是失敗過程。辛亥革命是普遍王權的最後崩潰點。辛亥革命成功只是一個政治上宣傳的用語，從歷史上去回顧，應稱為失敗。

　　中國政治秩序崩潰以後，沒有了中心，才會出現軍閥混戰，軍閥不懂得什麼叫「正當性」（legitimacy，或譯「合法性」）。這與傳統朝代統治者不一樣，他們懂得利用「天命」觀。當然，袁世凱仍然想利用「天命」觀；但，歷史在變遷之中，死灰不能復燃了。軍閥只知軍事實力是實力，不知軍事實力如無「正當性」作基礎，那樣的實力是很薄弱的。他們只知壓榨老百姓，到日本買軍火；最後，在混戰中出了一個懂得利用民族主義的蔣介石，所以他能把其他軍閥打倒。但，他作為統治者的資源仍極少。蔣

介石沒把中國搞好，絕非偶然。不是他不想搞好，實是因為他所知實在有限，不知如何才能把中國搞好。後來徐復觀先生有很沉痛的反思，他在抗戰之後已看到一些基本問題，向蔣建議用社會政策減輕農民負擔，避免低層社會的分崩離析。蔣介石根本聽不進去，因為他基本上，仍然是一個軍閥；只會相信軍隊才是實力。由此可見，大一統崩潰以後，中國的客觀條件很差。當然還有其他方面的問題，包括知識分子方面的問題。

二、對有限性的知覺

梁燕城：我發現日本和中國的現代化在文化性格上還有一點不同。日本文化曾受到中國文化深厚的影響，但它對有限性的察覺和中國很不相同。日本也講儒家，但日本儒家的一些文章和詩歌常講到死亡與苦難，如藤原惺窩講人生「五事之難」，就講到災難及不公平的問題，貝原益軒則講人心之蔽塞，人性之偏。這就是對有限性的知覺。這可能與日本是個海島國家有關。同是儒家，中國儒家為什麼很少講到死亡、苦難與人的醜惡，而日本卻大談死亡和痛苦，可能日本民族和文化有特別密碼，讓自己覺察到有限性？而對有限性的知覺，使人比較開放，不斷反省和改造自己，也易於接受新的東西，所以從傳統開出現代化不是很大的困難。西方也是對有限性很察覺的文化，在這方面，西方和日本是很相通的。

相對於日本來說，中國文化對有限性知覺較少，是一個非常講無限性的文化，講最高最抽象的本體，和太極、陰陽、天理等等，政治上也是無限性的心態，以為我們是天朝，鄰國都是蠻夷或附庸。這是中日在傳統方面關鍵性的不同。日本現代化是從有限性的知覺裡開出來的，中國清朝還是無限性的知覺，對新東西

不講吸收，只講包容，但當人家比我們更強大時，便無法包容，結果從傳統開出來的幾個嘗試，如洋務運動、戊戌維新都失敗了，義和團也是希望從傳統裡面走出一條路來面對現代化挑戰，也失敗了。到那個時候，我們幾乎所有精神資源都用完了。

　　日本的現代化運動有兩次，一次明治維新，不是走民主現代化的道路，而是走普魯士的軍國主義現代化。軍國主義的現代化道路在西方曾經也很成功，但到二次大戰後便一同崩潰了。以後日本又重新崛起，在美國幫助下走上西方式的民主道路。當然日本成功還有一個因素，就是它的海洋文化，走西方式的資本主義商業文明，海洋文化易於交流。四九年後中國也有現代化成功的機會，但大躍進和文革拖垮了整個成功的機會，也是由於太重的自我無限化心態，自足而不交流，故不論其歷史外緣因素如何，中國傳統文化的無限化性格，是很難把現代化包進來的。

三、內戰心理對資源的消耗

　　林毓生：用有限和無限的觀點來解釋日本和中國差別，不失一種重要方法。

　　台灣有個學者楊儒賓，大概曾經上過牟宗三先生的課，他寫過一篇很重要的論文，論評牟先生的無限性，那是一篇有重要貢獻的著作。你剛才講到有限性和無限性，都與精神層面有關係。我們還可以從另一個方面來看，日本雖然戰敗，也受了很多苦，但沒發生內戰。中國經過了長期內戰，大陸四九年後的建國方案，仍然受到打游擊的模式影響很大。如「單位」是一個自給自足的工作實體，不講究資歷，強調敵我嚴格的分界與鬥爭等等。然而，絕大的悲劇是：在新的國家領導層還不太清楚建設國家不能再用打游擊的模式進行的時候，全國人民（包括許多高級知識

分子與從前的國民黨人士），基於愛國情懷，都一心一意要和共產黨合作，甚至作出犧牲。可說是全國一條心。這是多麼大的一個資源啊！包括在海外的一些學有成就的知識分子，歷盡千辛萬苦都要回國，我知道有一些人沒有回國竟一生感到遺憾。這些人要回國都是為了建國，結果全都報銷在各次運動中了。這說明中國的領導層老是擺脫不了內戰時期那種戰爭心理。當然知識分子本身也有許多問題，有關這方面的問題，我寫過一些東西。

四、中國文化的內在缺陷

梁燕城：我十分同意中國四九年後建國的思考方式，仍是充滿戰鬥性的，費正清就解釋大躍進為一種對經濟問題的軍事式突擊。當然這對經濟發展是做不出成果。至七九年以後，才以符合經濟方式的作法開放改革，如今卻又發展出來一種很特別的商業倫理及市場經濟。余英時曾寫過一篇文章，談到中國商業的倫理從明朝就已開始，但沒有導致資本主義在中國的發生，中國仍是封建王朝，最後走向崩潰，而日本卻能從早期的商業發展進到資本主義，這裡的原因值得探討。

林毓生：的確，中國從明代開始就已有相當強的商業倫理，但它維持點很高，突破點有限。根據韋伯的看法，只有突破才能轉化為現代式的經濟組織，而突破需要一個更高的超越力量的帶領，但中國沒有這個更高的超越力量，所以沒有導引突破的槓桿。余先生的解釋，如他自己在序言裡所說，是參考了韋伯的。余先生講的那些事實是存在的，但這些事實並不隱含著突破。後來滿人進關了，西方勢力也來了，政治上不同了，情況就發生了變化。

　　但我要特別提一下1927年至1937年南京國民政府統治時

期，經濟建設是有些成就的，不能一筆抹煞。例如宋子文這個人，他在中國知識分子心目中形象很壞。實際上，他的確有許多應該予以譴責的地方；不過，他在南京時期，卻也在財經建設方面做了一些工作。

不幸日本人來了，日本的侵略使民族存亡成為最重要的問題，其他都顧不上了。接下來是內戰。

話又說回來，對毛的崇拜始於延安時代。這是一個「奇怪」的現象。講馬克思主義的人，應認為歷史發展的動力來自經濟、社會的力量，為何會產生個人崇拜呢？這實際上是最違反馬克思主義的。（事實上，他們利用馬列主義搞革命，中共領導層對馬克思主義所知極其有限。至於馬克思主義是否正確，那當然是另一問題。）馬克思主義史觀是唯物的，個人不很重要。中國的馬克思主義者，卻沒跟從馬克思主義的前提。我相信這與中國文化的內在缺陷有很大的關係。中國文化分不清世俗跟精神層次的區別，兩者是沒有分界點的。事實上，精神的範疇與世俗的範疇是兩個不同的範疇。西方近代史的進步是建立在中古的遺產之上。我們現在很清楚地知道，近代的法治、民主，以及「政教分離」的觀念都發源於中古。（當然還有古典的根源。）當初一開始就不一樣，精神的範疇是建立在對「外在超越」的上帝（以及由此衍發的「先知」）的信仰上。在世俗範疇之內的政治，其領袖人物再偉大，也不可能引發人民把它當作精神領袖來崇拜。中國的情況正好相反。中國人喜歡崇拜政治人物，視為精神導師。這說明中國文化在必須走向現代化的時候，有許多內在的弱點，沒有力量，沒有生命力。崇拜毛澤東的，有不少高級知識分子，而且是受過西方高等教育的人，這樣的崇拜，極嚴重地阻礙了進步。你既然崇拜毛澤東，你就無法監督毛澤東，使他在政治層面上負

責。毛澤東有了很大的威信，成了神了。這和中國傳統遺留下來的成分關係很大。

五、中國少講超越的上帝

梁燕城：中國文化的真理觀大抵重視內在的天理，而少講超越的上帝。本來在《詩》《書》時代有超越的上帝觀，人民地位就較平等，所謂「天視自我民視，天聽自我民聽」，上帝通過人民的視聽，以監察天子，天子也須「小心翼翼昭事上帝」，那是在超越照臨下的平等性與謙卑性。及至秦漢以後，天理內在化於人心與宇宙，人人都原則上通於天，雖說可建立人的尊嚴感，但人人也可無限化自己，自以為神，後果就是誰有權就可自封為神，人民就很難有平等地位了，無平等就無議事的公眾空間了，毛澤東喊「人民萬歲」，無可否認是歷史上一突破性的觀點，可惜他後來又被封了神。目前中國文化要走出困局，大抵需要建立一公眾領域（public sphere），讓大家可對話而建立和平穩定的力量。中國如今對學術討論的自由幅度比前大有開拓，這是有利於穩定和現代化的。因歷史上西方文化的暢旺，始自公眾領域所釋放的思想、文化和經濟的創造力。西方每一個城市都有廣場，廣場那裡即是精神的中心，建有大教堂，又是行政的中心，是政府所在地。人們在教堂聚會後，常來到廣場討論，商品買賣也在廣場進行，由是形成公眾領域，公眾領域的討論又產生了公眾利益的關注，成為改革的動力。

另一方面，西方的精神文明認為法律，即自然的法律是由上帝創造的，用以保護人們的個人權利和生命財產，法律有了神聖性，人們便會為保護法律而打仗。當神聖羅馬帝國鎮壓馬丁‧路德領導的宗教改革時，改革派曾討論是否武力抵抗鎮壓，因為聖

經說過，對那些掌權的人要馴服，但後來他們決定抵抗，因為他們認為皇帝也須遵守上帝的律法，人民要馴服那些遵守上帝律法的君主，如果君主不遵守保護人民生命財產的律法，就違背了上帝的意旨，成為了暴君，而不再是真正的皇帝。對這種不夠資格的皇帝就可以抵抗。這經過許多intellectuals的討論，才作出這個決定。這是很特別的，他們還認為皇帝之上還有一個更高的、神聖的理由，可以用這個理由去抵抗皇帝的鎮壓。

在中國，孟子及他以前的時代還有這樣的思想，但秦始皇以後就沒有這種思想了。明太祖非常不喜歡民貴君輕這類民本思想，要拿掉《孟子》這類章句，刪改出一本《孟子》節文來，中國文化裡面本來有這一點點思想都沒有發展出來，給壓了下去。當中國面臨現代化的時候，我們中國文化最大的問題就是沒有出現這種公眾領域。從外在條件說，我們沒有什麼廣場，農村祠堂沒有類似廣場的功能，只是對族人，特別是族中女人進行道德審判的地方，也是皇朝貼金榜的地方，但不是討論公眾利益的地方。

在西方，從宗教改革到啟蒙運動，討論問題已習慣借助理性，以理服人，而不是罵人，學術的根源已經存在。而中國到了近代，還只能在皇朝之下討論，那也並不是真正的討論，如義和拳亂時，大常寺卿袁昶進諫慈禧，不可與世界宣戰，卻被瑞王一句漢奸就斥退，最後要看慈禧太后喜歡聽哪一邊，還是不講argument，只要把你罵臭，就是勝利，民國後已無朝廷，但看科玄論戰，都要把對方罵臭，不是真正講科學的理性精神。所以我們還是缺乏一種精神力量來走現代化的路。

六、知識分子缺乏內在反思

林毓生：關於五四討論還可以講一點，我也寫過一些有關科

玄論戰的文章，已收在我的文集裡。根據當時的材料來看，他們不是完全沒有討論，是半吊子式的。他們是當時的知識界精英，如胡適、張君勱、丁文江等。按當時的水準，是在中國人當中對西方了解最多的一群人。丁文江留學英國，是個很可愛、很正直的人，他也非常關懷國家，是個偉大的愛國者，胡適當然也是個愛國者。他們討論的文字我仔細研究過，不是沒有 argument，而是半吊子的 argument。丁文江對 philosophy of science 也知道一些，他讀了 Jevons 寫的 *The Principles of Science*，這本書是當時英語世界中討論科學的哲學與科學方法方面比較精采的一本著作。可見丁文江還是有 taste 的，是有相當水準的。但是，當我把 Jevons 的原文和丁文江的文章加以對照，發現凡是 Jevons 比較複雜的、subtle 的論點，丁文江便看不大懂，他看懂了大部分，大約百分之八九十，但就是那百分之十左右，最精采的重點，他看不懂。但，他自以為自己已經懂了，而且氣勢非常盛，壓張君勱，簡直認為張是民族進步的阻礙，玄學鬼之類的話也說了出來，以正義的化身來鬥臭對方。

但另一方面，他們那時境界跟後來的不一樣，還是有一種五四時代的開展的格局。當時胡適之先生還把錢賓四先生找到北大來教書，請一個中學教員來作大學教授，據胡先生的日記，只是由於他看了錢先生的《先秦諸子繫年》，認為人才難得。這一點，現在台灣學術界能做到嗎？

丁文江是學地質的，不是學哲學的，但中國知識分子有使命感，不太講專業。另一方面，張君勱這一邊也可說明一些問題，張君勱是主張 metaphysics 的，但他講的那個 argument，完全和 idaslist 傳統脫節，他根本沒有把康德的那些 idealist argument 的精華看懂，所以他的應憶非常薄弱。康德本人是很懂 science。相信

idealism的人，可以很懂science。但張不懂，結果是一場混戰，胡適又來臨門一腳。至於當時胡適在中國文化界、出版界、教育界為什麼地位忽然那麼高？其中一個原因是當時中國文化界一些很有地位的老先生們非常喜歡他，中國人總是在look for國師，康有為不行了，又要找另一個可以為中國解決問題的人，一些德高望重的老先生們，如張元濟等很器重比他們歲數小的胡適，把中國的希望寄託在他的身上。

　　「科玄論戰」時，胡先生正在山中養他的腳氣病，對雙方的文章來不及細看，而且他本人也並不太懂科學的哲學，但他為這次論戰的文章作了一篇序，用社會達爾文主義的觀點說明弱肉強食雖然殘酷，卻代表了社會進步的力量，又說這樣的進步代表一種「美」、一種「善」。這當然是根本不通的，強詞奪理的。他用寫諷刺文章的辦法，來支持丁文江，其中幾乎沒有什麼argument，只是把科學當作科學主義來提倡，但他造成了一種氣勢，使看了他的文章的年輕人覺得，你要愛國，要國家進步，你就得贊成科學，反對玄學。就這樣，胡適把一場比較技術性的辯論，導向了鼓吹中國的希望在於科學；這是一元化的傾向，把什麼東西都混成一個東西。科學家丁文江和玄學家張君勱之間討論的問題，被胡適改變成為一個「愛國就要進步，進步就需科學」的問題，這一轉變的內在的缺點是很嚴重的。可是對這一問題，幾十年來人們一直沒有弄清楚，我相信我那篇英文論文指出了這個問題，後來譯成中文發表以後，對一些中國學者可能產生了一點影響。從科玄論戰這件事可以看出，中國知識分子對自己角色的內在反思是不夠的，常弄不清楚自己該做什麼事，經常把意識形態當作真理來崇拜。

七、中國哲學不注意當代科學

　　梁燕城：這對科玄論戰的歷史描述十分精采，很多主張科學的人，對科學及科學的哲學都所知有限，胡適其實對科學的了解仍限於其實用主義的框框，中國當代知識分子，搞哲學、歷史或文化的，一般對最新的科學進展很少全面掌握，丁文江還多少讀點科學哲學，而我們現在搞中國哲學的人，對科學接觸很少，如對相對論、量子力學及大爆炸理論，這些最新最前衛的科學發展，討論不多。其實這些是很重要的，因為它們代表整個時代的改變，西方的宇宙觀正在發生改變，走向一個過去可能完全不同的新的宇宙觀。我們雖處於這一轉變的時代，但最近我看了一些當代科學的書，令我很驚奇地發現，轉向二十一世紀的宇宙觀，和我們以前教科書所以為確定不移的道理已不大一樣了。科學哲學也有了許多新的發展，如Michael Polanyi（博蘭尼），這樣重要的科學哲學大師，以及如波柏、拉卡托斯、費耶本等當代觀點，搞中國哲學的都少注意，連牟宗三這樣的大師也完全不碰，我看這確是個嚴重的問題，我們真有些變成玄學世界了，搞科學的不重視文化發展，搞文化的人又多迷玄學。

八、人類文明前途堪慮

　　林毓生：我再舉一個技術性的問題。新儒家仍只捧著個康德來講中國哲學，一天到晚預告第三期儒學發展，道德形上學。其實康德出來後，後來的發展非常之大，非常複雜，帶動了各種學派的形成，他的思想還影響到許多非哲學層面的建設，包括韋伯這樣的社會學大師的出現，其力量是非常驚人的。

　　康德屬於啟蒙時代。什麼樣的時代產生什麼樣的思想，中古

以後歷史的進步促成康德建立了一個大系統。但人類歷史在啟蒙
運動後發生了變化，十九世紀仍有很高的成就。到了二十世紀，
整個人類發生了毀滅性極大的兩次大戰，第二次世界大戰後，西
方文明工具理性無可抑制的發展，使得文明物質化、庸俗化、異
化了！用韋伯的話講，從十九世紀以後，西方世界產生了「諸神
的戰爭」，就是說，人類的命運是分裂。韋伯是悲觀的，但我認
為這種悲觀是深刻的。我也並不覺得世界會變得越來越好；相
反，前途是很渺茫的。資本主義產生後，其內在問題能否在資本
主義系統內部、自由主義系統內部得到適切的解決，是一個問
題。西方自由主義傳統中出現過幾個大思想家是事實，但他們的
思想能否真為人們所了解，假如被了解了，又能否真正解決問
題，都是大問題。

九、從新課題裡尋找回應的可能性

　　梁燕城：資本主義內部的矛盾很多，貝爾（Bell）也有很精
采的分析。

　　我覺得冷戰結束後，資本主義失去了它最大的競爭對手，開
始傲慢地想操控世界，但其內部的不穩定因素並未解決，加上其
內部的宗教精神和道德動力已被迫後退，其產生貧富之爭及不同
族裔之爭的危機很大。其實馬克思對資本主義之批評仍有很多地
方有效。另一方面，世界文化在巨變，宇宙觀也在巨變，現在搞
自然科學的人不搞傳統哲學，搞傳統哲學的人又不搞自然科學，
很多學者從不研究科學的哲學，也不搞科學研究，卻天天都在談
論科學。一些新儒家大師們，做事毫無民主作風，思想獨斷，但
卻天天在講民主。我認為我們中國哲學面臨今天這種宇宙觀轉變
的年代，一定要清楚當前的課題，牟宗三等概念如「智的直覺」

「主體」等已成為過去課題。西方哲學現在一般都摒棄主體了，而我們成天還在講主體怎麼樣籠罩客體，又怎麼超越客體，這些其實都是康德年代處理的課題。我們中國哲學和西方哲學的接觸點是在他們十九世紀高峰年代的哲學，但二十世紀以後的西方的新的哲學課題，如 *Limit of Growth*（《增長的極限》）一書所涉及的環境保育問題，還有量子力學的整全觀，批判的建立，溝通的條件，詮釋的偏見，科學的研究綱領及科學的無政府主義，後現代主義的挑戰，即對理論的解構和對對話溝通的可能性的否定，這類基於當代西方社會現實之上的後現代問題，使我們還處於前現代社會的中國感到手足無措。

　　因此我們應該怎樣以這些前衛的課題重整中國文化乃當前急務。傳統哲學資源要想「創造性轉化」，就應在這些新的課題裡尋找回應的可能性。否則的話，我們重講一遍太極、陰陽、和諧，不能回應後現代這些問題的。

十、知識分子趕時髦問題

　　林毓生：不過，現在還面臨另一問題，就是中國知識分子趕時髦的問題。這問題可能和五四的影響有很大關係。西方也趕時髦，而且和民主制度有關係，但西方文明有很深的根基，其中包括基督教的反省，成就很高的哲學，等等，可以頂住當前很多問題。西方並不用民主來 justify 民主，民主是一個手段（means）而不是 end，假如把民主當成 end 即是說為民主而民主，就會產生一種十分微妙的趕時髦機制，其邏輯結構是這樣的：民主主張平等，平等自然對權威反抗，因為所謂平等就是每個人都有權為自己作決定，但自己作決定並沒有消解一個需要，就是根據什麼作決定？你有權作決定，並不意味著你有能力作決定。你是否受過

很好的教育，有很好的內在資源支持你作決定？民主不問這個，它只賦予每個人自我作決定的權利。但它常把有權利作決定滑落到因為我有權利，所以我就有能力。實際上，這是兩碼事。在這種情況下，民主就往往反權威，反權威就是不太願學東西，最後連好的權威都不接受。我有權利作決定，很易導致我相信我有能力作決定，所以我就作決定。根據什麼呢？根據社會上流行的東西，因為沒有了內在的資源，沒有讀過莎士比亞，沒有讀過柏拉圖，沒法知道何者為好，何者為壞，所以民主直接會產生同儕壓力（peer pressure），而成為認同一致性（conformism）。民主從准許大家不一樣，導向大家都一樣；如六〇、七〇年代，一些年輕人為了表示反抗、表示獨立而留長髮，結果大家都留長髮，人家都留，自己不便例外，這樣的獨立標誌，卻表現了屈從於一致的心態。

　　不過有一點要說清楚，人的尊嚴當然是要建立在自由、民主（平等）、法治的基石上。上面所說的不是要否定民主，而且說民主的良性運作需要許多條件支持：如對自由的肯定、法治的支持，精神文明的涵化，與良好的教育制度等等。我只是說，民主如果沒有上述的許多條件來加以支持的話，那種封閉式的民主自足論（為民主而民主，不是為自由而民主），是很危險的。

　　在美國一些知識分子的圈子中，很流行後現代理論（一些中國知識分子的言論，也沾染上了那個調子），我覺得那是很有問題的。不過美國文化的許多方面，是法國的殖民地。後現代、解構理論是法國傳來的。不過，它們現在在法國已不流行，大概在美國也不會流行多久了。

　　法國知識界的主流已經走出後現代、解構理論。十九世紀最偉大的兩個自由主義思想家之一，是法國的托克維爾。但法國知

識分子過去大都不重視他，研究他的人一直很少。他對法國的影響很小，反而對英國、美國的影響較大。但是現在他在法國復興了，研究他的人很多，有關他的各種爭論、各種看法十分精采。我任教的系裡一位研究西方思想史的同事（他是一位優秀的學者）都認為西方文化在一些方面有recover的力量，生了病之後，有內在的機制使其復元。

十一、西方文化的復原力量

梁燕城：西方文化本身便是一個復原力極強的文化，能在認錯悔改之後產生新東西。西方的史賓格勒和很多亞洲知識分子都曾預言西方文化的沒落，特別在兩次大戰及美國在越戰失敗之後，很多人都有此預言。結果它卻沒有崩潰，西方文化復原能力真是很強。我相信這和基督教的悔改精神有密切的關係。我很同意後現代主義等都是對科學不了解的，對新的宇宙觀不了解的。最近量子力學的發展試圖用一個整體的理論作解釋，整體理論現在也很流行。所謂整體的，或整全的看法，就是認為一些看似不可溝通的、分離的東西，從整體看其背後是有聯繫的。它們只是代表了一個統一的宇宙的各個不同的面，如果中國哲學和這一理論溝通的話，中國哲學是可以有很多發展餘地的。我覺得我們對此應該加以注意。

從這個意義上說，關於民主的問題，我認為民主是一種精神文明的產物，人民有民主素質才可能有民主，民主不一定基於個人主義，個人尊嚴也須與整體的責任並重，不是基於膚淺的個人願望，卻須有道德自覺、長遠理想及對全體之關懷，作為其文化素養。現在西方民主已經變成了一個form，一個外在形式，失卻了它當初建立時後面的素質，即韋伯常提到的後面的那種清教徒

精神動力。而我們中國一直沒有發展出這種精神動力來產生現代化。但我們有一個問題，就是很少注意西方的真正精神文明，只是注意到它的形式表面上的偉大東西。我們只學西方民主表面的東西，科學表面的東西，藝術表面的東西，而對這些東西後面整體的精神來源，希臘的、羅馬的、希伯來及基督教的精神文化等，我們都認為我們已經有了精神文明，夠了，不需要了，新儒家最大的問題在這裡。我們只學西方表面的東西，以為我們的傳統可以生出、開出現代化。近代以儒學為本的現代化方案卻並未成功。東亞經濟的成就與其歸功於儒學，不如說是市場經濟的成就，儒學大概只擔當了一點道德動力的精神，但對腐敗的問題，不但束手無策，且可能還要負責，因儒家的關係網自古已成為貪汙的資源。看來未來中國文化，仍須吸收馬克思的批判精神，基督教的悔悟精神，及上帝面前人人平等和有個人尊嚴等精神素質。這實在是一個非常困惑的問題。但我們如果真的要想吸收西方的精神文明，我們又如何走前面的路呢？

十二、中國文化面臨兩難

　　林毓生：中國文化現代化是一個兩難的問題，一方面現代化不能靠一位領袖，但另一方面中國又似乎需要有擔當有見解能負責任的領袖，另外，我們的問題是沒有多少可資利用的文化和制度。這些年來我站在自由主義的立場，花了很多心血關心台灣的問題，雖寫了一些書，但影響非常有限；在知識界也許有一些知音，但對一般文化、政治的影響可說是零（雖然我提倡的「創造性轉化」、「責任倫理」等觀念都變成了口號，也出現在政治人物的文告或講詞中）。即以在政治上持反對立場的人士為例，民進黨把「台獨」放進黨綱之前，曾有所謂自由主義與（台灣）民族

主義之爭。事實上，不成比例。民族主義一下子就把自由主義的聲音壓倒。從客觀的角度來看，大多數中國人，對理性、法治、自由、民主並沒有多大關懷，也沒有興趣去真正了解它們（雖然許多人的嘴角上常掛著這些名詞）。真正牽動心弦的關懷，是民族主義之類的東西，因此，自由、民主的旗號很容易變成民族主義的工具。然而，民族主義本身並不能提供穩定的建國方案，它強烈地依附左右意識形態並受其奴役。

民族主義在中國一直與或左或右的意識形態之間存在並生及互為主奴的關係。進一步地說，我的悲觀是對人類歷史未來的悲觀。（但，這並不影響我的努力。同時，我也不是絕對地悲觀。）拿美國文明來說，它雖然還有很多健康的質素，但已經產生不出好的領袖來。美國各行各業有許多優秀人才，又有很多善良的百姓，但都是被統治的。壞蛋、投機分子、沒有原則的人，反而變成各行各業有權力的人。這樣的事，我見得太多了。

梁燕城：似乎東西方都有這種情況。理性力量只是知識分子的關懷，社會卻由非理性力量帶動。康有為帶頭的「公車上書」知識分子運動，沒能影響政治，毛澤東領導的農民運動發生了影響，但一場文革就使這變成摧毀性而非建設性的力量。現在我們中國人要往前走，靠知識分子運動好像不行，那麼穩定社會和改進弊病的社會動力根源在哪裡？靠商人運動？靠農民運動？或是根本就沒有動力了？

十三、「創造性轉化」的觀點

林毓生：關鍵是找突破點。我對大陸的情況不如對台灣了解得多。對台灣的突破點我提出了一個理論上的看法：「創造性轉化」的觀點，若有歷史的配合可以形成突破點。但是歷史能否配

合，不是從事思想工作的人所能決定的。這個突破點是：（1）在過去沒有，現在已有的空間中，使傳統的民間社會發展成為現代的民間社會；（2）現代的民間社會的特色是，一方面獨立於邦國之外，另一方面卻可進入政治過程。在進入政治過程的過程中發展以公民文化、公民道德為基礎的現代公民社會。換句話說，歷史演變的結果使台灣社會最近出現了一個新的空間。在這個新的空間裡，已有的傳統民間社會可以發展成為現代的民間社會；從現代的民間社會可以走向現代的公民社會。這樣草根式的投入，可以帶動已有的民間資源，建立法治、自由，與民主的發展的根基。（詳見我多年思考後，最近才完成定稿的〈「創造性轉化」的再思與再認〉）。

　　梁燕城：傳統的民間轉為現代的公民社會，確是一大「創造性轉化」，我則關心文化精神的轉化，我恐怕中國傳統那種自大褊狹，破壞我們創造的可能性，故中國文化須有從底層的自我反省，有悔悟的更新，我覺得中國思維中有整體的眼界，是可對付褊狹心態的。當代對量子力學的解釋，強調只有從整體來看，部分才有意義。但我們現在往往只以部分為本。就台灣來說，他們只看到台灣，沒有看到整個民族的利益。當然民族利益之上還有全球的利益。當代一位科學哲學家Toulmin寫了一本書叫 *Return to Cosmology*，是好些年前寫的，在書中他提到post-modern science這個觀念，特別強調一個宇宙論（cosmological）的眼界。環境保護如果是以人為中心的話，就只是從對人有好處為出發點去保護環境，而沒能理會到整個生物界的好處。只有從宇宙論的眼界看，才能見到其他生物也有它們的權利。有這上帝的眼界在心中，才能避免人類和國家分裂解體的傾向。

　　林毓生：我沒看過這本書，但我覺得這個論點有些問題，他

何以能以宇宙的眼光看問題？他又不是宇宙，大約仍是以他作為人的眼光看宇宙，再用他所看到的宇宙的眼光來看問題。可見還是以他自己的眼光看問題。

梁燕城：這涉及到參照點的問題。西方的參照點是能超過人的上帝或宇宙整體，故正視人的有限性，因而人的自我悔改是可能的，進一步自我修復的可能性是很強的。

不過當代西方後現代主義的發展，恐怕又正走相反的路，要用多元性來破滅整體性。

林毓生：後現代主義實際上是一種虛無主義。當然，虛無主義也有西方文化的淵源，由於西方還有其他深厚的淵源，內部的多元不會被它壓倒。西方文化有多個源頭，古代兩河流域、埃及、希臘、羅馬、希伯來及蠻族文化。文化根基是很深厚的。我們中國文化裡也有很好的東西，就是很有信心，比較能接受普世性的message（universal message）。

梁燕城：中國文化還有一個優點就是認為人相互間可以溝通，這是對人性的一種基本信念。人與人如何溝通大約是我們二十一世紀主要處理的問題。二十一世紀有兩個問題，即詮釋與溝通，和communication，這也是目前西方兩個大學派正在討論的問題，即伽德默的詮釋和哈伯瑪斯的「溝通」。他們不像後現代主義那樣，而是試圖找出溝通的可能性。因為科技的發展，使人只能通過電腦、電視等科技產品的信息來了解他人，這是會產生很大誤解的。在此情況下，後現代主義也提出了一些破壞性的虛無主義的理論，認為人與人之間已不能溝通。但上述兩個學派是試圖抵制虛無主義的。

我們中國傳統文化，在面臨這個年代來臨的資源，大概就在於對溝通的信念。但同時我們也需要對以前我們造成的對溝通的

歪曲有所悔悟。

原載《文化中國》第三卷第一期（1996年3月）

從陳水扁當選看台灣民主發展的過去與未來

再論作為政治家條件的「責任倫理」

唐光華、林毓生

唐光華：總統大選已經結束，陳水扁已經當選，不久即將就職。請問您對這次選舉的結果，有何看法？

林毓生：基本上，我對這次選舉的結果，感到相當高興。我要先向總統當選人陳水扁先生、民主進步黨、其他參選人以及台灣全體選民，表達祝賀之忱。

對於民主政治，我一向是一個低調的擁護者：民主政治並不是最好的政治；但，它卻是最不壞的政治，因為其他類型的政治，比民主政治還要壞。（既然民主政治仍有許多壞處，凡是擁護民主的人，都應盡量設法使它的壞處減少至最低程度。）比較最不壞的，以民主方式進行的政治運作，除了選舉以外，還需要許多條件的配合才能辦到。從這個觀點來看，台灣的民主仍然相當空虛；因為民主政治最重要的基礎與內涵——憲法、公民社會、公民素養——在李登輝所主導的胡亂修憲以及以民主之名實

行反民主的民粹主義的惡劣影響下，都沒有健康的發展。

　　不過，就民主的主要形式──選舉而言，台灣在這方面的發展，卻是可喜的。然而，就單以這方面來看，民主政治也只是比較好（嚴格地說：比較最不壞）而已。在這個限定的意義之下，民主的好處是什麼呢？首先，它可以讓政權和平轉移！其次，它讓參與投票的老百姓們，有所選擇；雖然選項有限，畢竟可選其中的一項。（一般的說法是：「它讓人民有選擇。」但，我不喜歡使用「人民」二字；因為「人民」有一元整體性（holistic）的涵義。在台灣其他地區，常被民粹主義者利用，做出許多違反民主的事情來。）

　　這次選舉不但在台灣是一項可觀的成就，就是在整個華文世界也是具有重大意義的。從多年實行民主的一些西方社會來看，這當然是很平常的事。然而，在華文世界，這樣方式的政權轉移，則是破天荒的第一次。華文社會中的政權轉移，往往是要血流成河的；生靈塗炭，何可言宣。而這次台灣總統大選所達成的政權轉移，卻是完全在和平的情況之下辦到的──這是空前的成就。我看到的是：選舉運作所必須依賴的「程序理性」已在台灣很成熟。事實上，未投票給陳水扁的選民，在數量上比投給陳的選民還要多。但他們與各位落選者，都承認根據現行法規，陳以相對多數而當選。由於他們遵守了選舉的「遊戲規則」，使得這次選舉順利地完成。這是他們對民主的貢獻。所以，我要對所有參選者與全體選民，而不僅是對勝利者，致賀。

　　唐光華：民主政治之所以最不壞的重點之一是，它能夠讓政權和平轉移，然而，它既然是最不壞的，當然仍有不少壞處或問題。您認為民主有哪些問題？

　　林毓生：民主的壞處或問題當然是很多的。這是一個複雜的

論題。我們今天在有限的時間之內，無法談得太遠。不過，就單以選舉所達成的政權和平轉移而言，可能出現的問題也不少：例如，選舉不能保證產生多數黨，任何少數黨組成的政府都很難推動政務（尤其是具有前瞻性的政務），也不容易從事長程的基礎建設。

另外，成熟的選舉運作，並不能使權力分配的問題消失。就以當前的情況為例：民進黨內部本來就是派系林立。這次為了選舉，他們在選前倒是很能團結。現在選勝了，是否能夠繼續維持團結的局面？有待觀察。各派人物現在是不是都想嘗嘗權力的滋味呢？內閣人事的安排，如果變成黨內黨外各派人物爭權與酬庸的結果，那將很快會讓老百姓失望。

現在是資訊時代。競選，基本上是廣義的公關活動。這方面的本領並不能轉移成為領導全國所需的政治家資質。陳水扁競選期間，表現靈活，口號也很能吸引人。他在台北市長任內有時也頗有魄力。但，看不出他是一個真正的奇理斯瑪式英雄人物，所以看不出他能以個人資質與視野來形成令人景從的政治中心。我相當擔心他是否能夠把權力分配的問題，處理得當。

但，無論如何，陳水扁當選，民進黨上台，給我們帶來了改革的希望。國民黨太腐化了。腐化到了那個地步，即使其黨內也有人有心從事國政改革；然而，就其內部結構與文化而言，那是不可能的。既然如此，根據民主運作的常規，老百姓用選票讓國民黨下台，是很自然的結果。

唐光華：陳水扁固然由於得到相對多數選民的支持而贏得總統大位；但，就其得票率和民進黨在立法院所擁有的席次來看，他的權力基礎，事實上並不堅實。一位少數黨總統，對外需要面對來自中共強大的和戰壓力，對內又要展現魄力，革除李登輝主

政十二年後，惡化的黑金政治和癒合受傷的族群關係，以及袪除台獨疑慮，責任十分艱鉅。不知您對新總統陳水扁有何建議與期許？

　　林毓生：我最主要的建議與企盼是：希望陳水扁先生立志做一個政治家，不要做政客。政治家必須具備三個基本條件：熱情、責任感、冷靜的判斷力。這裡所說的「熱情」是指「切實的熱情」而言，而非「不能產生結果的興奮」。「不能產生結果的興奮」是由浪漫的政治幻覺與「道德的優越感」相互激盪而成的。「浪漫的政治幻覺」會把自己相信的虛幻的目標，變成心中認為將可實現的實體，所以喊口號便變成現實理想的手段。

　　在此種幻覺的籠罩之下，為理想的獻身會使道德優越感在心中油然而生。「浪漫的政治幻覺」與「道德優越感」的結合，自然產生一種不寬容、無法認清客觀事實的封閉思維模式。當然，沒有熱情與理想，政治只是圖謀利私與享受權力慾的活動，那是政客的勾當，不是政治家的行為。

　　不過，我在這裡要特別強調的是，即使有熱情與理想，如果那樣的熱情與理想是不切實的：那麼，熱情與理想，正足以促使政治人物變成不負責任的政客。

　　如何才能使熱情成為「切實的熱情」？那就需要把熱情建基於「責任感」之上，亦即：熟慮政治決定與政治行為可以預見的後果並對其負責。這種「責任感」的實際承擔，需要建立在對客觀情況與如何用人的冷靜的判斷上。沒有這種「冷靜的判斷力」來支持，所謂「責任感」終究也仍然只是一個口號而已。

　　那麼，「冷靜的判斷力」如何才能產生呢？那也需要三個條件：1.氣度、格局要大；2.視野要寬遠；3.內在寧靜的心態。一個國家領導人，無需也不可能樣樣都懂（自認樣樣都懂，反而誤

事），關鍵在於如何把最適當的人放在最適當的位置上。陳水扁說他要「用人唯才」，這是人人贊同的口號，問題是如何才能「用人唯才」？那就需要根據由宏大的氣度、寬遠的視野與寧靜的心態所構成的「冷靜的判斷力」去做了。舉例而言，民進黨內邱義仁與陳忠信都是難得的人才。邱先生曾任陳水扁競選執行總幹事，我想他在陳水扁的政府中一定會擔任一項重要職務，至於是不是一項適合他的能力的職務？那就要靠任命他的人的「冷靜的判斷力」了。但，陳忠信與陳水扁不屬於同一派系，兩人也較少往來。不過，就對兩岸關係的理解，與提出可行的、化解兩岸緊張關係的方案的能力而言，我想，無論黨內黨外，沒有什麼人能夠比陳忠信考慮得更為周密與深切的了。然而，如要請陳先生就兩岸關係的制定擔負相當責任，那就要靠總統當選人的氣度、視野與寧靜的心態所構成的「冷靜的判斷力」的發揮了。緩和兩岸關係是新政府的重要責任之一，也是四年後選民們衡量是否要繼續支持陳水扁領導的政府的重要指標之一。但，這是甚為難解的問題。在這個關鍵的問題上，如果不起用陳忠信這樣的人才，將是國家的損失。

唐光華：八〇年代初期，當時一些新生代「黨外人士」在地方議會選舉中獲勝，進入實際政治。您為了表達對他們的祝賀和期許，特別引進韋伯的「責任倫理」觀念到中文世界裡來。這些年來，台灣知識界，環繞著這個觀念，有所討論。它也出現在政治人物的「文告」中。它進入大陸以後，也引起彼岸不少人的關注與討論。不過，除了極少數例外，這些討論，似乎都未曾掌握到這個觀念的精髓。

您剛才對陳水扁提出了數點期許與建議，特別提到：作為政治家，需要具備三個基本條件，其中之一是「責任感，亦即熟慮

政治決定與政治行為可以預見的後果並對其負責。」我想您在這裡所談到的「責任感」，一定源自韋伯所界定的「責任倫理」。但，在中文世界，這不是一個易懂的觀念，您是否可作進一步的闡釋？

林毓生：德國社會思想家韋伯的「責任倫理」觀念，的確對於那些在心靈深處主要仍深受中國文化影響的人而言，較難掌握。當初我把這個觀念引進到中文世界裡來，是希望能夠給「新生代」政治人物提供一些新的思想資源，以便他們為政治做出建設性的貢獻。韋伯的觀念蘊涵著對於「政治行為」至為深刻的分析，這是國際學術界所公認的。（我剛才談到政治家所需具備的三個基本條件，除了「責任感」源自韋伯的「責任倫理」，其他兩個條件，也是採納韋伯的看法而加以推衍的。）不過，它的思想背景，尤其是它的非理性宇宙觀根源，與中國「天人合一」、有機一元式善意（道德理性）宇宙觀，頗為不合。所以，對於主要仍深受中國文化影響的人們而言，確實需要經過一番心智的努力，才能掌握到它的深意。

你提到多年前這個觀念引進到中文世界裡來的緣起。那位「新生代」政治人物，後來從地方議會進入國會。再以後，他的政治生涯遭逢到許多困惑。他用「閉關」的辦法，靜思了幾天；「出關」以後在記者招待會上說，他這次「閉關」的收穫之一是：徹底了解了我所提倡的「責任倫理」的意義。他說（假若記者報導沒有錯誤的話）：「責任倫理」的核心意義，就是中國士大夫的「誠」的精神。

然而，這樣的「了解」，事實上，卻完全把韋伯的觀念誤解了！中國士大夫的「誠」的精神，屬於韋伯所界定的「意圖倫理」（或譯「心志倫理」）的範疇，不是「責任倫理」。這個具體

的例子，很實在地告訴我們：在中國政治與文化脈絡中，對於韋伯的「責任倫理」觀念進行徹底的理解，雖然不是不可能，確是不容易的。

那麼，究竟什麼是「責任倫理」呢？這需從四個方面來談：1. 它與「意圖倫理」（「心志倫理」）的關係與不同；2. 它的非理性宇宙觀的根源；3. 它與強勢（或僵化）意識形態、浪漫激情以及民粹主義之間的不相容性；4. 它與一般所謂政治責任的不同（一般所謂政治責任是指：政治人物需對他的決策失敗負責，包括辭職、付出代價、做出犧牲之類）。

參與政治，必須根據「責任倫理」，而不是「意圖（心志）倫理」。中華民族是發展「意圖（心志）倫理」很高的民族。以「意圖（心志）倫理」為根據來參與政治——政治領袖用之從事政治活動，一般公民用之來衡量領袖們的政治得失——不但不易使理想獲得實現，反而很容易帶來與當初理想相反的惡果（雖然，就純道德的觀點來看，這樣參政的人，道德人格可以得到完成）。從這個觀點來看，這是為什麼我們這個歷史悠久，在文學、藝術、工藝、人情等方面都很有成就的民族，卻經常在政治上弄得一塌糊塗的原因之一。韋伯所界定的「意圖倫理」有兩個密切相關的不同指謂：內在的心志與外在的終極目標。首先必須強調的是：「責任倫理」並不是不顧及意圖，或政治家不需要以心志作為他的政治行為的基礎。事實上，政治家與政客的分野就是，政治家從事政治的出發點是關懷公眾福祉的意圖（心志）倫理，而政客的出發點則是自私自利。然而，政治家進入政治以後，如果仍然根據「意圖（心志）倫理」處理政務的話，則通常不容易達成他的意圖（目標）。

這裡的關鍵是兩種不同的宇宙觀。以「意圖（心志）倫理」

從事政治的人，假定宇宙是一個一元式道德理性的有機體。政治是具有道德理性的宇宙的一個有機部分；所以，政治是道德事業。道德是道德的活動，政治也是道德的活動。政治無法從道德中區分出來。然而，政治是要講效果的。所以以「意圖（心志）倫理」從事政治的人，自然會以為只要持續保持他的心志的純真，並在一切決策上都堅持以配合他的心志為其唯一考量；那麼，他預期的目標便一定可以達成。

從道德理性宇宙觀的觀點來看，政治行為是宇宙中的一部分，宇宙既是道德理性的有機體，在這個宇宙之內的政治行為、政治活動無可避免地具有道德性格，也自然使接觸到這種政治行為、政治活動的人們產生道德的感應與回應。因此，他政治行為最主要的關切，不是冷靜地考慮他的行為所可能產生的後果，而是保持他的意圖（心志）的純真，並堅持一切決策以配合他的心志為其唯一考量，以為這樣做便一定可以產生預期的後果。

從以上的分析中，我們可以知道，根據「意圖（心志）倫理」從事政治的人，由於其一元式理性宇宙觀的限制，心中並沒有分析範疇來面對權力的問題，也沒有分析範疇來面對另一問題：保持意圖純真的政治行為，有時不但不能產生預期的結果，反而會產生相反的結果。碰到這種情況，他通常要埋怨別人愚蠢、社會不公、時機不對，或訴諸神祕的天意，卻很難會承認這是他的行為所帶來的後果。

對於這種人而言，只要意圖（心志與目標）是純真的，他的行為就是對的，結果如何，不是他的責任。對於根據「責任倫理」的觀點處理政治事務的人而言，宇宙並不是一個道德理性的有機體。美好的意圖並不一定能夠帶來它所希望得到的美好結果。除了肯定政治事務的出發點應該符合「意圖（心志）倫理」

之外，他進入政治以後，政治與道德則是二元的。他深感要達成正當的目標需要現實感的節制；這樣才可能真有效果。政治行為必須熟慮其可以預見的後果，並對之負責。以政治行為可以預見的後果為基準的活動，屬於一個獨立範疇。在這一範疇之內，為了達到他所希望達到的目的，有時需要做必要的妥協與協議，這種妥協與協議，並不必一定要合乎「意圖（心志）倫理」的道德原則。在以「責任倫理」為根據的政治範疇之內，目的與手段之間經常處於「緊張」的境況之中。但，以「意圖（心志）倫理」為根據的政治行為，一方面（從邏輯的觀點來看），政治人物必須隨時保持意圖（心志）的純真，他的行為必須與他的意圖（心志）保持一致；然而，在另一方面（在經驗世界的現象中），甚為弔詭地是，往往特別強調意圖的人，覺得政治意圖（目標）愈偉大（例如把人間變成天堂），愈可不擇手段以求達其目的，甚至以為目標愈偉大，愈可不擇手段。所以，以「意圖（心志）倫理」從事政治的人，無論從邏輯的觀點或從經驗的觀點來看，目的與手段之間並沒有上述「責任倫理」所介入的「緊張」。

正因為根據「責任倫理」從事政治的人，在未做政策決定之前，詳盡考慮過究竟需要使用什麼樣子的手段，才能達成他所願意承擔責任的後果（同時牢記手段本身所可能產生的各種可能的影響）；因此，他愈能以這種方式找到有效的手段，他便愈能獲得他願承擔責任的後果。目的與手段之間的「緊張」狀態，乃是他可能找到有效而適當的手段的背景情況。

根據「意圖（心志）倫理」從事政治的人，由於只顧及他的心志是否純真，或他的目標是否偉大到使他覺得可以不擇手段的地步；所以，沒有上述複雜的考慮或「緊張」。

正因為他的注意力只集中在他的心志的純度、濃度，或目標

的偉大程度，他當然不易或根本無法達成他的目標了。換句話說，既然他沒有達成他的目標的有效而適當的手段（而且也沒有找尋它們的興趣），他當然不易或無法達成他的目標了。

　　依據上面的分析，我們有理由確切地說：「責任倫理」才是「政治理性」的展現。根據「責任倫理」從事政治的行為，才是在政治上理性的行為。下面我想簡略地交代一下為什麼「責任倫理」與強勢（或僵化）意識形態、浪漫激情以及民粹主義是不相容的，甚至是衝突的。

　　意識形態（ideology，或譯「意締牢結」）的特性是封閉的系統性。因此，無法以開放的態度考慮或接受不同意見。它往往把它的系統中的其他成分整合在一個或少數幾個價值之下。就這樣，意識形態的強弱（或僵化的程度），往往呈現在對外面不同意見封閉程度的強弱上。特強（或特別僵化）的意識形態，則是對外面不同意見完全排斥的。由於這樣的意識形態完全是一廂情願式的；所以，它完全無法認清與接受客觀的事實。從內部來看，強勢意識形態一方面拒絕改變自己，另一方面則要求信服者絕對服從。信服這樣意識形態的人，覺得保持意識形態的一致性，絕不改變佗，並絕對服從它的召喚，乃是道德情操的高度表現。具體而言，原教旨式的國族主義便是這種強勢意識的實例之一。它在政治上，屬於「意圖倫理」。而「責任倫理」的最主要條件之一，則是以開放的態度認清所處的，複雜的客觀世界。顯然得很，「責任倫理」是與強勢（或僵化）意識形態不相容的，甚至是衝突的。

　　浪漫的激情則是在一特定的時空中，針對一個具體（或想像中的）對象，迸發出來的主觀性極強、熱烈的、濃縮的情感。那是藝術家的創作資源之一，卻與作為「政治理性」的「責任倫

理」不能相容。因為「責任倫理」建基於對於客觀世界的冷靜、清楚的了解上,他所根據的情感需是「切實的熱情」而不是浪漫的激情,而其運作的資源則是「冷靜的判斷力」。

　　至於在台灣氾濫成災的民粹主義,其與「責任倫理」之不相容性,也需作一簡要的說明。台灣多年來實行各式各樣的選舉,維持其運作的「程序理性」也已相當成熟。不過,由於歷史的原因,落實民主所需要的許多基本條件大部分都是殘缺不全的(如憲法的紊亂,其他法規的缺失,公民意識、公民道德、公民社會的貧弱,一般人對於民主極為簡單化的理解等等),再加上亢奮的國族主義的崛起,其本身就有訴求「強人」領導的傾向的可能;所以,兩蔣逝世以後——他們所經營的威權體制在新的時空中已不可能用同樣的方式繼續存在時——台灣便變成了野心家利用民主的形式,實現反民主的民粹主義的天堂。什麼是民粹主義?它是一種意識形態。它利用民主形式的建立、擴張與運作來提供反民主的根據。它是一種政治化約主義。

　　這種政治化約主義直接導致民主的異化。戒嚴已經解除,政治犯均已釋放,「老賊」所組成的舊國會早已改選,各式各樣的選舉,從中央到地方,按期舉行,人民已有言論、結社、組黨的自由,這不是「主權在民」麼?這不是「民之所欲,常在我心」麼?這不是人民已經變成「頭家」了麼?

　　這裡的「人民」也好,「頭家」也好,都是一種一元、整體性的,沒有內部分殊、強烈蘊涵著「集體」意識的符號。李登輝經由勝選取得政治權力,即使有百分之四十五的選民並沒有投票給他,但他當選以後,卻把不同的選民化約為一元同質性、整體性的「人民」,強調他的勝選代表「人民意志」的表達。就這樣,民粹主義政治人物與他的追隨者把複雜的民主化約為選舉,

並進一步把勝選化約為整體「人民意志」的展現，贏得了選舉的
人，也就變成「人民意志」的代言人與執行者了。這樣的民粹主
義政治人物的所作所為（包括以修憲的手段擴權到有權無責的地
步，並造成府院關係的憲政紊亂）都可說成是秉承人民意志，為
「頭家」服務的。選舉變成了選舉中的贏家在選後擴權、毀憲的
工具。這是缺乏健康的民主運作的台灣式民主轉換成為民粹主義
的內在邏輯。這是民主的異化。（健康的民主運作所需要的條
件，包括正當憲政下的權力制衡，以及需要具有公共性格、遵守
普遍性規範、以公民文化、公民道德為根基的公民社會來參與政
治過程及監督權力運作等。）

　　利用民主形式、名目來實現反民主的民粹主義，是圖謀一己
之私的政客行為。它既不符合「意圖（心志）倫理」，也與「責
任倫理」不能相容，自不待言。我在這裡之所以要特別說明它的
內在邏輯，是希望提醒大家，民主政治中的政治人物，可能都有
多多少少民粹主義的傾向，關鍵在於確實建立符合憲政原理的憲
法，以及發展公民社會，以便參與政治過程。這是克制經由選舉
而獲得權力的政治人物向民粹主義傾斜的最重要的途徑。

　　陳水扁在選舉前後喊出「全民政府，清流共治」。這是一個
很動聽的口號。不過，我們需要問一問：他所謂「全民政府，清
流共治」究竟是什麼意思？那當然不是指全國老百姓都來參加政
府的工作。這是不可能的。如果那是指：他的政府要找最優秀的
人才來擔任政府中的工作，以便一視同仁地為全體國民服務；那
麼，這八個字所組成的口號是相當空洞的。大部分經由選舉產生
的新政府，都會說類似的話。如果這個口號的意義是，陳水扁清
楚地了解到他處境的艱難（「少數總統」，而民進黨在國會中又是
少數黨），而他又不願組織不穩定的、不容易推動政務的聯合政

府，所以他想凝聚全國共識、取得大多數老百姓的支持，用老百姓的心聲反映在輿論的力量來支持他推動政務。這樣的想法是可以同情地理解的。不過，它需要兩個條件，而又有一個危險。第一個條件是：它需要真正奇理斯瑪式的，像甘地、戴高樂那樣的領導人物，來形成令人景從的政治中心，並壓倒爭論。前已述及，還看不出陳水扁是這樣一位英雄人物。第二，在人事上與政策上，他的承諾，必須兌現。如果事實證明，他的承諾只是空洞的口號，全國的希望與共識都將很快地瓦解。另外，一個危險是：「全民政府、清流共治」蘊涵著很強的民粹主義的傾向；這樣口號的用意可能是要利用「全民」這樣一元同質性的口號來為他的所作所為背書。然而，民粹主義過去十二年在台灣之所以形成宰制的力量，是與「李登輝情結」分不開的，而「李登輝情結」之形成，與那一段歷史的主、客觀條件有關。目前並沒有「陳水扁情結」，也沒有形成「情結」的條件。陳若確想推展民粹主義，無論從國家利益的觀點或他的政治生涯的觀點來考慮，都是很不智的。

最後我想稍談一下「責任倫理」與一般所謂政治責任的不同。「責任倫理」最主要的意義是在事情尚未發生之前，衡量不同政策與不同途徑在不同階段所可能產生的不同後果，然後以負責的態度，選擇在當前階段最可能產生良好後果的政策與途徑，並盡量使這樣的選擇落實。

許多人誤把「責任倫理」所指謂的為政治決策的後果負責，當作是為事情發生以後的結果負責，以致以為如果產生了惡劣的結果，當初選擇了這樣決定與政策的人要承擔後果（包括辭職，或為其付出代價、付出犧牲之類）。事實上，從韋伯「責任倫理」的觀點來看，那卻是不負責任或已經無法負責的行為。不過，這

種「負責任」的行為，有時反倒符合「意圖（心志）倫理」所蘊
涵言行一致的意義──亦即，「意圖（心志）倫理」所蘊涵的
「責任」的觀念（堅持「意圖（心志）倫理」的人「有責任」持
續堅持他的內在的心志與外在的終極目標）。假若這樣的堅持帶
來了惡果，他是應該承受政治性懲罰的（包括辭職、為其付出代
價、付出犧牲之類）。

唐光華：您剛才對於政治家需要具備的道德與思想資質所作
的詳盡而精微的分析，是非常重要的。我想進一步請問您對陳水
扁的政策有何期許與建議？

林毓生：陳水扁在競選前後一再強調他的施政重點是：終結
黑金與緩和兩岸緊張關係。這確是當務之急。不過，這兩個問題
都是很難解決的。就以「終結黑金」為例，我看只能以立法的方
式才能辦到。這就必須在立法院獲得，除了民進黨籍委員們的支
持以外，大多數非民進黨籍委員們的支持。但，黑金勢力在立法
院與地方議會，盤根錯節，已與其他既得利益者構成共生結構。
他如何突破這樣的共生結構，尚待觀察。他希望超越政黨政治，
以全國輿論作後盾，組織多數聯盟；但，關鍵是：他是否真能把
這樣的聯盟組織起來？政黨政治當然有不少缺點，尤其在憲政結
構不健全的國家，推行所謂政黨政治將會發生不少問題。

　　不過，政黨政治好歹可以對那些爭權、好鬥的政界人士（包
括許多國會議員）發揮一些節制作用；一旦放棄政黨政治的組織
與規範力量，如果陳水扁幕後的合縱連橫做得不夠好，而表面上
的「多數連盟」、「全民政府」只能停留在口號層次上的話，將來
的局面將是混亂不堪的，遑論推展政務了。前已述及，在資訊時
代的競選，主要是廣義的公關活動，而公關活動的特色是表演。
這方面的本領並不容易轉變為領袖的才能。陳水扁先生尚未正式

執政，我希望能多講一些鼓勵的話，但最近媒體報導了各方面爭權、好鬥的雜音，使我不能不為他憂慮。

至於兩岸關係，由於「兩國論」出來以後，連回到「一個中國、各自表述」都很難，這邊說「一個中國」可以是議題，那邊堅持「一個中國」是前提，如此的膠著狀態，短期之內，看不出有突破的可能。在這樣的情況之下，陳水扁提出先辦「三通」倒是一個可行的方向，希望大陸有正面的回應。

至於台海和平，關鍵在於美國的態度與大陸與美國的經濟關係，在這方面，我們可以著力的是對美外交，對美宣傳。美國朝野多一點支持台灣民主發展的力量與聲音，台灣就增加一點安全係數。外交是內政的延長。所以，發展實質的、健康的民主，是我們在國際上生存的必要條件。另外，對美的外交與宣傳工作可以更靈活一些、更有自信一些、這樣才比較可能更有效果。我希望兩岸能發展事務上的來往，只要和平共存，兩邊都不走極端，等到下一代，兩岸關係便可水到渠成地解決了。

說來說去，無論從內部來看，或從兩岸關係、國際關係來看，台灣上下必須走，也是唯一應走的道路是：發展與深化健康的民主政治。如果陳水扁執政以後能夠領導大家走出李登輝民粹主義的夢魘，根據憲法原理修改憲法，並領導大家發展公民文化、公民道德、公民社會，使憲政民主真正能夠落實，那就真是功德無量了。

唐光華：李登輝在台灣主政十二年，譽之者對他全盤肯定，歌頌有加，毀之者，則對他全盤否定，不承認他對台灣的民主自由有任何貢獻。請問您如何評價李登輝主政的功過？陳水扁如果要超越李登輝，在哪些方面應該努力？

林毓生：用平面、枚舉的方式來看李登輝主政十二年的「政

續」，當然可以舉出不少正面的貢獻：如解除戒嚴、國會改選、二二八慘案的平反、釋放政治犯、人民獲有言論、結社、組黨的自由等。但，我有一個疑問：如果他真想推動民主的發展，為什麼他要推行反民主的民粹主義？他之所以要解嚴，推行國會改選、釋放政治犯等，是因為他確實要進行民主改革，抑或在新的時空中為了要推行民粹主義，不得不推行上述種種改革的措施？兩蔣時代過去以後，仍要維持那樣高壓的威權體制，可能嗎？如果不可能，那麼也只好用解嚴、國會改選、釋放政治犯等方式來推行他的民粹主義的「民主」了。

李登輝最沒有能夠盡到公民付託給他的責任——換句話說，最對不起大家的——是：他沒有善用那樣長的主政時間，領導全國上下，進行深刻的民主改造，為真正的民主體制、民主文化奠立根基。關鍵的原因是：他在這方面並沒有真正的興趣，因為他的興趣是在他的權位。

說到這裡，讓我想起艾克頓公爵對權力所說的，顛撲不破的箴言，與韋伯對於政治家與政客——二者之不同——所作的嚴峻而動人的區分。從政的人要求掌握權力的慾望是很自然的事，但政治家與政客之所以不同，在於前者把權力當作達成理想的工具，而後者是把追求與掌握權力當作目的。沒有權力，事情是不能辦通的，所以政治家自然也需要權力。但政治家並不追求絕對的權力，而是以艾克頓公爵所說「權力趨向腐化；絕對的權力，絕對地腐化」那句名言當作自己的座右銘。從政的人，日日與權力相接觸，他對大眾最大的危害是：墮入權力慾的深淵而不能自拔。然而，正如韋伯所說，「政客在他擺出來表面上很像樣的姿態的背後，卻是一個虛脫的心靈；內在精神的軟弱與無能，使他只能用下流、疲乏，與淒涼的態度來面對『什麼是人生的意

義？』這個問題。那樣的態度使他無法領會到人生所有的行為，尤其是政治行為，事實上都與悲劇成分分不開。」

這個在位十二年的主政者，利用兩蔣時代過去以後，大家企盼落實民主的時機，以「主權在民」的口號打造出來的，卻是反民主的民主假象，建立了表面上講民主，而實際上則是民粹式的威權體制。在一個政治上、社會上，與文化上沒有民主傳統的國家，建設真正的民主，是多麼艱難的事！是需要多少複雜的條件相互配合，才能漸漸走上軌道的啊！假若李登輝真想從事深刻的改造，假若他能夠集思廣益，往這個方向努力，十二年的時間可以做出許多成績來。可是，他並未領導大家朝著這個方向努力，反而進行了許多破壞（如拉攏黑金、胡亂修憲等等）。寶貴的光陰就這樣浪費掉了。留給繼任者的，反而是一個爛攤子。陳水扁如要超越李登輝，他必須在靈魂深處面對自己時，問問自己：到底是要做一個政治家，還是要做一個政客？如果立志做一位政治家，我們今天所談的與所作的分析，也許可以提供一些資源與參考。

後記

這篇文字，原是以「答客問」的方式（先由唐光華先生提問，然後由筆者作答），初刊於《中國時報‧人間副刊》（2000年5月15-19日）。因文中涉及台灣民主發展的一些原則性問題，現改以現在的題目，經再校後，收入本文集。2000年10月30日記。

林毓生作品集1
中國激進思潮的起源與後果

2019年6月初版　　　　　　　　　　　　定價：新臺幣750元
有著作權・翻印必究
Printed in Taiwan.

著　　者	林	毓	生
叢書主編	沙	淑	芬
校　　對	潘	貞	仁
封面設計	李	東	記
編輯主任	陳	逸	華

出　版　者	聯經出版事業股份有限公司	總　編　輯	胡　金　倫
地　　　址	新北市汐止區大同路一段369號1樓	總　經　理	陳　芝　宇
編輯部地址	新北市汐止區大同路一段369號1樓	社　　長	羅　國　俊
叢書主編電話	(02)86925588轉5310	發　行　人	林　載　爵
台北聯經書房	台北市新生南路三段94號		
電　　　話	(02)23620308		
台中分公司	台中市北區崇德路一段198號		
暨門市電話	(04)22312023		
台中電子信箱	e-mail：linking2@ms42.hinet.net		
郵政劃撥帳戶	第0100559-3號		
郵撥電話	(02)23620308		
印　刷　者	文聯彩色製版印刷有限公司		
總　經　銷	聯合發行股份有限公司		
發　行　所	新北市新店區寶橋路235巷6弄6號2樓		
電　　　話	(02)29178022		

行政院新聞局出版事業登記證局版臺業字第0130號

國家圖書館出版品預行編目資料

中國激進思潮的起源與後果/林毓生著．初版．
新北市．聯經．2019年6月（民108年）．496面．14.8×
21公分（林毓生作品集1）
ISBN　978-957-08-5298-1（精裝）

1.思想史　2.文集　3.中國

112.07　　　　　　　　　　　　　　　108004659